中国历史地理学概论

朱悦梅◎编

科学出版社
北京

内 容 简 介

本书主要包括中国历史自然地理学、中国历史人文地理学和历史地理文献三部分内容。

首先，本书从历史自然地理角度入手，对历史时期沙漠变迁、海岸线变迁、自然灾害及其地理分布等情况进行了论述。其次，本书从中国历史人文地理切入，对历史时期的疆域变迁与民族分布、政区变迁、军事地理、城市与都城、农业区变迁、经济区域及其变迁、交通变迁、人口变迁、区域文化地理等进行了探讨，以期为历史地理学的发展做出新的学术贡献。

本书可供历史学、地理学等专业的师生阅读和参考。

图书在版编目（CIP）数据

中国历史地理学概论 / 朱悦梅编. —北京：科学出版社，2020.11
ISBN 978-7-03-066417-4

Ⅰ. ①中… Ⅱ. ①朱… Ⅲ. ①历史地理学-研究-中国 Ⅳ. ①K928.6

中国版本图书馆 CIP 数据核字（2020）第 200352 号

责任编辑：任晓刚 / 责任校对：韩 杨
责任印制：师艳茹 / 封面设计：润一文化

科 学 出 版 社 出版
北京东黄城根北街 16 号
邮政编码：100717
http://www.sciencep.com

天津文林印务有限公司 印刷

科学出版社发行 各地新华书店经销

*

2020 年 11 月第 一 版 开本：720×1000 B5
2020 年 11 月第一次印刷 印张：21 3/4
字数：450 000

定价：128.00 元

（如有印装质量问题，我社负责调换）

目　　录

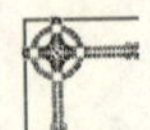

图表目录

导　言

历史是由时间、空间和人类三大要素交织而成，换言之，历史是人类在前后的时间上与一定的空间中的活动。正如顾颉刚和谭其骧在《禹贡》发刊词中所说的："历史好比演剧，地理就是舞台；如果找不到舞台，哪里看得到戏剧！所以不明白地理的人是无由了解历史的，他只会记得许多可佐谈助的故事而已。"[①]梁启超也曾经说过："读史不明地理，则空间概念不确定，譬诸筑屋而拔其础也。"[②]

在爱因斯坦的狭义相对论中，时间与空间构成了四维时空，这是一个不可分割的整体，即由人类生活中所面对的三维空间加上时间所构成的空间概念。既然人类社会在时间和空间的活动构成了人类的历史，那么人类的历史就是时间和空间的组合，任何历史事件都是特定时空的产物，空间即成为历史发展过程中赖以存在的地理环境，它是人类历史演进的舞台。因此，研究历史既需要注意时间的延续性，也不能忽视空间的延展性和差异性。

中国地理空间的特殊性决定了研究中国历史无法忽略空间因素。首先，中国幅员辽阔，在这样广袤的疆域内，无论地貌形态还是气候环境，地区之间的差异都比较大。其次，中国是一个民族众多的国度，历史时期，不同的民族之间的分隔与杂居、斗争与融合、定居与迁移等活动从未间断。所以，研究中国历史，就地理空间而言，不能忽略中国境内各区域间的自然地理和人文地理的差异性及其相互联系。

从阅读文献的角度来看，翻开二十四史，满纸的地名，亦使我们无法回避自然环境和政区变迁的问题。所以阅读历史也好，研究历史也好，如果没

---

① 谭其骧撰，顾颉刚修订：《〈禹贡半月刊〉发刊词》，《禹贡半月刊》1934 年第 1 卷第 1 期。

② 梁启超：《〈中国地理沿革图〉序》，《梁启超全集》第 11 集，北京：中国人民大学出版社，2018 年，第 370 页。

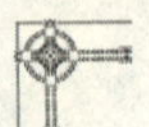

有《禹贡》九州的概念，不知道汉十三刺史部、唐十道、宋十五路，历史发展的空间对应关系亦会无所适从，历史研究也将失去立体感而变得死气沉沉了。

地理环境为历史和文化的发展提供了一种空间存在，伴随并影响着历史、文化的发展。同样，中国文化也从来没有漠视这一空间存在，而是从各个角度精彩而细腻地反映了这一空间存在。所谓“读万卷书，行万里路”[①]，正是历史时期文人们对地理环境的认同，反映了地理环境所蕴含的丰富的自然、人文景观早就作为中国文化的一部分为人们所认同和接受，并取得了与作为文化载体的书籍相提并论的同等地位。

地理环境在中国文化中不仅是历史的舞台，中国文学也对地理环境倾注了多情、美丽的关注，所谓“大块假我以文章”[②]、“山水有清音”[③]。山河锦绣，水木清华，不仅熏陶了中国文人的性情和节操，更通过他们的文学作品，为后人保留了不同历史时期的自然地理环境、地方民风民情等。如苏轼在他宦游惠州时对岭南风物的夸张表现：“日啖荔枝三百颗，不妨（又作不辞——笔者注）长作岭南人”[④]，被贬海南岛以后，他又沉迷于海南岛的风物和民情：“九死南荒吾不恨，兹游奇绝冠平生。”[⑤]“他年谁作舆地志，海南万里真吾乡！”[⑥]地理风物和人情之美，正是我们今天探查历史地理的宝贵资源。

一、历史地理学的研究对象及其性质

历史地理学不等于历史加上地理。历史地理学是研究人类历史时期地理环境变迁及其规律的学科，这个地理环境既指自然地理环境，也包括人文地理环境。目前在中国教育或学术部门的学科分类法中，历史地理学被划入中国史一级学科下属的二级学科。

（一）历史地理的研究对象和范围

历史地理学以历史时期的地理环境为其研究对象。所谓历史时期的地理环境，是限于在人类活动影响下的地理环境，包括自然地理环境与人文地理环境。人类出现在地球上已经有几百万年的历史，在漫长的岁月里人类利用

---

① （明）董其昌著，周远斌点校：《画禅室随笔》，济南：山东画报出版社，2007年，第5页。
② 郁贤皓选注：《李白选集》，上海：上海古籍出版社，1990年，第599页。
③ （宋）范仲淹著，李勇先、王蓉贵校点：《范仲淹全集》，成都：四川大学出版社，2002年，第739页。
④ （宋）苏轼著，邓立勋编校：《苏东坡全集》卷二《惠州一绝》，合肥：黄山书社，1997年，第580—581页。
⑤ 伍峰、李研尘编：《苏东坡诗词精华》，贵阳：贵州人民出版社，1993年，第215页。
⑥ 伍峰、李研尘编：《苏东坡诗词精华》，贵阳：贵州人民出版社，1993年，第199页。

自然和改造自然，从而在自然环境中打上了人类活动的烙印，甚至创造出只有在人类的活动下才能出现的地理现象。可见，历史地理学侧重于人地关系的研究。

人类的活动所引起的地理环境的变化是个逐渐演变的过程，这一演变过程只是在原始农业出现之后才日益明显和重要。原始农业起源于距今约 1 万年前的地质史上的第四纪全新世，在考古学上，处于旧石器时代到新石器时代。在此之前，自然环境变迁一般属于古地理学的研究范围；在此以后，自然环境变迁才属于历史地理学的研究范围。

事实上，古地理学和历史地理学在具体的研究工作中是相互渗透的。在过去很长的时间内，历史地理学研究主要限于有文字记载的历史时期。文字记载以前很长的一段先史时期，常是历史地理学和古地理学交叉研究的范围。现代地理学则是研究最近一个时段的地理现象，由于涉及的时间历程比较短，所以其变化的过程往往忽略不计，现代地理学的目光更注重区域空间的差异。

（二）历史地理学的性质

历史地理学作为一门独立的学科，产生于十九世纪上半叶的德国，当时德国出现了两位地理学家，洪堡强调自然地理，倾向地理学脱离历史学而独立，逐渐将地理学演进成一种自然科学；李特尔则重视人文地理，强调人地关系的研究，主张利用地理的因素解说人类历史的发展。后来这两个学派时有分合和渗透，但西方学者大体上认为历史地理学是地理学的一个分支。

在中国传统学术中，历史地理学所涉及的历史和地理学两个范畴都是属于史学，地理学历来是史学的一个分支，被称为舆地之学，也就是传统的沿革地理学，在四部分类法中，“地理类”属于史部。

在中国现代史学的发展过程中，对历史地理学的定义则颇为模糊，二十世纪初这一概念刚引进的时候，形成了两个不同的派别——以张其昀为代表的史地学报派和以顾颉刚为代表的禹贡学会派。前者以历史与地理的相辅相成来解释历史地理学，认为历史地理学为地理学的分支；后者则立足于传统的沿革地理，认为历史地理学服务于历史学的研究。历史地理学作为一门独立的学科则是有关研究机构和大学成立了历史地理研究所和研究室而逐渐形成，如中国科学院地理研究所成立了历史地理研究室、复旦大学和陕西师范大学各自成立了历史地理研究所等。

在历史地理学形成的过程中，对于学科的性质，不同的学者或机构，往往根据自己研究的目的而产生不同的观点。有认为是历史学的辅助学科者，以苏联亚聪斯基、A. Г. 伊萨琴科等持有这种观点；有认为是人文地理学的一部分者，以英国伊斯特（W.G. East）为代表，这个观点对早期中国地理学家有一定影响。还有认为历史地理学是现代地理学的一个组成部分者，以英国达比（Henry Clifford Darby）、中国侯仁之为代表，这个观点越来越受到历史地理学发展的证实，也被越来越多的学者所承认。近年，有学者主张中国历史地理学为一门独立学科，并在进行理论学科构建的工作。

今天，历史自然地理学的兴起和发展，早已超出自然地理学与人文地理学的范围。事实上，随着人类文明的不断积累与科技知识的无限扩张，知识体量远远超出单一个人或单个机构所能驾驭的范畴，学科的划分成为人类知识研究过程的必然。但是，人类知识并不因为学科的划分而相互割裂。随着人类对未知知识与科技的进一步认知，学科之间的关系更加密切。因此，今天的学术发展更回归了学科交叉与学科融合。从这个角度讲，不同学科的差别，在于设定的研究对象和研究目的，围绕着一个研究对象和研究目的，可以跨学科相互辅证。

例如，对于现代地理学而言，历史地理学是一门历史性的基础学科，为了认识现代地理，有必要考虑往日，所以历史地理学是地理学的中心，历史地理学探索往日的地理模式和地理过程，提出地理的问题。就历史学而言，可以通过历史学、文献学研究并解读历史时期不同地理要素的演变轨迹，也可以通过地理学辅助观察在不同历史时期的空间中人类文明的发展过程。这样，学科的性质问题就不再成为相关学科研究的束缚了，反而打开了研究的空间。

（三）历史地理学研究与历史学的关系

历史地理学兼具历史学与地理学的学科性质，针对不同学科领域，历史地理学研究的出发点与研究目的是不同的。就历史学学科而言，历史地理学的主要工作不仅仅在于“复原”过去时代的地理景观，而且还必须探索地理景观或地理要素发展演变的规律，阐明当前地理环境形成的过程和特点。因此，历史地理学更要探究历史时期人类群体如何为自身的生存而组织和管理地理空间，这一现象就是“人地关系”，就是地理环境与人类社会之间相互作用和相互影响的过程。

研究中国历史，就地理空间而言，不能忽略中国境内各区域间的差异性和相互联系。例如，重视中原或京畿核心地区的社会发展，忽视周边偏远社会的状况；比较多地研究中央政权的历史，轻视地方机构的运作；重视大城市里知识精英的活动，疏于了解乡野百姓的日常生活；以主体民族的发展为历史主线，将非主体民族的存在当作主线的注脚等，这些都是在历史研究中忽视了地理空间问题，甚至是浪费了人文景观的区域性资源。

在中国，历史地理学是一门历史学的基础学科。中国古代文人一向有“史地不分家、文史不分家”之说，就是认为历史学和地理学之间有密切的依存性和相互联系性。历史地理学着重于特定地区可辨认的独特的地理演变过程。对不同地区之间在同一历史时期中的差异，或对同一地区在不同历史时期中的差异，通过比较的方法来强调差异性和突出相似性，从而加强对特定区域的认识，可以为探究人类文明发展搭建一个三维的空间，为静态的历史恢复出动态的演进过程。

二、中国历史地理学的形成与发展

历史地理学的发展大致可划分为三个阶段：古代沿革地理的起源和发展；沿革地理向历史地理的演变；现代历史地理学的形成和发展。

在中国传统史学中，与历史地理学最接近的是沿革地理学，即所谓的舆地之学。舆地之学附属于史学，是一门源远流长的传统学术。《尚书·禹贡》，被认为是中国历史沿革地理的第一篇。东汉班固撰写《汉书·地理志》，成为沿革地理的发端，自此，正史地理志使中国沿革地理学薪火相传。宋代，沿革地理已形成一项独立的研究，代表性著作有王应麟的《通鉴地理通释》。清代学者对沿革地理学更是作出重要贡献。顾祖禹的《读史方舆纪要》和杨守敬的《历代舆地图》代表了传统沿革地理研究的最高成就。此外，补正史地理志可谓对沿革地理的重要完善，如洪亮吉《补三国疆域志》《十六国疆域志》，洪齮孙《补梁疆域志》，臧励龢《补陈疆域志》等。校注正史地理志也在清代蔚然成风，如钱坫《新斠注地理志》、洪颐煊《汉志水道疏证》、毕沅《晋志新校正》、杨守敬《隋书地理志考证》等。

历史地理学是随着近代地理学的发展而出现的。18 世纪中，德国的康德在柏林大学开始讲授自然地理课程，李特尔在柏林皇家科学院做了演讲《地理科学的历史因素》（1833 年），之后，德国 F.拉采尔的《人类地理学》（上卷，1882 年，下卷，1891 年）为当时历史地理学的形成奠定了基础。从此，欧美

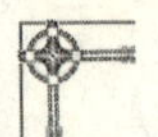

等国的历史地理学都开始了长足的发展。美国 E. C. 森普尔在 1903 年和 1911 年分别完成的《美国历史及其地理环境》和《地理环境的影响》成为美国历史地理与历史地理研究方法的重要著作。法国 P.维达尔·白兰士《人文地理学原理》(1921 年)针对地理环境决定论提出了可能论。20 世纪初，日本即已成立了历史地理学会，并创办刊物《历史地理学》。

20 世纪初，历史地理学名称由日本传入中国。历史地理学在中国成为一门独立学科之前，得益于两种学术期刊的创刊和成就，即 1921 年 11 月创刊的《史地学报》和 1934 年 3 月创刊的《禹贡》。以这两种期刊为中心，形成了两个学派——史地学报派和禹贡学派。

《史地学报》是南京高等师范学校史地研究会（前身为地学研究会）的刊物，刊行于 1921 年 11 月—1926 年 10 月，近五年的时间共出版 20 期杂志。常在《史地学报》发表论著的史地研究会会员形成了现代史学中的史地学报派，包括中国早期的地理学家竺可桢、张其昀等。史地学报派的贡献主要体现在以下四个方面：一是整理中国史学中的历史地理学，主要表现为对章学诚《文史通义》和《方志略例》的推崇，接受了章学诚“六经皆史”和经世与实用的史学理论，建构史地学报派的历史地理学理论。同时继承了清代学者对沿革地理的研究。二是介绍国外历史地理学，主要是竺可桢、胡焕庸、张其昀等人对欧美历史地理学论著的翻译和介绍，拓展了中国历史地理学的视野。三是历史地理学的实践，主要是竺可桢身体力行的地学考察。四是对史地教学教科书的编写，以张其昀在这方面用力最多，他编写了《中学地理教育纲要》和《初中地理》。

1934 年 3 月 1 日，顾颉刚、谭其骧创办的《禹贡》，成为研究中国古代地理沿革的学术性刊物，并正式使用英译名称 Historical Geography。1936 年，形成了“禹贡学派”。禹贡学派对历史地理学学科认知的基础是将地理附于历史之下，不同于史地学报派对地理学的强调。其初期的宗旨其实是希望通过对地理沿革的研究，为历史研究准备舞台，以便历史能够在这个舞台上更清楚、更精彩地演出。代表性的成果有顾颉刚和史念海合著的《中国疆域沿革史》、童书业的《中国疆域沿革史略》等。在抗日战争时期，特别是东北沦陷后，禹贡学会转而重视边疆史地，主要倡导者有傅斯年、蒋廷黻、金毓黻、冯家昇等，在边疆史地的研究上，已经关注了民族、宗教、移民、经济文化交流等诸方面的历史地理问题。在研究方法上，禹贡学派的边疆史地研究以考据之学为本，以经世之学为用，从考据入手而转向对经世的关怀，体现了禹贡学派的治学风格。

三、中国历史地理学的研究内容、方法

历史地理学的研究内容曾长期局限于研究历史人文地理。从 20 世纪 50 年代起，美国克拉克等特别强调了历史自然地理研究的重要性。中国历史地理，由于得益于丰富的历史文献资料，长期以来，形成了具有中国史学特色的研究内容与理论方法。

（一）研究内容和分科

历史地理学主要包括历史自然地理、历史人文地理、历史地理学理论、历史地理文献研究等几个方面。

历史自然地理，是研究历史时期自然地理环境的变化及其规律的学科。历史自然地理学如同现代自然地理学一样，也有各种不同的分支和领域，按照《中国自然地理·历史自然地理》（科学出版社，1982 年），历史自然地理分为历史地貌地理（山脉、沙漠、海岸、土壤、冰川等）、历史水文地理（河流、湖泊、井泉等）、历史生物地理（植被、动物、生态系统等）、历史气候地理（气温、湿度、降雨、节气等）、历史灾害地理（地震、水灾、旱灾、滑坡、疫疾等）等。当代我国历史自然地理领域研究较为成熟的有历史气候变迁、历史植物地理、历史沙漠地理、历史水文地理、历史时期海岸线的变迁等。此外，在历史动物地理、历史土壤地理、历史疾疫地理等方面，也都开始受到重视。

历史人文地理学，是研究历史时期人文地理环境的变化及其规律的学科。人是改造自然的主导者，是各种人文地理现象和环境的创造者。农村、城市、田园、矿区、道路、港口等各种各样的活动场所，都是人类长期活动的产物。与此同时，创造了不同地区和不同民族的文化，形成了各自不同的生产力和生产关系。因此，历史人文地理学与现代人文地理学一样，也有许多分支，但研究程度远不如现代人文地理学。综合历史地理学界的研究成果，历史人文地理学可分历史政治地理（聚落、人种、民族、疆域、政区、古都、地名等）、历史经济地理（农业、城镇、水利、交通、人口、手工业等）、历史军事地理（战场、关隘、城防、烽燧、长城等）、历史文教地理（教育、人才、学风等）、历史宗教地理（原始信仰、本土宗教、外来宗教等）、历史风俗地理（方言、民俗、民风）。其中，中国历史人文地理学研究较成熟的是历史疆

域变迁、历史政区地理、都城学、历史军事地理、历史经济地理、历史人口地理、城市历史地理、历史交通地理和历史文化地理等一些方面，还有许多领域正引起重视，并有引发研究热情的前景。

中国历史地理学理论研究，包括中国历史地理学理论、中国古代地理学史、中国历史地理学研究方法等内容。

中国历史地理文献研究也是历史地理学的一个重要内容。中国历史时期产生了大量的历史文献，其中与历史地理相关的资料不仅限于历代正史的地理志（如《地理志》《河渠志》）和专门的舆地之书（《洛阳伽蓝记》《元和郡县图志》等），还包括笔记、诗文、杂录、碑刻、图画等，由于多为当时人的记载，反而更加可靠，甚至佛教经卷也散藏着珍贵的地理信息。因此，历史文献自身亦成为中国历史地理学的研究对像之一。还有一类特殊的历史地理文献，即历史地图。历史地图的绘制，从 3 世纪时西晋裴秀的《禹贡地域图》至今，已有 1700 年的历史。

（二）历史地理学的研究方法

历史地理学作为真正科学意义上的学科在中国存在的时间只有一个世纪左右，传统的沿革地理还不是真正学科意义的历史地理学。因此，当前中国历史地理学的研究方法与理论还有继续探讨的空间。历史地理学研究对象的时间尺度、人地关系的空间尺度，决定了其所涵盖的领域涉及了人类文明史的全部方面，因此需要使用的研究方法极其广泛，除了历史学与地理学的综合与交叉外，不同的地理要素还会涉及其他人文学科与自然科学的理论方法和技术手段。这里暂就目前与历史学关系密切的研究方法择要列举，而学科跨度较大、专业性较强的其他门类学科方法，尚待在研究过程中寻求跨学科的联合与交叉。

1. 历史文献研究法

历史地理学的学习与研究，必须具备历史学的基础训练，熟悉并能够系统收集、阅读、整理、运用相关的历史资料和文献。主要的历史资料有考古资料、文献资料两大类。运用历史文献研究方法，要注意以下四点：

（1）资料搜集要尽量齐备。不同的文献体裁，都为中国历史地理学的研究提供了大量直接或间接的证据，因此，对自然地理与人文地理要素的敏感度是广泛收集相关史料的重要能力之一。例如，王维《使至塞上》的“大漠孤烟直，长河落日圆”[①]诗句，表达了北方草原的地理景观。《诗经》中“日再旦”，则反映发生日蚀现象。唐代日本佛教高僧圆仁的《入唐求法巡礼》和释成寻的《参天台五台山记》，分别记录了当时的水陆交通线。竺可祯先生从古人笔记记录中收集了植物发芽、开花、飞絮、落叶，动物蛰、眠、交配等信息，以及与正常时节不同的雨、雪、霜、冰等异常气象，解释动植物活动规律与历史时期物候的关系等，都成为中国近五千年来气候变迁的初步研究（《考古学报》，1972 年）。了解古代地理文献可以先从熟悉《四库全书总目》史部地理类入手。

（2）使用地方志史料需多加考证。地方志资料虽然丰富，但是传抄错讹很多。如核查地方志，发现“榆林三迁”是明代榆林卫城三次拓建，而非沙漠南移才造成500年中榆林三次迁城。上海地区成陆的调查证明黄浦江与楚国春申君黄歇毫无关系，“春申”“歇浦”均属传说附会。我国保存的地方志大部分是明代重修的，研究明朝以前的问题要习惯从正史中搜集资料，而不要仅习惯于查地名辞典或依赖地方志。

（3）涉及沿革地理的内容，需反复核对。先秦古书有“云梦”一词，“云梦泽”为楚地一游猎区，西晋杜预注《左传》误将“云梦”释成“云梦泽”。清朝胡渭《禹贡锥指》竟将整个江汉平原、洞庭湖区连同附近丘陵全部包括在“云梦泽”范围内。谭其骧先生用先秦文献和汉代以后的记载理清了前人的误解，对今天治理洞庭湖有参考价值。

（4）善于将文献记载放在地理空间上去解读。如将《北道刊误志》地名排列次序落在地图上，可反映出从东京开封府北去宋辽边界的一条宋代官方交通驿路。

2. 野外考察方法

是否重视野外考察是区别中国旧式传统的沿革地理与现代历史地理学的标志之一。从事历史地理学问题的研究必须走出书斋，进行田野观察，将文献所记与今日的地理景观进行对比。

（1）考察地貌形态，如山前台地、河流阶地、洪积冲积扇、平原岗丘等种种地貌，在历史的不同时期，人类曾经选择不同的地形来适应生存，以采集与渔猎为主的生产方式和定居农业不会选择相同的地点；在中国不同地区，为适应各种生产和生活方式，也对地貌条件有不一样的选择。例如，早期人

① 马东瑶编著：《古典诗词鉴赏》，北京：对外经济贸易大学出版社，2013 年，第 11 页。

类往往选择两种不同地貌结合部的山前台地生活，定居农业一般发生在黄土台地；西藏地区的村落建于洪积冲积扇顶部的山嘴，便于取水，农田分布在洪积冲积扇中下部或河流的阶地上，那里有较深厚的土壤利于种植和灌溉；内陆干旱地区的村落建在洪积冲积扇的下尾有潜水溢出的绿洲地带；早期城址选择平原地区的岗丘，如《管子·乘马》："凡立国都，非于大山之下，必于广川之上。高毋近旱，而水用足；下毋近水，而沟防省。因天材，就地利。"[①]

（2）观察沉积相，识别各种不同类型的沉积。黄土堆积比较深厚，一般在山前或山脚；河流洪泛堆积多卵石与粗细泥沙互层；排干的湖泊沼泽沉积往往是黑灰色的淤泥。这些都可以帮助我们分析人类遗迹所处的环境，辨别自然生土与人类扰动层的区别。

（3）掌握初步的水文学知识。对中国平原地区历史进程的理解离不开黄河、长江、淮河等众多平原河流水文地质史的知识。因此，学习历史地理学有必要懂得河流的侵蚀、堆积循环理论，山区河谷的逐步侵蚀下切，平原地区的分层堆积，及其这些水文动力与人类生活环境的制约关系，有必要了解牛轭湖[②]、海侵、潟湖[③]等现象。

3. 识读各种现代技术绘制的地图或拍摄的图片

了解地形地貌的工具，学会识读各种比例尺的地形图，各种地形地貌在地形图上的标示。学习航空照片、彩红外遥感的判识。

航空遥感和地面探测相比较视野开阔，宏观探测可以减少或克服某些自然条件或人的因素造成的限制，提供大量定性及定量信息，许多是用地面常规探测手段难以发现的。利用航空遥感解释并寻找历史遗迹在国外已有尝试。20世纪60年代在莱茵河谷地上空曾发现田野中有古代军营状图案，后经地面发掘证实确为罗马时期军营。通过解释意大利波河河口地段的航片，找到了因河流泛滥在泥沙掩埋下的古城。通过对地貌、土壤、植被多因子特征的测定并建立模数，以此解译大比例尺航片，在北美发现了地面已消失的城堡遗址位置及大量早期聚落遗址。从空中观察还可以对古代遗址和周围环境有一种整体的了解，避免以偏概全，特别是古代城市遗址的调查，通过航空照片

① 李山译注：《管子》，北京：中华书局，2009年，第42页。

② 牛轭湖，也叫月亮湖，是在平原地区流淌的河流，河曲发育，随着流水对河面的冲刷与侵蚀，河流越来越曲，最后导致河流自然裁弯取直，河水由取直部位径直流去，原来弯曲的河道被废弃，形成湖泊，因这种湖泊的形状恰似牛轭，故称之为牛轭湖。

③ 潟湖是被沙嘴、沙坝或珊瑚分割而与外海相分离的局部海水水域。海岸带泥沙的横向运动常可形成离岸坝—潟湖地貌组合。当波浪向岸运动，泥沙平行于海岸堆积，形成高出海水面的离岸坝，坝体将海水分割，内侧便形成半封闭或封闭式的潟湖。由于海水受不完全隔绝或周期性隔绝，会引起水介质的咸化或淡化，又可形成不同水体性质的潟湖。

能够观察古城址的全貌，比在地面调查更有全局性。

处理被现代建筑或农田覆盖的古代遗址，则可利用彩红外遥感技术，由于红外线遥感的穿透力很强，可以通过影像反映地下的情况。尤其对含水多或少的地层能够在色彩上给以区别，美国考古学者利用热红外等技术对含水量较敏感这一特征，发现了许多印第安人进行农业生产活动的遗迹。中国古代城市一般都筑有城墙，遥感影像上城垣轮廓呈规则的封闭形状，容易与其他地物标志相区别。在彩红外航片中，绿色的植被呈红色、城墙呈灰绿色、坍塌部分呈灰白色、水泥或柏油路面显示浅灰白色，中国传统木构瓦屋呈现较深的斑块，对比鲜明，较易区分。地物含水量多，图斑色调相对较暗。夯土、护城壕、道路、各类建筑物由于含水量不同，其温度比也不同，尽管现代城市拓展后城墙拆除，从彩红外航片上仍可辨认。

航空照片与彩红外遥感技术引进是历史地理学研究方法向现代科学技术的靠近。

4. 田野考古与环境考古方法

中国早期定居农业文化往往分布于河流阶地上的黄土台地，通过环境考古对古文化地层堆积物的分析，能够判明当时人类是怎样一种生活环境，如湖水边缘、河流阶地、黄土台地、森林岗丘。对早期村落建造木屋树木种类的分析与现代林木分布的对比，能够判定早期人类砍伐树木的区域和搬运能力。通过分析古人类遗址的排泄物与垃圾堆积，可以掌握当时人类的生活方式与活动范围的大小，以及对气候的适应能力。

由于中国古代各个时期城市建造的工具和设计思想有区别，通过田野考古观察了解城址选择的地形条件，能够判断城市的功能性质；从城址的建筑形态，可以解释古代的政治制度；测量分析夯土层的厚度与夯窝的大小，帮助判明城市建造的时代。

中国古代讲求风水堪舆，除去不合理的附会，实际上有许多适应自然环境的思想。

5. 孢粉分析与古植被和古地理环境研究方法

孢粉是指古代裸子植物的孢子和被子植物的花粉沉积在地层中变成化石，经过采集、化学处理，在显微镜下观察它们的构造和纹饰，通过统计分类，确定其沉积时代的古地理环境。例如，以被子植物花粉为主，表示当时的气候环境是温暖潮湿；松科花粉比较多，则应该是冷湿的气候环境；如果以旱生的草本植物为主，则可能是干旱的草原环境。用孢粉分析检查早期文化地层中是否有禾本科的花粉，可以判断是否产生了原始农业。

通过对古人类遗址堆积层的采样进行孢粉分析，能够对当时的自然气候和生态环境做出比较切合实际的解释。尤其是文献缺乏的时期。孢粉分析能够做出对地球表面气候、温度与降水，以世纪为分期的描述。孢粉分析是解释古植被和古地理环境的有效手段之一。

6. 其他方法

除上述常用方法之外，见诸历史地理学研究的，还可借助统计计量法、数理模型法等数学方法；碳 14 测定法、热释光法、古地磁法等年代测定法；树林年轮判读法、重花分析法、物候分析法等气候温度湿度研究法；心理学自陈量法、血液分析法等古今心理个性特征调查比较法；电脑软件统计法、GIS 技术等现代科学技术。

（三）研究资料

历史地理传世文献，包括文字、图画、地图等文献资料。如历代正史、地理总志、地方志、游记、野史笔记、诗文集、会典会要、历代类书、明清档案、历代地图、绘画等。

近代考古发掘材料，可弥补传世历史文献的不足，而且考古资料的初评性很强，资料的可信度较高。

野外实地踏勘材料，包括一些实物、地形、民间传说，是一种历史文献和考古材料的实证和感知过程。

四、中国历史地理研究的意义

历史地理学的研究对历史学与地理学都具有重要的价值。历史地理学是从现代地理学中分化出来的，它的发展既大大丰富了现代地理学的内容，又为历史学提供了重要的观察视角。历史地理学的任务，不仅要尽可能地去“复原”过去时代的地理环境，而且还要揭示地理环境发展演变的规律及其特点。因此，历史地理学研究不仅有助于地理科学的前进和理论发展，也影响到历史科学的发展。

历史地理学，是一门新兴的综合性学科，覆盖自然科学、人文学科和社会科学的很多领域，对于从整体上认识人类社会的发展规律具有重大的理论意义。从宏观上看，通过把人类活动置于自然地理环境的空间中去观察，可以对人类社会给予全新的阐释，得以解决许多以往历史学、地理学、建筑规划学、经济学、社会学等单一学科难以独立解决的许多重大学术问题。从微观上看，人地关系的解读具有很强的应用性，如对历史边界、中外关系、行政区划、地区差异、经济开发、社会变迁、文化区域、人口与移民、民族分布与迁移、城市规划、生态保护、减灾防灾、国土整治等，为未来的可持续发展，提供预判依据。

参考文献

陈昌远：《中国历史地理简编》，开封：河南大学出版社，1991 年。

陈代光：《中国历史地理》，广州：广东高等教育出版社，1997 年。

耿占军，赵淑玲：《中国历史地理学》，西安：西安地图出版社，2000 年。

韩宾娜，王兆明：《中国历史地理》，长春：东北师范大学出版社，1995 年。

韩茂莉：《中国历史地理十五讲》，北京：北京大学出版社，2015 年。

侯仁之：《历史地理学的理论与实践》，上海：上海人民出版社，1979 年。

侯仁之：《历史地理学四论》，北京：中国科学技术出版社，1994 年。

侯仁之：《中国古代地理学简史》，北京：科学出版社，1962 年。

侯甬坚：《区域历史地理的空间发展过程》，西安：陕西人民教育出版社，1995 年。

华林甫：《中国历史地理五十年（1949—1999）》，北京：学苑出版社，2001 年。

（日）菊地利夫著，辛德勇译：《历史地理学的理论与方法》，西安：陕西师范大学出版社，2014 年。

蓝勇：《中国历史地理学》，北京：高等教育出版社，2002 年。

李恩军：《中国历史地理学》，北京：人民交通出版社，1995 年。

李并成：《河西走廊历史地理》，兰州：甘肃人民出版社，1995 年。

李孝聪：《中国区域历史地理》，北京：北京大学出版社，2004 年。

鲁西奇：《人地关系理论与历史地理研究》，《史学理论研究》2001 年第 2 期。

马正林：《中国历史地理简论》，西安：陕西人民出版社，1987 年。

史念海：《中国历史地理纲要》上册，太原：山西人民出版社，1991 年。

谭其骧：《中国历代地理学家评传》第 1—2 卷，济南：山东教育出版社，1990 年。

王成组：《中国地理学史（先秦至明代）》，北京：商务印书馆，2005 年。

王育民：《中国历史地理概论》上册，北京：人民教育出版社，1987 年。

王育民：《中国历史地理概论》下册，北京：人民教育出版社，1990 年。

辛德勇：《历史的空间与空间的历史》，北京：北京师范大学出版社，2005 年。

张步天：《历史地理学概论》，开封：河南大学出版社，1993 年。

张步天：《中国历史地理》，长沙：湖南大学出版社，1988 年。

张全明，张翼之：《中国历史地理论纲》，武汉：华中师范大学出版社，1995 年。

中国科学院《中国自然地理》编辑委员会：《中国自然地理·历史自然地理》，北京：科学出版社，1982 年。

中国科学院自然科学史研究所地学史组：《中国古代地理学史》，北京：科学出版社，1984 年。

邹逸麟：《中国历史地理概述》，福州：福建人民出版社，1993 年。

邹逸麟主编：《中国历史人文地理》，北京：科学出版社，2001 年。

练　习　题

一、基本概念

历史地理　历史地理学　沿革地理　历史自然地理　历史人文地理　史地学报派　禹贡学会　《禹贡》半月刊　历史地图　地理地貌　沉积相　人地关系　尽全时空　人地互动

二、思考题

1. 沿革地理学与中国历史地理学的区别。
2. 中国传统历史地理学发展时期中的不足。
3. 中国历史地理学的研究对象及其基本范围。
4. 历史地理学和历史学、地理学的关系。
5. 中国历史地理学的发展历程。
6. 联系研究实践分析现代历史地理学的研究方法和手段。
7. 中国历史地理研究的意义。
8. 谈谈历史地理学的发展方向，它的现实意义是什么？
9. 谈谈现代历史地理学的学科性质和学科归属。
10. 简述中国历史地理研究资料的主要来源和各自的特色。
11. 如何看待现代历史地理学的发展趋势是各学科相互交叉与相互融合？
12. 试分析地理环境在人类社会发展中的作用。

第一章　历史时期气候的变迁

气候是地球上某一地区长时段气象要素和天气现象的平均或统计状态。天气，是指短期内大气中各种气象要素空间分布的综合表现。气象要素包括气温、降水、风力等，以冷、暖、干、湿这些特征来衡量。气候一词源自古希腊文，意为倾斜，指各地气候的冷暖同太阳光线的倾斜程度有关。

气候是自然地理环境中最重要的因素之一，与人类社会有密切关系，许多国家很早就有关于气候现象的记载。甲骨文中有关于求雨、求雪的记载，先秦时期有二十四节气、七十二候的完整记载。对气候规律的掌握，不仅是指导农业生产的指南针，而且也是日常生活中人们预知冷暖雪雨的指南，《礼记·月令》有孟春之月“东风解冻，蛰虫始振”[①]的说法。

第一节　研究历史时期气候变迁的方法

由于古人于文献中并不专门记录历史时期的气候变迁，因此，在收集整理与气候有关的文献信息的基础上，还要借助历史学与历史文献学以外的研究方法加以补充。

1. 环境考古学方法

即运用考古材料进行推断的方法。例如，近年在西安附近半坡遗址和河南安阳殷墟考古发现的兽骨中，发现有大量的竹鼠、貘和水牛等热带和亚热带动物的骨骼，殷墟留下的甲骨文上有当时捕获象的记载，而现在西安和安阳一带已经不存在这些动物了。但通过了解这些动物的生物属性，可以复原

① 崔高维校点：《礼记》，沈阳：辽宁教育出版社，2000年，第50页。

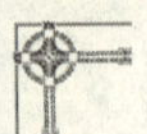

这些动物活动年代的气候特征。

竹鼠，是生活于竹林中的一种鼠。貘，哺乳类动物。像猪而略大，鼻子圆而长，能伸缩。产于热带，善游泳。这些生活于热带、亚热带地区动物骨骼化石的出现，表明这些出土物所在地区曾经有过热带、亚热带的气候环境。

再如，在山东省济南市历城区龙山文化遗迹中，考古工作者在灰坑中找到一块炭化竹节。而今天同一地区的野生竹林已经极为稀少，从而可以推断，5000 年来竹类分布的北限大约向南推移了 1—3 个纬度。通过对照现代黄河下游和长江下游各地温度，可以判断出 5000 年前的仰韶文化时期到 3000 年前的殷墟时代，我国的气候较现在温暖、湿润。

2. 物候学方法

物候学方法，是根据生物活动的周期性现象，如植物的发芽、开花、结果，候鸟的春来秋往等自然现象与气候的关系来研究气候变迁的方法。例如，在商周时代，居住于现在山东海滨的郯国（今郯城）人每年观测家燕的最初来到日以定春分节气，可现在家燕在春分日时才刚刚飞达上海。郯城、上海两地的年平均温度相差 1.5℃，1 月份平均温度相差 4.6℃，据此可以推断，周初黄河流域气候比现代温暖。

3. 文献方志法

即利用传统文献典籍、各地编纂的地方志中关于自然灾害、异常天气的记载，恢复历史时期气候的状态。例如，根据地方志记载，元天历二年（1329 年），太湖结冰，人可以在冰上行走；元至正十三年（1353 年），桂树冻死，可推断，那段时期太湖流域气候较现在寒冷。

4. 树木年轮分析法

即根据古树年轮的逐年厚度变化来判断各个年份的温度高低、干湿情况的方法。要注意的是，树木年轮表现的气候指标，在不同地区是有差异的。在干旱、半干旱气候区，树林的营养主要决定于降水量的多少，可依据生长在此类区域内的古树年轮逐年生长厚度来判断各个年份的降水量。而在湿润气候区，热量和温度是影响树木生长的重要因素，古树年轮的厚度变化则用来判断各个年份的温度高低。

随着现代科学技术的发展，研究历史时期气候变迁的方法还有许多，如太阳辐射、大气环流、洋流等研究方法，限于专业领域，这里仅介绍以上几种。

第二节　历史时期气候的变迁

地理学家竺可桢先生将历史时期的气候研究分为考古时期、物候时期、方志时期、仪器观测时期 4 个时期，分别对应的时间如图 1-1 所示。

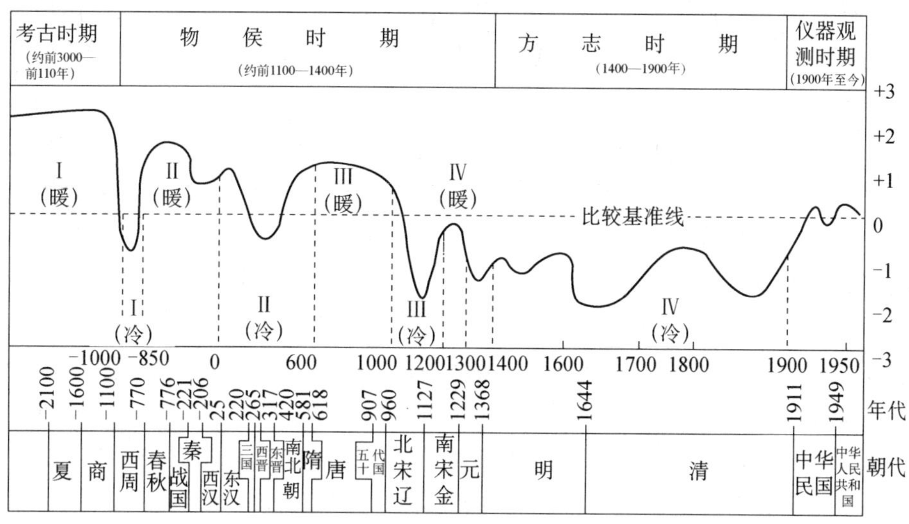

图 1-1　历史时期的气候分类

历史气候，是人类文明出现以来尚无仪器观测的历史时期的气候。就气候自身变化而言，竺可桢先生又将我国历史时期的气候变化划分为四次温暖期和四次寒冷期。

1. 第一次温暖期，在公元前 3000 年—前 1000 年左右，相当于新石器时代的仰韶文化和河南安阳殷墟文化时期

距今 1.1 万年至现代，为全新世，它是更新世最后一个冰期消融后的时期，又称“冰后期”，全部生物面貌与现代基本相似，全球气候已由寒冷渐次转为温暖。这个温暖期和欧洲的“气候最适期”相当。“气候最适期”又叫作“全新世大暖期”“大西洋期”，为冰后期的气候最适期。

今天西安地区的气候是暖湿带半湿润、半干旱气候，植被类型是夏绿林和森林草原。而在西安半坡遗址发现的兽骨中，有大量的竹鼠、獐和斑鹿的骨骼。獐一般生活在临近沼泽的草丛，斑鹿属梅花鹿类，喜欢在森林里活动。这些动物骨骼的存在，可以推断，当时的西安地区既有森林，又有沼泽。竹子在西安地区可以生长，热带和亚热带的动植物能在西安地区生存，表明当时西安地区的气候比现在温暖得多。

河南安阳殷墟遗址也发现有些热带动物的骨骼，除竹鼠、獐外，还有貘和水牛骨骼。甲骨文中有关于当时捕获大象的记载，甲骨文“豫”字，即为一人牵一象。大象的食量很大，一头大象每天要吃数十公斤树枝、树叶和草类，适应温暖的气候环境，大象的普遍存在，说明当时的气候温暖，植物生长茂盛。今天，野生大象在黄河流域已不复存在，我国境内的大象已南退至云南南部。此外，甲骨文还记载当时安阳人种水稻是阴历二月下种，比现在早一个多月。

山东日照两城镇的龙山文化遗址灰坑中，发现有炭化竹节。中国古代文字中，很多字带有“竹”字头，如笠、笥、笺、简、箱、笼、筐、箸、笙、笳、筝等，可见许多衣帽、书籍、家具、乐器等都与竹子有关。当时竹类植物在黄河流域分布广泛，可今天竹子分布的北界已经南移了，主要分布在亚热带，其次是热带，少见于暖温带。宋代沈括《梦溪笔谈》记延州（今陕西延安）永宁黄河岸因河岸崩塌而现竹化石，言“延郡素无竹，此入在数十尺土下不知其何代物。无乃旷古以前地卑气湿而宜竹耶？”①也就是说，至迟在宋代，这一地区的气候已经与今天相似。北京附近的泥炭层分析表明，五千年前那里生长着大量的阔叶林，代表着相当温和的气候。

2. 第一次寒冷期，公元前1000年—前8世纪，相当于西周时期

第一次寒冷期大约持续150年左右，也有学者认为200多年。在这个时期，《竹书纪年》有“江、汉俱冻”②的记载，是说周懿王七年（前903年）和周懿王十一年（前897年）长江最大的支流汉水两次结冰，甚至有牛、马被冻死，而现代长江汉水流域一般年份是不封冻的。

《诗经·豳风》中有关于西周关中地区今彬州市、旬邑县一带严寒的描写。在相当于西周早期的下王岗文化遗址第一层，发现有适应性较强、分布较广的动物类遗骸，却未见喜暖动物，说明气候转冷。

3. 第二次温暖期，公元前770年—公元初年，相当于春秋至西汉末年

这一时期主要表现为黄河流域结冰期短，甚或冬季无冰。《诗经》《左传》提到，鲁国冰房春天里无冰可用。《汉书·五行志》载：“武帝元狩六年冬，亡冰。”③

梅树、竹类在这次温暖期有广泛分布。关中地区有梅树的种植，《诗经·秦

① （宋）沈括著，侯真平校点：《梦溪笔谈》，长沙：岳麓书社，1998年，第178页。
② 范祥雍：《古本竹书纪年辑校订补》，上海：上海人民出版社，1957年，第29页。
③ （东汉）班固：《汉书》卷二七中之下《五行志》，北京：中华书局，1962年，第1409页。

风·终南》云："终南何有？有条有梅。"[①]而安阳有成片的竹林，《史记·货殖列传》载："安邑千树枣；燕、秦千树栗；蜀、汉、江陵千树橘；淮北、常山已南，河济之间千树萩；陈、夏千亩漆；齐、鲁千亩桑麻；渭川千亩竹。"[②]汉武帝曾命用淇园之竹堵塞黄河决口。《史记·河渠书》御史大夫张汤说："且褒斜材木竹箭之饶，拟于巴蜀。"[③]班固也说："杜竹林，南山檀柘，号称陆海。"[④]

西汉时上林苑还有荔枝种植。《三辅黄图》记载上林苑中种植的荔枝，是汉武帝从南方移植而来，但只有一株荔枝树活了下来，但未结果实。温暖的气候，致使山东一些地区出现庄稼一年两熟的情况；这段时期黄河流域结冰期短，梅与竹等喜热的亚热带植物分布广泛，表明气候回暖。

4. 第二次寒冷期，公元初年—600年，相当于东汉三国至六朝时期

这个时期持续大约 600 年。期间，全国各地都出现寒冷天气。关中、华北地区出现霜冻现象。曹操在铜雀台（在魏郡邺都，今河南安阳北）种桔，但只开花而不结果，柑桔最低承受温度为-8℃。北魏贾思勰《齐民要术》载，杏花盛开和枣树发芽日期比现在要晚 1—2 个节气，即 15—30 天。《汜胜之书》记载夏至后的 9 月下旬，即出现霜冻，并记其防御之法。渤海封冻，《晋书·慕容皝载记》记咸康（335—342 年）初"旧海水无凌，自仁（慕容皝母弟）反已来，冻合者三矣"[⑤]。

长江沿岸水道结冰。《三国志·魏书·文帝纪》记魏黄初六年（225 年）十月，"是岁大寒，水道冰，舟不得入江，乃引还"[⑥]。这是文献记载淮河首次结冰，魏文帝曹丕到广陵（今淮阴）视察士兵演习，由于严寒，淮河冻结，被迫停止。由于天气寒冷，南朝时建康（今南京）本地建有冰房，可取到冰块用于储藏食品。综合这些记载，可以推断，这个时期中国年均气温可能比现在低 1—3℃左右。

5. 第三次温暖期，600—1000 年，相当于隋唐至北宋初年

相较于第二次寒冷期，这次的气温有明显的回升。《旧唐书·高宗本纪》记载，唐高宗时，在永徽元年（650 年）、总章二年（669 年）、仪凤三年（678 年）三个年份，首都长安冬天无冰无雪。在唐代进士之曲江宴中，常以赏梅

① 刘松来：《诗经》，青岛：青岛出版社，2011 年，第 83 页。
②（汉）司马迁：《史记》卷 129《货殖列传》，北京：中华书局，1959 年，第 3272 页。
③（汉）司马迁：《史记》卷 29《河渠书》，北京：中华书局，1959 年，第 1411 页。
④（东汉）班固：《汉书》卷 28 下《地理志》，北京：中华书局，1962 年，第 1642 页。
⑤（唐）房玄龄等：《晋书》卷 109《慕容皝载记》，北京：中华书局，1996 年，第 2816—2817 页。
⑥（晋）陈寿：《三国志》卷 2《文帝纪》，北京：中华书局，1959 年，第 85 页。

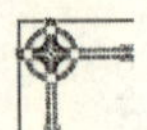

为乐，梅树可承受最低温为-14℃。唐玄宗（712—756年）与唐武宗（841—846年）时期，都有记载说皇宫及南郊的曲江池种有梅花和柑橘，柑橘可结果实，唐武宗曾将宫中桔树所结橘子赐给大臣，李德裕作《瑞桔赋》以咏之。

陕豫等地竹子在这个时期当有大量种植。据《太平寰宇记》卷30《凤翔府·司竹监》记载，唐代在河内（今河南博爱县）、京兆、岐州等地设置司竹监，至北宋初废弃。现在西安绝对最低温度都在-8℃以下，有时低于-14℃，表明这一温暖时期的气候比现在要暖和，年均气温比现在高1℃左右，但8世纪中叶以来，气温总的来看开始下降。

6. 第三次寒冷期，1000—1200年，相当于两宋时代

唐代在陕豫一带有三处产竹之地，到北宋初年仅剩岐州一地，关中种竹区减少，河南已无竹类，故司竹监废置。11世纪初华北已无野生桔树和梅树。由于气候寒冷，北方一带已无梅花，所以北方人到南方后常误把梅花当杏花，王安石有诗云："北人初不识，浑作杏花看"。1111年，太湖结冰而且冰层坚实可行车，湖区内柑橘被冻死，寒冷气候伸延到我国南方。

南宋时，杭州降雪时间经常延至暮春。素有"荔枝故乡"之称的福州，曾先后于北宋元符三年（1110年）及南宋淳熙五年（1178年）两度因遭遇严寒，荔枝树全部被冻死。北京西山阳历10月出现遍地冰雪的罕见现象。可见，第三个寒冷期气候异常寒冷。

7. 第四个温暖期，1200—1300年，相当于南宋中叶至元初

嘉定十七年（1224年），道士邱处机在其描写北京的《春游》诗中写道："清明时节杏花开，万户千门日往来"，说明当时北京的物候已与今日北京相仿。

隋唐时代，专管竹园的衙门司竹监，到了南宋初期因已没有竹子生产，河内和西安的司竹监被取消了，可是到了元朝初期，这两处又恢复了司竹监的设置，表明气候转暖，西安一带又可能种植竹子了。南宋都城临安，在13世纪初的20年间，也有4年无冰雪。此次温暖期历时很短，回暖的程度也不及前三次明显。

8. 第四次寒冷期，1400—1900年，现学者称之"明清宇宙期"①，又称"方志期"或"明清小冰期"，为低温多灾的时期

据统计，在这一历时500年的较长时期里，太湖结冰16次，洞庭湖结冰

① 一般认为，16—17世纪这个小冰期是受整个宇宙处于不同位置而引起的引力、电磁场、宇宙线、宇宙空间物质密度变化等发生变化而来的，故称之为明清宇宙期。

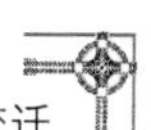

9 次，汉水结冰 19 次，淮河结冰 14 次，近海的热带地区降雪落霜达 47 次。

另外，在第四次寒冷期的近 500 年里，气候变化还有冷暖起伏。据此，又可将从 15 世纪开始到 20 世纪的 500 多年的气候变化划分成四次较冷期和三次回暖期。

较冷期：（1）1470—1520 年。

（2）1620—1720 年（特别是 1650—1700 年）。

（3）1840—1890 年。

（4）1945 年起，1963 年表现最为明显。

回暖期：（1）1550—1600 年。

（2）1720—1830 年。

（3）1916—1945 年。

最突出的是第二次较冷期。清顺治十年（1653 年），大雪平地丈余，淮河封冻；清顺治十二年（1655 年）北京冬季平均温度比现在低 2℃；清康熙九年（1670 年）我国东部沿海大雪 20 日不止，平地冰厚数寸，海水拥冰至岸，远远望去十数里如冰堤一般；热带地区降雪积冰也极频繁；1696 年冬，渤海海面出现了几十年罕见的冰封现象。

第三节 气候变迁规律

近 5000 年来，中国气候变化较大，变化的方式不是一直寒冷也不是一直温暖，而是温暖与寒冷交替出现，且都有自身变化的规律。

1. 温暖期

温暖期持续时间一个比一个短，回暖程度一个比一个低（弱）。以象的分布区域变化为例：

第一个温暖期持续时间最长，历时 2000 年，大部分时间的年平均温度比现在高 2℃，冬季元月平均温度比现在高 3—5℃，故被称为“气候最宜时期”。当时我国北方的气候比现在温暖潮湿，黄河流域有大量野生大象存在。古生物工作者的研究成果证明，在公元前 18 世纪前后的夏代末至商代初，桑干河（地理位置在 40°N 以北，与北京的纬度相近）中游一带有野象分布，说明历史时期野象分布的北界在 40°N 以北。

第二个温暖期历时 700 多年，象群栖息的北界南迁到了秦岭、淮河以南，

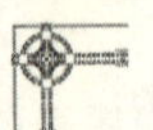

即南移到了 33°N。在公元前 7 世纪时，淮河下游近海一带被称“淮夷”的少数民族曾经把象牙作为宝物献给鲁国。反映春秋时代淮河下游一带有野象存在。

第三个温暖期，历时 400 多年，当时象群栖息的北界已南移至长江以南，即 30°N 左右。

第四个温暖期，历时仅 100 年，回暖程度不及前三个温暖期。象群栖息的北界已南迁到南岭以南，即 23°N 左右，并有由东向西逐步转移的趋向。直到 14 世纪，广东雷州半岛至广西南部一带还有野象分布。如今，我国境内野象的分布仅局限于云南省西南部的西双版纳。

从野象分布区的南移可知，温暖期的回暖程度从古至今是递减的。

2. 寒冷期

寒冷期基本上是持续时间一个比一个长，寒冷程度一个比一个强。以河流结冰的情况为例：

第一个寒冷期历时 150 年左右，周懿王七年（前 903 年）和周懿王十一年（前 897 年）长江最大的支流汉水两次结冰。

第二个寒冷期历时 600 年，魏黄初六年（225 年），淮河首次结冰。

第三个寒冷期历时较短，只有 200 年左右，北宋政和元年（1111 年），太湖结冰。

第四个寒冷期历时较长，从 1400 年开始至今（有专家认为，我们今天依然处在公元 1400 年以来的第四个寒冷期），1650—1700 年，汉水五次结冰，太湖和淮河均四次结冰，洞庭湖三次结冰，清康熙九年（1670 年）长江几乎封冻。

在以上四个寒冷期中，根据由北至南、由支流到干流的封冻过程可知，四次寒冷期的寒冷程度确有越来越强的趋势。

3. 气候变迁因素的内在联系

历史时期气候变迁过程中，温暖与湿润、寒冷与干旱之间有着内在联系。

从四次温暖期与四次寒冷期的演变可以看到 5000 年来我国气候变迁中温度的变化情况，历史时期气候的干湿程度也存在着周期性变化，而不是一直保持干燥或一直保持湿润，气候的干湿亦交替变化，在干燥期可能有短暂的湿润期出现，在湿润期中可能有短暂的干燥期出现。

干湿变化与冷暖变化之间也有一定联系，通常温暖与湿润伴生，寒冷与干燥交织，近 5000 多年的寒冷与干燥的变化大体如此。但是，气候的温暖与

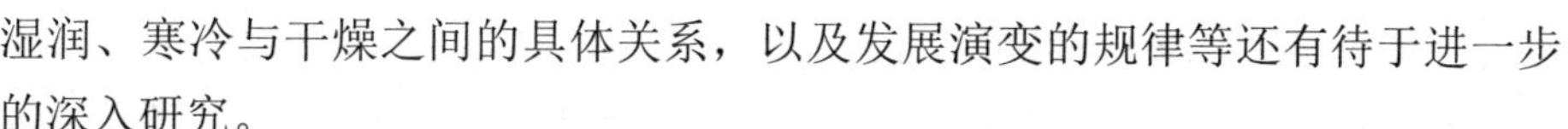

湿润、寒冷与干燥之间的具体关系，以及发展演变的规律等还有待于进一步的深入研究。

中国气候变化与世界气候变化有一定的相关性。把我国历史时期气候的波动与世界其他地域比较，就会发现气候变化是全球性的。虽然不同地域的最暖年和最冷年可能发生在不同年代，但彼此却是先后呼应的。欧洲公元前5000至前1500年是其“气候最宜时期”，是宜农、宜牧、宜海上捕捞的“黄金时期”，这和我国历史时期的第一次温暖期在时间上大体吻合，说明当时的气候转暖是全球性的。在温暖期与寒冷期的循环交替变化过程中，任何最冷时期，似乎都是从东亚太平洋海岸开始，而后向西传到欧洲和非洲大西洋海岸。如果把公元3世纪以来欧洲温度的升降与中国的作一对比，可以看出两地温度曲线的起伏是有联系的。在同一起伏中，欧洲的波动往往滞后于中国。

第四节　不同历史时期气候与人类社会的关系

不同历史时期，气候的变化与人类社会发展有着密切的关系。据历史气候地理的研究表明，从距今10 000年到5000年间的气候温暖期，这种适宜人类生产生活的环境与黄河流域新石器文化繁荣期相吻合。气候的转暖有利于各个地区旱地农作物生长，也有利于人类原始耕作。在湿热的气候背景下，中国新石器文化分布不仅在黄河、长江流域最为密集，而且南到海南，北到哈尔滨都有遗址分布，新石器文化不仅局限在温带，在寒温带、亚热带、热带地区都有广泛的分布。

一般来说，自然条件太恶劣会制约文明的产生和文化的进步，太优越又会抵消文明产生和文化发展的诱发动力，相对适中的环境才能为文明产生和文化进步创造主观和客观上的进取机制。有学者将古代文明与气候带划分对应起来，发现古代文明大都产生在温带。

据研究，汉代气候温暖是造就汉代文明的重要因素。秦汉时期气候由暖转寒，与移民的方向由西北向东南大体一致。我国北方地区三四千年以来气候变化而引起的植物带移动，也就是农耕区的扩大或缩小，与历史记载中农、牧业民族势力消长的情况相契合。东汉迁都洛阳也与当时经济文化重心的东移有关。竺可桢先生认为，东汉洛阳晚春普遍降雪，三国时淮河还结冰，在公元 280 至 290 年的十年间，每年阴历四月还有霜。这种气候背景下，形成了北方游牧民族南下的高潮，出现了历史上有名的“五胡乱华”、北魏孝文帝迁都洛阳等。之后，北方的汉民也大量南迁，在南方建立许多侨置郡县，中国政治经济文化中心出现了明显的东移南迁的端倪。这是秦汉间气候变化与历史发展的所谓人地轨迹。

唐代，适逢中国历史上的温暖湿润时期。温暖湿润气候有利于唐代农业灌溉和粮食种植，这也是农牧业分界线北移，农耕区扩大的基本条件。而农业经济作物种植北线北移，产出多样性更趋明显。由于北方经济的发达，为进一步开发南方地区也创造了条件。唐代以前各朝的农具发明都是围绕着旱地技术的耕耘和灌溉，从唐代开始，江东犁定型，水田耕作工具成熟，南方稻作农业经济形成良性循环，南北方经济全面发展，唐代人口数量增加。然而，以 8 世纪中叶为转折点，这之后的两个世纪，频发各类寒冷事件，春季始末的时间推迟，秋季冷空气南进时间提早，霜冻和降雪出现的最早、最晚时间分别提早和推迟。与这个转折点相对应的重大历史事件是安史之乱。

北方游牧民族周期性南迁，常以寒冷气候为潜在动力。历史上几次重大的北方游牧民族南迁高潮，与千年尺度的寒冷期相对应。西周时期北方游牧民族南迁，时值公元前 1000 年左右的寒冷期；东汉两晋南北朝游牧民族南迁，恰逢 100 至 500 年左右的寒冷期；南宋时期游牧民族南迁，则在 1100 至 1200 年左右的寒冷期；明末清初清军南下，也处在“明清宇宙时期”。其中的因果联系是以历史事实为依据的。寒冷气候对基本生存和生产造成严重威胁，是北方游牧民族南迁的潜在压力。

明清以来，黄河流域，特别是西北地区的农业生态环境更加恶劣。研究表明，早在宋代，新疆地区干旱化加重，戈壁、流沙扩展。明清以来，塔里木盆地庞大的水系开始瓦解，丝绸之路南道被风沙淹没，风蚀地貌加剧。华北则是盐渍化问题严重，特别是黄河改道，老河道多成为盐洼地。由于气候寒冷，自然灾害频率增大，社会处于十分不稳定的状态，影响了中国农业技术的进步和农业经济推动力和效率的转换。明清小冰期，干旱严重，黄河流域干旱灾害普遍多于水灾，并影响到整个长江以北地区，“赤地千里”“天道亢旱”的记载史不绝书。

总之，人类通过对地表植被的改变，如森林的砍伐、草场的破坏，使森林、草场对区域性气候调节的功能降低，森林地区洪涝增多，草原地区草场沙化，气候更为干燥，大陆度指数[①]加大。人类活动，特别是对土地的开发利用，包括耕地、道路、建筑等，改变了大气的下垫面[②]，使地表温度发生相应变化，也会对区域的气候产生影响。人类对能源的开发利用，特别是工业革命以后，导致排放到大气中的二氧化碳增多，大气温室效应加深，使局部乃至全球的气候变暖。

参考文献

费杰：《历史时期火山喷发与中国气候研究》，上海：复旦大学出版社，2019 年。

龚高法等：《历史时期气候变化研究方法》，北京：科学出版社，1983 年。

蓝勇：《中国西南历史气候初步研究》，《中国历史地理论丛》1993 年第 2 期。

满志敏，葛全胜：《气候变化对历史上农牧过渡带影响的个例研究》，《地理研究》2000 年第 2 期。

满志敏：《传世文献中的气候资料与问题》，《面向新世纪的中国历史地理学——2000 年国际中国历史地理学学术讨论会论文集》，济南：齐鲁书社，2001 年。

满志敏：《黄淮海平原北宋至元中叶的气候冷暖状况》，《历史地理》第 11 辑，上海：上海人民出版社，1993 年。

倪根金：《试论气候变化对我国古代北方农业经济的影响》，《农业考古》1988 年第 1 期。

王利华：《全球学术版图上的中国环境史研究》，《南开学报》2010 年第 1 期。

王铮，张丕远：《历史气候变化对中国社会发展的影响》，《地理学报》1996 年第 4 期。

王子今：《秦汉时期气候变迁的历史学考察》，《历史研究》2003 年第 1 期。

文焕然：《中国历史时期冬半年气候冷热变迁》，北京：科学出版社，1996 年。

夏正楷：《第四纪环境学》，北京：北京出版社，1997 年。

徐近之：《我国历史气候学概述》，《中国历史地理论丛》1981 年第 1 辑。

许倬云：《汉末至南北朝气候与民族移动的初步研究》，《许倬云自选集》，上海：上海教育出版社，2002 年。

叶文宪：《中国历史上民族迁徙的气候背景》，《华东师范大学学报》1987 年第 4 期。

于希贤：《苍山雪与历史气候冷暖变迁研究》，《中国历史地理论丛》1996 年第 2 辑。

郑景云：《过去 2000 年中国气候变化研究》，《地理研究》2010 年第 9 期。

---

① 大陆度指数，简称大陆度，表示某地的气候受大陆影响的程度。由于海洋和大陆热力性质的不同，以及大气的运动，不同的地点受海洋和大陆的影响有差异。某地大陆度大，即受大陆影响大。

② 大气下垫面是大气与其下界的固态地面或液态水面的分界面，是大气的主要热源和水汽源，也是低层大气运动的边界面。下垫面的性质对大气物理状态与化学组成的影响很大。

周延儒：《古地理学》，北京：北京师范大学出版社，1982年。

竺可桢：《中国近五千年来气候演变的初步研究》，《考古学报》1972年第1期；

竺可桢：《竺可桢文集》，北京：科学出版社，1979年。

练 习 题

一、基本概念

冰后期　第四纪　全新世大暖期　仰韶温暖期　中世纪温暖期　南宋寒冷期　明清宇宙期　竺可桢

二、讨论及论述

1. 简述近1万年来中国历史气候变化的大势。
2. 举例说明历史气候变化对中国社会发展的影响。
3. 简述竺可桢的历史地理学贡献。
4. 查阅学术研究成果，讨论黄河文明产生的气候机理。
5. 简述历史气候变迁研究的主要方法。
6. 历史气候变迁与中国历史发展的关系。
7. 春秋战国到清末我国东部气候的变化。

第二章　历史时期的植被变迁

植被，指一个地区植物群落的总体。植被的类型，可分为森林植被、草原植被和荒漠植被；按属性又可分为自然植被和栽培植被（或称人工植被）。

早在六七千年以前，我国历史时期的天然植被以森林为主，从东南向西北，大致可分为森林、草原和荒漠三种植被地带。这三类自然景观及其界限并不是严格不变的，而是随着自然条件和人类活动的影响，时有变迁，尤其是在农耕地区，变动更为显著。

第一节　历史时期森林植被的变迁

森林，指成片的林木和灌丛，按照生长条件，可分为山地森林与平原森林。上溯至新石器时代，我国森林地带位于东部和中部，其西界大约从大兴安岭北部起，沿嫩江向东南，然后折向西南划一条斜线，一直到达西藏的东南部。从植被的类型看，寒温带林、温带林、暖温带林、亚热带林、热带林由北向南依次分布。进入历史时期，我国现有的植被带已经基本形成，研究表明，先秦时期，全国森林覆盖率为49.6%，南方地区的森林覆盖率在90%以上。

据《诗经》《山海经·五藏山经》等先秦地理名著记载，全新世至距今两三千年前，广大华北平原上亦普遍分布有森林、沼泽植被。现今陕北、陇东山地及汾河下游霍山、中条山亦为森林遍布，太行山区淇水流域的竹林在西周时代相当著名。在浙江余杭良渚、吴兴钱山漾、余姚河姆渡、湖北京山屈家岭等新石器时代遗址中出土的遗物反映出这一地区是森林、竹林和沼泽植被广布。文献记载当时会稽山地和四明山地有一片被称为“南林”的茂密森林。

以上这些地区今天的植被地貌已经发生了根本变化，本节以东北地区、黄河中游及华北地区、长江流域及以南地区三个区域来观察我国森林植被的变迁过程及其原因。

一、东北地区

文献资料和考古材料证明，在历史时期，除部分水生植被和沼泽植被外，整个东北地区绝大部分为森林所覆盖。大兴安岭、小兴安岭、长白山以及辽东丘陵和西辽河上游西拉木伦河流域等，都是“深山高峻险，林薮森密，溪河甚多”[①]。

今天，东北地区的森林主要为分布于大兴安岭北段的寒温带针叶林带和小兴安岭与长白山以及大兴安岭南端的温带针叶林—落叶阔叶林带。《渤海图记》《扈从东巡日录》《吉林外纪》等文献中记载这里的树种有松、桦、槐、白杨、栎、椴、榆、柞等，与今天东北地区森林发育和分布相吻合。大兴安岭以落叶松为主，其次是樟子松和白桦。小兴安岭和长白山则以红松、辽东栎为主，并杂以杉、椴、榆、槭等。辽东丘陵除大片赤松外，还有辽东栎、柞树等。

在历史时期，这里长期处于地广人稀的状态，森林面积十分广阔。从原始社会起，随着原始农业的发展，一些平原地区的森林已受到影响。东北地区开发最早的是辽河下游，战国时燕国就在这里设置了辽东、辽西二郡。辽河下游农业经济的发展，曾使周围地区的森林面积不断缩小。明代东北虽然有大量森林，但多为松木，且多为女真部落之地，采伐不便。清初，东北地区作为皇室的龙兴之地被封禁，砍伐受到限制，森林植被覆盖良好。

东北地区的森林遭到大规模的破坏是在清代，这同清代东北农业地区的不断扩大和后来 19 世纪末至 20 世纪初沙皇俄国势力的入侵有密切关系。清代弛禁以后，关内大批失掉土地的农民流入关外垦荒，农业区由辽河流域逐步向松花江流域和黑龙江流域推移，平原地区的森林逐渐被开辟为农田，直到一扫而光。光绪二十九年（1903 年），在中东铁路及其支线修建的同时，沙俄趁机在铁路沿线大规模掠夺森林资源，使大、小兴安岭地区的森林受到很大破坏。日本帝国主义吞并整个东北以后，步帝俄后尘，继续大肆掠夺东北地区的森林资源，使大兴安岭中南段、小兴安岭和长白山地区森林进一步遭

①（清）图理琛：《异域录》，上海：商务印书馆，1936 年，第 39 页。

到破坏，交通沿线和江河流域的林地迅速消失。大兴安岭中段也被砍伐殆尽，抢掠一空。1949年后，东北林区有所恢复和扩大，大兴安岭北段、小兴安岭和长白山区仍是我国最大的林区，东北地区的森林面积仍占全国森林面积的1/3。

受人类活动的影响，东北地区的森林表现为栽培植被的不断扩展和天然植被的逐渐缩减，大致是呈现由南向北和从平原到山地的递减演变规律。

二、黄河中游及华北地区

这一地区包括黄土高原东南部、渭河平原、豫中和豫西山地、冀北山地、华北平原及山东丘陵等地。古代这一地区大部分为森林覆盖，属于暖温带森林地带。由于人类活动影响和自然条件变化，黄河中游及华北地区，是我国森林植被变化最大、破坏最严重的地区。

华北及其以西的黄河中游地区，是我国历史上农业经济发展最早和文化最发达的地区，也是华夏文明的摇篮。但在战国之前，除平原农业已具相当规模外，其余广大地区都还被森林和灌草丛所覆盖，植被相当茂密。

西安半坡遗址证明，早在6000年前，西安一带除二级河流阶地上的农田外，其余多为森林。大汶口遗址中土木结构的房屋，亦说明了当地森林繁茂。《诗经》《尚书·禹贡》《山海经》等文献记载，战国以前的华北地区和黄河中游地区，大体上都是森林茂密的景象。《诗经》中《唐风》《陈风》《曹风》《鲁颂》等有关诗篇都证明，今山西、河南、山东、河北等省，都曾经是森林覆被良好的地区。《尚书·禹贡》载，济水和黄河之间的兖州，“厥草惟繇，厥木惟条”[①]。

黄河下游今河北南部有巨鹿泽，其附近地区又称为“大麓之野”[②]，麓是会意字，与鹿有关，故《汉书·地理志》言林之大者为鹿，大鹿就是大片的森林，可见水旁湖边不乏大片林木。黄河下游及其附近山地更多有森林，《山海经》所记载的许多名山，大都林木葱郁，水草丰茂。如属于秦岭山脉的小华之山，“木多荆杞”[③]，其西的符禹之山，“其上有木焉”[④]。《诗经》多有不同地区植被的描述。《鲁颂》云：“徂来之松，新甫之柏。”[⑤]徂来、新甫，都

① 冀昀主编：《尚书·禹贡》，北京：线装书局，2007年，第35页。
②（汉）伏胜：《尚书大传》卷1下，北京：中华书局，1985年，第15页。
③ 刘枫，李宇主编：《山海经》卷2《西山经》，长春：时代文艺出版社，2000年，第14页。
④ 刘枫，李宇主编：《山海经》卷2《西山经》，长春：时代文艺出版社，2000年，第14页。
⑤ 刘松来：《诗经》，青岛：青岛出版社，2011年，第245页。

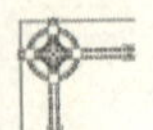

是鲁国附近的山名。《郑风》云："山有扶苏"[①]，"山有乔松"[②]。《论衡·遭虎篇》记："孔子行鲁林中。"[③]这一地区在战国以前，是我国主要的暖温带森林区，森林植物以栎属和松属为主，并混有榆、桦、槭、柿、胡桃等属的乔木、灌木。

仰韶文化遗址表明，早在六七千年以前，黄河流域有大量森林存在，原始族群利用这些森林来维持生计和发展生产。尽管有不少地方就已经开始垦殖，但规模较小。

黄河中游森林的破坏大致经历了四个阶段。

西周至战国为第一阶段，植被破坏轻微，后期平原渐渐开垦为农田，平原森林缩小。

秦汉到北朝为第二阶段，平原地区森林基本上砍伐殆尽。战国以后，铁农具的广泛使用，经济开发加快，人口不断增加，对森林的获取力度也开始增大。木材的用途，除建筑板屋、宫殿外，还大量地用以制作农业和手工业工具、交通栈道桥梁、船舶、家居器用等，冶铁烧瓷、薪炭薪材，也耗用大量森林资源。城郭的营建、冶铁、陶瓷等手工业的发展、垦殖面积的扩大等，加剧了森林的破坏，导致战国时期森林资源消耗量大。平原地区的森林大体上已被砍伐殆尽，山东泗水流域已"无林泽之饶"[④]，为"桑麻之业"[⑤]所替代，只在山地，还有一些森林。

秦汉时期，冀、鲁、豫三省交界的东部地区早在公元前2世纪已经缺乏薪材，可见天然森林已经破坏殆尽。北魏时，"京洛材木，尽出西河"[⑥]，说明太行山地区仍有较多森林。两晋南北朝时期北方游牧民族纷纷南下，五胡乱华，北方战乱不已，对经济破坏严重，许多垦殖区演变为牧区，农牧分界线南退，但因气候转寒，森林植被已经难以恢复到战国中后期的状况。

《汉书·地理志》载："天水、陇西，山多林木，民以板为室屋。"[⑦]这种以板为屋的风俗在陇南流传甚久，南方更是如此。在今甘肃地区，由于农牧区的转换，森林覆盖率也随之波动，但到东汉至南北朝时期，六盘山林木茂盛，清水河河水丰厚，多造船巨木，陇山林密，遮天蔽日，渭水上游和西秦

① 刘松来：《诗经》，青岛：青岛出版社，2011年，第55页。
② 刘松来：《诗经》，青岛：青岛出版社，2011年，第55页。
③（汉）王充：《论衡》，上海：上海人民出版社，1974年，第249页。
④（西汉）司马迁：《史记》卷129《货殖列传》，北京：中华书局，1959年，第3266页。
⑤（西汉）司马迁：《史记》卷129《货殖列传》，北京：中华书局，1959年，第3266页。
⑥（唐）令狐德棻等：《周书》卷18《王羆传》，北京：中华书局，1974年，第291页。
⑦（东汉）班固：《汉书》卷28下《地理志》，北京：中华书局，1962年，第1644页。

岭板屋之风方兴未艾。唐宋时期，黄河流域仍为中国文明的中心，经济开发的强度加大，林地多被垦殖变为农田，而对森林的采伐规模也在增大。

第三个阶段是唐宋时期，缓坡山地森林遭到大面积严重破坏。如中唐时修建长安城的良材巨木，竟要从岚（今山西岚县）、胜（今内蒙古准格尔旗的十二连城）二州采取；宋代开封城内堆积如山的木材主要来自岐陇以西的渭河上游山区等。宋代在渭水北岸专门设立了采伐森林的采造务，专门在秦陇诸山“岁获大木万本”①，以臻汴梁“良材山积”②，渭水上游的森林因此受到严重破坏。由于一线木材蓄积量大减，渭河两岸百姓因难以获取薪炭、薪材，不得不到羌人和西夏地区去盗伐。

唐代在许多交通不便、不易开采林木的大山深处，还有许多森林保留下来。唐代终南山和华山都有许多森林，崤山的森林为唐代采伐的重点地区，而熊耳山、嵩山、王屋山、析城山、太行山都以多松著称，吕梁山也是一个重要的林区；唐代麟州的松林、丰州的榆柳、胜州的巨材都有生长，其他如阴山、贺兰山也有一些森林生长；陕北横山山脉有一些森林，以柏林为主，但面积不大。这表明唐宋时期，黄河中游森林仍是比较多的，故有学者估计唐宋黄河中游森林覆盖率在32%左右。

第四个是明清时期，也是黄河中游地区的森林遭到毁灭性破坏的阶段，伴随着大规模的垦荒，黄河流域可供大中型建筑木材的森林已不多见，森林植被逐渐消失。这种境况从明代开始，一直延续到清代，以至于明清两朝重大营造要去长江中上游地区采办。森林植被的消失，也是造成今天黄河中游水土流失严重的关键所在。

与黄河中游地区一样，华北平原的森林植被亦较早被栽培植被所取代。在距今七八千年前，在华北平原西边与太行山脉、豫西山地的交接处，已经进入耜耕农业阶段，这就意味着天然植被开始被人工栽培植被所取代。此后，因农业工具的改进和耕地面积的扩大，人类加速了对森林和草原的开发。到战国时，河南中部地区宋国已“无长木”③。公元前2世纪，冀、鲁、豫三省交界的东部地区已经“颇有桑麻之业，无林泽之饶”④，并且已经“地小人众”，甚至缺乏燃料木材。地处中原的魏国，无刍牧牛马之地，天然森林植被已经大量为栽培植被所代替。在以后的2000年里，这一地区战争极为频繁，加上

①（宋）李焘：《续资治通鉴长编》卷3，北京：中华书局，1979年，第68页。
②（元）脱脱等：《宋史》卷276《张平传》，北京：中华书局，1985年，第9405页。
③（汉）刘向编集，贺伟、候仰军点校：《战国策·宋卫》，济南：齐鲁书社，2005年，第363页
④（西汉）司马迁：《史记》卷129《货殖列传》，北京：中华书局，1959年，第3266页。

和平时期的大规模垦殖，使本来已被破坏的植被根本无法恢复。宋代，河北境内，当时平原除了农耕地外，尚有塘水泊淀、马监牧地、水灾荒地、咸卤地等，大面积的落叶阔叶林几乎不复存在。今山东一带在唐宋时期森林也受到破坏，故沈括称“今齐鲁间松林尽矣”①。宋金以后，黄河经常泛滥成灾，沙地和盐碱地面积扩大，大片人工栽培植被也被破坏。清代虽然在农业上有所发展，但土地抛荒和人工的开垦不断反复，再也不能恢复原先的生态环境。

黄河流域所处的中纬度地区，5000 年来气候总的来看是向干冷演变，森林资源受此影响，生存、保护和再植都越来越困难，森林植被类型也越来越单一，整个森林生态系统越来越脆弱。总之，从近 3000 年的历史来看，黄河流域的森林兴衰正好与黄河文明兴衰同步，这说明黄河流域森林植被对文明的发展有十分重要的作用，森林资源兴废与黄河文明的兴衰有内在的必然联系。黄河中游及华北地区是我国森林破坏最早、最彻底的地区，植被变化最大。

三、长江流域及其以南地区

长江流域及其以南地区主要包括长江、珠江两大流域及其周围地区，还包括台湾、海南岛及南海诸岛，是我国主要的亚热带和热带林区。这里自然条件适宜，气候温暖湿润，雨量充沛，历史上一直是森林生长最茂盛的地带，是我国古代森林中面积最大、植被最茂密的地区。

1. 历史时期早期的植被

第四纪孢粉分析和文化遗址考古证明，古代长江中下游平原的天然植被主要为亚热带森林和沼泽植被。南岭以北的山地丘陵植被，如秦岭山地、浙闽山地丘陵、南岭和两广山地丘陵北部、四川盆地、云贵高原北部及青藏高原南部等，都以亚热带森林为主，面积广大发育良好。《尚书 • 禹贡》记载，扬州“草夭木乔”，荆州有杶干、栝、柏、楛等树木，“厥草惟夭，厥木惟乔”②。战国和秦汉文献记载，秦岭山地为“多竹木”③且“山林之饶”④的状况。余姚河姆渡遗址发掘出樟、榕、铁杉等亚热带树种。魏晋时期文献记载了四川高地和贵州高原竹林“夹江绿”的繁茂景观。

① （宋）沈括著，候真平校点：《梦溪笔谈》卷 24，长沙：岳麓书社，1998 年，第 195 页。
② 冀昀主编：《尚书 • 禹贡》，北京：线装书局，2007 年，第 38 页。
③ （西汉）司马迁：《史记》卷 129《货殖列传》，北京：中华书局，1959 年，第 3268 页。
④ （东汉）班固：《汉书》卷 28 下《地理志八》，北京：中华书局，1962 年，第 1666 页。

珠江流域、云贵高原南部及诸海岛，地处低纬度，濒临热带海洋，自古“无霜雪”①。历史时期天然植被以热带森林为主，如水松、榕、槟榔、椰子、荔枝等，珠江三角洲3000多年以前就有红树林分布。

两广山地丘陵和云南高原南部，古代这里热带森林非常广大。广州有一秦汉造船工厂遗址，证明了早在公元前3世纪，广州一带即盛产格木、香樟、水松及杉等巨大乔木构成的森林。广西山区直到18世纪犹称“树海”，滇南更是山高林密，明代记载为“草木畅茂”②和“山多巨材”③。位于海洋中的台湾岛、海南岛及南海诸岛，更有茂密的热带森林。元代的《岛夷志略》记载，古代台湾省“林木合抱”④。现今阿里山中所谓“神木”，树龄高达3000—5000年。

2. 历史时期植被的变迁

历史时期，长江以南地区经济开发较晚，长期处于人口稀少状态，经济发展缓慢，加上该地区自然条件非常适宜森林的生长，古人对森林的破坏相对比较缓慢和轻微，无论山地、丘陵还是平原，森林植被均基本上完好。秦统一前，在长江流域先后兴起了楚、吴、越等国，各国的主要农业区都位于长江中下游平原地区，其他地区基本上仍是“榛莽未辟”之地。楠木作为资源最先得到开发利用，故史籍多记载其地楠木为物产，如史书记载，六朝时陈文帝利用湘州盛产的巨楠和巨杉造了200多艘战船。其时中国中南和西南的楠木蕴藏十分丰富。

唐代以前，长江下游地区的楠木林还很多。《史记·货殖列传》称江南产楠木。《汉书·地理志》称今安徽地区有“木之输”⑤，颜师古注曰：“木，枫楠豫樟之属。”⑥《吴都赋》云：“楠榴之木，相思之树。”⑦楠木是建造宫殿等大型建筑的良材，王室贵族普遍使用，消耗量极大。唐宋时期，江南的楠木资源枯竭，只好到中南地区继续开采楠木资源。

宋代，随着经济重心的南移，农业地区不断扩大，长江流域及其以南地区逐渐成为主要的粮仓，森林面积大为缩小，如川陕四路、荆湖南北路、江南东西路等长江流域的广大地区，都变成了鱼米之乡，“无寸土之旷”⑧。

① （吴）沈莹撰，张崇根辑注：《临海水土志》，北京：中央民族大学出版社，1998年，第4页。
② （明）朱孟震：《西南夷风土记》，上海：商务印书馆，1936年，第2页。
③ （明）朱孟震：《西南夷风土记》，上海：商务印书馆，1936年，第2页。
④ （元）汪大渊原著，苏继庼校释：《岛夷志略校释》，北京：中华书局，1981年，第16页。
⑤ （东汉）班固：汉书》卷28下《地理志》，北京：中华书局，1962年，第1668页。
⑥ （东汉）班固：《汉书》卷28下《地理志》及其注引《颜师古注》，北京：中华书局，1962年，第1668页。
⑦ 王海燕，尚晓阳注析：《历代赋选》，海口：南海出版公司，2007年，第212页。
⑧ （元）脱脱等：《宋史》卷89《地理志五》，北京：中华书局，1985年，第2230页。

但岭南的广西东、西路仍是“山林翳密，多瘴毒”[①]的地方，森林覆盖十分良好。

明清时，由于人口猛增，垦殖面积扩大，森林遭到严重破坏，魏源《湖广水利论》描述这里甚至发展到“蚕丛峻岭，老林邃谷，无土不垦”[②]的程度，加速了本地区天然植被的变迁。以浙江绍兴为例，在明清以前，绍兴一带山区森林基本完好，但后来甘薯、玉米等旱地粮食作物的引种和迅速扩大，山区迅速得到开发。明代，除人工栽培的竹林，少数山地灌木丛和草地外，绍兴地区的天然森林已基本上砍伐殆尽。因此，清代官方的调查报告不得不承认这个地区已“无森林可言”了。

清代时，北方缺乏建造宫殿的木材，于是往南方采办巨材，采办地区涉及南方的四川、贵州、湖广、江西、浙江、江南、福建、广东等地区。从乾隆年间开始，由于南方其他地区的巨大楠杉资源采伐殆尽，采办地区集中在四川、贵州和湖广西部一带。清末传统的采办地马湖府和遵义府已经无巨大楠木可采，只得在川滇交界的西昌和永善等地采办了。清代采办木材的数量也很大。如康熙二十一年至二十四年（1682—1685 年），四川应办楠木 4503 根，杉木 4055 根，但由于资源枯竭，只采办到楠木 2663 根，以后采办更少了。道光《遵义府志》中周霖《楠木说》：“绥邑诸山，旧多楠，为两人引手方合抱。儿时常见之，今则无矣。土城山阴有大楠二株，荫庇数亩缠岩石者数十丈，今亦伐其一。”[③]到光绪年间，大木采办更是艰难，这是南方地区森林植被演变轨迹的一个缩影。

3. 植被变迁的主要原因

长江流域及其以南山地森林的破坏，同引种产量较高、对土壤条件要求较低的甘薯、玉米有密切关系。17、18 世纪湘江中下游山地森林的破坏即是如此，清代中叶，当地已经成为濯濯童山，木材、燃料都十分缺乏。人口不断增加，栽培植被不断代替天然植被，是导致森林破坏的主要原因。

自然灾害，诸如寒冷、虫灾以及火灾等也对森林植被减少有一定影响。明正德元年（1506 年）以来，钦州一带多次出现较强的寒潮，致使本区域内形成“树木皆枯”[④]等现象。清朝曾为了镇压太平天国革命，焚烧今衡阳、衡南等地的广大森林，使之长期不能恢复。

① （元）脱脱等：《宋史》卷 90《地理志六》，北京：中华书局，1985 年，第 2248 页。
② （清）魏源：《魏源集·湖广水利论》，北京：中华书局，1976 年，第 389 页。
③ 道光《遵义府志》卷 17，清道光二十一年（1841 年）刻本，第 379—380 页。
④ 赵尔巽等：《清史稿》卷 44《志十九》，北京：中华书局，1976 年，第 1616 页。

当代长江以南地区仍是我国森林面积最广大的地区之一，森林植被主要集中在横断山脉林区（包括川西、滇北及藏东南一带）、长江中下游杉木林区（包括鄂、湘、黔、赣、浙及桂北、粤北、闽北、皖南的山地）和滇南、五指山、台湾林区（包括云南西南部、海南岛王指山地、台湾山地等）。

第二节　草原和荒漠地带的植被及其变迁

在上述森林地带以西，分布着草原和荒漠地带，主要包括内蒙古、陕西、甘肃、宁夏、青海、西藏、新疆等地。

草原植被又分为温带草原和高山草原—草甸草原两种植被类型。在大兴安岭南段、呼伦贝尔草原、东北平原、内蒙古高原以及黄土高原西北部，历史时期的天然植被以温带草原为主；历史时期青藏高原中南部，包括藏北高原和昆仑山地为高山草原—草甸草原区；在内蒙古西部、宁夏、甘肃河西走廊、青海柴达木盆地和新疆等地，地处大陆内部，高山环绕，气候干燥，历史时期的天然植被以荒漠为主，但其范围要较今天小得多。

除森林植被地带外，在大兴安岭南段、呼伦贝尔草原、东北平原和内蒙古高原、黄土高原西北部及青藏高原中部和南部，广大的草原地带，期间的山地间有一定数量的森林分布。这一地区历来为游牧、渔猎民族的活动场所，经济生活以“逐水草迁徙”[①]和“畜牧迁徙，射猎为业”[②]为主。汉代，阴山山脉一带还是“草木茂盛，多禽兽”[③]。随着农垦区的发展和过度放牧，草原遭到破坏，荒漠面积不断扩大。

草原和荒漠地带随着历史时期农牧地区的变化而不断变迁。

秦统一前，《史记·货殖列传》将龙门碣石作为南北分界线，即以今陕西韩城与山西河津之间到河北昌黎一线为界，此线以南为广袤的农业地区，以北则是“多马、牛、羊、旃裘、筋、角”[④]，俨然牧区景象。当时，这条分界线以北的草原地区比现在要大得多，包括河北、山西、陕西、宁夏、甘肃和东北平原的广大农业区在内。

①（汉）司马迁：《史记》卷110《匈奴列传》，北京：中华书局，1959年，第2879页。
②（北齐）魏收：《魏书》卷1《序纪一》，北京：中华书局，1974年，第1页。
③（东汉）班固：《汉书》卷94下《匈奴列传》，北京：中华书局，1962年，第3803页。
④（汉）司马迁：《史记》卷129《货殖列传》，北京：中华书局，1959年，第3254页。

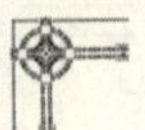

秦汉时代，秦始皇曾派蒙恬北征匈奴，夺得“河南地”[①]（今鄂尔多斯高原），设立44个县，徙民实边，使当地迅速发展成农业区，并在黄河以北筑成了“起临洮，至辽东”[②]的万里长城，长城以南基本上均已开发为农业区。秦长城较龙门碣石一线更北，说明农牧分界线向北推移了。

汉代，继续徙“关东贫民”[③]于河南地，使这里的农业经济得到空前发展。东汉，匈奴分裂，南匈奴内附，随着游牧民族内迁，农牧分界线又逐步南移，在黄河中游地区大致形成了以云中山、吕梁山、陕北高原南端山脉和泾河为界的农牧分界线，此线以东以南为农业区，以北以西则是畜牧区。东汉以后，这条农牧分界线维持时间很长，极少变动。

北魏以后，农牧分界线又向北移，但幅度很小。唐代，曾在今鄂尔多斯东部和山西西北一带安置突厥降众，设置“六胡州”[④]，并不断扩大养马地，甚至超过黄河，伸展到楼烦监（今山西静乐县楼烦镇）。说明牧区出现南移的趋势。中唐以后，由于长城以内人口增长，加上土地兼并加剧，广大农民为了获得耕地，不断向草原蚕食。同时，北方的游牧民族也逐渐掌握农耕技术，在草原上也建立了一些新垦区，使得农牧分界线再度北移，并从此成为不可遏止的趋势。

历经辽、西夏和金，从天山南麓向东，经河西走廊、贺兰山、河套、阴山山脉以南，直到科尔沁草原，大致形成了一条长达万里的比较粗放的耕种带，延续到清朝弛禁以后，农耕区北移逐渐达到极限，草原植被吞食区域扩大。

藏北高原因地势太高，气候寒冷，不宜于大面积扩大耕作区，自唐代以来，这个区域藏族人民就一直以游牧经济为主。内蒙古、新疆等地却是可农可牧的地区，直到今天，农业区仍在不断扩大，草原植被面积相应减少。现在，草原也有退化、沙化现象，显然农业区的扩大和农牧分界线的北移是造成草原面积不断缩小的主要原因之一。

此外，草原和荒漠地带的一些高耸山地，气候随地势海拔高度的变化，也曾形成森林茂密的自然景观，翻检《汉书·匈奴列传》，会发现内蒙古的阴山山脉“草木畅茂，多禽兽”[⑤]，河西走廊的祁连山“有松柏五木，美水草”[⑥]，

①（汉）司马迁：《史记》卷6《秦始皇本纪》，北京：中华书局，1959年，第252页。
②（汉）司马迁：《史记》卷88《蒙恬列传》，北京：中华书局，1959年，第2565页。
③（汉）司马迁：《史记》卷110《匈奴列传》，北京：中华书局，1959年，第2909页。
④（后晋）刘昫等：《旧唐书》卷8《玄宗本纪上》，北京：中华书局，1975年，第182页。
⑤（东汉）班固：《汉书》卷94下《匈奴列传》，北京：中华书局，1962年，第3803页。
⑥（汉）司马迁：《史记》卷110《匈奴列传》及其注引《索隐》，北京：中华书局，1959年，第2909页。

新疆的天山则“山多松樠”①，直到今天，祁连山、天山、阿尔泰山等山地仍是我国重要的森林区。

参考文献

樊宝敏，李智勇：《过去 4000 年中国降水与森林变化的数量关系》，《生态学报》2010 年第 20 期。

龚高法：《历史时期我国气候带的变迁及生物分布界限的推移》，《历史地理》第 5 辑，上海：上海人民出版社，1987 年。

何凡能等：《近 300 年来中国森林的变迁》，《地理学报》2007 年第 1 期。

蓝勇：《明清时期的皇木采办》，《历史研究》1994 年第 5 期。

凌大燮：《我国森林资源的变迁》，《中国农史》1983 年第 2 期。

王守春：《明清时期黄土高原植被与环境》，《黄河流域地理环境演变与水沙运行规律研究文集》第 5 集，北京：海洋出版社，1993 年。

王守春主编：《黄河流域地理环境演变与水沙运行规律研究文集》第 5 集，北京：海洋出版社，1993 年。

文焕然：《二千多年来华北西部经济栽培竹林之北界》，《历史地理》第 11 辑，上海：上海人民出版社，1993 年。

文焕然等：《中国历史时期植物与动物变迁研究》，重庆：重庆出版社，1995 年。

张靖涛：《甘肃森林的历史变迁》，《农业考古》1986 年第 2 期。

周云庵：《秦岭森林的历史变迁及其反思》，《中国历史地理论丛》1993 年第 1 辑。

朱士光：《全新世中期中国天然植被分布概况》，《中国历史地理论丛》1988 年第 1 辑。

练习题

一、概念

天然植被　人工栽培植被　皇木采办

二、讨论及论述

1. 简述 40000 年来我国森林资源分布变迁的大势。

① （东汉）班固：《汉书》卷九六下《西域传》，北京：中华书局，1962 年，第 3901 页。

2. 举例说明历史时期森林资源对中国社会发展的影响。
3. 黄土高原森林植被的变迁。
4. 如何搞好黄土高原的环境治理?
5. 简述我国历史时期农牧分界线的变迁。

第三章　历史时期江河湖沼的变迁

河流对人类生产和生活十分重要。中国山河大势是西高东低，并呈东西走向排列，江河依山，自西向东，奔流入海。江河摆脱群山约束，进入东部平原。因此，中国东部平原的河流变迁，最为复杂和剧烈。在历史上，由于河流的变迁，自然地理面貌发生了很大的改变，对人类的生产和生活带来了深刻的影响。例如，黄河、长江、淮河、海河等都发生过巨大的变化，这些变化都不同程度地影响了当时、当地的社会生产，甚至影响到今天。

人类活动也对河流变迁产生影响，如大禹治水。我国最早的记载自然地理的《山海经》《尚书·禹贡》，都保存了大量的古代河流水系的资料。之后的《水经》《水经注》，以及历代正史的地理志或河渠志等，也记载了不同历史时期的河流水系及其历史沿革。浩如烟海的地方志更是详述了全国大大小小的河网水系及其方位与走向，为后人研究复原我国水系的历史变迁上留下了丰富的遗产。

第一节　黄河的变迁

黄河，是我国第二大河，发源于巴颜喀拉山，干流长 5464 千米，在山东省东营市垦利区境流入渤海。流域面积 752 443 平方千米。根据黄河河道流经地区的自然情况，可将黄河分作上游、中游、下游三大区段。从河源至内蒙古河口镇为黄河的上游；河口镇到河南省的孟津是黄河的中游；从孟津到入海口为黄河的下游。

一、黄河的现状和历史

黄河流域处于我国西北干燥区和东南湿润区之间，绝大部分地区属于大陆性气候。黄河流域的地貌类型有青藏高原、黄土高原、冲积平原[①]，整个流域的中上游四周多被高山环绕。

黄河流经约30万平方千米的黄土高原地区。黄土疏松，易受侵蚀，历史时期无节制的垦殖、过度放牧和不合理的樵采，使得地面覆盖不良，土蚀严重，地形破碎、沟壑纵横、植被较差。在黄土高原北部河套附近，是连绵不断的沙漠，近世以来，沙漠面积有逐年扩大的趋势。黄河下游的华北平原，地域广阔，既少丘陵冈阜，又无湖泊泽薮。黄河经常是浊流滚滚，黄水滔滔。黄河下游河道，因暴雨带入大量泥沙，使黄河成为世界上含沙量最高的河流，虽宽阔平坦，水流缓慢，但泥沙淤积十分严重，河床已平均高出两岸地面4—5米，成为一条“地上河”，亦称“悬河”。

黄河形成于地质时期，年代久远，其间黄河经历若干变迁，进入历史时期后的黄河和地质时期的黄河迥然不同。历史时期，黄河的变迁很大，总的说来上游的支流虽多，但古今河道变迁不大，没有显著差异。河道变化主要集中在中下游。

黄河中游流经黄土高原，历史时期黄土高原的地貌特征是遍布的塬[②]。数千年前，黄土高原上的塬范围都相当广大，自六盘山以东，直抵山西、陕西两省间的黄河峡谷，多被称作“沃野”[③]，农牧兼宜。广大的塬上森林茂盛，到处郁郁葱葱。高原下的平川原野景观，则是茂密的森林夹杂着农田和草原。当时的黄土高原也并不是绝对没有沙漠，只是沙区狭小，无足轻重。

数千年前黄河下游的自然状况仿佛现在的长江下游，从太行山东部到淮河以北，到处都有湖泊。例如，山东省西部的巨野泽（早已被湮淤为平地）、太行山东部的大陆泽等。历史上黄河下游广袤的平原上还有一些丘陵冈阜，有的不仅高大，而且宽阔，而现在这些丘陵冈阜已被淤平，以至于难知故地，只是在山东省西南部还偶有遗存。另外，数千年前黄河下游的平原一般都较现在地势低，常常能低十几米或几十米，有的可能还要低得更多。

关于黄河水中富含泥沙的记载，始于春秋时期，那时的记载只是说黄河水不清，并没有提到水流呈黄色。战国时期，以浊河和济河相比较，也不过是说黄河水与清澈的济水不同，那时把这条大河称为河水，并没有黄河这个

① 冲积平原是由河流沉积作用形成的平原地貌。在河流的下游水流没有上游急速，水流从上游侵蚀了大量泥沙到了下游后因流速不足以携带泥沙，结果这些泥沙便沉积在河流下游。尤其当河流发生水浸时，泥沙在河的两岸沉积，冲积平原便逐渐形成。著名的冲积平原有长江中下游平原、黄淮海平原、宁夏平原等。

② 塬是黄土高原地区因流水冲刷而形成的地貌，其特点是四边陡，顶平。

③（汉）司马迁：《史记》卷29《河渠书》，北京：中华书局，1959年，第1408页。

名称。直到西汉初年，黄河这个名称才始见于记载，如“河水重浊，号为一石水而六斗泥”①，显然河水所含泥沙已大量增加，与春秋战国时期有明显不同。由此可知，黄河水并不是一开始就浑浊。

在古代，“河”就是黄河的专称。据《汉书·地理志》《水经注》记载，河北平原上被称为“河”的水道达10余条，都是黄河某次决泛改徙后的故道。直到唐朝，“黄河”一词才成为固定的专有名称。宋时黄河“河流混浊，泥沙相半”②。明人则更具体地说黄河平时“沙居其六”③，伏汛时“则水居其二”④。

二、黄河下游的改道

据统计，1949年以前的3000多年间，黄河下游决口1500多次，较大的改道有20—30次，其中有6次重大改道。

（一）战国筑堤以前（公元前4世纪以前）

战国以前，黄河下游流经河北平原，在渤海湾西岸入海，因大河两岸未筑堤防，河道极不稳定，在河北平原中部恣意改徙、泛滥，如同今天所见的河口三角洲⑤上的地貌一样。河水改道频繁不适宜人类长期定居，因此在华北平原上至今未发现新石器时代至商周时期的遗址。

黄河虽然在华北平原上任意改道，但不同时期都有一条主干道入海。据文献记载，曾往返更迭多次流经的黄河大溜有《尚书·禹贡》《山海经·北山经》和《汉书·地理志》中记载的三道，习称“文献三道”。前两道在河北平原偏西，沿太行山麓北流。《山海经·北山经》中记载的大河下游大致北流到永定河冲积扇的南缘，再折向东经今雄县、霸州市一线，到天津市区附近入海；《尚书·禹贡》中记载的大河下游在今河北省深州市与《山海经·北山经》中记载的大河别流，后穿过今河北平原中部，于青县以东入海；《汉书·地理志》大河则离开了太行山东麓，经豫东北、鲁西北、冀东南，东北至今河北省黄骅市境入海。

三条河道在战国中期以前，或互为主次，或同时存在，但以《汉书·地

---

① （东汉）班固：《汉书》卷29《沟洫志》，北京：中华书局，1962年，第1697页。

② （元）脱脱等：《宋史》卷93《河渠三》，北京：中华书局，1985年，第2310页。

③ （清）张廷玉等：《明史》卷222《潘季驯传》，北京：中华书局，1974年，第5870页。

④ （明）潘季驯：《河防一览》卷2《河议辩惑》，《景印文渊阁四库全书》第576册，台北：商务印书馆，1986年，第17页。

⑤ 三角洲，即河口冲积平原，是一种常见的地表形貌。河口为河流终点，即河流注入海洋、湖泊或其他河流的地方。未流入湖泊的内流河称为无尾河，可以没有河口。河口处断面扩大，水流速度骤减常有大量泥沙沉积而形成三角形沙洲，称为三角洲。三角洲的顶部指向河流上游，外缘面向大海，可以看作是三角形的“底边”。

理志》中记载的大河河道较为常见。战国时期，黄河在河北平原中部改道十分频繁，故平原中部有一个极为宽阔的无人聚落区，因此，河水改道对人类社会影响不大。

从上述三河河道摆动的趋势来看，黄河的下游河道越来越靠南，直到战国中期下游大规模筑堤后才出现较长的稳定局面。

（二）先秦北流期（公元前4世纪—公元初年）

大约到战国中期，约公元前4世纪中叶，黄河下游河道两岸全面筑堤，结束了长期多股分流且改道频繁的局面，河道相对稳定，形成了春秋战国西汉大河，也就是《汉书·地理志》里记载的大河，在今沧州南入渤海。这是历史上第一次大改道。

在战国中期，黄河下游地区人口稀少，初筑堤防时，两岸堤距宽达50汉里[①]，河道蓄洪能力较强，大溜有足够的空间在大堤内游荡，不易决口。但随着生产力水平提高，人口增加，大堤内河槽两旁淤出的大片滩地被大面积垦殖，遂使河床迫束，河身多曲，加之中游河水夹带泥沙下泄，河道淤积严重，决泛险情迭出。西汉文帝至西汉末年，文献记载的较大规模的决口、改道有10次之多，今河南浚县境内河道“河水高于平地”[②]，成为“悬河”。这是秦汉时期在黄河中游地区大肆垦殖，发展农业，造成水土流失加剧的结果。

西汉一代黄河决溢改道大多发生在魏郡、清河、平原、东郡境内，相当于今冀鲁两省交界地区。由于河道北岸的冀中平原地势低洼，所以当时河道多北决，所成汊道见载于文献的有屯氏河、张甲河、鸣犊河等。当北岸淤高后，河水又东南决口，泛滥于今豫东、淮北、鲁西南地区。如公元前132年河水在东郡濮阳瓠子口（濮阳县西南）决，江水东南夺泗、淮入海，泛滥于相当于今豫东、鲁西南、淮北、苏北的16个郡的广大地区，成灾时间长达20余年。

（三）汉唐东流期（1—10世纪）

王莽始建国三年（11年），黄河在魏郡元城（今河北大名东）决口，向东溃决清河郡以东的数郡，泛滥于河、济之间，长达60年之久。东汉永平十二年（69年），王景主持治理黄河。王景根据王莽时决口后几十年冲决成的大河溜势，随地势高低开凿高阜，疏浚壅塞、裁弯取直，加固堤防和增设水门，开辟出了一条相对顺直的河道，由长寿津（今河南濮阳县西旺宾一带）自西

① 1汉里相当现今414米。
②（东汉）班固：《汉书》卷29《沟洫志》，北京：中华书局，1962年，第1695页。

汉大河故道别出，循古漯水河道，经今范县南（在今阳谷县西）与漯水分流，经今黄河和马颊河之间，至今山东利津县入海，史称东汉大河，即《水经注》及《元和郡县图志》所载的大河。这是黄河历史上发生的第二次大改道。

东汉大河于永平十三年（70 年）完工，从此进入史上著名的 800 年安流期。黄河下游河道能够在近千年的时间中保持相对稳定，偶有决溢，亦未造成大规模改道。究其原因，首先，东汉开始大量游牧民族入居黄河中游，退耕还牧，次生草原和灌木丛代替了耕地，水土流失相对减弱，下游河道的泥沙也相对减少。其次，当时黄河下游存在不少分支，或单独入海，或流入其他河流，沿途大小湖泊和沼泽洼地都起着分洪、排沙与调节流量的作用。最后，王景主持对西汉末漫流的河水进行全面治理，使流路顺直，有利于泥沙的冲刷，同时还有水门可调节水沙，延缓了泥沙的堆积。王景治水后，黄河相对安流，到 7 世纪中叶以后改道才再度频繁起来。

（四）北宋两流并存期（10 世纪至 1127 年）

经过近千年的堆积，到唐末时，黄河下游河口段已逐渐淤高，唐景福二年（893 年）于河口段发生近百里的改道。到五代时期，决口的频率明显增加，平均不到三年就有一次泛决。北宋庆历八年（1048 年），黄河在澶州商胡埽（今濮阳东昌湖集）决口，由此改道折向西北，经由河南内黄之东、河北大名之西，经今南运河之东，经武邑之西，献县之东，至青县汇入御河（今南运河），再经界河（今海河）至今天津入海，宋人称此河道为“北流”或“北派”。这是黄河变迁史上的第三次重大的改道。

嘉祐五年（1060 年），河水又在魏县（今河北大名东）第六埽决出一条分流，东北经西汉大河故道，由今山东堂邑、夏津等地，下循笃马河（今马颊河）入海，宋人称之为“东流”或“东派”。熙宁十年（1077 年），河水决澶州曹村，北流断绝，河道南徙，东汇入梁山泊，分为两派。一股夺南清河（泗水）合淮入海；一股由北清河（济水），单行东流。期间，北流与东流也一度并流。至元符二年（1099 年）又于内黄县决口，东流遂绝，河道北流直至宋亡。

总之，自 1048 年以后，至北宋亡国，黄河时而北流（计 49 年），时而东流（计 16 年），时而两股并行（计 15 年），时而决入梁山泊分南北清河入海。河道在河北平原中部呈游荡性活动，宋人苏辙形容黄河“东行至太（泰）山

之麓则决而西，西行至西山之麓则决而东。”[①]黄河下游进入变迁紊乱的时代。

（五）金元明南流期（1128—1854年）

南宋建炎二年（1128年），宋朝为了阻止南下的金兵，人为决河，使大河“夺泗入淮”[②]，“夺淮入海”[③]，从此，黄河离开春秋战国以来流经今浚、滑一带的传统故道，不再进入河北平原，在此后的700多年中，以东南流入淮为常。这是黄河下游变迁史上划时代的大事，也是黄河第四次重大的改道。

金章宗明昌五年（1194年），黄河在阳武（今河南原阳）决口，东注梁山泊，分为两派，北派由北清河入海至利津入海，南派由南清河（泗水）夺淮入海。此次河决后，黄河河道南移，分别进入泗水及济水故道，形成南北两派。

明弘治八年（1495年），刘大夏塞黄陵冈筑太行堤以断北流，全河入淮，即以一淮受全河之水，这是黄河的第五次大改道。弘治年间治河的目的在于防止黄河北决影响漕运。治河工程在于加强北岸堤防。南岸既未筑堤，也不堵口，所以濉、涡、颍等多股分流仍时有并存，影响了徐州以下干道的水源。为确保漕运，嘉靖十六年（1537年）和二十一年（1542年），先后从丁家道口及小浮桥引水至黄河入徐州干道，以接济徐、吕二洪。后又堵塞南岸分流的水口，到嘉靖二十五年（1546年）后，已是“南流故道始尽塞”，形成了“全河尽出徐、邳，夺泗入淮”[④]的局面。至此，黄河下游即是单股汇淮入海。

从金元至明中叶，黄河变迁有三个特点。

第一，决口地点西移。起初决口多在今山东境内（12世纪50—60年代），以后西移至今河南卫辉市、阳武（今原阳东部）、延津一带（12世纪80—90年代）。到13世纪70年代—14世纪40年代，决口已移至新乡、原武（今原阳西部）、荥泽（今郑州市西古荥镇）一带，几至黄河下游冲积平原的顶端。

第二，河道干流逐渐南摆。12世纪中期以后河道经豫东北、鲁西南，至今山东梁山县境流入泗水。以后逐渐南摆进入豫东开封、商丘地区，经安徽砀山、萧县至江苏徐州夺泗入濉。金元之际两次人为决河，先后由濉夺泗或由涡入淮。13世纪后期有一段河道夺颍河入淮，达到黄河下游扇形平原的西南极限。

第三，下游河道除干流外，同时分出几股岔流，迭为主次，变迁无定。

---

① （宋）苏辙，曾枣庄、马德富校点：《栾城集》卷46《论黄河东流札子》，上海：上海古籍出版社，1987年，第1022页。

② （清）张廷玉等：《明史》卷84《河渠二》，北京：中华书局，1974年，第2064页。

③ （清）张廷玉等：《明史》卷87《河渠五》，北京：中华书局，1974年，第2120页。

④ （清）张廷玉等：《明史》卷84《河渠二》，北京：中华书局，1974年，第2064页。

自12世纪下半叶的金大定年间开始，即出现“两河分流”[①]的局面。以后又分成3股，大致均流经今废黄河一线以北汇入泗水，夺泗入淮。到13世纪下半叶（元初），下游又出现了夺濉、涡、颍入淮的几股。嗣后，或东流入泗，或南流入淮，时而又东北决入马颊河、徒骇河、北清河（今山东东平以下黄河）入海。经常数股并行，迭为主次，变迁极为混乱。元末贾鲁治河时，曾整治一条从河南封丘东至徐州夺泗入淮的河道，史称贾鲁河。不久即告废坏。

（六）近代东流时期（1855—1949年）

清咸丰五年（1855年）6月，黄河在今河南兰考县东坝头村西铜瓦厢决口，在山东寿张县张秋镇穿过运河，挟大清河由利津牡蛎口入海。这就是黄河的第六次大改道。

这次决口，使黄河下游结束了700多年由淮入海的历史，又回到由渤海湾入海。其后的20年内，洪水以铜瓦厢为顶点，北至北金堤，南至今曹县、砀山一线，东至运河的三角洲冲积扇上自由漫流，水势分散，正溜无定。直至1876年全线河堤告成，现今黄河下游河道始基本形成。

1938年6月，国民党政府消极抗日，人为扒开花园口大堤，企图用洪水来阻止日本侵略军的西进。这次决口，使黄河南泛于贾鲁河、颍河和涡河之间地带，成灾严重，史所罕见。

三、黄河下游的湖沼及其演变

从第三纪以来，在华北平原有全新世中期海侵时滨岸浅海因海退后残留的产物，有废弃的河床和牛轭湖，有太行山、燕山山前洪积——冲积扇和河道自然堤之间的洼地，有纵横交错河流之间的堤间洼地等，因排水不良，积水潴聚，形成大小的湖泊。加之黄河下游本身在古代的摆动较大，又形成新湖泊，故历史时期黄河下游地区的自然湖泊众多。这些星罗棋布的湖泊群，构成了与今天迥然不同的地理景观。

据历史文献记载，汉以前有黄泽（今河南内黄西）、鸡泽（今河北永年东）、大陆泽（今任县迤北一带）、皋泽（今宁晋东南）、海泽（今曲周县北境）、泜泽（今宁晋东南）、荥泽（今河南荥阳东）、圃田泽（今郑州、中牟之间）、萑苻泽（今中牟东）、逢泽（今开封南）、孟诸泽（今商丘东北）、蒙泽（今商丘东北）、空泽（今虞城东北）、阿泽（今阳谷县东）等。

---

①（元）脱脱等：《宋史》卷93《河渠三》，北京：中华书局，1985年，第2314页。

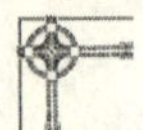

《水经注》记载了黄河下游湖沼陂塘大小近千个，大的方圆数百里，小的则方圆几里，可见汉代黄河下游湖泊之多。历史时期黄河下游的湖沼及其演变可分为以下三种。

第一种是湖泊因泥沙的淤积，逐渐由深变浅，由大变小，加上人工围垦，最终淤为平地。这一类可以豫东南的湖泊为代表。北宋时代还存在的郑州、开封之间的圃田泽，商丘东北的孟渚泽、蒙泽，山东定陶附近的菏泽，郸城南的雷夏泽，开封附近的逢泽等，都由于黄河南泛所经，“悉为陆地”[①]，先后在地图上消失了。如荥泽，受济水溢注而成的湖泊，在今河南荥阳境内。由于济、河相通，输送而来的大量泥沙沉积，水泽逐渐被淤浅，到《汉书·地理志》中已不见记载。东汉以后，变成了浅平的洼地，今已无遗迹可寻。

黄河流域由于各种原因淤塞湮废的湖沼陂塘，主要集中在晋、冀、鲁、豫、皖北和苏北。到明代，京津地区还有“九十九淀”[②]之称，但如今多已消失。

第二种是湖区泥沙淤高，但水源条件未变，水体向相对低洼处移动，以后因来水缺少，经人为垦殖，最后为农田所代替。这一类可以鲁西南平原上的巨野泽和山东运河济宁以北的北五湖为代表。

10世纪初以来，黄河曾多次决入著名的巨野泽。湖区西南部因泥沙沉积而抬高，水体向相对低洼的梁山周围地区移动，10世纪后期形成梁山泊。宋代梁山泊绵延数百里，金代以后黄河南摆，梁山泊水退，泥沙淤出的滩面被附近居民开垦。12世纪后期又在梁山泊区进行屯田，大部分已淤成陆地。元代黄河多次决入梁山泊，湖区又被扩大成为浩渺巨浸。明代前期梁山泊还是一片浅水洼地，自弘治年间筑太行堤后，黄河多南决入淮，梁山泊来水短缺，湖床涸露，皆为居民所垦。清康熙时，梁山泊区全成平陆，“村落比密，滕畴交错”[③]，桑田之变，无甚于此。

北五湖指安山、南旺、马场、马踏、蜀山五湖，形成于明永乐初年，原作为会通河的水柜，以调节运河水量，但人工湖泊原来就是很浅的，不久淤出滩地为民垦占，湖区迅速缩小。明崇祯年间安山湖已为平陆。万历时南旺湖、蜀山湖被辟为民田，马踏湖大部分已为官民占田，所存无几。马场湖在清康熙时湖区尽为民田。总之，至清末除蜀山湖外，北五湖都变成低平的洼地，来水短缺和泥沙淤积是湖泊消失的主要原因，人为垦种加速了淤废的

① （明）宋濂等：《元史》卷65《河渠二》，北京：中华书局，1976年，第1620页。
② （宋）欧阳修，宋祁：《新唐书》卷39《地理三》，北京：中华书局，1975年，第1021页。
③ （清）曹玉珂：《过梁山记》，（清）刘文燵修，（清）王守谦纂：《寿张县志》卷8《艺文》，清光绪二十六年（1900年）刊本，第681页。

进程。

第三种是原为洼地，受黄河洪水灌注后，因下泄不畅，蓄积成湖。这一类以山东的南四湖和江苏的洪泽湖为代表。南四湖，指历史上的南阳湖、昭阳湖、微山湖、独山湖。相对于北五湖而得名。早在西汉黄河曾夺泗入淮，泗水河床开始淤高，下游河道开始壅塞，隋代出现了大泽。以后黄河长期夺泗入淮，西受黄河的漫决，东承鲁中山水、泗水出现了一系列洼地，逐渐形成了南四湖。其中的微山湖形成于明代隆庆至万历年间（1567—1620年），到清代，湖泊周围已达百余里，鲁西南地区各州之水都汇聚于微山湖，为“兖徐间一巨浸”。1938年，黄河花园口决堤后，微山湖一度缩小。1947年，微山湖归山东后，由于受地下水的补给，湖面恢复了原貌。

洪泽湖，形成较晚。三国时邓艾曾在淮河南岸淮阴和盱眙之间修筑一些小陂塘以灌溉屯田，成为洪泽湖的雏形。金元以后，黄河南浸，河淮交汇的清口不畅，积水在今洪泽一带，与原来的零星湖沼连成一片。明清两朝，修高家堰，以抬高洪泽湖水面，洪泽湖日趋扩大，不久便形成了今天的湖面。

总之，两三千年来黄淮海平原上的湖泊和沼泽发生了很大的变化。中国北方地区是地表下垫面①水面普遍降低，这与中国北方地区气候日趋干燥相吻合，时间性明显。在先秦至6世纪的1000多年间，华北平原湖沼发育较好，淤浅速度较慢，有的地区不定期有增多的趋势。6—10世纪，湖泊有所萎缩，但基本格局并没有变化。北宋以后，变化加快，许多湖沼迅速走向淤废。

四、历史时期黄河流域洪灾和改道频繁的原因

黄河在历史时期成灾的原因很多，既有自然原因，也有人类活动的影响。

黄河流域的侵蚀②，在中游表现最为显著。这种侵蚀远在历史时期以前的黄河水系形成之初即有，而后愈演愈烈，从而使这一地区的地形受到它的影响而发生剧烈的变迁。侵蚀作用可形成沟壑。黄土高原地区的塬经历了从塬到梁再到峁的变迁。梁，为条形黄土山岗；峁，为顶部浑圆、斜坡较陡的黄土丘陵。流经黄土高原的黄河，接受中游两岸黄土高原冲刷而来的泥沙，成为一条挟带大量泥沙的浊河。《汉书·沟洫志》载：“河水重浊，号为一石水

---

① 地表下垫面，是指地球表面的特征，如海陆分布、地形起伏和地表粗糙度、植被、土壤湿度、雪被面积等，它对气候的影响十分显著。

② 河流侵蚀作用，指河流在流动过程中，以其自身的动力以及所挟带的泥沙对河床进行破坏，使其加深、加宽和加长的过程称为河流侵蚀作用。河流侵蚀作用可分为机械和化学两种方式。

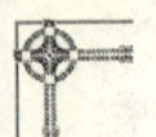

而六斗泥。”[①]黄土颗粒细，孔隙多，耐冲性差，遇水则变为泥流，大量泥沙挟带于水中，到达华北平原后，水流减缓，大量泥沙一部分随黄河流入海中，余下的淤积在沿途。历史时期不断的泥沙堆积，最终造成河床的抬高和淤塞，同时还使曾经分布于黄河下游的许多湖泊淤平、丘陵沉沦，平原的地势抬高。据统计，黄土高原输入黄河的泥沙，平均每年 16 亿吨，最高时达 33 亿吨。其中 1/4 被输送入海，2/4 堆积在利津以下的河口地区，平均每年造陆 38 平方千米，1/4 堆积在利津以上的黄河下游河道里，日积月累，河床淤高，成为悬河。

通观整个历史时期的黄河，河水含沙量与中游水土流失成正比，亦与下游决溢、改道的缓剧成正比。宋代以后，黄河下游的决溢改道愈演愈烈，每逢伏秋大汛，轻则漫口决溢，重则河道改徙，极难防守。在文献记载的改道过程中，洪水遍及范围北至海河，南达淮河，纵横 25 万平方千米，对我国黄淮海平原的地理环境和社会经济造成巨大的影响。

黄河流域近 2000 年来历史气候总的看来是越来越转为干燥寒冷，全年降雨量少，为 200—700 毫米，因蒸发量高，径流量十分贫乏，年际变化很大。年降水的分配也不均，多集中在 6—10 月，且多为暴雨形式，往往在几天内倾泻年内一半以上的降水，河水来时下游宣泄不及，引起洪峰流量大大高于年平均流量，形成暴涨暴落，容易冲坏河堤，泛滥成灾。《汉书·沟洫志》称之“一日之间，昼减夜增”，《元史·河渠志》记：“大抵黄河伏槽之时，水势似缓，观之不足为害，一遇霖潦，湍浪迅猛。”[②]

历史时期人为的因素也是水灾加重的一个原因。历史时期，黄河中游平川原野，植被覆盖良好，对黄土的冲刷侵蚀不及今天严重。但是由于人为的不合理开发，特别是采伐无节制，黄河中游地区的森林逐渐消失，水土流失加剧，黄河水患也越来越频繁。

在中国历史上利用黄河水作为军事工具的事例也不少。如五代后梁为阻止李存勖南下，在今山东东阿县和河南延津县两次掘开黄河堤防，造成河南、山东水灾。1128 年，宋朝决开黄河以阻金兵南下。1232 年蒙古军攻打金国归德，人为决河于归德，造成泗水夺濉入淮。1938 年，国民党军队为阻止日本军队进攻，炸开河南花园口黄河大堤。

总之，上冲下淤作用，使黄河下游河槽由深变浅，由窄变宽，遇到洪水，横渡泛滥便难以避免。黄河下游的堆积作用，最终导致黄河发展成“地上

① （东汉）班固：《汉书》卷 29《沟洫志》，北京：中华书局，1962 年，第 1697 页。
② （明）宋濂等：《元史》卷 65《河渠二》，北京：中华书局，1976 年，第 1620 页。

河”。形成地上河后，下游河道自身成为一个分水岭，很少再有支流汇入。河床不断抬高也使黄河两岸的地面坡度比黄河本身的纵坡还陡，这是造成黄河改道的主要客观条件。

近三四千年来，黄河的决溢和改道严重影响了下游地区的地理面貌，淤塞河流，填平湖泊，毁灭城市，阻塞交通，使良田变成沙漠，洼地沦为湖沼，沃土化为盐碱地，生产受到破坏，社会经济由此凋敝，加剧了黄河流域的社会矛盾，激发了社会动荡。

第二节　长江的变迁

长江是我国第一大河，源远流长，自湖北宜昌以上为上游；宜昌至江西湖口为中游；湖口以下则为下游。长江在宜昌以上河床狭窄，地层相对稳定，水系变化相对不是太大，而宜昌以下进入江汉平原，摆幅增大，水系变化频繁。本节以古今变化较大的江汉平原、洞庭湖区、荆江河段、鄱阳湖区及太湖水系为例，分节点观察长江历史时期的变迁。

一、云梦与云梦泽的变迁

云梦与云梦泽不是同一个概念。云梦，指楚王的猎狩区，指今湖北东南部的大半个省区，包括多种地貌。云梦泽指其中的湖沼部分，在今下荆江以北的江汉平原之内。江汉平原在构造上是第四纪强烈下沉的陆凹地。全新世至先秦时代，长江和汉水夹带泥沙长期填充，形成了平原、湖沼交错的地貌景观。云梦泽分布在荆江三角洲和西面的泛滥平原之间，南北分别与长江和汉水沟通，西部接纳荆江三角洲分流的夏水和涌水，有方九百里之称。先秦时期，云梦狩猎区地貌形态包括山林、川泽、原隰等。

战国时期，汉江挟带泥沙在汉江入江口堆积，形成汉江三角洲，汉江北岸的一片云梦泽逐渐淤为平陆，仅余江水与汉水之间的主体部分。同时，江陵以东荆江三角洲向东向南发育，与汉江三角洲合并为江汉陆上三角洲，故西汉时云梦泽的主体被迫退缩至华容县（今潜江县西南）南境。其北部的剩余云梦泽均淤为沼泽形态。后因江汉地区新构造运动呈现为自北向南倾掀下降的性质，荆江分流分沙量均有逐渐南移汇集之势。至东汉三国时云梦泽水体逐渐东移萎缩。

汉晋以来，荆江三角洲受泥沙影响，涌水以南的云梦泽开始枯萎，新扩展为陆地三角洲，而云梦泽主体继续向东部推移，使城陵矶至武汉间的泛滥平原成为湖沼。据《水经注·沔水》记载，当时云梦泽“周三四百里，及其夏水来同，渺若沧海，洪潭巨浪，萦连江沔”[①]。但其范围仅及先秦的一半，深度也较为平浅。

南朝以后，江汉三角洲进一步发展，云梦泽开始不断淤平，唐宋文献中已经不见大铲湖的记载，马骨湖仅为周围15里的小湖泊。以后，江汉平原上的大面积湖面消失，演变为星罗棋布的小湖沼。也有学者通过历史文献和岩芯资料分析，认为今天江汉平原众多湖泊大部分为壅塞湖[②]，并非古云梦泽残存的水体。第四纪江汉平原并不存在连成一片的湖相沉积，江汉平原为一个典型的泛滥平原，河湖交错，古云梦泽不过是不同时期分布于江汉平原上的几个湖泊而已。

北魏时，汉水分流潴水成为太白湖，到唐宋时有“百里荒”之称。明末清初，太白湖已经成为江汉平原最大的浅水湖，周围达200余里。但光绪以后，由于泥沙长期淤塞，太白湖源逐渐消失，成为今天的江汉分洪区。而同时，由于太白湖消失，江汉平原排水不畅，魏晋南北朝形成的马骨湖，到唐宋时退湖为田。

宋代以前荆江河段排水沙口均位于北岸，故云梦泽变迁的主要趋势是水体缩减、陆地扩展。元明以后北岸诸口尽塞，南岸出现了太平、调弦、藕池、松滋四口，荆江水沙主要排向南岸，江汉平原上来沙不多，下沉速度超过堆积。故明清时太白湖又扩大为江汉间众水所归的巨浸。明代以后茅江口（今新堤镇）因修筑新堤而堵塞，江汉平原的地表径流大部分汇入太白湖。但清代中后期，太白湖逐渐湮淤。而江汉平原排水不畅，洪湖成为排水所聚之处。至光绪年间，今洪湖水面基本形成。

二、荆江河道的演变

荆江是长江在中游冲积平原上的一段河道，上起枝江，下迄城陵矶。其中藕池口以上称上荆江，以下称下荆江。两段荆江历史时期河床演变轨迹各异。

上荆江段顶点出西陵峡进入冲积扇地区，河流比降陡减，至枝江市境形

① 陈桥驿译注，王东补注：《水经注》卷28《沔水》，北京：中华书局，2009年，第232—233页。
② 壅塞湖，指火山熔岩壅塞河谷切断河流形成的湖泊。

成分汊河道，南支为主泓道称江，北支为汊道称沱。江沱之间有很多沙洲，其中以百里洲最大。江沱会合后又东流至江陵南，接纳自北而南、折而东流的沮水（今沮漳水）。魏晋时期，江、沱分流量开始趋平，江又称外江，沱又称内江。后内江因为平直，流量逐渐增大，袭夺[①]沮水东折的流路，江水紧逼江陵城下。原来江、沮之间的滩地被水流冲断，形成许多沙洲。到北魏时，在江陵西南形成北江、南江。明代嘉靖年间，由于内江径流量不断增大，而外江沙洲密布河道多曲，而江中沙洲渐渐壅塞并入南岸，沙洲北岩河道被挤压成为大江的汊道，在今江口附近，冲断百里洲，而沱江演变成为大江主泓，江水与沱水主次反转。江沱易位，是近 2000 年来长江中游河道的重要变化。

下荆江在周代以前呈漫流状态，河槽淹没在湖沼中。从周代至两汉，以江陵为顶点的荆江三角洲在云梦泽西形成，荆江在云梦泽陆地三角洲成扇状分流向东扩散。魏晋时期，云梦泽向下游方向推移，主泓道的独立性加强。唐宋时期，云梦泽已经完全湮淤解体，荆江的统一河床形成。这种演变除了河床边界条件改变的自然因素外，人为将湖渚开垦为田，沿江筑堤御水，使湖渚逐渐干涸，汊道湮灭，是统一河道形成的重要因素。分汊型河床时期，河床水位变幅小，流量均匀，洪水少，故史书记载："唐、宋时无大水患。"[②]但统一河床形成后，水位变幅增大，流量极不平衡，洪水过程增多。

统一河道形成后，河曲发育开始明显。元末明初，由于壅水和洞庭湖的顶托关系[③]，泥沙淤积，心滩变成边滩，穴口、沙洲大多消失，下荆江河曲正式形成。《水道提纲》载："自监利至巴陵凡八曲折始会洞庭而东北"[④]，可见，河床河曲已经高度发育。今天的荆江河段，仍然为蜿蜒性河型。

三、鄱阳湖与洞庭湖的演变

历史上，长江北岸有一个古彭蠡泽，后来不断萎缩，遂被当时有名的雷泽和雷水代替。全新世时期，湖口一带断坠强烈，形成一些大的水域，湖口北湖便被后人误认为古彭蠡泽，实为新彭蠡泽。

新石器时代这一地区就有人类活动。汉高祖六年（前 201 年）到刘宋永

① 袭夺全称河流袭夺。处于分水岭两侧的河流，由于侵蚀速度差异较大，侵蚀力强的河流能够切穿分水岭，抢夺侵蚀力较弱的河流上游河段，这种河系演变的现象，称为河流袭夺。发生河流袭夺后，河系重新组合成袭夺河、被夺河、断头河以及风口等地貌形态。

②（清）顾祖禹撰，贺次君、施和金点校：《读史方舆纪要》卷 78《湖广四》，北京：中华书局，2005 年，第 3663 页。

③ 顶托是一种地理现象，指支流水流被干流高水位所阻，形成的壅水现象。

④ 故宫博物院编：《水道提纲》卷 9《江中》，海口：海南出版社，2001 年，第 57 页。

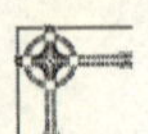

初二年（421年），在今鄱阳湖中心设置了鄡阳县，古城已经考古发现在今鄱阳湖中心的四山。其周围有彭泽、鄱阳、海昏等县，所辖土地也有部分在鄱阳湖中。

唐代，彭蠡泽周围200余里，以后迅速向南方发展，周围达220千米，有“弥茫浩渺与天无际”[①]之称。从清代后期开始，鄱阳湖开始转为萎缩。唐末五代至北宋初年彭蠡泽迅速向东南方向扩展。宋初彭蠡湖区已超过婴子口、松门山，迫近鄱阳（今波阳）县城，彭蠡湖开始有鄱阳湖之称。这种扩大的结果使原在湖边上的山峰先后沦为湖中小岛，附近的小湖也相继和鄱阳湖连成一片，古鄡阳县周围平原几乎沦没殆尽。但其时鄱阳南湖仍为吞吐型湖，洪水时茫茫一片，枯水期水束如带。

明清时期鄱阳湖演变的特点是汊湖的形成和发展，特别是鄱阳湖南部地区，今军山湖、青岚湖都形成于此时。清代以来，吴城以北鄱阳湖逐渐淤浅，由于赣江、抚河、信江的口外沙洲向东北延伸，鄱阳南湖西南部湖面逐渐缩小，成为现代鄱阳湖的雏形。

洞庭湖的演变与下荆江河床演变有密切关系。新石器时代，为河网切割的平原景观，现今在湖区内发现了许多新石器时代遗址，如在湖区中心大通湖农场发现的遗址，埋藏于地表下7米左右。先秦时期，河网切割的平原地貌基本未变，屈原《楚辞·九歌·湘夫人》中有“洞庭波”[②]，为一浅平的湖沼。秦汉时期，这里有设置郡县，说明湖泊的存在并不影响聚落的定居生活。

东晋南北朝时期，湖开始沉降扩展。从3世纪开始，由于荆江三角洲的扩展和云梦泽萎缩，出现景口、沧口两股长江分流，将大量洪水排入洞庭平原，使缓慢下沉的洞庭地区，由沼泽平原逐渐演变成为浩渺的大湖。至6世纪，湘、资、沅、澧四水入湖的局面已经奠定。

唐宋时期，赤沙湖并入东部的洞庭湖，湖域面积不断发展，称为“八百里洞庭”。元明以后，荆江统一河床形成，迅速淤高。明代中叶以后，北岸穴口尽塞，南岸调弦、虎渡两口的大量水沙排入洞庭湖区，湖域扩大至“方八九百里”。清代道光年间，洞庭湖面积达历史最高，水面为6000多平方千米，约为现在的两倍以上。华容、安乡、汉寿、沅江、湘阴、岳阳等县城均矗立湖岸。但由于泥沙大量沉积，湖底抬高，洲渚裸露，湖水极浅。

从19世纪中叶开始，洞庭湖开始淤塞萎缩，到20世纪中叶这100多年，

①（宋）王象之：《舆地纪胜》卷26《隆兴府》，北京：中华书局，1992年，第1162页。
②（战国）屈原撰，涂小马校点：《楚辞·九歌·湘夫人》，沈阳：辽宁教育出版社，1997年，第11页。

由于藕口、松滋口的出现，与虎渡、调弦两口形成四口分流入洞庭的状态，长江大量泥沙进入洞庭湖区，泥沙激增三倍多，湖区大量被壅塞成陆，湖面逐渐被切割为一些大小不等的湖沼，除东洞庭湖和南洞庭湖外，其他湖沼多较小。1977 年洞庭湖只有 2740 平方千米的湖面。

四、太湖的形成与演变

太湖形成于距今 6000 年的全新世中期。时值大西洋暖期，年均气温比现在高 2—3℃。由于气温较高，海平面上升，海水回侵，河床基面抬高，河流水面比降减少，流速降低，潮沙在沿海及河口堆积，弄溪主流改向东流，并与茹溪汇聚成太湖。

太湖古称震泽、具区，《越绝书》载："太湖周三万六千顷"[①]，约 1680 平方千米。历史时期以来，太湖平原仍在不断下沉，面积亦在扩大。在太湖周围形成许多湖泊，如洮湖、淀山湖、阳城湖（今阳澄湖）、芙蓉湖等，但随着农业围垦的发展，许多湖泊日益缩小，绝大部分变成了农田。同时，湖身也在缩小，如洞庭东山在 12 世纪以前是湖中一岛，19 世纪中叶已经形成东山半岛。今太湖面积仅为 2460 平方千米。

太湖平原五六千年前为湖陆相间低洼平原，地下埋藏有新石器时代遗物和古脊椎动物化石。后来太湖周围地区不断下沉和沿海地区泥沙的堆积，使太湖平原逐渐向碟形洼地发展，形成了大型湖泊。在宋人郏亶《水利书》记载苏州一带湖荡水下有古民居遗址[②]。明清时期曾在太湖平原中部地下发现宋代以前的遗址和文物。

战国以前太湖之水由松江、娄江、东江等三江分流入海。《尚书·禹贡》载："三江既入，震泽底定。"[③]公元 5 世纪时松江下游"壅噎不利"[④]，排水不畅。唐代中期，东江、娄江相继堙废。唐后期开始为排泄壅积在松江上游的积潦，先后在太湖以东开浚了不少塘浦，重要的有荻塘（今吴兴运河）、元和塘（今常熟塘）、昆山塘（又名至和塘，今浏河）等，形成水网系统。至北宋初年，水道多淤浅，苏、常、湖三州连年遭受水灾即与此有关。

五代宋时，先后对吴淞江进行几次整治，但屡治屡淤，至元末，已几易

① 《越绝书》，上海：商务印书馆，1937 年，第 12 页。
② （宋）郏亶：《吴门水利书》4 卷，已佚，部分内容见于《吴中水利书》，录入《浙西水利书》，参见（明）姚文灏编，汪家伦校注：《浙西水利书校注》，北京：农业出版社，1984 年，第 10 页。
③ 冀昀主编：《尚书·禹贡》，北京：线装书局，2007 年，第 38 页。
④ （南朝·梁）沈约：《宋书》卷 99《二凶》，北京：中华书局，1974 年，第 2435 页。

其道。永乐元年（1403年），主持浙江、苏、松治水事务的夏原吉“掣淞入浏”，浏河水势渐盛，“水阔二三里”，成为太湖通海大道。而吴淞江则“从浦抵上海南仓浦口，百三十余里，潮汐淤塞，已成平陆。”[①]同时，夏原吉又疏浚上海范家浜，上接黄浦引淀泖之水入海，形成今天的黄浦江。明代多次开浚吴淞江、浏河、白泖港，但均时浚时塞，河道窄狭。至嘉靖年间，黄浦江逐渐开阔，终于成为太湖下游最大泄水道，而吴淞江反成其支流，黄浦江成为分泄太湖下游积水的主河道，直至今日。

第三节　历史时期中国主要江河流域水文环境的变迁

从近5000年来中国江河水文变迁的总趋势来看，主要表现为江河的径流量普遍减小，水位变幅增大，这在北方黄河流域河流表现尤为明显。如黄河主流的断流时间越来越长，而支流的径流量更是大减，许多河流完全干涸，成为历史名词。黄土高原上流出的渭水、汾水、沁水、桑干河、漳水、滹沱河以前流量很大，都有航运之利，但现在径流量已大幅缩小，失去了航运之便。而西北干旱半干旱地区，则河水径流量剧减，河床裸露，如石羊河、疏勒河、和田河等。

一、黄淮海平原

历史时期黄河不断地决口、泛滥与改道，对下游平原的地理环境产生了巨大影响，其影响的范围不仅发生在黄河流域，也涉及淮河流域。

黄河的变迁，首先是河道的摆幅。宋金之前，黄河下游绝大部分时间流经太行山以东、泰山山脉以北的河北平原，由渤海湾西岸入海。12世纪开始河道离开了河北平原，向东南流经黄淮平原合淮入海，前后约700余年。先是流经黄淮平原北部，以后河道逐渐南摆，至13世纪已达到了豫西山地的东缘，直到16世纪中叶，河道大致固定在今废黄河一线。又经过300年，至19世纪中叶，转而折向东北流，至渤海西岸入海。

其次是黄河下游主干道的变化剧烈。历史时期，由利津入海的东汉大河和由徐州会泗夺淮入海的明清大河流经时间最长，前者大致行水800年，后者为500年。这是因为黄河下游冲积平原由山东丘陵分割为南北两部分，使

① （清）张廷玉等：《明史》卷88《河渠六》，北京：中华书局，1974年，第2147页。

黄河具有东北入渤海，或东南入黄海的两种可能性。依照水流就下原理，必然选择坡面最陡和距海最近的流路，而泰山山脉为主体的山东丘陵正当黄河东向途中，阻断黄河正向下泄，河水只能就丘陵两侧寻找宣泄路径。

黄河变迁对下游地区地理环境产生巨大影响。每一次决泛过后，留下大片流沙，经风力作用，形成沙丘和沙垅，吞噬农田和房屋。今河南东北和东部分布的许多沙丘、沙垅和大片盐碱地，即为历史上黄河泛滥的结果。

黄河南泛则直接改变了黄淮海平原上的水系面貌。战国以来黄淮海平原的河网和湖泊群在一次又一次的泛滥、袭夺和灌淤之下，渐渐淤浅直至成为平陆。黄河的泥沙广泛漫淤，使黄淮海平原的地面普遍淤高。考古发掘探明，1108 年的一次黄河决口，巨鹿县留在了地下六七米的深处。明代以前的徐州城也深埋于今天当地地表下数米的地底。因黄河泥沙的堆积而抬高地面的现象到处可见。20 世纪 90 年代以来，黄河中上游气候干旱，降水减少，下游因来水减少甚至断流，影响了下游地区的社会生产和生活。同时由于来水减少，泥沙停滞，淤积严重，黄河决溢的隐患仍未从根本上消除。

历史时期，由于黄河河道摆动范围涵盖了整个华北平原和淮河以北地区，故将黄河的影响范围作为一个独立地理单元，称为“黄淮海平原”，华北平原和淮北平原虽然都受到黄河泛滥的影响，但由于各自自然地理条件的差异性，两大区域在自然地理环境变迁之后形成的地理环境仍有较大的差异。

二、长江流域

历史时期，长江水患的剧烈程度和频繁程度都不及黄河，故古称“有河患而无江患”。但纵观长江水利发展史，长江的水患发展趋势却有愈演愈烈之势，到明清以后尤为突出。

文献中具体的水灾记载，可追溯到《汉书·五行志》所记高后吕雉三年（前 185 年）“夏，汉中、南郡大水，水出流四千余家。”[①]及前 180 年夏“汉中、南郡水复出，流六千余家。南阳沔水流万余家。”[②]当时汉水、三峡一带人口并不多，但受水灾的人口仍不少，可见洪水之大。

三国两晋时，长江中下游的湖南、安徽、浙江、江苏、江西都经常受到洪水袭击，有时“浮漂屋室，杀人，损秋稼”[③]，对人民生活和生产带来极大

①（东汉）班固：《汉书》卷 27 上《五行志》，北京：中华书局，1962 年，第 1346 页。
②（东汉）班固：《汉书》卷 27 上《五行志》，北京：中华书局，1962 年，第 1346 页。
③（唐）房玄龄等：《晋书》卷 27《五行上》，北京：中华书局，1996 年，第 822 页。

损害。为防水患，三国时诸葛亮在成都西北修“九里堤”。

唐代气候温暖湿润，水灾频繁。据记载，四川、湖北、湖南、江西、安徽、江苏、浙江等省都发生了许多水灾。唐总章二年（669年），冀州洪水“坏屋一万四千三百九十区，害田四千四百九十六顷”[①]。唐会昌二年（842年）戎州（今宜宾）水灾，冲毁了整个城区，州城不得不迁往岷江北岸。唐元和十一年（816年），江西、江苏、河南等地同时受灾，“为水漂流不知所在者四千七百户。润、常、湖、陈、许等州各损田万顷”[②]。唐大和八年（834年），江西、湖北、安徽三省同时发大水，其中滁州“溺万余户”[③]。唐开成三年（838年），湖北、江苏、浙江等省同时受灾，“江、汉涨溢，坏房、均（今湖北均县北）、荆、襄等州民居及田产殆尽；苏、湖、处等州水溢入城，处州平地八尺”[④]。

宋代长江流域水灾主要集中在四川、湖北、安徽、江苏、江西、湖南等地。据《江西气象史料》统计，在宋朝300多年中，江西共发生水灾90多次。四川从10世纪到12世纪城市发生水灾87次，但受灾强度小于唐代。

明代各地发生水灾87次，其中江西28次，江苏16次，安徽13次，四川13次，湖北7次，湖南5次，云南3次，贵州2次。这些水灾经常淹死成千上万的人畜，造成稻麦无收。如明万历十一年（1583年），汉江洪水，两三万人口的安康城“全城淹没一空，溺死者五千余人”。至今在安康下游蜀河镇滨江山崖上还保存有洪水石刻曰“万历十一年水至此高三尺，四月二十三日起”。清代长江流域水灾数量在历史上最多，特别是四川、湖北、湖南、江西、安徽是长江流域水灾较为严重的省份。

长江流域的洪水灾害，从历史上看频率越来越大，灾害强度也越来越强。唐代长江水灾平均18年一次，宋代平均5—6年一次，明清平均4年一次。而1921—1949年长江平均每两年发生一次洪水。总体上讲，从公元前2世纪至20世纪，四川各城市水灾强度表明，受灾的强度在不断扩大。荆江、湘江的历史统计也呈同样趋势，即洪水灾害呈上升势头。

长江流域洪水灾害的形成与发展与自然环境内部的诸多因素有关。如长江流域径流量与太阳黑子数有必然联系，洪水与近日点、日月交食年有必然联系，洪灾频率与诸多自然因素变动有关系。再则，气候温暖，往往水灾频

---

①（后晋）刘昫等：《旧唐书》卷5《高宗本纪下》，北京：中华书局，1975年，第93页。
②（后晋）刘昫等：《旧唐书》卷37《五行志》，北京：中华书局，1975年，第1360页。
③（宋）欧阳修，宋祁：《新唐书》卷36《五行三》，北京：中华书局，1975年，第934页。
④（宋）欧阳修，宋祁：《新唐书》卷36《五行三》，北京：中华书局，1975年，第934页。

率也会增大。

长江流域的洪水灾害频率增高和灾害强度增大，很大程度上受人类活动的影响，即源于上游和中游的森林破坏和水土流失。研究表明，历史时期长江上游森林十分茂密。唐宋时期四川盆地丘陵地区森林覆盖率仍在35%以上，四周山地一般都在70%—80%。到明清时期，由于长江上游经济开发强度加大，山地陡坡垦殖、木材采办、盐铁开采为主的矿业开发、人口增多引起的用材增大都对森林造成极大损害。特别是明末清初以来以高产旱地作物为效益保证的山地陡坡垦殖，破坏森林，使上游许多地方“山顶皆童”“尽成童山”“濯矣”，造成许多地方水土流失极为严重。

关于长江水患，清代陶澍说：“因上游川陕滇黔等省开垦太多，无业游民到处伐山刊（砍）木，种植杂粮，一遇暴雨，土石随流而下，以致停淤接涨。”[①]长江中游地区的森林破坏、围湖造田是加重长江流域洪水灾害的一个重要原因。

长江流域的洪水灾害与长江流域的经济开发进程有密切的关系。长江流域人口规模是随着中国政治经济文化中心的东移南迁而逐渐增大的，人口规模的增大，必然使人类活动加强，对自然界的影响加大，而沿江的经济总体实力也在增大。从长江流域的洪灾规律来看，灾害的损失越来越大，很大程度上归因于长江沿线经济的日益发达，从而导致灾害的客观损失也更大。

三、西北干旱半干旱地区

西北干旱半干旱地区主要包括第二级阶梯的内蒙古高原、塔里木盆地和准噶尔盆地等。这里海拔较高，大部分地区属内流区，河流短小，平地径流主要来源于暴雨形成的暂时性水流；山地径流主要由雨水和冰雪融水补给。湖泊较多，但多为咸水湖。由于历史时期气候变化和人类活动，引起高山雪线升降变化，西北干旱地区河流径流量普遍缩小，改道频繁，加上人为不合理利用，水资源十分匮乏，今存的湖泊水体较历史时期发生了较大变化。

青海湖，古称西海、鲜水等。晚更新世时期，青海湖湖面十分广大，且水质淡化；进入100万年的全新世初以来，湖水下降，湖面缩小，水质咸化。目前的青海湖较之1万年前，面积减少了1/3，水位则下降了100米左右。

① （清）陶澍：《陶文毅公全集》卷10《奏疏》，《续修四库全书》编纂委员会：《续修四库全书·集部·别集类》第1502册，上海：上海古籍出版社，2002年，第625页。

罗布泊，古称泑泽、盐泽、蒲昌海、楼兰海，清代始称罗布淖尔，近代称罗布泊。罗布泊曾是我国第二大咸水湖，历史时期罗布泊因为入湖水道的改道而在不断变化之中，时而湖面广阔，时而几乎干涸，时而成为若干小湖，但总的趋势是湖面越来越小，水源越来越少，以致干涸。

塔里木河，在维吾尔语里意为“无缰之马”和“田地、种田”，位于新疆维吾尔自治区塔里木盆地北部。塔里木河发源于天山山脉及喀喇昆仑山，沿塔克拉玛干沙漠北缘，穿过阿克苏、沙雅、库车、轮台、库尔勒、尉犁等县（市）的南部，最后流入台特马湖。塔里木河是一条古老河流，史书记载公元 6 世纪，塔里木河谓计式水，此名一直沿用到唐代前期。《水经注》称为“南河”，11 世纪维吾尔族著名语言学家马赫穆德·喀什噶里在《突厥语大词典》称作“üsmitarim”[①]。文献记载塔里木河两次大的改道，第一次在公元 300 年左右，河水倒向南流，注入台特马湖，中断罗布泊水量，致使楼兰一带逐渐衰退，水草枯萎，居民逃离，“丝绸之路”的楼兰通道绝迹。第二次在 1921 年，河水倒向北流，南道铁干里克、英苏一带逐渐荒凉，尉犁至若羌的通道沙化。由于塔里木河流域远离海洋并被高山阻隔，形成中纬度干旱区典型的大陆性暖温带气候，表现为干燥少雨、多风，蒸发强烈、年气温差较大，日照充足、热量丰富，年蒸发量高达 1800—2900 毫米，为典型的干旱少水地区。近世由于塔里木河上、中、下游的水资源分配格局发生变化，导致上、中、下游胡杨林分布比例发生明显变化，尤其是下游胡杨林和灌草植被面积大幅度减少，生态环境恶化。

西北干旱半干旱地区气候日趋干燥，河流湖泊出现萎缩趋势，这种趋势的形成既有人类活动的影响，也受自然环境的制约。有专家提出西北地区的干旱化和沙漠化呈现不可回归和不可逆转的现象，认为西北地区和华北地区缺水是不可逆转的，因此，在西北地区的经济和社会发展中，要充分考虑水资源制约问题。

参 考 文 献

（清）齐召南编录：《水道提纲》（28 卷），清乾隆四十六年（1781 年）四库全书本。

（清）徐松著，朱玉麒整理：《西域水道记》，北京：中华书局，2005 年。

（北魏）郦道元著，陈桥驿校证：《水经注校证》，北京：中华书局，2007 年。

① R. Dankoff & J. Kelly，*Compendium of the Turkic Dialects*，by Mahmud al-Kašɣari Vol.1，1985，p.302.

金家年：《濡须水流向的历史考察》，《安徽大学学报》1993 年第 3 期。

水利部黄河水利委员会《黄河水利史述要》编写组：《黄河水利史述要》，北京：水利电力出版社，1982 年。

谭其骧：《海河水系的形成和发展》，《历史地理》第 4 辑，上海：上海人民出版社，1986 年。

王守春主编：《黄河流域地理环境演变与水沙运行规律研究文集》第 5 集，北京：海洋出版社，1993 年。

辛德勇：《黄河史话》，北京：社会科学文献出版社，2011 年。

晏昌贵：《丹江口水库区域历史地理研究》，北京：科学出版社，2007 年。

张修桂：《海河流域平原水系演变的历史过程》，《历史地理》第 11 辑，上海：上海人民出版社，1993 年。

长江流域规划办公室《长江水利史略》编写组：《长江水利史略》，北京：水利电力出版社，1979 年。

邹逸麟主编：《黄淮海平原历史地理》，合肥：安徽教育出版社，1997 年。

练　习　题

一、基本概念

云梦泽　罗布泊　黄淮海平原　彭蠡泽　汉唐安流期　梁山泊　江沱易位　荆江河道　鄱阳湖　洞庭湖　太湖　洪泽湖　南四湖

二、思考题

1. 详述历史时期黄河六次改道的过程及其特点。
2. 分析历史时期黄河改道频繁的自然原因与人文原因，你认为其根本原因是什么？
3. 举例说明历史时期黄河改道对区域自然、社会的影响？
4. 论述王景治河后黄河 800 年安流期的原因。
5. 举例说明黄河下游湖泊变迁类型。
6. 论述历史时期黄河流域自然环境变迁。
7. 论述历代治河专家及其治河措施，以及蓄清刷黄的措施和对环境的影响。
8. 历史时期长江荆江段变迁过程及其原因。
9. 简述近 5000 年来中国水文变化的大势。
10. 举例说明历史水文变化对中国社会发展的影响。

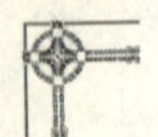

三、绘图题

以下是关于渭河水道的一段描写，节选自《水经注》的渭河，根据文献内容绘制渭河段示意地图，要求有完整图例。

渭水又东南合泾谷水，水出西南泾谷之山，东北流与横水合，水出东南横谷，西北迳横水圹，又西北入泾谷水，乱流西北出泾谷峡，又西北，轩辕谷水注之，水出南山轩辕溪，南安姚瞻以为黄帝生于天水，在上邽城东七十里轩辕谷。皇甫谧云：生寿丘，丘在鲁东门北，未知孰是也？其水北流注泾谷水。泾谷水又西北，白城溪东北流，白娥泉水出其西，东注白城水。白城水又东北入泾谷水。泾谷水又东北历董亭下，杨难当使兄子保宗镇董亭，即是亭也。其水东北流注于渭。《山海经》曰：泾谷之山，泾水出焉，东南流，注于渭是也。渭水又东，伯阳谷水入焉，水出刑马之山伯阳谷，北流，白水出东南白水溪，西北注伯阳水。伯阳水又西北历谷，引控群流，北注渭水。渭水又东历大利，又东南流，苗谷水注之，水南出刑马山，北历平作西北，迳苗谷，屈而东迳伯阳城南，谓之伯阳川，盖李耳西入，往迳所由，故山原畎谷，往往播其名焉。渭水东南流，众川泻浪，雁次鸣注：左则伯阳东溪水注之，次东得望松水，次东得毛六溪水，次东得皮周谷水，次东得黄杜东溪水，出北山，南入渭水；其右则明谷水，次东得丘谷水，次东得丘谷东溪水，次东有钳岩谷水，并出南山，东北注渭。渭水又东南出石门，度小陇山，迳南由县南，东与楚水合，世所谓长蛇水，水出汧县之数历山也。南流迳长蛇戍东，魏和平三年筑，徙诸流民以遏陇寇。楚水又南流注于渭。

第四章　历史时期沙漠的变迁

沙漠是指地表覆盖有沙丘的沙质荒漠和干旱、半干旱地区的沙漠化土地。我国的沙漠多集中在北方一带，即北纬35°—50°、东经75°—125°之间的广大地区，主要分布在今新疆、甘肃、青海、内蒙古、宁夏、陕西、吉林、辽宁、黑龙江9个省(区)，总面积包括戈壁56.95万平方千米，达128.24万平方千米。

我国的沙漠大都发源于第四纪，中新世以来逐渐形成的，成因主要与地质史上某个时期干旱气候有关。干燥少雨、日照强烈、冷热剧变、风力强大等干旱气候特点和沙物质丰富是沙漠形成的必要条件。可以说，沙漠是干旱气候的产物。

纵观历史时期我国沙漠的变化，可以看出沙漠有逐渐扩展的总趋向，即历史时期由原来不是沙漠的地方形成了沙漠，原来就有沙漠的地区，在历史时期内又有了进一步扩展。

第一节　历史时期草原及荒漠草原地带沙漠化的演变

草原地区的沙漠主要是呼伦贝尔沙地、科尔沁沙地、毛乌素沙地、乌兰布和沙漠。历史上草原地区的沙漠化在不断加快。

一、呼伦贝尔沙地

位于今内蒙古东部呼伦贝尔草原上，是历史时期形成的我国最东边的沙地。新石器时代这里便已经有人类居住，当时草原繁茂，湖沼甚多，野生动物种类繁多。

汉魏时期，这一带为鲜卑人居住，开始了农业垦殖，同时也开始了对森

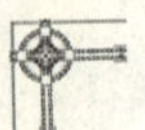

林、草场的破坏。10世纪是呼伦贝尔开发史上破坏最剧烈的时期，频繁的战争和大范围的垦荒耕种，对生态破坏较大，特别是沿河流两岸、湖泊周围最先被开垦为耕地，沙漠化首先开始于这些地区。元代的主要垦殖区主要集中在城邑周围，同样加剧了沙漠化。近代俄国人修筑中东铁路，对沿线的森林破坏也十分严重。而苏联援建铁路时将从呼伦湖到海拉尔西郊的樟子松林砍伐殆尽，致使土地大范围沙化。

二、科尔沁沙地

科尔沁沙地位于内蒙古东南部的西拉木伦河和西辽河流域的沙质冲积和湖积平原，第四纪疏松的沙质沉积物厚达140余米，河流以南的沙漠面积最为广大。这里年降水量在300—500毫米左右，是我国沙漠地区自然条件相对较好的地区之一。

科尔沁沙地的沙漠化起于何时已难考证，不过从辽庆州城（今巴林左旗西北）东北、黑山之南已有称为“大漠”的地方来看，当地的沙漠化可能由来已久。如今在沙丘间低地上所见东西走向的河床和水泡子[①]、甸子地[②]都系过去河床及湖泊的残余；在个别垄岗丘陵上仍生长有零星的松、榆、栎、槭等乔木。这些自然遗迹表明该地区曾经历过河川交错、水草丰美的时期。这里曾发掘有著名的兴隆洼新石器时代遗址，之后陆续发现有赵宝沟文化、富河文化、红山文化、小河沿文化。科尔沁草原的沙漠化，与这里人类长期的经济活动有密切的关系。

先秦时，燕长城的修筑对科尔沁地区生态环境造成重大破坏。汉晋时，鲜卑人的活动也使该地区生态环境受到影响，不过，辽金以前，科尔沁地区的人类活动对生态环境的影响比较轻微。

辽代，西拉木伦河一带曾是辽国的京畿所在，上京临潢府（今内蒙古巴林左旗境）曾在这里设军、府、州城等各级建置，这些地区的自然条件优越，“地沃宜耕植，水草便畜牧”[③]。上京幅员辽阔，大城之中有皇城，宫殿林立，豪华壮丽，都城气象。到12世纪末，由于区域内增修边堡，居民增多，樵采和过度放牧，破坏了部分地区的植被，下覆沙质沉积物随风而起。金灭辽后，

① 水泡子是指不和外界的其他河流或湖泊连接，死水，而且一般不会很大，水深也不深。
② 甸子地，又称草甸子，指分布在远河低平地和山谷间、台地间低洼地带，土层厚、肥力高、有季节性积水。
③（元）脱脱等：《辽史》卷37《地理志一》，北京：中华书局，1974年，第440页。

继续迁入人口，造成这里“土堉樵绝”[①]，“所徙之民姑逐水草以居”[②]的景象。至13世纪蒙古封建主移居中原，以及明朝建立后，西辽河中游流域政治、经济活动不如前代那样活跃，该区的草原植被得到复苏。科尔沁沙地为半干旱、半湿润地区，由于辽金到元明近400多年的停垦和相对湿润的条件，生态环境一度好转。19世纪初的清嘉庆年间，其西北山地森林绵亘，扎鲁特东南也依然保有密集丛翳的松林。

19世纪后期，清政府为增加财源推行蒙荒招垦政策，滥加放垦沙质草地。放垦荒地因土质贫瘠，一般经过两三年间即因沙害而放弃，继而开垦新草地。大面积经过犁耕破坏了表土层，成为无植被保护的撂荒地，经过干旱风季沙层被吹扬而起，形成流动沙丘。这种沙丘以斑点状首先出现在居民点、牧场、耕地附近以及沿河地区，逐渐扩展连接成片，从而使草原退化为沙漠化土地。

三、毛乌素沙地

毛乌素沙地位于陕西北部长城沿线和内蒙古鄂尔多斯高原南部一带，是我国北部地区沙漠化最严重的地区之一，地面组成物质为冲积、湖积的沙质沉积物，区域内年降水量300—450毫米，从丘间滩地上广泛分布的泥炭层和洼地上常见的黑垆土层来看，这里过去曾是比较湿润的地区，草木茂密，山川优越。毛乌素沙地内部保留着很多人类活动的遗迹，从明清可上溯到新石器时期，如已经在沙埋之中的呼和陶勒盖汉城、缸房村汉城、统万城、宥州古城和一些唐代古城等。这些遗迹在沙区内的分布有着时代的顺序性，从东南到西北，汉代遗迹向沙地方向延伸得很远，唐代次之，宋代又次之，至明代，遗迹已退居到沙漠东南边缘。这种分布特点不仅与汉朝势力消长相联系，而且与沙漠化发生时间也有密切关系。

史料记载，秦汉时代毛乌素沙区是“沃野千里，谷稼殷积”[③]，“水草丰美”[④]，媲美“羊塞道”[⑤]的农牧业兼营地区。唐朝建立后，也曾于此南部增设州府进行屯垦。唐代中后期，由于民族间纷争，频繁的军事行动引起生产破坏，荒芜的农田和废弃的渠道在风力作用下成为提供沙物质来源的场所。至唐长庆二年（822年），即筑城后400余年间，统万城（夏州）在大风天常

①（元）脱脱等：《金史》卷24《地理上》，北京：中华书局，1975年，第563页。
②（元）脱脱等：《金史》卷24《地理上》，北京：中华书局，1975年，第563页。
③（南朝·宋）范晔撰：《后汉书》卷87《西羌传》，北京：中华书局，2000年，第2893页。
④（南朝·宋）范晔撰：《后汉书》卷87《西羌传》，北京：中华书局，2000年，第2893页。
⑤（南朝·宋）范晔撰：《后汉书》卷87《西羌传》，北京：中华书局，2000年，第2893页。

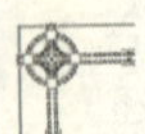

常“飞沙为堆，高及城堞”①，周围自然环境有很大变化。到淳化四年（993年）宋王朝诏夏州时，已明确称其深在沙漠。明代为抵抗蒙古人修筑边墙，迁徙大量汉族进入鄂尔多斯草原屯垦，对沿线的生态环境影响较大。光绪末年至民国时期屯垦的规模更大，沙地进一步扩张。

毛乌素沙地沙漠化过程大约延续于唐代后的千余年间，而沙漠化的进程是由西北而东南逐渐推进。如以明长城为分界线，长城以北发生在9—15世纪（唐至宋）间，而长城沿线及长城以南近60千米的流沙，则是明代及其以后近 300 年间内的产物。沙区内许多历史遗迹是具有由西北而东南按时代顺序渐次分布的规律性，从另一个侧面证明毛乌素沙地沙漠化的历史演化进程。

四、乌兰布和沙漠

乌兰布和沙漠位于内蒙古的磴口、乌达以西，面积将近1万平方千米，北阻阴山，黄河从它的东边流过。古黄河从现在的乌达市附近三道坎流出山峡，向北直趋阴山脚下。这里曾是古黄河的冲积平原，平原地表有一层厚度不等的沉积黏土，有些地方黏土之下就是沙碛层，覆盖在这一表层沉积物面上的是近代风成沙丘。经过历史地理工作者的实际考察，这里原来是一片草原，水源比较丰富，为人类活动较多的地区。

汉代刘邦元年（前206年）至更始二年（24年），汉朝为了保卫黄河中上游农业生产不受匈奴的干扰和劫掠，对匈奴多次用兵，将其驱逐到阴山以北，一度“漠南无王庭”②。此后，阴山成为西汉王朝北部的主要屏障。朔方郡设立后，其所属的窳浑、临戎、三封、沃野四县就分布在乌兰布和沙漠，当时著名的屠申泽就在这里。西汉多次移民实边，今乌兰布和沙漠北部成为汉代主要屯垦地区，呈现出一派“人民炽盛，牛马布野”③的繁荣富庶景象。

王莽新朝后，由于匈奴南侵，北部诸郡安定局势受到破坏。东汉建成后，国势日蹙，匈奴继续南下，边郡居民也多内徙，从此出现了农牧交错现象。而废弃荒芜的田野，以及被耕犁破坏的古黄河冲积平原的黏土表层，在没有作物覆盖的情况下，极易遭受强烈的风蚀，以致下覆沙层暴露地表，经风吹扬遂成流沙。

西夏时，乌兰布和及其邻近地区又兴起开发高潮。北宋时，有的地方已

---

①（宋）欧阳修，宋祈：《新唐书》卷35《五行二》，北京：中华书局，1975年，第901页。
②（元）脱脱等：《宋史》卷398《余端礼传》，北京：中华书局，1985年，第12103页。
③（东汉）班固：《汉书》卷94下《匈奴列传》，北京：中华书局，1962年，第3826页。

经是“沙深三尺，马不能行，行者皆乘橐驼”[①]了。及至晚清，由于滥行砍伐和过度放牧，又导致这一地区流沙再起。现在从磴口以南一直到乌达的黄河西岸，流沙已直抵河岸，南北陆上交通，完全阻绝，包新铁路不得不改在黄河东岸铺设。

乌兰布和沙漠完全沙漠化是在近1000多年中形成的。

第二节　历史时期荒漠地带沙漠的演变

荒漠地区的沙漠主要指塔克拉玛干沙漠、河西走廊沙地、腾格里沙漠、古尔班通古特沙漠、柴达木盆地沙漠、巴丹吉林沙漠、库姆塔格沙漠，历史时期荒漠地带的沙漠化进程在不断扩展。

一、塔克拉玛干沙漠

塔克拉玛干沙漠位于新疆南部塔里木盆地，是我国最大的沙漠，根据测量，面积达33.76万平方千米。从地面考察和航摄相片分析，结合考古资料，可以看出塔克拉玛干沙漠历史时期的变化主要有河流沿岸绿洲沙漠化和沙丘移动掩埋周围地区两种形式。这两种情况在地处昆仑山脉脚下塔克拉玛干南部最明显。

塔里木盆地南缘水源丰富，形成了许多绿洲，是我国历史上经济发达的地区之一。汉武帝建元三年（前138年）至汉武帝元狩四年（前119年）派张骞通西域后，西域广大地区在汉朝中央政府管辖之下，开始发展屯田，兴修水利。在今新疆地区形成的丝绸之路的南北两道，贯通了大沙漠南北的主要绿洲。

丝绸之路南道上的鄯善、楼兰、且末、精绝、拘弥、渠勒、于阗、莎车均有发达的农业。至今，沿古米兰河还保留着汉代包括总闸、干渠、支渠在内的完整灌溉系统，成为当时农业发达的物证。

据《汉书》记载，鄯善曾有居民1.4万余，农牧业兼营，且末有人口1600余，盛产葡萄诸果；精绝有人口3000余。这些城廓周围自然环境也比较优越，如古楼兰“多葭苇、柽柳、胡桐”[②]，植被状况较好；精绝周围在唐代是植物

---

①（元）脱脱等：《宋史》卷490《高昌传》，北京：中华书局，1977年，第14110页。
②（东汉）班固：《汉书》卷96上《西域传》，北京：中华书局，1962年，第3876页。

茂盛的沼泽地带。今日，古楼兰废墟周围为雅丹地貌[①]和新月形沙丘[②]环绕。在精绝附近尼雅河下游三角洲上，干涸的河床沿岸稀疏分布着枯死的胡杨，古城被3—5米高新月形沙丘所包围。

分析塔克拉玛干沙漠中沙丘的走向排列资料，可以发现，沙漠东部、中部以及西部主要是在东北风的作用下，西南部主要在西北风作用下。因此沙漠向周边绿洲的扩展，与风向的吹扬有密切关系。沙漠南部自叶城至若羌之间的地带是受风力作用的沙丘前移区，其间民丰、于田一带由于沙丘受两种主风的作用，所以沙丘向昆仑山北麓山前平原的发展更为显著，冲积扇上部已有沙丘分布。由于各段风力不同，沙丘高度不一，沙丘前移进展也不一样，因而丝绸之路南路各段被掩埋的历史年代也是各不相同的。

在历史时期内，处于荒漠地带的塔克拉玛干沙漠经历着绿洲沙漠化和沙丘沿主风方向前移造成沙漠化土地蔓延两种变化形式，前者尤为重要，但其变化复杂。从塔克拉玛干整体来看，这些变化主要发生在沙漠内部或边缘的局部地区。

二、河西走廊沙地

河西走廊历史时期的沙漠化过程主要出现在内陆河流下游，特别是范围较大的成片沙漠化区域更是如此。内陆河流中游亦可见沙漠化土地，但分布较为零星，且范围较小。

石羊河下游民勤绿洲西部，有一条由北向南长约135千米，宽约20—30千米，面积三四千平方千米的沙漠地带，俗称西沙窝，是历史上形成沙漠化的典型地区。今地表景观为在遭受严重风蚀的古耕地上散布成片半固定白刺灌丛和沙堆，间有少许裸露的新月形沙垄，其间废弃的渠堤、阡陌遗迹断续可辨，并散落陶片、砖块、钱币等汉代遗物。

西汉时，这里是防御匈奴的前线，置戍屯田。今尚存汉代城障烽遂遗址三角城，已陷于茫茫沙漠之中。在三角城周围分布着成片的古耕地、阡陌、渠道遗址，散落着大量汉代遗物，但没有发现汉代以后的遗物，可以推定城址的废弃及其周围垦区的沙漠化发生的时间应在汉代大规模开发的后期。

① 雅丹地貌，也叫沙蚀丘或风蚀丘，是一种典型的风蚀性地貌。雅丹，维吾尔语原意为“陡壁的小丘”“风化土堆群”。河湖相土状沉积物所形成的地面，经风化作用、间歇性流水冲刷和风蚀作用，形成与盛行风向平行、相间排列的风蚀土墩和风蚀凹地（沟槽）地貌组合。

② 新月形沙丘，是流动沙丘中最基本的形态。沙丘的平面形如新月，丘体两侧有顺风向延伸的两个翼，两翼开展的程度取决于当地主导风的强弱，主导风风速越强，交角角度越小。

唐代前期是河西地区在历史上的一次开发期，石羊河流域开发的区域主要集中在中游的今武威平原。在唐代凉州 6 个县中，5 个县在中游绿洲平原，仅武威 1 个县在下游绿洲平原，说明下游平原自然条件远不如昔。武威县设置仅仅 28 年（668—695 年）后即行废弃，其原因是中游的大规模开发，使下游绿洲地区水源缺乏，耕地废弃，地表无植被保护，在强风力作用下，加速沙化。

明清时期，又大规模开垦武威、镇番（民勤）两地，引起周围地区迅速沙化。明代中期镇番卫“飞沙拥城”[①]。清乾隆年间，镇番城“西北风拥黄沙，高于雉堞”[②]。清末民初，民勤县已是“五谷枯槁，岁不丰登”的贫困县了。可见，石羊河下游地区沙漠化过程的直接原因是过度的农耕开发。据记载，清咸丰八年（1858 年）镇番一县人口已逾 19 万，如此贫瘠的土地、恶劣的环境，却负担如此众多的人口，唯有滥垦滥伐而已，其结果必然造成土地的沙漠化。

三、腾格里沙漠

腾格里沙漠位于内蒙古西南到甘肃中部，早在地质时代便形成。远古时期，腾格里沙漠南部多以森林草原景观为主，湖盆比现在大得多。战国秦汉以至唐代，大量农业民族进入南部沙坡头地区垦殖，沙漠越过贺兰山，贺兰山森林受到破坏，腾格里沙漠南移，沙坡头一带出现流沙。元代继续在贺兰山开垦，明代修筑长城进一步助长了腾格里沙漠东南扩张。清代人口增多，加剧了森林的破坏，致使明长城被流沙淹没，流沙越过黄河。

第三节　历史时期沙漠化演变趋势及其影响

中国的沙漠一部分形成于地质时代，一部分形成于历史时期。草原地区的沙漠则主要是由于在近 2000 年来气候干旱背景下人类活动的恶果；荒漠地区的沙漠多形成于地质时期，在历史时期由于自然气候与人类的影响有所扩大。从历史发展看，越到现代，人类活动对沙漠的形成作用越明显，现在全球 85%的沙漠化是由人为因素引起的。

---

①（清）许协修，谢集成等纂：《镇番县志》卷 2《城池》，台北：成文出版社，1970 年，第 97 页。
②（清）许协修，谢集成等纂：《镇番县志》卷 2《城池》，台北：成文出版社，1970 年，第 98 页。

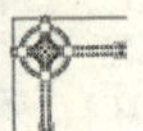

一、中国北方沙漠化原因在不同地区的差别

中国北方沙漠化的原因在西北、华北、东北地区是有差别的。

西北干旱地区自然气候变迁的因素更大，人类活动的影响相对小些，自然的可逆转性相对较小，故干旱区沙漠化发展呈线状发展模式。

华北和东北半干旱草原地区则主要是人类不合理垦殖、樵采、放牧和工程引起的，人类主观的扭转力更大，自然环境本来的自我恢复“弹性”因素也较大，沙漠化过程往往呈波状曲折模式发展。

沙漠化过程，在风力作用下向四周扩张、流动的结果，称之为“沙漠前移”；沙漠化过程，是在本地土层被破坏后形成，则称“就地起沙”。沙漠化过程具有不可逆转性和不可回归性。

从历史时期看，人类活动造成河流改道仅是局部的，不足以影响一个区域，关键还是自然界本身的客观变化，故人们常称西北地区沙漠化有一种不可逆转性和不可回归性。

中国北方地区北部和东部的沙漠多是由于就地起沙形成的。历史时期人类不断努力控制沙化，但在这种不可逆转和不可回归的条件下，在一定的时期内控制沙化的效果是有限的。例如，草原地区的沙漠一旦形成，将其恢复为草原的难度极大，人类要做的更多的工作是阻止沙漠化的进一步推移。

历史时期中国的沙漠移动方向多向南和向东推移，而沙漠化趋势是越来越严重，对东南农业文明一直存在一种威胁。

二、沙漠化与西北丝绸之路的兴衰

西北丝绸之路的兴衰与历史时期西北地区沙漠化关系密切。汉代，塔克拉玛干沙漠南面有许多重要的河流，附近有许多城镇，如于阗、拘弥、精绝、且末、莎车等，沙漠东面有楼兰城、伊循城（唐米兰）等。这些城镇，构成丝绸之路的重要部分。

先秦及汉初，拘弥、精绝、且末诸国，都在当时河流末端距今道路 80—200 千米的沙漠地带。丝绸之路上的诸多城镇都是环境较好，人烟辐辏，如楼兰城、精绝城、交河城等。《汉书 • 张骞传》记载，仅往来使者，“一辈大者数百，少者百余人……一岁中使者多者十余，少者五六辈”[①]。

塔克拉玛干沙漠经历着绿洲沙漠化（就地起沙）和沙丘沿主风方向向前

① （东汉）班固：《汉书》卷 61《张骞传》，北京：中华书局，1962 年，第 2694 页。

推移侵入周围地区（沙漠在风作用下南移）两种情形。由于干旱，山区降水变少，河水补给量变小，河水下游断流，城镇搬迁南移，丝绸之路南移。而原下游地区因受干旱、风沙作用形成沙化后，道路废弃，城郭荒芜，人烟断绝。这种情况一直延续到10世纪之后。尼雅河下游的拘弥国古城、孔雀河南岸的楼兰等都因此废弃。

西汉以前，今新疆一带丝绸之路南道诸国有较发达的农业、畜牧业，以楼兰、且末为代表；北道诸国也是农业、畜牧业兼营；山后诸国除车师国（吐鲁番）外，大都以游牧为主；葱岭诸国除难兜有较发达的农业外，也以游牧为主。汉代以后大兴屯田，西北地区农业有较大发展，城镇更加繁荣。如《汉书·西域传》记载，太始元年（前104年）“自敦煌西至盐泽，往往起亭，而轮台、渠犁皆有田卒数百人”[①]。

东汉以后，气候开始变干，匈奴地区出现连年大旱，赤地千里，人畜损失大半，阿尔金山诸小国相继沦为戈壁。3—4世纪，塔里木河下游和孔雀河下游分合与终点位置发生改变，楼兰一带河流水量开始减少，播种困难，士兵口粮减少，而且末、精绝、拘弥等绿洲国家已经消失在沙漠之中，若羌、小宛、戎卢、渠勒等国也相继沙化，丝绸之路南道南路开始南移。

隋唐以后，丝绸之路逐渐繁荣，从伊州可通西州高昌城、交河城，丝绸之路南北两道均繁荣一时。

随着河流改道和退缩引起沙化，绿洲农业更加脆弱，遇到战争或开发强度超过一定限度，就会促使西北地区生态环境恶化，整体社会经济地位下降，绿洲国家便开始衰落以至消失，因此，依托绿洲农业的西北丝绸之路走向衰落。与此同时，南方海上丝绸之路由于指南针在航海中的运用更利于长途交通运输，地位日渐重要，加之中国政治经济重心南移，中国北方经济地位下降，西北陆上丝绸之路的地位客观上大大下降。

三、历代屯田与中国北方沙漠化

近2000年来中国北方地区总的来说气候是大陆度增加，气候趋于干冷。这种气候背景加上人类不合理开发，使沙漠化不断发展。同时，历史时期风向的差异和人类活动的作用，会使沙漠化进程十分复杂。历史时期中国荒漠地带、草原地带、农耕地带的关系在各个地区的表现也较为复杂。

①（东汉）班固：《汉书》卷96上《西域传》，北京：中华书局，1962年，第3873页。

关于人类活动与中国北方沙漠化的关系，学术界也有不同观点。有学者认为人类活动的影响是极为有限的，造成我国北方地区农业区土壤退化、沙化扩大，主要是自然环境本身的因素，如干旱地区河流断流、干旱化、盐碱化等，人类的影响在古代仅是局部的。也有观点认为新石器时代塔里木盆地和亚洲中部有一个连续变干的过程，但近100年来人类活动的加剧对水源的重新分配改变了西北地区生态环境的平衡，对绿洲农业的无节制扩张，使河流径流量普遍缩小，河流干涸、断流、改道，绿洲农业的生态环境更加脆弱。

中国历史上的耕稼扩张与传统的重农思想有关。一部中国北方干旱和半干旱地区传统社会的开发史实际上是一部农业耕稼文明的扩张史。从秦汉开始，中原地区便开始在北方干旱荒漠区和半干旱草原游牧区进行大规模的有组织的屯田和招垦。这一方面是内地农业民族自发向草原地区寻求新耕地；另一方面是游牧民族逐渐加入农耕行列。

东汉在丝绸之路沿线进行的屯田更广，直到唐代、西夏、元代，这里都是重要的绿洲垦区。唐代在西北屯田584屯，唐天宝十一载（752年），陇右、河西屯田能够解决屯军口粮的一半。当然，这里绿洲文明衰退，是自然原因占主导地位，如塔里木盆地的楼兰、尼雅、克里雅等文明遗址的衰落与气候有关。

研究表明，历代在陕西北部、山西北部、河北北部、辽河上游、东北地区都曾有许多屯田，如明代九边屯田，明洪武时期山西的垦殖指数高达18.5%。清代陕西北部许多农民“走西口”，到口外开垦，关内的人主要由古北口、张家口、独石口、喜峰口等几个长城口进入草原，山东人则多经山海关进入关东地区，甘肃人向宁夏、青海地区推进，进行垦殖。新移民对草原的农业开发，造成局部地区土地的沙化和沙漠化。

但更多时候是气候变化和人类的不合理开发，如过度农垦、放牧、樵采、农牧方式更替频繁和战争等，使绿洲荒废，耕地退化，草地退化，沙漠化推进，农耕地区退缩，城市被沙漠淹没，并且呈现出一种不可逆转性。

在河西走廊的石羊河绿洲、黑河绿洲、北大河绿洲、疏勒河党河绿洲，历史上也曾经农业十分发达，但绿洲农业越是开发早的地区，沙漠化越是严重，这说明人类活动对绿洲文明的影响相当明显。

另外，我国历史上北方地区，特别是干旱、半干旱地区农业垦殖的最终经济效果并不理想，主要原因是中国干旱区和半干旱区的干燥少雨，不适宜农业播种，故生态十分脆弱，一遇政变、战乱、灾荒、废弃，往往难以恢复逆转，逐渐成为沙漠。明代开始，大量移民在晋北、陕北进行大规模耕垦；清代沿袭明代政策，继续在晋西、晋北和陕北以至整个黄土高原扩大垦殖；清代中叶以后，内蒙古中部牧区在移民开发下扩展，这些对环境产生了十分大的负面影响。

在中国北方中部和东北草原地区，沙漠化也促使草原荒漠化，使牧业分布退缩。如历史时期的呼伦贝尔沙地、科尔沁沙地、毛乌素沙地、乌兰布和沙漠都是水草丰茂的地区，主要是历史上的牧区农垦化加剧了沙漠化的过程，统万城就是一个典形案例。农业区退缩，城镇只得进行大迁移。可见，历史时期中国北方草原沙漠化，很大程度上与移民屯垦有关。

我国北方沙漠化推进往往是与农牧业界线南北推移同步，这既有气候变化的原因，也有人类活动的作用。我国北方中高纬度地区从东向西以草甸性草原、荒漠性草原、荒漠三种自然景观为主，呈现越往西气候大陆度①增大，气候越干燥，生态环境越脆弱，这种情况越往西越显著。

另外，屯田本身破坏原生植被系统，特别破坏地表土层后沙物质，流动性大，使田土荒废，在干燥气候环境下，植被一旦被破坏，恢复起来很困难，反而为沙漠化推进创造了条件。

历史时期中国北方地区农垦向北推移，在许多地区往往是沙漠化向南推移的前奏。历史时期人类主观意愿是想通过耕稼文明的扩张开发这些地区，但客观的最终结果却是沙漠化南移和农业区退缩。这从根本上来看是产业与环境资源的不协调所致。可见，农业与林牧业之间，并不存在“先进”与“落后”的差异，只有是否适应自然的区别。

参考文献

陈育宁：《宁夏地区沙漠化的历史演进考略》，《宁夏社会科学》1993 年第 3 期。

景爱：《沙漠考古通论》，北京：紫禁城出版社，1999 年。

景爱：《中国北方沙漠化的原因与对策》，济南：山东科学技术出版社，1996 年。

李并成：《河西走廊历史时期沙漠化研究》，北京：科学出版社，2003 年。

钮钟勋：《历史时期新疆地区的农牧开发》，《中国历史地理论丛》1987 年第 1 辑。

① 气候大陆度，是表示大陆影响气候程度的指标。虽然海、陆分布对气温、降水、湿度等多种气候要素都有影响，但以对气温的影响最大，因此大陆度多数用气温来计算，一般都与气温年较差成正比，因为随着纬度的增加，气温年较差本身就有增加的趋势，为消去纬度影响，突出海、陆影响，故设计大陆度与纬度成反比。

朱震达，刘恕编著：《中国北方地区的沙漠化过程及其治理区划》，北京：中国林业出版社，1981 年。

朱震达等：《中国的沙漠化及其治理》，北京：科学出版社，1989 年。

练　习　题

一、基本概念

毛乌素沙地　草原沙漠化　草原荒漠化　楼兰　统万城　绿洲文明　呼伦贝尔沙地　科尔沁沙地　乌兰布和沙漠　塔克拉玛干沙漠　河西走廊沙漠　腾格里沙漠　蒙荒招垦

二、思考题

1. 简述历史时期中国沙漠化演变的趋势。
2. 从自然和社会角度分析沙漠化对中国农业社会发展的影响。
3. 试述沙漠变迁对农牧分界线迁移的影响。
4. 论述毛乌素沙地历史时期的演变轨迹与原因。

第五章　历史时期海岸线的变迁

中国东部大陆面对西北太平洋，有绵长1.8万千米的海岸线，全新世以来，海岸线处在不断的运动和发展之中。

影响海岸线变化的因素，主要有海岸动力过程[①]，海岸物质[②]本身，新构造运动[③]，世界性洋面变化等。我国海岸地貌大体上可以杭州湾为界分为南北两部分。杭州湾以北除了山东半岛和辽东半岛为山地丘陵海岸外，大部分为平原海岸，也叫作低海岸；杭州湾以南的东南沿海地区，基本上都属山地丘陵海岸。我国海岸的各具体岸段在历史时期的变化各不相同，几千年来，山地丘陵的海岸变化幅度不大，而平原海岸则由于河流来沙丰富，变化较为明显。

第一节　历史时期海岸线的变迁

以辽东湾、渤海湾、苏北、长江口、杭州湾等地区海岸的变迁为例，能反映中国东部海岸变迁的基本概貌。

一、辽河三角洲海岸

辽河三角洲海岸的推移与辽河、大辽河、大凌河有关。与之相对应，辽

---

① 海岸动力过程，是海洋水体作用于海岸的动力过程，包括堆积、侵蚀、泥沙输移和形态各异的海岸地貌单元的塑造等过程。引起这些过程的动力，有来自海浪和海洋近岸波的因素，来自潮流和浅海流的因素，还有来自径流和风等方面的因素。海岸的动力过程，与海岸带的地形地貌和地质有密切的关系，故不同类型的海岸，产生动力过程的主要因素迥然相异。例如，基岩海岸在波浪作用下，岬角遭受强烈的侵蚀，而在海湾则因海流对泥沙的搬移而发生堆积；泥质海岸受潮流和波浪的共同作用，交替发生侵蚀和堆积。

② 海岸物质，即海岸的物质组成，按其物质组成的不同，海岸可以分为基岩海岸、砂砾质海岸和泥质海岸。

③ 新构造运动，指从新第三纪（中新世开始）以来发生的地壳运动称新构造运动，相应的时代称新构造时期。新构造运动是引起第四纪自然环境变化的另一个重要因素，这一内力作用也引起一系列环境效应并影响地壳稳定性。新构造运动有水平运动（板块运动）、垂直运动、断裂活动、火山活动和地震等。

河三角洲的构成也包括了三部分，即辽东湾北部下辽河（东西辽河会合后以下的河段）平原、辽东湾西部大凌河三角洲和大、小凌河三角洲与辽河三角洲间之盘锦湾。

1. 辽东湾北部下辽河平原

在第四纪冰后期海侵后，下辽河平原滨海部分被海水淹没，未被淹没的近海部分，则因排水不良，形成大片沼泽。

西汉时期，今黑山、辽中以南全系沼泽泥滩，水草丰茂，台安以西、北镇以东的近海地区空无城邑。这一情况，从晋末、唐初人在往返辽西、辽东的记载中，都有所反映。但对当时海岸线的确切位置，则语焉不详。

在唐人描述中，辽河下游“辽泽泥潦，车马不通”[①]。北宋许亢宗使金，途经下辽河地区时，这里“地势卑下，尽皆萑苻，沮洳积水。是日凡三十八次渡水，多被溺……隋唐征高丽，路皆经此”[②]。17 世纪，江苏无锡人王一元沿海过下辽河沼泽，这里依然百里无人烟，虎踪络绎于路。自此以后，沼泽渐被疏干，从事农作。通过微地貌分析和钻孔资料，表明自盖州市、大石桥市向西北，经牛庄达沙岭一线，为公元前开始形成的古海岸线。这条古岸线形成之后较为稳定，直到辽金时期，开始发生新的变化。

10 世纪契丹兴起后，曾利用俘掠来的汉人在西辽河上游的西拉木伦河和老哈河流域进行垦殖，部分草原逐渐变成农田，农业活动的增加使辽河含沙量渐涨，海岸伸展趋于显著，海岸线逐渐推移到今牛庄、沙岭、盘山以南。以后来沙日益丰富，沼泽演变为平地，海岸线推移。

明代，辽河河口在梁房口关，即今营口市附近的大白庙子。岸线向西推进到沙岭以南约 25 千米的吴家坟附近。营口在明末清初为辽河口外的一个沙岛，为兵营驻扎地，后因泥沙淤积，沙岛并入陆地。根据海岸动力地貌研究，辽东湾头泥沙纵向运动并不强烈，故部分河口沙洲形成以后较为稳定。之后泥沙继续淤积，至 19 世纪 20—30 年代与大陆相连，辽河口延伸至营口之外。清代末年，下辽河平原广泛垦殖，沼泽逐渐疏干，盘锦湾开始淤积，演变成今天的海岸。

---

①（宋）司马光等：《资治通鉴》卷 198《唐纪十四》“太宗贞观十九年乙巳”条，北京：中华书局，1956 年，第 6230 页。

②（宋）徐梦莘：《三朝北盟会编》卷 20《政宣上》，上海：上海古籍出版社，1987 年，第 149 页。

2. 辽东湾西部大凌河三角洲

大凌河输沙量远不及辽河，河口三角洲伸展缓慢，与辽河三角洲之间形成了以闾阳（今辽宁省北镇市西南）为北部端点的浅海湾，今名盘锦湾。隋代大凌河口有望海顿，位于今锦县右屯卫，岸线大致在此。明代后期，三角洲岸线推进到今锦州东南的蚂蚁屯、四合浦、文字官一线。19 世纪末，岸线在头沟、四沟、大沙沟、元宝底、南项、狼坨一线。

大凌河三角洲呈一个扇形，河流分汊入海，主泓时有摆荡，明代多东摆入盘锦湾，清代多南摆直接汇注辽东湾。20 世纪 50 年代以来，海岸线南摆入辽东湾。

3. 大、小凌河三角洲与辽河三角洲间之盘锦湾

盘锦湾随两侧三角洲的发展逐渐缩小，并在湾头东西沙河发育出小三角洲。明代岸线推展到杜家台附近，东与双台子（今盘山县）、吴家坟岸线相接。明代曾于杜家台、双台子、北台子筑台戍守海上防务。

杜家台以西，山溪来水多短小，较少供沙，海岸稳定，故环海的小旗杆子等口岸到清末还可以泊大船。在杜家台以东，在盘山县以南，与辽河三角洲西侧的田家庄之间，向东汊出一个小海湾，此小海湾一直保持至 20 世纪上半叶。清光绪年间，为排泄辽河洪水，人为开挖双台子河，下泄泥沙淤积于盘锦湾。1958 年后，拦断辽河，分泄营口流路由浑河、太子河等分流，自此，全辽之水均由双台子河入海。原已淤为沼泽的盘锦湾逐渐疏干，成为农田和苇场。

二、渤海湾海岸线

渤海湾在黄河口与滦河口之间，主要受黄河口和滦河口的影响。海岸的历史变迁过程受到这两条河，特别是黄河的深刻影响。

1. 黄河三角洲

黄河多泥沙，每年供给河口三角洲和邻近海岸的塑造以极为丰富的沙物质。历史时期，黄河河口大部分时间在河北、江苏之间摆荡，多由河北和山东注入渤海。

黄河三角洲的发展过程，与黄河中、下游自然地理条件有关。在三角洲发展时期，海岸往往外伸为泥质海岸。黄河改道以后，切断了泥沙来源，原来的三角洲在波浪作用下转化为侵蚀性海岸，造成岸线后退。与此同时，海

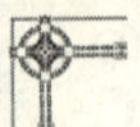

岸性质由淤泥质海岸转化为强侵蚀海岸，形成贝壳堤堆积，并在新的河口发育出新的扇形三角洲。现在黄河三角洲是1855年黄河改夺大清道后，经上百年堆积而形成的。

2. 滦河三角洲

发源于燕山山地的滦河，过滦县后逐步发育为三角洲平原。平原的北面在昌黎县北，有大碣石山。公元前2—3世纪，它距海不远，秦始皇曾在此勒石，汉武帝则在此望海。此后不久，就有碣石沦于海的说法。有的认为沦于海的碣石是一个小碣石山，有的则认为是一个像海蚀柱一样的碑状石，至今尚无定论。公元3世纪初期，海岸线距今乐亭县治不远。曹操为了军事目的，从盐关口（今武清县境）向东开了一条新运河，至今在乐亭西25里还留有它的部分遗迹。东汉时滦河可能由西南方向入海，公元6世纪则由东南方向入海。反映出滦河尾闾的游荡性。明代三角洲海岸在柏各庄附近，时至今日，西南海岸已经伸展了10—20多千米。这期间，滦河多次改道，它走大清河入海时，砂质海岸的沙嘴直伸到曹妃甸附近。而后又被切蚀成一段孤立的沙岛。

在19世纪末叶以前，滦河三角洲伸展的速度缓慢，之后加速增长，究其原因，在于滦河上游大片山地是清王朝的禁地“围场”。清末开禁，森林砍伐，草皮破坏，水土大量流失，入海泥沙大量增加，所以出现这样的情况。

3. 海岸线变迁

在距今8000—5000年冰后期海浸期间，冰川消融，全球范围内海面上升，渤海湾海岸线约与今4米等高线（大沽零点）相当。此后气候转冷，海水消退，海岸线逐渐向东推移，在今天津附近渤海湾西岸，堆积出3条高出地面呈带状的古贝壳堤①，自东向西，分别是：蛏头沽—驴朐河—马棚口贝壳堤；白沙岭—军粮城—泥沽—上古林—歧口贝壳堤；小王庄—巨葛庄—沙井子贝壳堤。

据C14测定，第三条贝壳堤距今3800—3000年，大约相当于殷商时期。第二条贝壳堤北段发现战国遗址，南段发现唐宋时期文物。南段歧口附近，C14测定下层距今2020±100年，上层距今1080±90年，北段在白沙岭附近距

---

① 贝壳堤，又称蛤蜊堤。指海岸带淤泥质海岸平原上由海生贝壳碎屑和细沙、粉沙组成的一种滨岸堤。它的发展反映了贝类生长的海湾环境。贝壳堤是河流离开原入海后形成的古海岸线的遗迹，也是海岸线后退的重要标志。

今 1460±95 年。说明这条贝壳堤经历了约千年时间的塑造而成。

第一条贝壳堤在两个三角洲之间的海岸形成于宋以后，由于泥沙堆积少，因海侵而形成古潟湖①。海岸线由两条重要的贝壳堆积堤，一条是在小王庄、巨葛庄、中塘、武帝台和西刘庄一线，为距今 3400 年左右的古海岸线；另一条是从白沙岭经泥沽、上古林到贾家堡的贝壳线，代表着距今 2000 年至 1500 年左右的海岸线。1855 年黄河改道由山东入海后，这条贝壳堤向前堆积出广阔的淤泥滩。

渤海湾海岸线的伸展与黄河入海地点的变迁密切相关。新石器时代以来，黄河长期由渤海湾入海，这一方面是西汉以前黄河中上游植被覆盖良好，下游多支津、湖泊，输送到海口的泥沙不多；另一方面，黄河下游多股分流，在天津、河北黄骅和山东无棣之间游荡，主流则于黄骅一带入海，带入天津出海口的泥沙不多，故在波浪作用下，宜于贝壳堤的形成。

东汉以后，黄河改由今山东利津、滨州市一带入海。天津附近泥沙显著减少，海岸线由淤泥质海岸转变为沙质海岸，形成第二条贝壳堤。之后，黄河在山东入海口的泥沙向北扩散，在堤外堆积成海滨平原。1048 年以后，黄河约有 80 年的时间在天津入海，当时黄河含沙量受中游地区开发的影响已经很高，大量泥沙排入海口，不利于贝壳的生长。

1128 年黄河改由泗、淮入海，从此脱离了河北平原。渤海湾来沙减少，形成了第三条贝壳堤，即 19 世纪中叶前的海岸线。渤海湾南部海岸，自公元 70 年黄河改在今滨州市、利津间入海后，三角洲推展迅速。12 世纪黄河夺淮后，原先三角洲海岸受波浪侵蚀，有所后退。1855 年黄河改由山东利津入海，新三角洲迅速向外扩展，海口的泥沙又经海流向北搬运，在渤海湾西岸第三条贝壳堤外堆积了广阔的淤泥滩。

三、苏北海岸线

苏北海岸线的发展与沂河、沭河、淮河冲积和黄河改道有关。自冰后期海侵，海水深入苏北平原，在波浪作用下，泥沙横向运动堆积成岸外沙堤，

① 潟湖，海岸线受海浪的冲击、侵蚀，其形态在不断地发生着变化，海岸线由平直变成弯曲，形成海湾，海湾口两旁往往由狭长的沙咀组成。狭长的沙咀越来越靠近，海湾渐渐的与海洋失去联系。此类湖原系海湾，后湾口处由于泥沙沉积而将海湾与海洋分隔开而成为湖泊，通常称为潟湖。如广东的品清湖、宁波的东钱湖和杭州的西湖，都是典型的潟湖。1920 年，竺可桢考察西湖地形后发表了《杭州西湖生成的原因》，他称："西湖原是钱塘江左边的一个小小湾儿，后来由于钱塘江泥沙沉淀下来，慢慢地把湾口塞住，变成一个潟湖。"

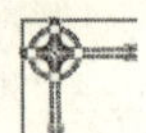

沿范公堤[①]两侧形成由几条沙堤或贝壳堤组成带状岗地。

北宋以前黄河长期在渤海湾入海，淮河来沙少，其一大支流泗水（又名清河）曾经水流较清，且淮河口深阔，潮波可至盱眙以上。唐大历年间，曾在淮安、扬州间修筑了一条名为常丰堰的捍海堰，不久废圮。11世纪，范仲淹主持重修了捍海堰，即今范公堤。自西汉至北宋，苏北海岸线长期稳定在范公堤以东不远处。

1128年黄河南侵，在以后的700余年间，黄河夺淮入海，大量泥沙涌入淮河。但在黄河南派的最初几个世纪中，黄河分由颍、涡、濉、泗入淮，泥沙在沿程堆积，河口延伸并不迅速。12世纪末淮河受黄河之水，特别是采取束水攻沙的办法治水，泥沙多淤积在海口，河口三角洲伸展迅速。

16世纪中叶以后，黄河全河夺泗、淮入海，尤其是1578年潘季驯治河，大筑堤防，堵塞决口，形成了由汴入泗、由泗入淮的固定河道，即今地图上之废黄河。唐宋时，盐城离海只有1千米，15世纪海岸东移了15千米，17世纪海岩东移到25千米处，19世纪海岸东移到50千米处。19世纪中叶以后，黄河北归山东入海，废黄河三角洲后退，大量泥沙分运到苏北南段海岸和海州湾。

江苏北岸海岸的历史变迁受黄河改道的影响深刻。在今天平坦的苏北平原上，历代形成的海岸线分布于全长300千米的范公堤左右，范公堤成为一条重要的地貌界线，标志了全新世内相当长时期的古海岸位置。

四、长江三角洲海岸

长江三角洲海岸的发展与长江沿岸在历史时期的开发有关，同时，又是长江和东海长期相互作用下的产物。长江三角洲的发育主要发生在三国孙吴政权征服山越和东晋以后，是山地开发促使水土流失加快的结果。

冰期后海侵，长江三角洲渐被海水覆没，海岸线大致在相当于今海拔4—5米位置。距今7000年到6000年前，上海西部形成第一条贝壳沙堤海岸，即淞北浅冈、淞南沙冈海岸。此海岸以西成陆，但为多湖沼的平原。距今3000

① 范公堤，北宋天圣二年（1024年），范仲淹主持修建了从今江苏省启东市吕四镇至阜宁市长达290千米的捍海堰，俗称范公堤，它是一条重要的地貌界线，标志着当时苏中、苏北海岸的所在。位置位于江苏苏中沿海，长江口北面，北起阜宁，南到启东和吕四。当时建成的范公堤，大致从盐渎到东台沿线大约有100多千米，海堤堤高5米，堤底宽10米，堤面宽大约有3米，在河穿堤入海的地方用砖头、石头围衬，而且在堤里向种柳树植草皮，加固堤防，施工技术非常完善。元、明、清、民国，一直到中华人民共和国时期，范公堤多次维修。

年左右，上海陆地自沙冈向东推进2—5千米，海岸线在今北横泾、南横泾的嘉定、南桥一线。距今1700年前，陆地自横泾冈平均东移20千米，形成下沙沙带[1]海岸。距今1000年前，浦东沿黄家湾、川沙、南汇、大团、奉城的里护塘海岸形成。距今1000年来，里护塘以东的浦东东部地区成陆。

历史时期长江挟带的泥沙在长江口淤积，形成许多沙岛，今天的崇明岛便是在东沙岛的基础上发展而来。公元前1世纪长江三角湾北侧沙嘴的南缘，约在扬州、泰兴以南江岸，折东北至如皋、李堡一线。沙嘴前端在如皋以东。公元1世纪长江南北测沙嘴的南缘在扬州泰兴以南，唐代镇江、扬州之间江面宽达20千米，故有海门之称。唐代以前多在采石渡江，唐代以后才在扬州渡江。以后泥沙淤积，加上人为填海造地，两岸日趋狭窄，并在长江口门外涨出东西二沙，即崇明岛的雏形。12世纪时东西二沙演变为三沙，亦称崇明沙，五代为崇明镇，1277年建立崇明州，明代为崇明县，因沙滩涨坍，曾五迁其治。清乾隆时崇明沙洲与周围南沙、平洋沙合并为一沙洲，今崇明岛基本轮廓形成。

风浪促进了长江口南岸海滨的泥沙运动，在波浪长期作用下，自常熟福山起，经太仓、嘉定的方泰、上海的马桥、奉贤的新寺，直至金山的漕泾一线及其以东，形成数条西北—东南走向的沙堤，俗称“冈身”。冈身在吴淞江以北有五条，最东一条相当于娄塘、嘉定、马陆、南翔一线。吴淞江以南有三条，最东一条相当于诸翟、新市、柘林一线。这条冈身带的堆积时间长达3000年左右。4世纪以后，海岸向前推移。8世纪初，冈身以东约20千米地带成陆。10世纪初时海岸线向东达月浦、江湾、北蔡、周浦、下砂、奉城一线下砂捍海塘，200年间推进了约10千米。11世纪50年代的海岸线，北起老宝山，中经横沔，在奉城和大团之间，折而西南。150年间又向东推进7—8千米。12世纪70年代海岸已抵里护塘，即川沙、南汇、大团一线，海岸又向东推进6—7千米。

明清以来长江口南岸岸线伸展缓慢。自万历年间修了外捍海塘，到清雍正十一年（1733年）南汇知县钦连重修，大致形成今岸线。个别岸段还在今岸线之外2—4千米。明代中期至雍正年间发生崩坍，乾隆以后逐渐稳定，唯南汇嘴继续向海伸展。

五、钱塘江河口和杭州湾

杭州湾变迁的主要特点，是北坍、南涨。

① 下沙沙带是自然形成的滨岸沙脊，是潮坪泥沙在上冲流推动下，长期堆积于潮上带的一种地貌形态，其位置代表平均大潮高潮线，其形成表明海岸具有较长时间相对稳定的地质环境。

1. 北岸

杭州湾的北岸即长江三角洲的南缘。冰后期海浸以后，长江三角洲南沙咀一直伸展到王盘山，乍浦九山外，曾是一大片良畴沃野。公元2世纪海盐县治在九山外面的故邑城，王盘山曾是东晋屯兵的地方。公元4世纪以前，杭州湾北侧海岸线，大致由大尖山向东，经澉浦至王盘山，折东北与柘林、奉贤一带冈身相连。今金山卫至王盘山之间为大海，在当时为滨海平原。20世纪30年代以来，在金山卫滩地和戚家墩海滩及大金山山腰上，陆续发现新石器时代遗址和春秋至秦汉时代的村落。东晋时，王盘山仍为滨海要塞。随长江口南岸沙嘴的延伸，杭州湾南岸加积，改变了海水的动力条件，引起杭州湾北岸的内坍。王盘山首当其冲，最先坍入海中。

唐代前期的岸线西起澉浦，东北经望海镇（海盐东7.5千米）、宁海镇（县东）至金山东南约5千米处，折向东北与自奉贤、柘林南来的岸线相接。唐代后期金山附近岸线严重内坍，唐末五代时海潮直逼金山脚下。海盐一带岸线在县东2.5千米望月亭，乍浦岸线在故邑城以南，这条岸线保持到南宋初年。这以后海岸又迅速内缩。12世纪50年代金山始沦入海中，元代时海盐城外宁海镇也被海水吞没。海岸距海盐城约1千米，明代时仅及半华里。15世纪60年代岸线逼近金山卫南面，几无滩地。15世纪70年代以来屡修海塘，坍岸有所控制，塘外滩地稍有扩展，大致与今日相同。

2. 南岸

杭州湾南侧的姚江平原成陆较晚。从这里发现的与河姆渡新石器时代遗址同时代的古生物表明，当时这一地区仍处于湖泽分布的水乡泽国环境，可以推断在距今约7000—6000年之前，这里应当成陆不久，故地势低洼，距海甚近。春秋战国时代遗址多分布在平原和山麓交接地带。平原的北部成陆更晚。今临山—浒山（慈溪市）—上林湖一线北侧的古海塘（大古塘），始建于北宋庆历年间（1041—1048年），其北的慈溪平原都是以后形成的。

12世纪以后，海岸继续向外推进，涨到大古塘（又称后海塘）以北。13世纪发生内坍，至14世纪坍至蟹浦、观城、浒山（慈溪）、临山、麦盖山北麓，直到松夏镇（崧城）一线。岸线向北呈弓形突出。以后不断向外扩展，修筑了一系列土塘，从后塘直至七塘，反映出海岸线发展的大致趋势。从后海塘至今海岸约15千米，为近600多年所涨出的土地。第四塘筑于明成化年间，即15世纪中后期，从四塘至海边为8千米。16—18世纪，海岸外涨较缓慢，19世纪又开始内坍，20世纪开始基本稳定，近几十年逐渐外涨约6千米。

20 世纪 50 年代以来修筑了八塘、九塘。

历史时期钱塘江海岸变化的总体趋势是，南岸不断淤积成陆，北岸不断坍崩，从而引起钱塘江河口向北推移。

六、珠江三角洲

历史时期，珠江流域植被十分好，河水含沙量较小，故河口堆积并不快。但公元前 4 世纪珠江三角洲的浅滩上人烟已经较稠密，农业亦十分发达。公元前 4 世纪—2 世纪，广州一带离海很近。唐代以后南方山地开发加快，河口沙岛和沿河滩涂扩大，到 9 世纪时，广州离海已经十分远了。今中山一带唐代时还未形成今天的三角洲，后经过几个世纪的淤积，14 世纪三角洲前缘推移到中山、崖山一线。到 18 世纪，三角洲前缘已经推移到了磨刀门附近，河口淤积加快，滩涂被大量利用。

1. 珠江三角洲平原的发育

珠江三角洲平原向海发展可分三期：史前时期的各河下游三角洲形成期、历史时期的复合三角洲形成期和唐宋之后的冲缺三角洲发育期。

最初，西江、北江、东江三条水各自河道分汊，但各三角洲彼此尚未连接起来，除三个较大的三角洲外，还有增江、绥江、潭江等下游小三角洲的发育。随着时间推移，各河下游三角洲即开始联合，如在西、北江下游新形成的三角洲，为西江和北江合作淤出的产物；东江下游三角洲发展，在下游又形成新三角洲，这是和增江合作淤成的，今天复合三角洲形态即形成于本时期内。唐宋以后，河流干道多切过三角洲前缘口门山地。在口门外，河道呈放射状分汊水系，形成新的三角洲，如江门河切过江门丘陵区，在新会形成三角洲，称为新会冲缺三角洲；西江干道切过甘竹滩丘陵区，在中山市境堆出中山冲缺三角洲；北江干道在切过市桥台地和顺德丘陵地后，在番禺县堆出番禺冲缺三角洲；西江干道在切过睦洲丘陵地和叠石丘陵地后，在斗门县形成斗门冲缺三角洲，即今天称为“沙田区”的区域，为我国米粮生产基地之一。

2. 岸线变迁

珠江三角洲由于基岩浅，来沙量大，岸线不断向海伸展，约距今 6000 年上下，三角洲大致在大西洋期形成，当时岸线可由三角洲上山丘坡脚海岸地形如海崖、海蚀穴、海蚀平台及沙堤等括出。今天三角洲平原山丘脚下多可

见到这些海岸地形，如广州七星岗海蚀崖及海蚀平台即为例子。

从新石器遗址看，三角洲范围在东江三角洲区基本上可以新石器遗址为海岸线所在，西北江三角洲顶部亦已开始形成，西北江三角洲向南已达西樵山、佛山一线以南。秦汉时代，东江三角洲由东江、增江两三角洲合并，下伸至中堂（有汉代应堂庙），南面仍为海域。西北江三角洲向东北延伸达南华水道之北。

唐代岸线，在东江已至东莞城，即东江三角洲顶部已开始发育。番禺冲缺三角洲顶部发育，《元和郡县图志》记："（广州）正南去大海七十里"[①]，地正在当今沙湾、顺德间岸处。中山冲缺三角洲顶端发育，并已开发出大片水田，黄巢曾在今容奇、桂洲、马齐等地驻军就食。新会冲缺三角洲也有顶部平原发育，隋代的州治就设在新会。唐代地层多埋掩汉代地层，汉唐千年间三角洲岸线推进不大，可能与这期间的海面上升有关。

宋末岸线南进到各冲缺三角洲中部。故有宋代南下移民得以涌入珠玑港，把潮田改为坦田，这与海平面下降有关。明末岸线，因宋代筑堤束水归槽，各冲缺三角洲加快淤积成沙，如中山宋初属东莞，南宋始入广州，因北宋时香山和番禺隔海三百里，不如去东莞方便。这说明南宋时中山冲缺三角洲已伸至石岐、港口一带。明代三角洲岸线前进加速还有人为影响，明代不再如宋代那样筑堤护田，而是筑堤成田，还在滩面种芦、草促淤。清末前岸线又有推进，在斗门冲缺三角洲外缘磨刀门口，即竹排沙，灯笼沙东头、西头围；新会则进至三江圩西银洲湖岸，番禺海岸线是把乌珠大洋填平，万顷沙已到十涌。东江则因狮子洋潮汐力强进展慢。

珠江三角洲岸线不断向海推移，推移速度有快有慢。在自然因素上，与海平面升降变化有关，在高海面期，岸线推进减慢，低海面期则较快。此外，潮汐作用和上游来沙来水亦有影响，如虎门及崖门水道淤积特慢，即是潮流强劲之故。人为因素则为建堤扩围，加速农业开发。如宋代筑堤护田，使下游沙田淤积加快，明代筑堤做田，种芦积泥均使成沙加速，促使三角洲淤积加强，发育加快。

第二节　海岸成陆与城市发展

早在史前时期，黄河便夹带着大量泥沙东流入海。历史时期中原腹地发

①（唐）李吉甫撰，贺次君点校：《元和郡县图志》卷三四《岭南道一》，北京：中华书局，1983 年，第 886 页。

达的农业文明，在农业开发的同时，加重水土流失。这种趋势伴随着西北内陆大陆度的增强和水土流失的加重，西北地区的土地越来越贫瘠，而东去的泥沙在东部气候湿润地区形成肥沃的冲积平原，为东南地区更加发达的农耕文明和近代工业文明奠定了基本的土地基础，造就了中国东西文明的大换位。从这个意义上讲，西沙东去对中国低海岸及其海岸扩展确有其积极的一面。

一、天津成陆与城市发展

据考古发掘，早在2200年前的战国时代，天津一带就有我们的先祖在活动了，当时，天津一带离海并不远。《汉书·地理志》渔阳郡下写道："沽水出塞外，东南至泉州入海。"[①]汉代的沽水，唐代称潡水，就是今海河的前身；泉州在今天津西北武青县城上村，故天津历史上有"直沽"之称。到了宋代，海河一度成为宋辽的界河，金时正式称天津为直沽。当时的直沽位于三汊口，滨海临河。元代开始，在直沽出现了盐场，盐场不断发展，后来专门设了三汊沽、大直沽两个盐使司。元代的漕运以海运为主，而海运以直沽为海河与海域间的转运中心，并相继修建了许多粮仓。天津的商务地位也提高了，有所谓"东吴转海输粳稻，一夕潮来集万船"[②]、"晓日三叉口，连樯集万艘"[③]的诗篇。因其扼"海滨津渡"，延祐三年（1316年）改直沽为海津镇，并设立镇抚司和兵马司，成为元大都的门户。

明成祖朱棣争夺皇位曾率军由直沽南下，他当上皇帝后，将直沽改称天津，即天子经过的津渡之意。明永乐年间筑城，设立"天津卫""天津左卫""天津右卫"[④]，这时天津以外的冲积平原已经十分广阔，明代天津又成为南北大运河上江南漕粮和皇木运输的枢纽，商业发达。清代开始，这里又成为附近沿海的产盐集散地，道光年间人口发展到20多万，天津逐渐发展成为我国北方重要的经济中心。

二、上海成陆与城市发展

上海市是一个较年轻的城市，它的发展与上海地区的成陆过程有着十分

①（东汉）班固：《汉书》卷28《地理志》，北京：中华书局，1962年，第1623页。
②（元）王懋德：《直沽》，（清）梅成栋纂，卞僧慧、濮文起校点：《津门诗钞》下册，天津：天津古籍出版社，1993年，第806页。
③（元）张翥：《代祀天妃庙次直沽作》，（清）梅成栋纂，卞僧慧、濮文起校点：《津门诗钞》下册，天津：天津古籍出版社，1993年，第806页。
④（清）张廷玉等：《明史》卷90《兵志二》，北京：中华书局，1974年，第2219页。

密切的关系。距今7000年到6000年前，上海西部形成第一条贝壳沙堤海岸，即淞北浅冈、淞南沙冈海岸。此海岸以西已经成陆，多为湖沼平原地区。马家浜文化期的人类就居住在山坡或高墩地区。

距今3000年左右，上海陆地自沙冈向东推进2—5千米，海岸线在今北横泾、南横泾的嘉定、南桥一线的贝壳沙带上。这个海岸西，继马家浜文化后，又有崧泽文化、良渚文化和马桥文化形成发展，开始由山坡高墩向平原迁移定居。战国时，今上海一带是战国四公子之一的春申君的封邑，故上海简称申。历史上今吴淞江因今青浦县东北的沪渎垒而称沪渎，故上海也简称沪。

距今1700年前，陆地自横泾冈平均东移20千米，形成下沙沙带滨岸沙带海岸。此线以西的今上海中部地区，开发较为缓慢，至今未发现秦汉魏晋时期的遗物，在隋唐时期才有较多的文化遗迹出现。大致在五代至宋初，浦东沿黄家湾、川沙、南汇、大团、奉城的里护塘海岸形成。今浦东中部一区为上海成陆最快的地区。距今1000年来，里护塘以东的浦东东部地区成陆，成陆地区呈现向上海东南方向推移的趋势。

南朝时，嘉定云翔寺、护国寺和太仓恩寺相继建立，表明当时今上海西部成陆的地区已有较多的人文气象。今上海老城区至迟在五代以前唐代已成陆。经过唐宋以来不断修筑海塘，塘内土地免于涨潮侵蚀，农业经济有所发展，户口日增。唐宋时吴淞江通畅，江边青龙港（今青浦县）为“海商之所凑集也”①。北宋设立舶提举司和榷货场，宋代末年，由于吴淞江淤塞，海船难以进入青龙镇，故在今上海城区设立上海镇。明代，上海一带大陆上修建了7个城镇。

元代，上海为海运漕粮的要地，城镇经济因此发展很快。至元二十九年（1292年），在今上海城区设立上海县，境土包括今青浦、南汇、川沙3个县，南北24千米，东西达50千米。明清以来，长江三角洲经济大发展。明代上海棉花种植业和纺织业发达，北方商人到上海贩运布匹，而南方商人将糖运到上海，将棉花运回南方。同时，上海也与天津一样，滨海一带受海水浸渍，形成著名的产盐场。明代上海先后兴起了63个城镇，县境南北45千米，东西80千米，面积2000多平方千米。海岸线上港口有上海港、浏河港、乍浦港等，都是十分繁忙的码头。嘉靖三十三年（1554年）上海城开始筑石城，

① （宋）朱长文撰，金菊林校点：《吴郡图经续记》卷中，南京：江苏古籍出版社，1999年，第48页。

成为江南一个重要的城镇，上海港也成为太湖流域的主要海港。清初至鸦片战争前，上海大陆兴起了 82 个城镇。

从海岸成陆的历史来看，上海城市的历史不过只 1000 多年，但它的地理位置，使之成为一个年轻而充满生气的城市。

三、珠江三角洲的发育与广州城市的发展

珠江三角洲原为一个浅海湾，成陆已有 1 万多年的历史，广州正好处于这个三角洲上。距今 5000 年左右，珠江溺谷型海湾①已经形成。距今 3000 年左右，海岸线在鸡洲附近，由此向西南经桂州、潮莲、江门直到泷水，向东北经沙湾至石楼附近。广州北部发现有新石器时代遗址，说明当时广州已经成陆，并且有居民劳作生息。到汉晋时期，珠江三角洲内有西江、北江、东江、珠江在三角洲的上段分流，珠江三角洲有十分辽阔的海湾。

广州古称“楚亭”，在今珠江漏斗村。唐宋以来，一些岛屿洲潭出现，珠江三角洲进入洲潭岛屿时代，海湾河谷大面积堆积形成。隋开皇十年（590 年）改番禺为南海县，宋仍设南海县，作为广州南海郡的郡治，成为广南东路和都督府节度使等机构治地，同时，更是南方海上丝绸之路的重要港口。南宋后期至元代，外贸中心转到福建东南的泉州，但广州仍为重要的对外港口。

明清以来，珠江三角洲的成陆过程加快，洲潭岛屿大部分新积为沙滩所连接，现代水网基本形成，农业经济与渔业经济都有了更大的发展。特别是明嘉靖年间，为防倭寇，封闭了泉州、宁波两个港口，广州的外贸进入一个更加发达时期。清代 1755 年清政府实行海禁，广州成为中国唯一的西方贸易港口，对外贸易发展更快。宋元以前，广州为水辐辏，流水活跃，交通便利，但明清以来三角洲河口淤积，海路逆转，海水退出广州城下，众水改道另出，广州逐渐从一个海港城市演变成一个内河城市，对外贸易的地位下降。

但是，历史时期珠江三角洲海岸线不断向东南推移，使许多原来孤立于大海的岛屿通过冲积而成的平原相连，成为广阔的珠江三角洲平原，为珠江三角洲的农业文明和工业文明发展奠定了基本的土地基础，为历史时期中华文明的东移南迁提供了广阔的地域基础。

---

① 溺谷型海岸指多溺谷的海岸，是河口段因陆地下沉或海面上升而形成的岸进低缓的喇叭形海湾（即溺谷）。由于入海河流对海岸的作用，主要表现为它向海岸的输沙，海岸泥沙的主要部分是河流的冲积物。在海侵的条件下，当入海河口泥沙不足，则形成溺谷海岸。

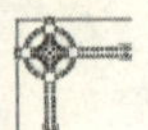

参考文献

高蒙河：《长江下游考古地理》，上海：复旦大学出版社，2005年。

郭蓄民：《长江河口地区晚更新世晚期以来沉积环境的变迁》，严钦尚等：《长江三角洲现代沉积研究》，上海：华东师范大学出版社，1987年。

黄宣佩，周丽娟：《上海考古发现与古地理环境》，《同济大学学报》（人文社会科学版）1997年第2期。

孙林，高蒙河：《江南海岸线变迁的考古地理研究》，《东南文化》2006年第4期。

（宋）王象之原著，李勇先校点：《舆地纪胜校点》，成都：四川大学出版社，2005年。

严钦尚，邵虚生：《杭州湾北岸全新世海侵后期的岸线变化》，严钦尚等：《长江三角洲现代沉积研究》，上海：华东师范大学出版社，1987年。

杨怀仁，谢志仁：《中国近20000年来的气候波动与海面升降运动》，杨怀仁主编：《第四纪冰川与第四纪地质论文集》第2集，北京：地质出版社，1985年。

张修桂：《上海地区成陆过程研究中的几个关键问题》，《历史地理》第14辑，上海：上海人民出版社，1998年。

朱诚等：《长江三角洲及苏北沿海地区7000年以来海岸线演变规律分析》，《地理科学》1996年第3期。

练习题

一、基本概念

冈身　低海岸　基岩海岸　海侵　直沽　珠江洲潭岛屿时代　贝壳堤（滩脊）

二、思考题

1. 简述历史时期中国海岸演变的趋势。
2. 讨论天津成陆与城市发展。
3. 讨论上海成陆与城市发展。
4. 讨论珠三角的发育与广州城市的发展。
5. 从自然和社会角度分析海岸变化对中国社会发展的影响。

第六章　自然灾害及周期

我国是世界上自然灾害多发重发的国家之一，经常发生各种各样的自然灾害，主要包括地质性灾害、气象性灾害和生物性灾害等。得益于历史时期丰富的文献典籍，今人可以通过对历史时期发生过的自然灾害的统计与分析，窥见我国历史时期自然灾害发生的时间、频次、受灾范围、危害程度等，对今天分析自然灾害的发生原因、地理分布、变化规律等具有重要的价值。同时，研究这些自然灾害的时空分布规律，对于今天防灾减灾的规划与布局亦具有积极意义。

第一节　历史时期的自然灾害

历史时期，文献所见的自然灾害，主要有地质性灾害类型中的地震灾害、气象灾害类型的干旱灾害和洪涝灾害，生物性灾害中的蝗虫灾害和鼠害等。洪涝、干旱灾害与蝗灾是历史上威胁农业生产、影响人民生活最严重的三大自然灾害。

一、地震灾害

中国位于世界上最大的一个大陆地震区，是一个多地震的国家。据统计，从元大德七年（1303 年）至今，共发生 8 级以上地震 17 次，发生过 7 级以上震区的面积约占全国总面积的 1/3 强。自清光绪二十六年（1900 年）以来，已发生 6 级以上地震 650 多次，其中 7—7.9 级地震 98 次，8 级以上地震 9 次，大约平均每年发生 1—2 次 7 级以上地震和 7 次 6 级以上地震。历史上死亡人数最多的地震是明嘉靖三十五年（1556 年）元月 23 日陕西华县 8 级地震，死亡达 83 万人。1920 年 12 月 16 日，宁夏海原 8.5 级地震，死亡约 23 万人。

地震还可以引发其他灾害。清乾隆四年（1739 年）元月 3 日，宁夏平罗、银川发生 8 级地震，并在银川引起大火，地震和火灾造成 1.3 万人死亡。1966 年 3 月的邢台 7. 3 级地震也引起 115 起大火。

据统计，从公元前 1831 年到 1985 年底的 3816 年中，6 级以上地震以台湾地区最为强烈和频繁，有 245 次；其次是云贵高原西部 108 次，今新疆 81 次，青藏高原 80 次，四川盆地 54 次；地震活动较弱、频度较低的有长江中下游地区、豫中平原地区，虽然都曾有 7 次以上的地震发生，但次数较少；全国仅有云贵高原东部、太湖平原及周边地区未发生过 6 级以上的地震。

二、干旱灾害

干旱是我国最常见和分布最广泛的致灾原因。据不完全统计，从汉高祖元年（前 206 年）至 1949 年的 2155 年间，发生过较严重旱灾的有 1056 年，平均两年发生一次大旱。

我国历史上发生的程度最严重的干旱，是明崇祯元年（1628 年）至明崇祯十七年（1644 年）出现的大旱，旱期之长，范围之广及旱情的严重程度是近千年中少见的。这次干旱影响波及陕北及华北地区，此后几乎连年干旱，至崇祯十年（1637 年），旱情进一步扩展，并向南扩大，遍及华北、华东、中南和西北地区直至清顺治二年（1645 年），共长达 18 年之久。

历史上的旱灾常与饥荒并发，如 1942—1943 年的河南因干旱发生饥荒死亡 3010 万人。干旱还引起水资源减少、湖面收缩、冰川后退、土地沙漠化等一系列灾变。

从干旱发生的时间来看，可分为春、夏、秋、冬旱及各个季节的连旱等类型。我国干旱类型的分布，大致以秦岭、淮河为界，以北为春、夏旱为主；以南以夏、秋、冬旱为主。我国季节连旱的现象也十分突出，对国民经济的影响也更严重。华南地区季节连旱多，其次是黄淮海地区和长江中下游地区。

受旱面积也是反映受旱程度的重要指标之一。近现代，我国干旱灾害发生面积广，全国平均每年受旱面积约占全国耕地总面积的近 20%，其中，平均受旱成灾的面积约占全国耕地总面积的 6.7%。受旱面积在地区上分布很不平衡。其中，以黄淮海地区受旱面积和成灾面积最大，几乎占全国总数的一半左右；其次是长江中下游和东北地区；而西北和华南地区受旱面积和成灾

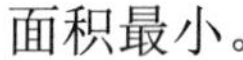

面积最小。

干旱对粮食生产有直接的严重影响，从各大区旱灾粮食损失量占全国旱灾粮食损失总量的比重来看，黄淮海地区所占比重最大，接近1/3；其次是长江中下游地区和西南地区；而华南和西北地区所占比重最小。

三、洪涝灾害

洪涝包括洪水泛滥和雨水贮积于地表两种情况。造成洪涝的因素很多，其中以暴雨等气象因素为主。我国是世界上暴雨与洪涝灾害较多较重的国家之一。

据统计，从公元前206年至1949年的2156年间，我国发生较大洪涝事件计1092次，平均两年一遇。历史上我国洪涝灾害频繁发生。其中，在1949年以前的历史时期黄河决口1500多次（其中大改道26次），平均3年1次决口，100年1次大改道。宋徽宗政和七年（1117年）黄河决口淹死100万人。黄河决口改道一次，大致波及3万平方千米，黄淮海地区往往深受其害。

从明洪武元年（1368年）至1949年的582年中，海河流域发生洪涝387次，平均3年2次。1939年洪水淹没农田333万公顷，并淹进天津。长江自唐朝以来发生洪涝200多次。清宣统三年（1911年）至1949年发生水灾11次，1931年江淮同时发生大水、洪水淹没了蚌埠城和513万公顷农田，死亡7.5万人。珠江1915年发生洪水，造成珠江三角洲地区死伤10万多人。

我国历史时期的洪涝灾害具有明显的地区特点。华南地区、两湖盆地、东部沿海地区、淮河流域和海河流域等地区为多涝地区；辽河、黄河下游地区、汉水流域以及江南南部等地区为次多涝区。我国历史上重大洪涝灾害绝大多数是发生在这些地区。

四、蝗虫灾害

蝗虫是农作物的大敌。全世界有蝗虫约1万种以上，我国有800多种。据史籍记载，从周末春秋时代起，到1949年之间的2600多年中，蝗灾就发生过800多次，平均2至3年有1次地区性的蝗灾发生，间隔5至7年就发生一次大范围的猖獗为害，而主要受灾地区则多集中发生在我国东部的黄淮海地区。

历代史籍记述的蝗灾发生的情景与危害程度详略不一，常见的与蝗虫灾害有关的关键词有许多，如蝗、螽、大螅、蝗飞蔽天、民饥、害稼、田禾俱尽、民流亡、民食蝗、人相食等。《春秋》载周襄王二十八年（前624年）秋，“雨螽于宋”[①]。《史记》有秦王政五年（公元前243年）“蝗虫从东方来，蔽天。天下疫。”[②]《汉书》记西汉时“郡国大旱，蝗，青州尤甚，民流亡。”[③]东汉时，“蝗起泰山，弥行兖、豫。《谢沈书》钟离意《讥起北宫表》云：‘未数年，豫章遭蝗，谷不收。民饥死，县数千百人。’”[④]《晋书》记载晋永嘉四年(310年)“幽、并、司、冀、秦、雍等六州大蝗，食草木，牛马毛，皆尽。”[⑤]唐贞元元年（785年）“夏，蝗尤甚，自东海西尽河、陇，群飞蔽天，旬日不息。经行之处，草木牛畜毛，靡有孑遗。关辅已东，谷大贵，饿馑枕道。”[⑥]北宋淳化三年(992年)“秋七月……许、汝、兖、单、沧、蔡、齐、贝八州蝗。”[⑦]《宋史》载南宋 “隆兴元年七月，大蝗。八月壬申、癸酉，飞蝗过都，蔽天日；徽、宣、湖三州及浙东郡县，害稼。京东大蝗，襄、随尤甚，民为乏食”。[⑧]明清时期的记载蝗灾的内容更多，区域范围更广。1928年，浙江、安徽、河南、山东、河北、江苏等地区发生严重蝗灾，捕杀蝗虫1万多担（重量），仅浙江省损失就达1亿元。

历史时期，我国蝗灾发生地主要分布在河北山地以南、长江以北、泰山与沂蒙山地以西太行山和伏牛山以东的地区。长江中下游平原地区，以及西江、鉴江、南渡江等下游地区也曾有飞蝗发生，但面积较黄淮海平原小、发生频率也低。长江中下游蝗灾发生次数仅占淮河流域的30%左右。

五、鼠害

凡有鼠类分布的地区，其种群密度达到一定数量时就会形成鼠害，而当密度再甚者，就会造成严重的鼠灾。历史上我国鼠害十分严重，早在3000多年前的《诗经》里写道：“硕鼠硕鼠，无食我黍！”“硕鼠硕鼠，无食我麦。”[⑨]在诗歌中描述了鼠类对稼禾的危害，说明人们对鼠害的痛恨由来已久。

① 杨伯峻：《春秋左传注》，北京：中华书局，1981年，第528页。
② （西汉）司马迁：《史记》卷6《秦始皇本纪》，北京：中华书局，1959年，第224页。
③ （东汉）班固：《汉书》卷12《平帝纪》，北京：中华书局，1962年，第353页。
④ （南朝·宋）范晔：《后汉书》志15《五行三》，北京：中华书局，1965年，第3318页。
⑤ （唐）房玄龄等：《晋书》卷5《怀帝本纪》，北京：中华书局，1974年，第120页。
⑥ （后晋）刘昫等：《旧唐书》卷37《五行志》，北京：中华书局，1975年，第1365页。
⑦ （元）脱脱等：《宋史》卷5《太宗本纪》，北京：中华书局，1977年，第90页。
⑧ （元）脱脱等：《宋史》卷62《五行志下》，北京：中华书局，1977年，第1357页。
⑨ 程俊英译注：《诗经译注》，上海：上海古籍出版社，1985年，第194—195页。

鼠害还出现在林业和畜牧业地区，对林业和畜牧业造成危害。鼠害可使森林和草原生产力下降甚至毁灭。青藏高原可利用的1.2亿公顷草地中，鼠害面积1666万公顷。新疆沙湾、乌苏等县，1982年就有鼠害面积10万公顷，致使原来可放牧8万头的冬季牧场，后来只有放牧几千头。

鼠类能够给人类传染疾病，造成流行瘟疫。已经证明，30多种流行性疾病与鼠类有关，有记载明万历四十五年（1617年）云南发生鼠疫。清乾隆元年（1736年）的《死鼠行》诗中记载道："东死鼠，西死鼠，人见死鼠如见虎。鼠死不几日，人死如拆堵。"[①]描述了鼠疫发生的情景，也阐明了鼠疫流行与鼠有密切关系。

我国主要害鼠活动范围可以分成两大危害区域。一是东部喜湿鼠类危害区，包括华东和华南区的全部，东北、华北和西南区的大部，以及西北区的部分地区。这些地区自然条件优越，农业开发历史久远，是主要的传统农业区。这个地区各地的主要和常见害鼠基本上都属于喜湿型。二是西部耐旱鼠类危害区，包括西北区的大部、青藏高原大部，以及东北和华北区的边缘地带。这个区域降水量少，气候干旱，历史时期宜农面积相对较少，农业生产表现为粗耕粗放。这一区域内各地的主要和常见害鼠多属耐旱型。

第二节　历史时期自然灾害的周期规律

大量统计资料表明，自然灾害发生有着模糊的周期性规律。长周期大约为200年或400年。夏、商、周的自然灾害史实主要来自先秦文献。相传全国曾有许多地方发生特大洪水，洪水灾害严重，因而有大禹治水。商朝旱灾很多，后人有"尧、禹有九年之水，汤有七年之旱"[②]的说法。

周朝文献亦记载有各种自然灾害的记录。据统计，周朝发生旱灾30次，水灾16次，蝗灾13次，地震9次，歉饥灾8次，霜雪7次，雨雹5次，瘟疫1次，共计89次。从秦汉到元朝，即从秦始皇二十六年（前221年）到元至正二十八年（1368年）为止的1600年，共发生旱灾651次，水灾625次，蝗（虫）灾273次，地震352次，歉饥灾214次，霜雪104次，雨雹298次，瘟疫116次，风灾318次，地沸2次，共计2953次。明清时发生旱灾375次，水灾388次，蝗（虫）灾187次，地震334次；歉饥灾183次，霜雪90次，

① （清）师道南：《鸿洲天愚集》，清嘉庆七年（1802年）抄本。
② （东汉）班固：《汉书》卷24《食货志》，北京：中华书局，1962年，第1130页。

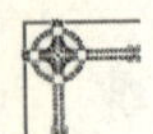

雨雹 243 次，瘟疫 138 次，风灾 194 次，共计 2132 次。

历史时期一些重要的灾害群发期，已知的有夏禹灾害群发期（4000 年前）、两汉灾害群发期（前 200—200 年）、明清灾害群发期（1600—1700 年）等。明清灾害群发期是中国 2000 年来最寒冷的时期，也是自然灾害十分严重而频繁的时期。清顺治十年（1653 年）至清康熙三十六年（1697 年）的 45 年间东部 7 大流域有 6 次洪水泛滥；清康熙七年（1668 年）至清康熙三十四年（1695 年）的 28 年间，华北发生 3 次 8 级、2 次 7 级和 3 次 6 级地震，是 2000 年来震灾最严重的时期；清康熙元年（1662 年）黄河出现历史上最大的洪水；明崇祯十年（1637 年）至明崇祯十四年（1641 年）的连年大旱是我国近 500 年来最严重的旱灾；此外，滑坡、蝗虫、瘟疫、大风沙等灾害也十分严重。

一、自然灾害发生的相关因素

造成自然灾害发生的因素很多，在研究和分析自然灾害的发生及其活动规律时，就要注意这些相关因素与自然灾害的关系。大量事实表明，自然灾害周期性与天文事件周期性有关。

太阳活动与自然灾害发生之间有着关联关系。某些自然灾害与太阳黑子活动的 11 年或 22 年的周期相合，而且经常与太阳的极大年或极小年相关，太阳周的单周或双周有多发的趋势。如我国黄河中游地区、太湖流域和江淮流域下游地区的旱涝变化与太阳活动具有共同的变化周期，其中 11 年周期更为突出。长江中上游和黄河流域，在太阳活动峰年前后常常发生洪涝和大水，而在太阳活动的谷年前后，则常常发生干旱。太阳活动不仅与气象灾害有关，还与地震发生有一定关系。在我国新疆、华北等地区，地震发生和地震迁移亦有 11 年活动周期。还有一些自然灾害与太阳活动的短期变化有关，如耀斑爆发。

太阳、月亮和行星等天体运行与气象灾害、地震灾害、海洋灾害和洪涝灾害等之间有统计关联关系。这些天体对灾害的影响主要是引潮力的触发作用，因而月亮和太阳的影响更显著。在地球与这些天体中的两个或更多个成一线时，再配合其他一些天文因素的影响，一些自然灾害就更易发生。例如，在河北和京津地区等，地震大都发生在朔望前后，朔望对台风的发展也有触发作用；中国的水旱灾害的发生与日食沙罗周期（18 年 11.3 天）相关等。另外，历史时期自然灾害群发期还与九大行星的会聚有关，最引人注意的是 16

至 17 世纪地震和旱涝等灾害频繁发生。

自然灾害与地球自转速度变化和厄尔尼诺现象也有关系。大气圈、水圈和岩石圈与地球自转速度变化，以及各圈层之间都存在着相互作用，导致自然灾害与地球自转速度变化的关系错综复杂。地震的发生与地球自转速度变化的关系较为明显，有些地区的地震大都发生在地球自转速度加快或减慢的年份或季节内。厄尔尼诺现象是指南美太平洋沿岸的海面水温出现异常增暖现象，会造成生态平衡的破坏，导致大量海洋生物死亡和全球性的气候反常。在厄尔尼诺现象出现的时期，我国的长江中下游地区会出现低温连阴雨，而东北地区夏季温度往往偏低，造成粮食歉收。自 20 世纪 60 年代以来，世界已发生 7 次厄尔尼诺事件，分别在 1963 至 1965 年、1966 至 1969 年、1970 年、1972 至 1973 年、1976 至 1977 年、1982 至 1983 年、1986 至 1987 年。每两次厄尔尼诺出现的时间间隔不同，大约 3 至 4 年发生一次。我国学者发现厄尔尼诺现象的生消与地球自转速度的变化亦有相关性。

节气和自然灾害存在着一定的联系。节气是我国古代人们为了便于掌握农事活动而总结划分的时间段。早在春秋战国时期就有 24 节气，节气日往往是自然灾害易于发生变化的日期。曾有人统计，上海地区 7 月 11 日、7 月 23 日和 8 月 23 日是龙卷风多发日，而后两个日期正是大暑和处暑。还有人统计，1974 年 4 月 22 日江苏溧阳 5.5 级地震、1979 年 7 月 9 日溧阳 6.0 级地震、1984 年 5 月 21 日南黄海 6.2 级地震、1988 年 11 月 6 日云南澜沧 7.6 级地震分别发生在谷雨小暑、小满和立冬日前后。运用节气来预报气象灾害，地震灾害等，在我国已取得一定的成效。不过，并不是所有灾害都发生在节气日，所以有人提出了用磁暴日和节气日相配合的方法，可以预报得更准确一些。

二、几种主要自然灾害的周期

对于自然灾害周期的统计与总结，有助于探寻自然灾害发生的规律，进而为灾害的防御提供分析数据与研究基础。

1. 地震灾害的分布与周期

地震活动周期包含平静和活跃两个阶段。由于各个地区构造活动性的差异，地震活动周期长短不同。东部地震活动周期普遍比西部长，东部一个周期大约 300 年左右，西部约为 100 年至 200 年左右，但台湾则仅为几十年。

在通常情况下，板块边缘地带地震活动周期较短，板块内部则地震活动

周期较长。在同一个地震周期中，还可进一步划分出时间更短的周期，即为地震幕。而地震重复性是指地震原地重复发生的现象，一般地，地震震级越大，重复时间越长；震级越小，重复时间越短。但不同地震区、带，由于构造活动强弱差异，同一震级地震的重复时间的长短也不一样。根据统计，6 级地震重复时间可从几十年到几百年，7 级以上地震的重复时间多在千年以上乃至几千年。

地震活跃期是指地震活动相对频繁和强烈的时期。地震活跃期是相对地震平静期而言的，只是一个相对的概念。在东北地区、华南地区、华北地区、台湾和喜马拉雅山地区，分别出现 5 级、6 级、7 级地震频繁活动，就标志着该地区地震活动进入了活跃期。地震活跃期在各地经历的时间长短也不一样，华北和华南地区约为 200 年，天山地区大约 100 年，青藏高原北部为 150 年，青藏高原南部和中部则为几十年。

地震活跃幕是指在一个地震活跃期中地震活动相对频繁和强烈的阶段。根据 20 世纪全国纪录划分，已经历了 4 次大地震活动幕：清光绪二十三年（1897 年）至 1912 年，1920 至 1937 年，1946 至 1957 年，1966 至 1976 年。1976 年以后连续 10 年未发生达到 7 级的地震，处于相对平静时期。

2. 干旱灾害的周期

几千年来我国有着明显的干湿变化，同时也存在着干旱化发展的趋势。据研究表明，鄂尔多斯地区距今 6500 年以来，显现出明显的干旱化趋势。我国东部地区近 500 年可划分为 3 个阶段：明成化十五年（1479 年）至清康熙三十年（1691 年）为干旱阶段，共 213 年，在此期间，50 年一遇的干旱出现 4 次；清康熙三十一年（1692 年）至清光绪十六年（1890 年）为湿润阶段，共 199 年，50 年一遇的干旱灾害只有 4 次；清光绪十七年（1891 年）以后进入干旱阶段，至今 50 年一遇的干旱已出现 4 次。如果干湿阶段的平均持续期按 200 年计算，最近的干旱阶段还要继续下去，这说明 16—17 世纪比较干燥，18—19 世纪比较湿润，20 世纪以来又较干燥。当然在每个大阶段内还有 10—20 年的干湿变化。另据统计，我国 20 世纪 50 年代相对多雨，20 世纪 60—80 年代相对少雨。在长江以北的东北南部、内蒙古、华北、黄土高原、山东及淮河流域 20 世纪 50—60 年代降水偏多，20 世纪 70—80 年代偏少；西北地区 20 世纪 50—70 年代相对偏多，20 世纪 80 年代又偏少，新疆地区略有不同。

从干旱及干旱成灾面积的变化来看，两者都有增长的趋势。我国近几十年受旱面积大幅度增长的主要地区有黄淮海、东北和西北三大地区；西南地

区的受旱面积也有所发展；而我国南方地区却相反，受旱面积 20 世纪 70 年代比 20 世纪 50 年代有明显减少的趋势。

3. 洪涝灾害的周期

洪涝灾害的周期变化在地区分布上有明显的地域性。从全国受涝的统计看，大致可以分为多涝、次多涝、少涝，最少涝 4 种类型。多涝的地区有两广大部、闽南地区和台湾，这是全国受涝次数最多，且范围较大的地区，平均 3 年出现 1 至 2 次；湘赣北部、苏浙沿海和闽北、淮河流域，这些地区平均 2 至 3 年出现 1 次；海河流域平均约 3 年出现 1 次。次多涝地区有湘赣南部和闽西北、汉水流域和长江中游及川东地区、黄河下游地区、辽河地区，这些地区平均 3—5 年出现 1 次洪涝。少涝地区有云贵高原、黄河中游地区、东北地区，这些地区平均 15—16 年出现 1—2 次，有的地区平均 6 年 1 次。最少涝地区有西北大部、青藏高原及内蒙古大部和大小兴安岭地区，极少出现较大范围的洪涝，即使出现洪涝也是局部地区的。

雨涝出现的分布特点是东部多，西部少；沿海地区多，内陆地区少；平原地区多，高原和山地少。

根据历史时期长江、黄河两大河流洪涝灾害次数的统计来看，黄河流域在 2188 年间共发生洪涝 147 次，频率为 6.72%；长江流域在 1889 年间中出现洪涝 178 次，频率为 9.4%。20 世纪以来，黄河流域共发生 2 次洪涝，而长江流域在同期内竟出现 10 次之多，可见南方比北方易发生洪涝。自 20 世纪 80 年代以来，在江河水势平稳的情况下，我国长江、黄河、珠江、淮河等 7 大江河的水灾面积和成灾率都比 20 世纪 60 年代和 20 世纪 70 年代有所增加。

4. 蝗虫灾害的周期

蝗虫灾害的发生动态与旱涝灾害，特别是干旱与先涝后旱的关系更为密切。总的来看，干旱与飞蝗同年发生的机遇率最大，其次，为前一年干旱而后一年发生蝗灾的概率；就水涝与蝗虫爆发关系的时间间隔而论，则以前两年涝而间隔一年发生蝗灾的机遇率最大，其次为前年旱而第二年即有飞蝗大发生。

飞蝗在我国大发生的频度与间隔年数在不同流域有所不同，海河、黄河、淮河、长江 4 大流域 1000 年内飞蝗大发生的次数分别为 156、206、236、111 次，平均间隔年数分别为 6.45、4.8、4.2、9.0 年。从历年飞蝗大发生记录中，可看出大发生时间距离最大间隔为 911 年，最小间隔为 4—5 年。在两次大发生间隔时间距离多于 5 年，则其间有 1—3 次小发生，每次小发生时间距离为 2—3 年，最长为 6 年。这说明飞蝗大发生时间上的最大最小强度。

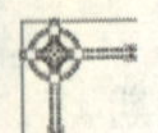

参 考 文 献

段伟：《禳灾与减灾：秦汉社会自然灾害应对制度的形成》，上海：复旦大学出版社，2008年。

河南省水利厅水旱灾害专著编辑委员会编著：《河南水旱灾害》，郑州：黄河水利出版社，1999年。

李文海，周源：《灾荒与饥馑（1840—1919）》，北京：高等教育出版社，1991年。

马雪芹：《明清河南自然灾害研究》，《中国历史地理论丛》1998年第1辑。

水利水电科学研究院编：《清代海河滦河洪涝档案史料》，北京：中华书局，1981年。

王邨：《中原地区历史旱涝气候研究和预测》，北京：气象出版社，1992年。

竺可桢：《竺可桢全集》第1卷，上海：上海科技教育出版社，2004年。

练 习 题

一、思考题

1. 我国历史时期的地质性灾害有哪些，其分布区域和特点是什么？
2. 我国历史时期的气象性灾害有哪些，其分布区域和特点是什么？
3. 我国历史时期的生物性灾害有哪些，其分布区域和特点是什么？
4. 历史时期自然灾害发生的相关因素是什么？
5. 简析地震灾害的周期。
6. 简析干旱灾害的周期。
7. 简析洪涝灾害的周期。
8. 简析蝗虫灾害的周期。

第七章　历史时期疆域变迁与民族分布

疆域是空间概念，对疆域的理解需要依附于一个具体的时间剖面。历史时期，由于复杂的民族关系和地理环境等因素，即便是同一个王朝，它的疆域也处于不断的发展演变中，时伸时缩。因此，谭其骧主编的《中国历史地图集》，每一幅地图都有对应的具体时间点。而每一个朝代的“全图”，则为当朝所辖控过的全部疆域的叠加。

历史时期中国的疆域，与今天的中国领土有所不同，这与历史上的“中国”这一概念的变化有关。“中国”一词最早出现于西周初年，“国”的繁体字作“國”，通“或”，指城、邑。西周时期大大小小的国数以千百计，天子所居之国为“中国”，意指处于中枢地位的国或各国中心的国。随着人们地理观的扩大，相对于周边部落、方国而言，周天子和诸侯所在居地理之中，亦可泛称为“中国”。秦汉时期，原来的诸侯国都统一在国家之内，自然地成为“中国”的一部分。

随着政权更迭、疆域盈缩和经济文化发展，“中国”的概念也在不断地变化，因此，中国是一个文化概念，一般即指汉族（华夏族）文化区。明朝后期，来华的西方人一般都用中国或中华、中华帝国来称中国，而不是用明朝或清朝。鸦片战争以后，中国开始被作为国家或清朝的代名词，使用于国际交往场合。1912 年中华民国建立以后，中国成为国家的正式简称和代名词。同时，中国也有了明确的地理范围，即中华民国的全部领土。

在探讨历史疆域变迁时，中国既不应该等同于商、周、秦、汉、晋、隋、唐、宋、元、明这些中原王朝，也不应该等同于汉族或中原地区，而是包括我们所明确规定的地理范围内的一切政权和民族。

历史时期疆域的范畴与今天的领土概念也不对等。所谓疆域，就是一个国家或政治实体的境界所达到的范围。领土，是指在一国主权之下的区域，包括一国的陆地、河流、湖泊、内海、领海以及它们的底床、底土和上空（领空）。领土是以明确的主权为根据的，但疆域所指的境界就不一定有非常完全的主权归属。疆域一般只指表层的陆地和水面，不像领土这样延伸到其的底床、底土和上空。领土一般有明确的界线，即使是一些未定的和有争议的地区，争议双方总有各自的界线。而疆域却往往很不明确，即使当时也是如此。领土的拥有者一般都有明确的领土意识，疆域的拥有者却未必有这样一种主权意识，而往往根据各自的标准来决定哪里是属于自己的疆域。领土或国土是对国家而言的，它的前提是国家的存在，在还没有国家存在的时间和地区自然也就不存在领土或国土。疆域则并不一定指一个国家，中国历史上出现过的一些地区性的、民族性的政权实体，甚至一些部落或部落集团，它们实际占有的、控制的地域范围都可以称为疆域。

历史时期疆域的种类，可以划分为五种，即正式行政区、特殊行政区、军事驻防和屯垦区、民族或地方自治地区、实际统治区。

第一节　历代疆域的变迁与民族分布

迄今为止，中国所发现的新石器时代遗址有六七千处，遍及全国，这与原始社会后期人类活动的范围相对应。这些分散的原始氏族和部落，经过长期的战争和融合，形成两个主要的部落联盟：一是活动于黄河中游的夏人；二是活动于黄河下游的夷人。以后夏人部落不断扩展，与东部夷族相融合，成为最大的华夏部落联盟。他们活动的范围，就是华夏民族最早的疆域。

一般认为，中国的疆域，在鸦片战争前的 6000 年中，空间范围达 1300 多万平方千米，在这个时间和空间范围内的民族和所建立的政权，是历史上疆域及其变迁的承担者。这里主要是以历代中原王朝和较大的地方政权的疆域变迁为主。

一、夏商周时期中原王朝的势力范围及其周边民族

夏商周时期的疆域，由于历史文献记载有限，需要借助考古发掘以及地名史料进行复原。而由于上古三代的疆域观念非常模糊，无法完全以传统的“四至八到”的表述方式进行具体的铺陈，这里就用活动范围的概念来表达当

时的地理范围的概貌。

（一）夏朝的势力范围及其周边民族

夏，被认为是中国历史上第一个奴隶制王国，约建立于公元前 21 世纪。据考古和文献资料，夏朝的中心地区在今豫西嵩山附近的颍河上游、伊洛河流域和黄河北岸的古济水流域，晋西南也是其重要的活动区。一般认为，二里头文化代表着夏文化。夏桀时，夏直接控制的区域西达华山之下，东边到了河济之间，北边到达太行山的羊肠坂，南边到达伊洛河流域，包括今河南全部、河北、山西南部、陕西东部、湖北北缘、安徽西缘和山东西部。

文献记载，夏朝都城经过多次迁移。禹都阳城，很可能就是河南省登封市告成镇的王城岗城址。之后建都的斟寻、阳翟也都在这一带。夏朝不断迁都的过程，实际上也是疆域变化和扩张的过程。从夏人的活动轨迹看，夏朝的疆域，东面一度扩展到了豫东黄河下游地区，夏朝后期都城斟灌、帝丘、老丘、西河等都在这一地区。其势力所及南至江汉北，东近淮泗。中国的主体民族华夏族就是在这一地区发展起来的。

（二）商的势力范围及其周边民族

商朝，约公元前 16—前 11 世纪。商族本是夏朝时活动于东方的古老部落，始祖是契，传十四世，在汤时灭了夏朝。商朝的中心地区在今河南，历史上其疆土东达大海，北过恒山。但大多数时间，其疆域东起今山东省西部、安徽西北部，西至今陕西东部，北迄今河北、山西北部，直达今辽南，南达湖北北缘。

据《尚书·商书》记载："自契至于成汤，八迁。汤始居亳。"①成汤灭夏至盘庚五迁后始居于殷，从考古发掘看，商人迁都的范围大体在今黄河中下游今河南省北、中部和河北省西南部。盘庚迁殷后，国势强大，所控制的疆域北面扩展到了易水，南抵淮河，西至太行、伏牛山脉，东至海。武丁以后疆域更为广大，东北可能到达了辽宁；南抵江淮，今湖北黄陂盘龙城即为归附商朝的一个方国；西北越过太行山进入山西，成为古代东方的强大奴隶制国家。

商朝的周围还有许多部族和方国，如在今东北有肃慎，滦河下游有孤竹，内蒙古东南部和山西境内有鬼方、吕方、土方，陕西北部有羌方、犬戎、荤粥，西部有周、氐，西南为巴、蜀，长江中游为濮、楚人，淮河流域为淮夷等。

① 李学勤主编：《尚书正义》卷 7，北京：北京大学出版社，1999 年，第 186 页。

（三）周的势力范围及其周边民族

公元前 11—前 8 世纪，起源于今陕西武功一带的周人建立了周朝。周原为商朝西部的一个古老部落，后迁居豳（今陕西彬州市、旬邑县一带），又南逾梁山，至于岐山下的周原，即今陕西岐山县京当镇和扶风县法门镇之间，这里是一块地势平衍，水草丰肥的沃土。周人在此定居下来，定国号为“周”，营筑城郭，修建宫室。

周文王时，沿渭河向东发展，翦除了商朝在关中的势力，迁都于丰。武王即位后，为经营东方，又将国都东迁于沣河东岸的镐，消灭殷后，控制了商朝统治区。武王死后，周公东征，相继征服了商朝残余势力和东方诸国。

周朝的疆土范围大于商朝，为了控制新取得的领土，即推行分封制，将王畿之外的地区分封给宗室、勋戚功臣、封邦建国，拱卫周室。周初分封 71 国，其中主要的有东方的齐、鲁，北方的燕、晋等大国，此外，还有黄河下游的卫、管、陈、曹、蔡，汉江流域的“汉阳诸姬”，长江下游以太湖流域为核心的吴。以后仍陆续有所分封，最多时可能分封了 400 多个。

就周朝的疆域而言，当时北方有封国燕，最远到达了今辽宁喀左、朝阳一带，西面至今甘肃渭河上游，西北抵汾河流域霍山一带，东面的封国齐鲁到了山东半岛，南至汉水中游，东南抵长江下游和太湖流域，势力所及还可能到达了巴蜀一带。

周朝控制的范围内，疆域并不是连成一片的，除了荒地外，还杂居许多夷狄和方国。如东北的肃慎，内蒙古东南部和山西北部的鬼方，西有犬戎，江汉平原有荆楚，荆楚以西为群蛮，西南有巴、蜀，淮泗之间的淮夷、徐夷等。

二、先秦时期华夏诸国的疆域

西周末年，犬戎发展强大，杀幽王而周亡。周平王东迁，是为东周，进入历史上春秋战国时代，约公元前 8—前 3 世纪。

（一）春秋时期

春秋时期，分封的封国就有 120 多个，后来发展成为鲁、卫、齐、晋、楚、宋、郑、秦、蔡、曹、吴、越十二大诸侯，还有一些小诸侯国。

春秋初年，出现了“南夷与北狄交，中国不绝如线”[①]的局面。由于四周夷狄入侵，华夏族区域缩小。但各国与四周少数民族交往频繁，疆域变迁较

① 《春秋公羊传·僖公四年》，（清）阮元校刻：《十三经注疏》，北京：中华书局，1980 年，第 2249 页。

大。西方关中地区为犬戎所占，东方的山戎、北戎则常常侵扰燕、齐、郑等国，南方的淮夷势力也伸入中原地区。其中最强大的是狄，居于晋中以北、陕北及太行山两麓，控制的地域广大，并四出侵扰，向南向东发展，如伐邢（今河北邢台）、灭卫（今河南朝歌），多次侵扰晋、齐、郑、卫、鲁、宋等国。

在南方，楚的势力逐步强大，经江汉间向北发展，“汉阳诸姬，楚实尽之”①，并占有南阳盆地和汝颍河上游地区。春秋中叶以后，五霸迭兴，齐桓公、晋文公、秦穆公相继和戎狄展开斗争。齐并山东半岛诸夷，晋并太行东西大河南北诸戎狄，秦并关中自陇以东诸戎。中原地区的戎狄、东夷渐与诸夏融合，南方的楚越“蛮夷”之地也多诸夏化。故至春秋末年诸夏疆域范围又有所扩展。

（二）战国时期

春秋战国，中原诸国相互兼并，疆界屡易。战国时，在春秋封国的基础上又演变为韩、赵、魏、齐、楚、燕、秦七大强国，夹在七雄之间还有十几个小国。七国强大，纷纷向四边开疆拓土，置郡县，修长城，七雄的疆域都有所扩大了。如魏国取河西白狄地（今陕北）及秦地，“筑长城，自郑滨洛以北，有上郡”②。秦惠文王时南攻楚国汉中，取地600里，置汉中郡。昭襄王时灭义渠等戎而置陇西、北地2郡（在今甘肃东部），疆界扩展至今的泾、渭上游和洮河流域。秦国疆域广大，于是筑长城以拒西戎，西端起临洮（今甘肃岷县），东北沿北地、上郡北界，至今陕北黄河西岸。公元前316年，秦灭巴、蜀，置巴、蜀二郡，将四川盆地也划入秦国版图，秦的疆域扩展到了巴蜀、甘肃东部的洮水中游。

北边赵国的北界原在今桑干河上游一带。赵武灵王时“胡服骑射”，向北击败了林胡、楼烦，疆域扩展到河套北面阴山地区，并在那里设置云中、雁门、代郡，筑长城自代（今河北蔚县）向西，傍阴山山脉至高阙（今内蒙古巴彦淖尔市临河区东北狼山口）。

东边燕国在燕昭王时击退东胡，却地千余里，在北边设置上谷、渔阳、右北平、辽西、辽东五郡，筑长城西起造阳（约在今河北张家口附近），东至辽东，又东至满潘汗（今朝鲜清川江一带）与朝鲜分界。今内蒙古昭乌达盟境内有燕长城断续遗址存在。燕国北部疆域最远到达今河北东北、辽宁南部的辽水流域。

---

① 杨伯峻：《春秋左传注》，北京：中华书局，1981年，第459页。
②（西汉）司马迁：《史记》卷5《秦本纪》，北京：中华书局，1959年，第202页。

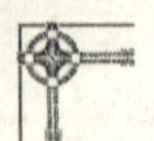

南边楚国疆域也有较大变化。楚国的南界越过洞庭湖到达湘、资、沅、澧流域；向西占有了湘西、鄂西地区，设置了巫郡、黔中郡，势力还远及广西平乐一带。公元前279年左右，楚顷襄王派滇王庄蹻由黔中郡向西南进入贵州境内夜郎国，直至滇池，拥有了黔中郡；东面则灭了越国，疆域东至于海，东南达五岭的北麓。

综上可知，到战国末年，七雄的疆域范围，东北过抵鸭绿江，北到内蒙古河套地区、晋冀北部和辽南，西达甘肃洮河流域，南面已有浙江一半、赣北、湘全境及黔、川的一部分。

战国时期在华夏诸国的周围分布着蛮夷戎狄的诸多部落。靠近中原地区的戎狄，先后被韩、赵、魏、秦并合，逐渐与华夏族融合。东夷、淮夷渐融于齐、鲁。南方越族的许多地方成为楚国领地。北边有林胡、楼烦，长时间与晋、秦、燕为敌，战国时受北方诸侯国赵和燕攻击，渐次北退，后为匈奴所并。战国后期，匈奴南下，成为华夏族北边的劲敌。

边疆民族的活动范围也是构成历史时期中国疆域的一部分。在东北地区的东胡、肃慎等部族，疆域大致到今吉林、黑龙江境内。河西走廊地区有羌人和月氏人。巴蜀为秦占有后，其西、南还有且兰、夜郎、滇、昆明（均在今贵州、云南一带）、邛都（今西昌一带）、嶲、筰都（今四川大渡河、雅砻江流域）、徙（今四川天全一带）、冉駹（今四川茂县汶川）、白马（今甘肃成县）等各族。楚国西南有百濮、群蛮。大江以南有东瓯（今浙江南部）、闽越（今福建）、南越（今广东）、骆越（今广西）等百越诸部。将这些疆域合在一起，则与今天的疆域范围大致相当。

先秦时代疆域变迁有两大趋势，一是华夏地区由中原向南向北逐渐扩展。夏时主要在黄河中游两岸；商时南至淮河，北至冀中；周时南面到长江南岸，北面到辽东；春秋时南到洞庭湖，北至晋中；战国时南到五岭，北至阴山。二是自江河的下游向上游发展。夏商时主要活动在黄河中下游，周时向西发展到渭河流域；春秋时发展到洮河流域。长江流域也是从下游向上游发展，但是与黄河流域有所不同的是，黄河流域诸夏文化先到达长江中下游，然后才转向上游发展。

三、秦汉统一王朝疆域的形成和变迁

公元前221年秦始皇统一六国，中国历史上第一次出现了统一的多民族

集权王朝。从秦到两汉（前221—220年）的400年间，以汉族为中心的中原王朝疆域规模基本奠定，对中国历史疆域的形成具有开创性意义。

（一）秦朝疆域

《史记·秦始皇本纪》记载，秦始皇二十五年（前222年），即统一六国前一年，置会稽郡，即今福建部分地区及浙江东南部。[①]秦始皇三十三年（前214年），南逾五岭并南越，置桂林、南海、象三郡，相当今广东、广西两省；北逐匈奴，拓地至阴山，将河套地区开置九原郡，并将战国燕、赵、秦长城重修加筑连为一体，形成起临洮至辽东，延袤万余里的秦长城。秦朝的疆域，“东至海暨朝鲜，西至临洮、羌中，南至北向户，北据河为塞，并阴山至辽东”[②]。此外，秦代还在不同方向有所扩展。如通往西南的五尺道，大致自今四川宜宾至云南曲靖一线，控制了冉駹等部族，政治势力伸入云贵高原。

秦朝的疆域东到海滨，直达朝鲜半岛；西边到临洮（今岷县）、羌中（今舟曲）；南边达象郡北向户（今越南北部）；北边据河到阴山下九原郡，东北达辽东；东南达到闽浙；西南达邛崃山以南的大渡河、金沙江的滇东北地区，包括西南夷地区。

（二）汉代疆域

有汉一代，疆域的范围从来都不是固定变化的，而且有不同时段，疆域的变化幅度还相当剧烈。

汉初在北部的疆域较秦朝内缩。经过秦末农民起义、楚汉战争，中原动荡不定，北方匈奴乘机南下，夺取秦代开拓的河南地，“与中国界于故塞”[③]，汉匈以朝那（今宁夏固原东南）、肤施（今陕西榆林东南）一线分界。在南方，闽中郡的闽越、东瓯相继独立，南海郡龙川令赵佗在秦亡之后据南海自立为南越王，又西并桂林、象郡，尽有岭南之地。在西南，汉朝失去了对云南的控制，连同战国时在今湘西、黔东设置的黔中郡也放弃了。汉初，王朝疆域不仅小于秦代，还小于战国末年。

汉武帝继位后，不断向外扩展疆土。在北方，公元前127年卫青出击匈奴，先收复了陇西、北地、上郡的北部，后恢复了河南地，置朔方、五原2郡，接着，云中、雁门2郡北界也重新到达阴山以北。

①（西汉）司马迁：《史记》卷6《秦始皇本纪》，北京：中华书局，1959年，第234页。
②（西汉）司马迁：《史记》卷6《秦始皇本纪》，北京：中华书局，1959年，第239页。
③（东汉）班固：《汉书》卷94上《匈奴列传》，北京：中华书局，1962年，第3749页。

在西部，新设置河西四郡。公元前121年霍去病出击河西，匈奴休屠王降，设置酒泉郡，之后陆续分置了张掖、敦煌、武威郡，连同公元前81年在湟水流域设置的金城郡，又称河西五郡。

在南方，恢复了秦时有的疆域前有新的扩展。公元前111年平南越，以其地置南海、郁林、苍梧、合浦、交趾、九真、日南、象八郡。次年跨海于海南岛上置珠崖、儋耳两郡。十郡范围包括今两广地区和越南北部，较秦时更为扩展。公元前138年东瓯王迫于闽越的威胁，举国内迁至江淮之间。公元前110年灭闽越，迁其民于江淮之间，在今福建全省和浙江南部设置冶（今福建福州市）、回浦（今浙江临海东南）两县，属会稽郡。

在西南设置七郡。公元前135—前109年，开西南夷，在夜郎、且兰、邛、筰都、冉駹、白马氐、劳浸、靡莫、滇、昆明等部族地置犍为、牂柯、越巂、沈黎、汶山、武都、益州七郡，除了武都郡在今陕甘两省的嘉陵江上游外，其余六郡在今云贵和川边地区，西南界到达今四川邛崃山和云南高黎贡山和哀牢山一带。

在东北设置四郡。公元前108年灭了由燕人卫满在朝鲜半岛上建立的卫氏朝鲜，以朝鲜及其附属国地置乐浪、玄菟、真番、临屯四郡，把东北疆界推至朝鲜半岛中、北部，东至日本海，南抵汉城以北一带。

西域都护府是西汉在西域设置的军事管理机构。西域一词有广狭二义，狭义的西域指今甘肃敦煌古玉门关、阳关以西，葱岭以东的今新疆地区；广义的西域还包括葱岭以西远至中亚或更远至欧洲东部和北非地区。公元前2世纪初，匈奴势力来到西域，控制了当地许多绿洲邦国。汉武帝于公元前138年、公元前119年两次派遣张骞出使西域，拟联合乌孙、大月氏合击匈奴。公元前102年，张骞率部远征地处费尔干纳盆地的大宛，自此西域震恐，多遣使来贡。汉朝于是在敦煌至罗布泊之间设立交通亭站，屯田于轮台（今新疆轮台东南）、渠犁（今库尔勒）等处，控制了天山南路。公元前60年匈奴日逐王降汉，汉朝控制了自乌孙以东的天山南北。西域都护府设于乌垒城（今轮台东），辖区包括今新疆及巴尔喀什湖以南的乌孙、帕米尔地区的无雷和费尔干纳盆地的大宛等。

汉武帝时的汉朝疆域空前辽阔，东抵日本海、黄海、东海暨朝鲜半岛中北部，北逾阴山，西至中亚，西南至高黎贡山、哀牢山，南至越南中部和南海。

自汉武帝末年至元帝时，由于国势削弱，版图有所缩小。东北，因濊貊族反抗，撤销真番、临屯两郡，将尚可控制部分并入乐浪郡，玄菟郡内迁至

今辽宁的新宾附近，东北4郡缩减到两郡。西南，沈黎、汶山两郡并入蜀郡，七郡变成五郡。南方，省并象郡入郁林、牂柯，罢儋耳（公元前82年），放弃海南岛的珠崖郡，南海十郡省为七郡。

西汉末年，匈奴与乌桓、鲜卑屡寇汉北部边郡。公元39年，东汉王朝被迫将沿边百姓迁至常山关、居庸关以东地区。匈奴入居塞内。公元48年，匈奴分裂为南北两部。南匈奴附汉，被安置于北地、朔方、五原、云中、定襄、雁门、代、上谷八郡，即今甘肃东部、山西、陕西北部及内蒙古呼和浩特至包头一带，东汉恢复了在河套地区的疆域。

（三）东汉时期的疆域

东汉安顺二帝时，西北羌人起义，陇西、安定、北地、西河、上郡等郡治一度内迁。北面鲜卑日益强盛，侵扰沿边诸郡，继匈奴之后成为东汉北部一大威胁。中平元年（184年）黄巾起义暴发，于是逐渐放弃了定襄、云中、五原、朔方、上郡、北地六郡以及雁门郡恒山以北、代郡、上谷桑干河以北等地区。安定郡朝那以北、西河郡离石（今属山西）以北，约当今河套、陕北、晋西北、河北长城以北地区均为鲜卑、羌胡所居。在东北，高句丽占领了乐浪郡单单大岭（朝鲜半岛中央山脉）以东土地，同时迫使汉玄菟郡治内徙至沈阳、抚顺间，鸭绿江上游地亦入高句丽。在南方，今越南境内的日南郡象林县土著起事，建立林邑国，日南郡南界从北纬14°以南北缩至北纬16°。

东汉唯一拓展的疆域在滇西。哀牢夷内附，东汉置其地为哀牢、博南两县，又割益州郡西部都尉所领六县，合置永昌郡，西南边界延伸至伊洛瓦底江上游支流大盈江一带。

（四）秦汉时期中原王朝周边的民族

秦汉时期中原地区周边的部族活动频繁，西北羌人，北部匈奴，东北鲜卑、高句丽，日南郡徼外土著，在纪元以来与汉王朝的不断争战过程中，造成汉代与这些部族的疆域和活动范围盈缩不定。

1. 匈奴

匈奴是秦汉时代中原王朝周边民族中最为强大的一支力量。大约公元前3世纪的战国时期，匈奴兴起于蒙古高原大漠南北。其东与西拉木伦河以北的东胡为邻，北接贝加尔湖一带的丁零，西至色楞格拉河一带，南面与燕、赵、秦三国以长城为界。秦始皇时出击匈奴，夺取今内蒙古鄂尔多斯市一带的“河

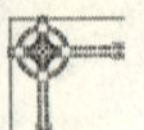

南地”，匈奴势力退至阴山以北。秦末中原战乱，匈奴乘机南下，与中原王朝以故塞为界。冒顿单于时期，匈奴东击东胡，西逐月氏，北服丁零，南并楼烦、白羊，控制了东尽辽河，西至葱岭，北抵贝加尔湖，南达长城的地区，并以漠北鄂尔浑河为中心，建立了强大的政权。汉武帝以后，匈奴势力退出河套及其西一带，河西走廊、新疆等地为汉朝所有。公元48年匈奴分南北两部，南匈奴入居东汉边郡，北匈奴西迁中亚，其故地为鲜卑居有，留在故地的大约10余万部落并入鲜卑。

2. 乌恒与鲜卑

乌恒与鲜卑属东胡族，较早时活动在西拉木伦河以北地区。公元前3世纪末，乌桓役属于匈奴。公元前119年霍去病击败匈奴后，徙乌桓于上谷、渔阳、右北平、辽东、辽西5郡塞外，即今老哈河流域、滦河上游一带，西汉在幽州（今北京）置护乌桓校尉，监领乌桓，使之不与匈奴通。东汉初，乌桓入居辽东属国、辽西、右北平、渔阳、广阳、上谷、代、雁门、太原、朔方10郡障塞之内，活动范围约当今辽宁大凌河下游、冀北、晋北和晋中以及西抵内蒙古鄂尔多斯市一带，原居地则为鲜卑所有。

鲜卑原居乌桓以北，匈奴破东胡后，被迁至辽东塞外的鲜卑山。乌桓降汉后，鲜卑亦向西南迁至西拉木伦河流域。东汉初，鲜卑常与匈奴、乌桓联合犯边。东汉中叶，乘匈奴衰弱之机，鲜卑与丁零、南匈奴及西域诸国围攻北匈奴，迫使北匈奴西迁后占有匈奴故地。2世纪中，檀石槐统一鲜卑各部，成立草原部落大联盟，北拒丁零、南略汉边，东却夫余，西击乌孙，势力范围囊括了整个蒙古高原。之后，无岁不抄汉之幽、并、凉三州，并占领了东汉云中、雁门、北地、代郡、上谷及太原等边塞内外大片疆域，直到181年檀石槐死，鲜卑分裂。

鲜卑之东为濊貊语族的夫余、高句丽、濊貊和沃沮。夫余活动于松嫩平原，夫余南接古高句丽，古高句丽东接沃沮。汉武帝曾于沃沮地置玄菟郡，郡治今朝鲜咸兴，汉昭帝时为夷貊所侵，郡治内迁至高句丽县，即今辽宁新宾西。汉元帝时夫余王子朱蒙在浑江流域重建高句丽国，迫使汉玄菟郡治再度内迁到沈阳、抚顺间。东汉时高句丽强大，活动范围兼及鸭绿江两岸和整个浑江流域。沃沮之南即为濊貊，其疆域在朝鲜单单大岭以东，西至乐浪，东穷大海，南与辰韩接。汉武帝时曾在这里设置苍海、临屯两郡，东汉后，两郡之地渐入高句丽。在夫余东北、沃沮北有肃慎族，后称挹娄，分布于今黑龙江、乌苏里江一带，东临大海。曾长期臣属于夫余。

3. 羌

羌人在秦汉时分布在青、藏、甘西南和川西，在青海湖周围及与东汉接壤地区有先零羌、烧当羌等，蜀郡、广汉等郡徼外有白马羌，越嶲郡徼外有牦牛羌等，深入青藏高原则有唐旄、发羌。汉景帝时部分羌人迁入陇西郡，汉武帝时在湟水流域置护羌校尉，汉昭帝时置金城郡，羌人的活动范围向南压缩。东汉时羌人不断内迁，先零羌迁至天水、陇西、扶风等郡，烧当羌迁入三辅地区。东汉时，羌人屡有起义，为东汉王朝后期一大祸患。分布于川、滇、黔及桂西等地西南夷，种类繁杂，先后归附，秦与两汉置为郡县。

四、魏晋南北朝时期疆界的变迁

魏晋南北朝以来，分裂割据政权众多，周边各族移徙频繁，并伺机扩展领土，中原王朝和各族之间疆界常常变化剧烈。但就整体疆域而言，与汉代相比，虽时有盈缩，总体变化并不太大。

1. 东北地区

东汉中期夫余强盛，攻破挹娄，占有长春、农安、哈尔滨一带。两晋时夫余渐衰，于5世纪末为勿吉（即肃慎、挹娄之改称）所逐，投奔高句丽。勿吉势力强盛之时，活动范围在松花江、乌苏里江一带。勿吉以北的黑龙江下游有豆莫娄，黑龙江上游则为室韦诸部。在西拉木伦河、老哈河流域活动的是奚（西）和契丹（东）。

疆界变化较大的是高句丽。3世纪时高句丽约拥有浑江流域以东，盖马大山以西，北至松花江上游，南至朝鲜清川江的地方。国都位于今吉林集安北五里山城子的丸都城。4世纪初，高句丽向南将中原王朝势力逼出朝鲜半岛，占领了乐浪郡，至5世纪初，中原的后燕势力退至辽西，辽东地区全部为高句丽所占领。这时高句丽已都平壤，南界达汉城以北，成为朝鲜半岛上一大强国。自公元前300年左右战国燕破东胡据有辽东地区，至此中原势力撤出，达7个世纪。这是东北疆界的重大变化。

2. 北方边区

自三国至西晋，南匈奴大量迁入北方边郡，原居于此的乌桓叛服不常，于207年为曹操所击破，再度迁入内地。蒙古草原遂成为鲜卑的势力范围，直到至东汉灵帝时鲜卑部落联盟解体。

曹魏时轲比能统一东部鲜卑，活动范围从云中、五原以东抵辽水。后轲比能死，鲜卑诸部继续南进。慕容部、宇文部、段部居一度到达辽水东西和河北塞外。后鲜卑支拓跋部迁到河套以北和晋、冀北部，秃发部则到甘东和宁、陕一带，乞伏部迁至陇西，而慕容部一支吐谷浑更西至黄河上游洮水流域一带。十六国时期，“五胡”在中原纷纷建立政权，北方疆域有所扩展。如后赵控制了河套以南，前燕灭宇文部后北进至老哈河流域，前秦活动于河套地区大黑河流域。北魏统一北方后，北部疆域到抵阴山、河套，与柔然为界，疆域范围大致与秦汉相同，但在东北则不如前汉和前燕。北朝后期，突厥兴起，北魏的北部疆域又开始内缩。

4 世纪末，蒙古草原上崛起了一支新的力量，即柔然。5 世纪初，柔然向漠北挺进，占有了鄂尔浑河、土拉河流域，最强时版图东至大兴安岭，南邻大漠与北魏对峙，西逾阿尔泰山，包有准噶尔盆地，北至贝加尔湖。为北魏政权北面的劲敌。5 世纪中叶，柔然势力还一度伸向西域，6 世纪中，由于内部分裂为突厥所灭。柔然雄踞大漠南北的时间长达一个半世纪。

3. 西北边区

魏晋时在西域置戊己校尉治高昌（今新疆吐鲁番东南），西域长史治海头（罗布泊西），疆域略如东汉规模。十六国前凉时乘中原战乱之际，击败了戊己校尉，在高昌地区设置了高昌郡。值得注意的是，这是中国历史上最早在西域地区设置的郡县。自西汉以来中原王朝虽控制了西域地区，但从西域都护到戊己校尉都不是民政机构，与内地郡县制有别。西域能够设置郡县，当归结于西汉以来大量汉人入居开发的结果。在此之后，前秦、后凉、西凉、北凉都置有高昌郡。至 5 世纪 30 年代北魏灭北凉，北凉王逃至高昌，建立高昌国。以后更易数姓，7 世纪中叶为唐所灭。

4. 西部边区

西晋末年，慕容鲜卑一支迁入甘南和青海地区，建立吐谷浑国。其疆域西南至巴颜喀喇山，东至西倾山、白龙江流域，南曾至川北阿坝、松潘一带。吐谷浑中后期以青海湖周围地区为中心，控制范围又西扩至新疆东部。北朝时居于甘南宕昌一带的为宕昌羌，后为北周所破，置宕州。邓至羌活动在川北南坪一带，范围即后来西魏时所置的邓州。党项羌，北朝时居于青海南部，北与吐谷浑相接。还有附国和女国，活动区域分别在西藏东部和西部。

5. 南部边区

蜀汉时，在包括今四川大渡河以南和云南、贵州两省地区的南中地区，增置了不少郡县，置庲降都督以管理当地诸多的部族。西晋泰始七年（271 年），分益州置宁州，辖云南大部和黔、桂一小部分。南朝时控制不力，至6世纪中叶侯景之乱后，分布在滇东黔西一带的爨族独立，影响到周围其他民族纷纷脱离南朝，之后，在大渡河、川江以南的南中地区，形成了西南各部族林立的局面。

越南南部的林邑国建立后，于公元248年向北又占有了日南郡最南的寿泠县。孙吴政权南界退至北纬17°，南朝时整个日南郡全为林邑所占。

五、隋唐统一帝国疆域的形成

隋唐两代版图十分广大，期间疆域变迁幅度亦很大，大致以公元755年发生的安史之乱事件为界限，分为前后两期。

唐代前期盛时直辖版图即指置州县的领土而言，小于汉代。如以羁縻府州范围言之，则远远超过汉代。唐代全盛时有800多个羁縻府州，分属边州都督府和六都护府。六都护府所辖羁縻地区极为广大，如安北都护府至西伯利亚南，安西都护府最远至波斯，北庭都护府西至咸海，安东都护府至朝鲜半岛、日本海，安南都护府至云南东南部和越南北部。

（一）隋至唐前期（681—755年）

唐朝在太宗至高宗时期（627—683年）是疆域扩展期。

1. 北方地区

隋朝初建，突厥常侵扰东北、正北、西北三边。583年突厥分裂为东西两个汗国，东突厥居阿尔泰山以东的蒙古高原，西突厥居阿尔泰山以西至雷翥海（里海，一说咸海），范围包括楚河流域、伊犁河流域和准噶尔盆地。这一时期隋朝收复了河套地区，但疆域仅限于阴山以南。隋末东突厥势力增长，东至契丹、室韦，西尽吐谷浑、高昌诸国。

630年唐朝灭东突厥，北立疆域推至阴山以北600里，将漠南收入版图。646年又灭了漠北铁勒诸部之一的薛延陀，将北至贝加尔湖的大漠南北全部纳入版图，达到唐朝北方疆域的极盛时期。之后。在漠北设安北都护府，统辖漠北铁勒诸部都督府州；在漠南置单于都护府，统辖漠南突厥诸部都督府州。679年在单于都护府境内的突厥叛唐，682年突厥复国，唐朝势力退出漠北，单于都护府并入安北都护府，移治阴山以南。

7世纪初，原臣属突厥的回纥兴起于薛延陀以北，并于744年建国，745年灭东突厥，建都鄂尔浑河，与薛延陀平分漠北，斥地广阔，“东极室韦，西金山，南控大漠，尽得古匈奴地”[①]，为漠北一大强国。

2. 西北疆域的扩展

西北方面，隋于608年进军伊吾（今新疆哈密）两年后置伊吾郡，609年大破吐谷浑，据有其今青海省及新疆东南部地区，可汗伏允远遁雪山，“其故地皆空，自西平临羌城以西，且末以东，祁连以南，雪山以北，东西四千里，南北二千里，皆为隋有”[②]。隋于其地置西海、河源、鄯善、且末4郡。

与此同时，西突厥在射匮可汗在位时（611—618年），拓地东北至阿尔泰山，东南至玉门，西北至里海，西南至兴都库什山。618年，西突厥北并铁勒余部，西南逾阿姆河，占领今阿富汗北部的吐火罗。

640年唐平高昌，置安西都护府。658年又平定西突厥，拥有了西突厥及其属国全境，范围东起阿尔泰山，西至咸海。唐于此设置了几十个羁縻都督府州，由昆陵、濛池两个都护府统辖。这两个都护府和河中及天山南路城邦诸国都属安西都护府管辖。661年又在阿姆河以南的西域十六国置羁縻都督府州，势力最远达到波斯。这是唐代西面疆域最盛时期。

随着唐朝在西域的影响扩大，702年分安西都护府置北庭都护府，前者管辖天山南路葱岭东西城郭诸国，后者管辖天山北路突厥诸部。635年唐朝破吐谷浑和党项，疆域延至川西西羌部落活动的大小金川一带，并设置州县，边界线推至黄河河曲，南以折多山为界。

吐蕃势力在唐代前期亦向青藏高原外围发展，667年后尽破唐朝西羌地羁縻州，逼徙吐谷浑部北入祁连山，并一度取得了吐谷浑地及西域的安西四镇。后大食势力进入西域，唐朝退出了葱岭以西地。751年唐朝与大食在怛罗斯城（今哈萨克斯坦江布尔城）一役战败后，唐朝势力退至葱岭以东，在葱岭以西的影响亦被削弱。

3. 东北方面疆域的变迁

在东北，边界一度到达今朝鲜中部，拥有了朝鲜半岛的大部，设立安东都护府于今平壤城，但多数时间是在辽东一线，再往东为粟末靺鞨，疆域则达库叶岛。

唐初，朝鲜半岛高句丽、百济、新罗三国鼎立。高句丽在北，新罗据东南，百济居西南。660年唐平朝鲜半岛南部的百济。668年攻下平壤灭高句丽，于其地置都督府州县，并设安东都护府治平壤，统理高句丽及靺鞨诸部，所

① （宋）欧阳修，宋祁：《新唐书》卷217《回鹘传》，北京：中华书局，1975年，第6115页。
② （唐）魏征等：《隋书》卷83《西域传》，北京：中华书局，1973年，第1845页。

辖区域西起江河，东与北抵海，包有今乌苏里江以东及黑龙江下游地区，南及朝鲜半岛北部及西南部。不久后即遭高句丽反抗，新罗亦借机向北，安东都护府从平壤迁至辽东后一再西迁，开元天宝年间迁至辽西。

隋唐之际，东北有勿吉，又称靺鞨，分为黑水、粟末等七大部落。活动于松花江流域的粟末靺鞨于698年在忽汗河（今牡丹江）上游东牟山筑城（今吉林敦化敖东城），建立震国。713年，唐朝封大祚荣为渤海郡王，加授忽汗州都督，遂改称渤海国，天宝末年迁都上京龙泉府（今黑龙江宁安市南的东京城），其盛时东北至黑龙江下游与黑水靺鞨为邻，南与新罗以泥河（今朝鲜龙兴江）为界，北隔那河（今东流松花江）与室韦为界，西与契丹接壤，东至海。

648年，唐朝在契丹所居西拉木伦河流域置松漠都督府，在奚族所居的老哈河流域置饶乐都督府；792年置室韦都督府，管辖黑龙江中上游和嫩江流域室韦分布地；726年置黑水都督府，管辖松花江下游和黑龙江下游、乌苏里江流域黑水靺鞨分布地。这几个都督府均属羁縻性质，归安东都护府管辖，安东府内迁后，对东北地区逐渐失去控制。

4. 南部疆域的变迁

在南方，610年海南岛上俚族归附隋朝，隋设朱崖、儋耳、临振3郡。这是自西汉元帝弃珠崖7个半世纪后，海南复归中原王朝疆土。唐朝在今海南南部设立了振州。679年，唐朝于置安南都护府，治宋平（今越南河内），辖有今滇东南、桂西南和越南北部部分地区。滇东北一线虽还为唐朝所控制，但已经远不如两汉在西南的影响了。在今越南北部，隋代设立交趾郡，唐代设立交州（治今越南河内），而其驩州已经退到越南中部了。

在西南地区，由于有南诏和吐蕃两个强大的地方民族政权，唐代直接控制的范围仅在金沙江以南的姚州与南诏交界处。

（二）唐代后期和五代（756—960年）

安史乱后，唐帝国削弱，疆土收缩。周边各族因长期受到隋唐经济文化发展的影响，在这过程中加强自己政权的建设。因此，这个时期也是中原王朝疆域收缩期和边区民族政权疆土扩展期。

1. 北方疆域

8世纪中叶，回纥汗国称雄漠北，并对唐朝平定安史之乱和收复长安、洛阳及河北出力很大。9世纪初，回纥更盛，打败吐蕃后恢复了北庭、龟兹和西

至拔汗那国（今费尔干纳）的交通线。788年回纥改称回鹘，840年左右，回鹘在鄂尔浑河流域受到黠戛斯的攻击，被迫分3支南下西迁，一支至甘州（今张掖）为中心的河西走廊，史称河西回鹘、甘州回鹘，11世纪初为西夏所并；一支西迁到新疆东部高昌，西包龟兹，东至敦煌，史称西川回鹘；一支迁至新疆西部和中亚，10—12世纪建立黑汗王朝，都城八拉沙衮（今吉尔吉斯斯坦托克马克东）。

2. 东北疆域

东北疆域也有新的变化。契丹和奚日益强大并脱离唐朝控制。10世纪初契丹阿保机统一各部，建立契丹国，西征回鹘、党项、吐谷浑、阻卜，灭渤海国，疆土东至海，西通西域。五代后唐时占有大凌河流域和滦河下游的营、平两州。后晋时割让幽云十六州给契丹，大体上包括今北京市、河北和晋北。五代末年中原王朝与契丹以河北白沟河和山西内长城为界。

3. 西南疆域

吐蕃于唐代前期即已崛起，控制着西藏雅鲁藏布江一带。6世纪末，吐蕃与吐谷浑、苏毗同为青藏高原上三大势力。7世纪下半叶吐蕃统一青藏高原后，先与唐朝争夺安西四镇。安史之乱后，趁唐朝军力进入中原，占有了河西走廊、南疆地区、湟水流域，东至陇山地区，南边势力也到达了尼泊尔，西至中亚一度与大食交锋，东南则有滇西北角和四川盆地的西部山区。9世纪中叶，吐蕃内乱，850年沙州人张义潮将河西走廊瓜、沙等十一州归唐，861年张义潮又收复凉州（今甘肃武威），吐蕃势力遂退出陇右。其后吐蕃国势日衰，内部分裂。

隋唐时代在今云南洱海周围地区，有以乌蛮为主体和白蛮等族长期融合形成了6个部落，史称“六诏”，诏即王的意思。六诏分别是蒙嶲（今巍山北）、越析（今宾川）、浪穹（今洱源）、邆赕（今剑川）、施浪（今洱源东）、蒙舍（巍山北）。蒙舍地处六诏最南，又称“南诏”。唐高宗时置姚州都督府，治姚安，管辖西洱河地区。天宝年间吐蕃势力进入洱海地区，南诏叛唐附吐蕃，并东西二爨，又占领唐代姚州都督府之地，唐朝势力退出云南。9世纪最盛时，南诏辖域有今云南全部、四川大渡河以南、黔西，以及缅甸、老挝部分地区，北与吐蕃接界。902年为郑氏篡权，建长和国，南诏亡。后经赵氏天兴国、杨氏义宁国，至937年政权落入段氏（白族）手中，建立了大理国。

六、辽宋金时期各分裂政权的疆域

辽宋金时期，即 10 世纪下半叶—13 世纪下半叶，中国分裂为几个政权，在中原的有辽、宋、金、夏，周边的有大理、吐蕃和西州回鹘、哈喇汗国、西辽。

（一）北宋

两宋版图十分狭小。北宋因循五代梁晋汉周之旧，建都开封。太祖时先后消灭割据南方的荆南、湖南、后蜀、南汉、南唐诸国。至太宗初，吴越、漳泉献地，太平兴国四年（979 年）灭北汉，建成统一王朝，疆域基本上沿袭了五代十国后期的范围。

陕北兴、庆一带的党项族，时叛时降，在 11 世纪建立西夏国。宋神宗时代（1068—1085 年）曾锐意开疆拓土，但收效不大。在西北，对西夏仅收夏绥州和银州的一部分（今绥德、米脂一带），又取唐代为吐蕃、西羌所据的今甘肃陇西地，置熙、河、洮、岷、兰等州。哲宗元符时（1098—1100 年）在湟水流域有所拓展，西南方面则将今湘西、川南一些诸蛮羁縻州收入版图，建为州县。

北宋的疆域范围，最大广时北界达河北中部，北界基本沿今山西河曲、岢岚、原平、代县、繁峙和河北阜平、满城、容城、霸州及天津市区一线，今山西和河北北部幽云十六州为辽所分割；在西北，只控制了绥德、延安、环州、会州一线，最西到达西宁州、熙州、兰州、河州等地；在西南，大理政权的势力比唐南诏更大，宋只得划大渡河为界；在南部，今越南早在五代时即已独立。

南宋只有半壁河山，北界在淮河秦岭与金相交，唯在东南地区有所拓展。北宋与辽、南宋与金，东界均达今库页岛，北达外兴安岭。加上西夏、西辽、西州回鹘、吐蕃、大理等政权，中国疆域仍十分广大。

（二）辽

辽朝初期建都上京临潢府（今内蒙古巴林左旗东南波罗城），圣宗统和二十五年（1007 年）迁都中京大定府（今内蒙古宁城西大明城）。南方，辽以雁门关、大茂山和白沟河下游，即今白沟镇、信安镇一线，与北宋分界。北方，辽朝设西北路招讨司、乌古敌烈统军司统辖漠北诸部族，北界在今蒙古国和俄罗斯边界之北，东循外兴安岭至海，东面据有渤海国故地，南面跨越鸭绿江、图们江拥有今朝鲜东北部。黑龙江下游的室韦诸部和松花江流域的女真

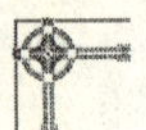

诸部，均为辽的羁縻地区。西境，辖有阿尔泰山地区的粘八葛部。公元 1114 年辽的属部生女真完颜部起兵反辽，次年建国号金，1125 年辽为金所灭。

（三）西夏

西夏初据夏州，旋迁灵州，在今宁夏灵武西南，1020 年迁都怀远镇（今宁夏银川市），筑城居之，升为兴州。1033 年升为兴庆府。其疆域最盛时，西至古玉门关，北至今额济纳旗和后套地区，南至祁连山，东有河套至陕北的横山，先后与宋、金分界。

（四）大理

唐天复二年（902 年）南诏政权崩溃，此后至 937 年间，先后出现过长和国、天兴国、义宁国的统治。937 年各政权为白族首领段思平取代，建立大理国。大理的疆域基本上沿袭南诏时期，唯局部地区有所改变。辖有今云南省除金沙江、牛栏江以东的昭通等全境，四川大渡河以南及贵州西边数县，西南边远及今缅甸和老挝的北部、越南西北角和泰国西北一小部分。

（五）吐蕃诸部

自 9 世纪中分裂后，吐蕃王朝成为青藏高原许多分蘖部落，史书称为吐蕃诸部或西蕃。其中最强大的一支是兴起于邈川城（今青海省海东市乐都区东南）一带的唃厮啰，曾一度为吐蕃割据势力中的霸主。终宋一代长期与中原王朝保持交往关系。在唃厮啰北部的祁连山脉山谷中，还有吐蕃六谷部活动，但吐蕃的势力已经退出河西走廊地区。

（六）西州回鹘

西州回鹘以高昌为都城，其疆域东至甘肃与西夏分界，东南以阿尔金山与黄头回纥（居阿尔金山南、青海北部）接壤，西面至龟兹（今新疆库车）以西阿克苏、乌什一带，西北界天山、北包准噶尔盆地，南隔塔里木盆地与于阗为邻。

（七）喀喇汗国

喀喇汗国又称黑汗王朝，建都八拉沙衮城（今吉尔吉斯斯坦托克马克东）。喀喇汗国建国时间较长，前后疆域变化较大。1009 年合并于阗李氏王朝以前，其疆域东至阿克苏、拜城间，与西州回鹘以荒山、沙漠为界，东北隔准噶尔盆地为西州回鹘，北至巴尔喀什湖，西北至锡尔河、阿姆河下游，西南抵阿姆河，南至葱岭与于阗相望。

（八）金朝

崛起于松花江支流阿什河（金时称按出虎河）的女真人，于1115年灭辽，建立的金朝，1126年灭北宋，1142年与南宋罢兵议和，成为中国北方一大强国。金国初都按出虎河（今黑龙江省哈尔滨市东南部的阿什河）上的上京会宁府（今黑龙江阿城南白城），1153年迁都燕京，建号中都大兴府（今北京城西南隅），1214 年为避蒙古兵锋迁都南京开封府（今开封市）。其最盛时的疆域，东至日本海，东南与高丽接壤；西邻西夏、吐蕃、略如北宋旧界；南以淮水、秦岭与南宋为界；北边东段抵外兴安岭。为了防御蒙古入侵，熙宗初年在北部边境上修浚界壕，承安三年（1198年）修成，东北起今内蒙古莫力达瓦达斡尔族自治旗，向西南沿大兴安岭迤逦而西，再沿阴山西至后套，全长约1500千米。

（九）西辽

1124年，辽宗室耶律大石率部西迁，自立为王。1131年至起儿漫（今乌兹别克克尔米涅）称帝，后迁都虎思斡耳朵（今吉尔吉斯斯坦托克马克东南楚河南岸），史称西辽或黑契丹。其兴盛时版图西至阿姆河，北至巴尔喀什湖北岸、乌伦克河为界，其东以役属畏兀儿与西夏接壤，南至昆仑山与吐蕃诸部邻接。

（十）南宋

南宋建都临安（今杭州市），其疆域仅限于秦岭、淮河以南。与北宋相比，南宋的北界因金人的入侵而向南收缩。南宋初，金兵攻入今湖南、江西和浙江三省的中部。绍兴九年（1139年），宋金第一次和议成立，双方确定以当时的黄河为界。次年，金人毁约，出兵取河南、陕西。绍兴十一年（1141年），宋金议定以淮河为界。第二年又将西部界线调整至大散关（今陕西宝鸡市西南）及秦岭以南。以后虽有局部变动，基本稳定在这条界线。南宋赵汝适《诸蕃志》首度记录了东南沿海的澎湖列岛，在行政区划上属晋江县（今泉州）。

七、元代的疆域

元朝是中国历史上疆域又一次扩展时期。与汉唐不同，元朝是由边区少数民族占有了全部汉族地区的统一帝国。由于将蒙古帝国时期的北方广大边区加入到了统一版图，元帝国的疆域十分辽阔。

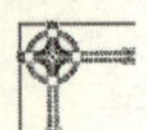

在元帝国统一前，中国疆域分成七个部分：蒙古高原诸部、西辽、金、西夏、南宋、吐蕃、大理。13世纪初，蒙古部统一了蒙古高原，此后至1279年间，先后征服西辽、西夏、金、吐蕃、大理，最后灭南宋。期间，1264年改汉地燕京为中都，1267年改筑中都新城于旧城东北，此即今北京城前身。1271年改国号为大元，次年改中都为大都。

元世祖忽必烈时，蒙古帝国分裂。西辽故土在元朝和窝阔台、察合台两大汗国三方争夺之下，大部分为察哈台汗国所有。今新疆大部分地区在13世纪时属于元朝直辖，元世祖曾在阿力麻里（今霍城县水定镇西北）、别失八里（今吉木萨尔北破城子）、火州（今吐鲁番东南）、斡端（今和田）等地设置行政机构。14世纪后，这些地区被并入察合台汗国。

元朝在东北置辽阳行省，东南与高丽接壤，与高丽边界线东段以双城为国界，西段以鸭绿江南岸一部分辖境为界。南界抵达辽东半岛南端。东至于海，在黑龙江口奴儿干地置征东元帅府。1286年，元朝征服今库页岛上的骨嵬，在北方设置了岭北行省，辖有今蒙古国、苏联西伯利亚中部和中国内蒙古东部、北部和黑龙江部分地区。西南，统一包括今藏、青大部、川西以及不丹、锡金和克什米尔部分地区在内的吐蕃地区，置吐蕃等处宣慰使司都元帅府、吐蕃等路宣慰使司都元帅府和乌思、藏、纳里速古鲁孙等三路宣慰使司都元帅府，属中央宣政院统辖，青藏高原第一次成为中原王朝的直属版图。1254年灭大理国，建云南行省，辖境除今滇及黔、川部分地外，南界还到了缅甸、泰国境内。元代，脱离了中原王朝数百年之久的云贵高原又加入了统一的大家庭，在海疆方面第一次在澎湖列岛设立行政机构巡检司，属晋江县管辖。1368年，明军进入大都，元顺帝北遁元上都（今内蒙古正蓝旗东），元朝结束，其残余势力保据漠北，史称北元，1402年后改称鞑靼。

元朝是中国历史上版图一度拓展最为广大的王朝，“北逾阴山，西极流沙，东尽辽左，南越海表”[①]。在北面岭北行省曾北达今北海，包括今俄罗斯大部，东边的辽阳行省达朝鲜北部、黑龙江下游至库页岛，西面至达察合台后王封地咸海。如果加上窝阔台和察合台两大汗国和宣政院管理的今青海、西藏，版图之大可谓世界之最。当然，元代绝大多数时间并没有这样广阔，不过，即使如此，也囊括了清朝乾隆全盛时期的疆域。

①（明）宋濂等：《元史》卷58《地理志一》，北京：中华书局，1976年，第1345页。

八、明代中国疆域

明朝建立后，直接统治了原来的南宋、大理和西夏、金的大部分地区，对黑龙江、松花江流域和吐蕃地区则采用羁縻统治的方式，漠北仍为蒙古后裔鞑靼、瓦剌所有。今新疆地区为察合台后裔亦力把里有所。介于亦力把里和甘肃之间的嘉峪关以外哈密等卫，则也在明朝的羁縻统治之下，其版图远不及元朝。

1. 北部疆域变迁

明洪武年间，北界大致维持在阴山、大青山和西拉木伦河一线与鞑靼、瓦剌交界。永乐初年迁西拉木伦河以南的北平行都司诸卫所于兀良哈，又内移捍卫河套地区的东胜卫，宣德初又弃守建立于元上都故址的开平卫，至嘉靖中叶，遂尽弃河套，形成以长城（时称边墙）一线为限的北界。

2. 东北疆域变迁

东北方向，明初疆域到达了黑龙江口和库页岛。永乐七年（1409 年）在黑龙江口的特林地方设置了奴儿干都司，下设 130 多个羁縻卫所，控制包今库页岛在内的黑龙江下游入海处。永乐十一年（1413 年）、宣德八年（1433 年）中央两次派员至该地巡视，并镌刻永宁寺碑，两碑至今尚存。至万历年间（16 世纪下半叶）增至 384 个卫，但控制依然日渐衰落。16 世纪末至 17 世纪初，居于今浑河、苏子河流域的建州女真酋长努尔哈赤崛起，统一女真诸部，原建立于诸部的羁縻卫所遂归消亡。1616 年努尔哈赤称帝，以赫图阿拉（今辽宁新宾县西老城）为根据地，建国号为金，史称后金。

3. 西北疆域变迁

西北方面在洪武、永乐年间，明朝势力最远到达了新疆东部的哈密和青海柴达木盆地，在该地设置了哈密等 7 个羁縻卫。15 世纪下半叶开始，由于瓦剌和吐鲁番的侵扰，嘉靖八年（1529 年）明朝放弃了这些地区，退守嘉峪关。

明朝在今藏、青、川西置乌斯藏都挥使司和朵甘都挥使司，乌思藏都司管理今西藏，朵甘都司管辖四川省西部、云南省西北部、西藏东部和青海省西南部等地。西南地区的疆域与元代相比变化不大。明朝还有在今阿里和拉达克设有俄力思军民元帅府。

4. 西南疆界变迁

明朝前期滇省辖境很大，在今中国境外的有缅甸、木邦、孟养、大古剌、

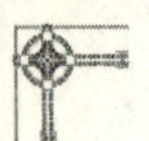

底马撒等宣慰司在今缅甸境内，有老挝宣慰司在今老挝境内，有八百大甸宣慰司在今泰国境内。但明朝对这些地区的控制力比较薄弱，不同于内地土司。万历以后基本上都脱离了与明朝的羁縻关系。

永乐五年（1407年）又将宋元以来安南地（今越南北、中部）收入版图，设置府州县200多个，统以交趾布政使司，推行与内地完全相同的统治。当地于宣德二年（1427年）撤兵弃守。明统治越南北、中部前后凡20年。

明代一度曾在今越南北部、中部设置交趾布政使司，但仅有20年的历史。

5. 东南海疆

明在澎湖设置的巡检司置罢无常。嘉靖以后台湾岛上先后已有汉人林道乾、林凤、颜思齐、郑芝龙等建立过政权。17世纪20年代为荷兰人、西班牙人所据。1661年郑成功收复台湾后，设置了府、州、县，沿海漳、泉、惠、潮等地人民大量移入，对台湾的开发影响很大。

九、清帝国疆域的形成

清代统一大漠内外和天山南北，巩固了在青藏高原的统治，故版图远远超过了明代，但超过明代的主要是在北部。清代疆域的形成是秦汉以来中华各兄弟民族长期交往、融洽的结果。

建州女真在16世纪下半叶开始扩张，1616年建国号为金，历时130余年，合并蒙古诸部及其统治下的回部、西藏、青海等地。1636年改国号为清。1683年，统一台湾岛，设1府3县于岛上，隶属福建省。至此，17世纪以前以狩猎为主的女真区、以畜牧为主的蒙古区和以农业为主的明朝区三大区，组成了一个统一的帝国。

有清一代，疆域在东北地区东部达库页岛，北达外兴安岭。在北部，当时乌里雅苏台（今蒙古国）属清政府管辖。在西北有新疆行省，西北可至巴尔喀什湖，而达于葱岭，接中亚细亚。在东南沿海，台湾、海南、南沙、西沙、东沙诸群岛属清政府。西南至喜马拉雅山脉，包括拉达克。从清乾隆到道光年间，清代的版图面积达到了最高点，为1216万平方千米，是中国历史上长时段实际统治境土最广阔的时期。

清代后期，境土丧失甚多。1689年的《尼布楚条约》，外兴安岭以北、额尔古纳河以西为沙俄占领。1858年《瑷珲条约》，黑龙江以北，外兴安岭以南又为沙俄分割，乌苏里江以东被沙俄、清王朝共管。1860年《北京条约》，乌苏里江以东也割让给了沙俄。库页岛主权几经周折，周转于日俄之间，也失去了主权。在西北地区，沙俄通过《塔城条约》《改订伊犁条约》等条约，占领了西北，分得河中上游大片土地。同时，英俄先后占领了帕米尔许多地区。在西南边疆，英国在此年先后将茶山以西的大片土地和镇康县西潞江以东的麻里坝、耿马以东的滚弄和户扳，沧源本周的葫芦地在内的大部分领土占领。法国也在光绪年间占去临安府宁远州部分土地和十二版纳的部分地区。在西藏地区，拉达克被克什米尔所占，后克什米尔被英国所占，拉达克自然也被英占领。

清代海疆失去甚多。1842 年《南京条约》割让香港给英国，1860 年《北京条约》英国强占九龙，后又割让新界。1887 年葡萄牙永租澳门。1895 年《马关条约》将台湾、澎湖割让给日本。1898 年德国强租胶州湾，俄国强租奉天、旅顺、大连，法国强租广州湾，英国强租威海卫。

十、近代中国国土的沦丧

18 世纪中叶至 19 世纪中叶，即乾隆中叶至道光初期是清朝疆域极盛时期。道光以后，外国势力的入侵，疆土日蹙，这是近代中国疆域变迁的一大特点。

辛亥革命后，喀尔喀蒙古独立，唐努乌梁海为沙俄占领，1945 年外蒙独立。1913 年至 1914 年英国与西藏地主代表非法在印度西拉姆划定了一个以喜马拉雅山山脊为界的麦克马洪线，改变了清代以来的以喜马拉雅山南麓为界的传统，后又多次占领了传统边界以北的一些地区。

民国时期，胶州湾于 1922 年收回，威海卫于 1930 年收回，1945 年抗日战争结束，台湾、旅大、澎湖、广州湾被收回。另外，今西沙群岛在唐代称“石塘”“石床”，宋代称为“万里石塘”“千里长沙”。明代称南沙群岛为“万里长沙”“万里长堤”。

明代嘉靖年间钓鱼岛名称等资料见于《使琉球录》中，中国的琉球群岛，以后在文献中多有记载。中日甲午战争后，被日本强行割占。

第二节　历代边疆疆域变迁

第一节按照纵向的时间轴为基准，梳理了中国历史时期不同阶段中原政

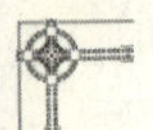

权、地方政体、部族之间的活动范围与疆域变迁，但是，由于线索纷繁，对于历史时期中国疆域的整体变化情形并不能有一个清晰的认识，故本节将整体疆域作为对象，从空间维度划分模式，将不同边疆区域的疆域变迁，再做横向梳理，以期理出疆域变迁的基本脉络。

一、中国疆域历史发展趋势

《元史·地理志》称："自封建变为郡县，有天下者，汉、隋、唐、宋为盛，然幅员之广，咸不逮元。"①从汉代以来，对于西域的控制，地位最为重要。元代则是蒙古族政权第一次将青藏高原纳入中原的直属版图，奠定了近代中国疆域的基础。清代再次统一大漠内外和天山南北，加强了对青藏地区的统治，使在清乾隆年间疆域达到除元代以外的中国疆域最广阔时期。故我们一般将近 5000 年来活动在 1300 多万平方千米疆域内的民族和政权，全部作为中华民族大家庭的一员。

从中国历史发展看，中原王朝国力强弱与中国历史疆域的变化有着密切的关系。当中原王朝强盛时，边疆民族政权仰慕中原经济文化，或迫于强大的政治压力，形成向心力，进而形成多民族的统一的中国；当中原王朝国力衰退且战争不断时，向心力就成为了离心力，四周民族纷纷独立，自求发展，就出现分裂的态势。这种分合现象与东亚大陆特殊的地理环境有一定关系。

近代中国与西方资本主义国家相比，从综合国力上大大落后了，在 20 世纪前半个世纪，中国便将 200 多万平方千米的境土割让出去，这在世界历史上也属罕见，教训十分深刻。

二、西北边疆的历史演变

先秦时，西北地区为众多的民族聚居地区，历史上有所谓三十六国、四十四国、五十余国之称。《汉书·西域传》载，这些国家"各有君长，兵众分弱，无所统一。"②早在周代，周穆王即曾"北行于葱山"。葱山即葱岭，即今帕米尔高原。

西汉在西域设立西域都护府，管理西北事务，控制了巴尔喀什湖以南以东及葱岭以东的大片境土。东汉设立西域长史府，控制葱岭以东。

① 宋濂等：《元史》卷 58《地理志一》，北京：中华书局，1976 年，第 1345 页。
② （东汉）班固：《汉书》卷 96 下《西域传》，北京：中华书局，1962 年，第 3930 页。

隋朝对西域的直接控制主要是在且末、鄯善以东，但突厥的一支——铁勒在西部的影响已经到了今咸海一带。唐代设立陇右道，北庭都护府和安西都护府的控制范围西及咸海，势力曾一度超过葱岭，达吐火罗（今阿富汗北部）。

宋代在西北地区的控制大为削弱，势力只及甘青的湟水流域和洮水上游地区，西北当时主要为西夏、西州回鹘、喀喇汗国控制。元代，西北地区为察合台后王封地，控制仍远达咸海以东、巴尔喀什湖以南的广大地区。明代西北地区疆域有所退缩，亦力把里在西北北部控制了巴尔喀什湖以南的地区，但在西北西部只控制了葱岭以东的地区。清代设立新疆省，继汉代后又将今新疆地区划归中央直接管辖。

清代后期，西北地区境土大面积丧失，对国际政治有较大现实影响。沙俄最初并不与我国疆土相连，后来在不断扩张中靠近了中国。19 世纪 50 年代沙俄吞并里海至巴尔喀什湖之间的大片土地后，1860 年签订《中俄北京条约》，再将中国边界从巴尔喀什湖向东推移了许多。1864 年沙俄在已经出兵强占了中国西北大片土地的情况下，援引《北京条约》，强迫清政府签订了《中俄勘分西北界约记》，割去了巴尔喀什湖以南 44 万平方千米土地。

1867 年，浩罕军事头目阿古柏在新疆叛乱，沙俄借口“保护边境”，于 1871 年公然出兵占领伊犁。1876 年到 1878 年，左宗棠出兵平定阿古柏叛乱，收复了除伊犁以外的领土。清政府在此基础上经过多方努力，收复伊犁及特克斯河流域，面对沙俄的军事威胁，签订了《中俄伊犁条约》，结果虽然收回了伊犁，但割去了霍尔果斯河以西和斋桑淖尔以东的土地。之后，根据几个界约，沙俄又割去了我国 7 万多平方千米土地。

1884 年《中俄续勘喀什噶尔界约》签订后，明确规定中俄在帕米尔地区的界线，但沙俄并不认真执行，于 1892 年派兵占领了萨雷阔勒岭以西 2.77 万平方千米的中国领土，但历届中国政府并没有予以承认，至今仍为中国与塔吉克斯坦两国未定界。

三、北部边疆的历史演变

秦汉时期大漠内外主要为匈奴和鲜卑所控制，北达北海北部的今贝加尔湖北部以南的地区，但中央政权的实际控制线主要在当时的长城以南地区。隋代及唐初，北部边疆为东突厥、铁勒控制。唐初灭东突厥和薛延陀后，一度在漠北设立安北都护府，在漠南设立单于都护府，北至贝加尔湖，大漠南北全归唐朝。唐代设立关内道，后来兴起的回纥等便控制了小海（贝加尔湖）北部以北、以南的地区。

元代版图广大，岭北行省实际控制了北到今北海的广大土地。明代北部连续为蒙古族的瓦剌、鞑靼控制，包括贝加尔湖以南的地区。清代乌里雅苏台控制范围大大南退，回缩到了柏海儿湖（今贝加尔湖）以南的地区（约为蒙古国）。中国北部境土的大量丧失主要发生在近代。沙俄在侵略我国东北和西北的同时，也觊觎我国的蒙古地区，先后制定了“米勒尔计划”“穆拉维约夫计划”“巴达玛耶夫计划”等，企图实现其占领我国长城以北大片土地。

乌梁海地区分为三个部分，即唐努乌梁海、阿勒泰乌梁海、阿勒泰诺尔乌梁海地区，位于外蒙古西北地区，清政府在该地区设旗置官，行使主权。其中唐努乌梁海分为46佐领，但西北10佐领在1864年被沙俄通过《中俄勘分西北界约记》占领，中部27佐领在此基础上被沙俄强占，1921年成立“图瓦人民共和国”，1924年成立了“乌梁海共和国”，1944年被并入苏联领土，为“图瓦人民共和国”，1948年改称“图瓦自治州”。

蒙古国在清代一直属于清政府的乌里雅苏台，清政府专门驻有办事大臣。早在1727年中俄签订了《布连斯奇界约》和《恰克图条约》，规定了中俄中段边界，东起额尔古纳河、海拉尔河口对岸的阿该图界碑，西往恰克图循色楞格河北分水岭和萨彦岭，至沙宾达巴哈山口止。这个中俄中段边界当时为清王朝北界，现在大部分为俄蒙边界。

1911年，中国发生辛亥革命，沙俄趁机派大量军队进入外蒙古，一手煽动和指挥蒙古上层分裂分子，驱逐清政府驻库伦（今蒙古国首都乌兰巴托）办事大臣三多，于1911年12月26日成立所谓“大蒙古国”。接着，库伦活佛哲布尊丹巴自称“大蒙古皇帝”，以“共戴”为年号。1912年11月签订了《俄蒙协定》，大蒙古政权实际成为一个由沙俄控制的傀儡政权。

由于库伦傀儡政权在国内受到民众的强烈反对。在这样的形势下，1913年中俄签订《中俄声明文件》及其附件，1915年又签订《中蒙俄协约》(即《库伦条约》)，协约中虽然承认了中国对外蒙古的主权，但外蒙古实行自治，沙俄在外蒙古的特权被保留，外蒙古的政治、经济、外交大权实际操纵在沙俄手里。

1917年十月革命后，沙俄倒台，外蒙古失去了保护者，只有取消自治，回到民国政府。1918年中国军队进入库伦，宣布废除1913年的中俄声明。1919

年在库伦设立中华民国西北筹边使公署。

19世纪20年代，在苏俄的支持下，外蒙古的苏黑巴托尔、乔巴山等在“共产主义”名义下，趁中国军阀混战时，开始大搞外蒙古独立运动。1921年3月成立了蒙古人民军和蒙古临时政府，打出独立的招牌。1921年6月，苏联红军进入蒙古，击败白匪，同时击退了中国军队。1921年7月，“蒙古人民革命政府”成立，宣布“独立”。

民国时期，北京政府当时并不承认外蒙古独立，但1922年苏蒙协议，苏俄承认外蒙古独立。1924年蒙古人民共和国正式成立。1945年第二次世界大战基本结束后，苏美英签订了《雅尔塔协议》，为争取苏联对日作战，同意对“外蒙古的现状予以维持”。1945年8月14日，南京国民政府在苏联的硬逼下，签订了《中苏友好同盟条约》，1946年1月被迫承认外蒙古的独立，外蒙古157万平方千米土地终于被割去。

四、东北边疆的历史演变

秦汉东北边疆以东的肃慎、夫余、高句丽控制着外兴安岭以南的大片土地。西汉时，中央实际控制着长城以南的地区。汉代幽州控制东达朝鲜半岛的大面积土地，在今朝鲜平壤设乐浪郡。三国西晋时期东北仍为夫余、挹娄、高句丽控制，朝鲜半岛北部仍为幽州（晋代为平州）乐浪郡、带方郡之地。

隋代东北地区为室韦、靺鞨控制。高句丽一度扩张，领土深入辽宁、吉林部分地区，北达沈阳、长春一带。唐代东北主要为室韦、靺鞨等民族聚居，朝鲜半岛的新罗政权控制线南退到今大同江一线，大同江以北为唐所实际控制。

元代东北境土为辽阳行省，疆域广大，北向控制范围越过了外兴安岭，东到骨嵬（今库页岛）。元代高丽在朝鲜半岛西北角拓展，为元代势力所不能及。明代在东北设立奴儿干都司，控制了北山（外兴安岭）南北大片土地。朝鲜国成立后开始以鸭绿江与明朝为界。清代前期的黑龙江省控制了外兴安岭以南、额尔古纳河以东的大片土地，而吉林省则控制着库页岛以西的大片土地。

东北疆土的大量丧失也是近代的事。中俄在中国东北地区本来并未接壤，16世纪沙俄越过乌拉尔山向东扩张，才逐渐与清政府发生边界争端。1689年中俄签订《尼布楚条约》，从法律上肯定了外兴安岭以南的黑龙江、乌苏里江流域广大地区为中国所有，黑龙江和乌苏里江均为中国内河，但额尔古纳河以西的茂明安等部落牧地丧失。

咸丰八年（1858年），俄国趁英法联军侵略中国之机，强迫清黑龙江将军奕山签订了《瑷珲条约》，割去了外兴安岭以南、黑龙江以北60多万平方千米土地，而乌苏里江以东大片土地成为两国共管，使中国乌苏里江以东的陆地、港口、海岸线及临海岛屿尽失。咸丰十年（1860年）根据中俄《北京条约》又将乌苏里江的共管区40多万平方千米划归沙俄，其中包括库页岛，后俄为强化其占领事实而改称萨哈林岛。

光绪二十六年（1900年），沙俄又强占江东六十四屯的6600平方千米土地。1911年，沙俄又威逼清政府签订了《满洲里界约》，中国失去了满州里以北的察罕敖拉等地区。

在李氏朝鲜建立之初，中朝便以鸭绿江、图们江为界，直到清朝，并无争议。19世纪80年代，中朝曾对图们江段产生争议，20世纪初又发生间岛归属问题，引起轩然大波，最后得以解决。

五、西南边疆的历史演变

西南边疆在历史时期相对稳定，疆域变化不大。产生较大的变化主要发生在近代中缅、中印之间。

中缅和中越边界在19世纪后期也有过变迁，那是英法帝国主义在吞并了缅甸、越南后，图谋继续扩张所造成的。英国在1885年灭缅甸后不久即吞并了一些本来并不属于缅甸介于滇缅之间的木邦、孟养等土司，进一步又占了中国腾越厅、永昌府、顺宁府一些边境地区，经1894年《中英伦敦条约》、1897年续议《缅甸条约》两次订约，1898、1899年勘界，才划定了北段自尖高山向南至南定河、南段自南卡江至澜沧江的两段边界；自尖高山以北为北段无约未定界，自南定河至南卡河为南段有约未定界。1900年后又继续占领中国茨竹、片马、班洪等地，抗日战争时强迫中国接受；1941年换文确定；但因未正式树立界碑，故仍称未定界。1948年缅甸独立，1950年与中国建交，1960年中缅签订友好条约，同年签订了互谅互让的边界条约，缅方归还了中国片马、古浪、岗房三地，中方对1897年约定由中国保留主权而由缅方永租的猛卯三角地放弃主权，移交缅甸，解决了历史上遗留下来的问题。

法国在 1884 年占领越南后，至 1895 年与中国划界，又将原属云南临安府南境的勐蚌、勐赖、勐梭和衙门坡，普洱府属车里宣慰司的勐乌、乌得等地划归越南。

中印边界上的重大变迁分东西两段。西段喜马拉雅山以北的拉达克地区，原是西藏的一部分，首府在列城。1842 年，西藏地方政府和克什米尔订约，将拉达克地区让与克什米尔，清政府未予承认。19 世纪 70 年代，英国取得克什米尔，拉达克地区即随同被占。东段原以喜马拉雅山的南麓为界，门隅、洛瑜、察隅三区皆在西藏界内，终清一代沿袭不变。1913—1914 年，英国和西藏地方代表在印度西姆拉会议上非法划出以喜马拉雅山脊为界的麦克马洪线，未敢公开。1940 年，英国乘中国抗日战争之际，侵占了传统边界以北部分地区，当时中国政府曾提出抗议。1951 年，印度政府乘中国人民解放军进入西藏时侵占了所有麦克马洪线以南的地区，包括长期以来西藏地方政府设官征税、以达旺为首府的门隅地区。

六、东南海疆

历史时期中国东南沿海控制范围十分广阔，今南沙群岛、西沙群岛、东沙群岛历史上都属于中国。今海南岛在西汉一度设儋耳郡和珠崖郡，东汉为朱崖洲。历史上的琉球群岛曾为中国所有，早在东汉时便有夷洲的记载，隋唐称流求，元称琉球，明代琉球改称台湾，清代台湾先归福建，为台湾府；1885 年设台湾省。

中国南海诸岛，许多岛名见载于历史文献当中。公元前 2 世纪对南沙群岛有“崎头”的名称，最早的记载这一名称的是三国时万震《南洲异物志》和康泰《扶南传》；“西沙”一名，屡见于宋代史籍，如《宋会要》《岭外代答》《舆地纪胜》《诸番志》《方舆胜览》、官方航海图、海道交通专书、渔民水路簿等；西沙、中沙一带的古称，多为万里长沙、千里长沙、万里长堤、石星石塘等；南沙一带的古称，有千里石塘、石堂、万里石塘等。此外，北宋《武经总要》中的“九乳螺洲”指西沙群岛，唐代划归琼州管理，元代则在西沙建立天文测量点。

20 世纪初，法国殖民者曾十分觊觎中国西沙群岛，但没有如愿以偿。二战期间，日本曾占领西沙，二战结束后被收回，归广东省管理。但其间法国殖民者多次武装入侵西沙一些海岛。

参考文献

安介生：《历史民族地理》，济南：山东教育出版社，2007年。

安介生：《中国历史民族地理》，济南：山东教育出版社，2007年。

葛剑雄：《中国历代疆域的变迁》，北京：中共中央党校出版社，1991年。

顾颉刚，史念海：《中国疆域沿革史》，上海：商务印书馆，1938年。

郭声波主编："青藏高原历史地理研究"丛书，成都：四川大学出版社，2011年。

刘宏煊：《中国疆域史》，武汉：武汉出版社，1995年。

马大正：《中国边疆研究论稿》，哈尔滨：黑龙江教育出版社，2002年。

倪建民，宋宜昌主编：《国家地理》，北京：中国国际广播出版社，1997年。

史念海：《中国历史地理纲要》第三章，太原：山西人民出版社，1991年。

谭其骧：《历史上的中国和中国历代疆域》，《中国边疆史地研究》1991年第1期。

谭其骧主编：《中国历史地图集》（8卷），北京：中国地图出版社，1982年。

王钟翰主编：《中国民族史》，北京：中国社会科学出版社，1994年。

孟庆远：《中国古代史常识·历史地理部分》，北京：中国青年出版社，1981年。

杨煜达：《乾隆朝中缅冲突与西南边疆》，北京：社会科学文献出版社，2014年。

邹逸麟主编：《中国历史人文地理》，北京：科学出版社，2001年。

练习题

一、基本概念

四至八到　白登之围　河南地　新秦中　河西四郡　西域　五胡十六国　文成公主　朝贡制度　改土归流　南诏　奴儿干都司　葱岭　《伊犁条约》　《尼布楚条约》　库页岛　钓鱼岛　千里长沙　麦克马洪线

二、思考题

1. 春秋战国时民族大融合的表现。
2. 简论张骞通西域的历史意义。
3. 隋朝初年对西北边疆的经略措施。
4. 唐朝初年边疆地区的民族分布。

5. 简述明清疆域范围及其变化。

6. 郑成功收复台湾及其康熙统一台湾的史实及其意义。

7. 清康熙、雍正、乾隆三朝的边疆用兵策略及意义。

8. 清代疆域的形成过程以及与多民族国家政治制度的关系。

9. 简述历史时期中国边疆演变的趋势。

10. 分析中国历史上匈奴、鲜卑、突厥、回纥、契丹、蒙古族等民族的分布变迁大趋势。

11. 举例分析中国疆域演变与现代中国国际政治关系。

第八章　历史时期政区的变迁

《周礼·天官冢宰第一》："惟王建国，辨方正位，体国经野，设官分职，以为民极。"[①]郑玄注："体犹分也""经谓为之里数。"体国经野，谓分划国都，丈量田野。这是一种传说中的行政区划，是中国古代早期一种行政区划的意识。在国家形成、疆域产生之后，进行区划来加强管理是一个必然的趋势，换言之，行政区划是人类社会发展到一定时期的产物。

行政区最早渊源于传说中的"州制"。成书于战国时代的《尚书·尧典》有尧"十二州"之说。《尚书·禹贡》有大禹"水土既平，更制九州"[②]、"任土作贡"[③]的记载，实际上是战国时代一种理想的行政区划，代表了战国时代人们的地理概念，反映了一种政治上的大一统思想。《尚书·禹贡》九州为冀、兖、青、徐、扬、荆、豫、梁、雍，范围大致为阴山山脉以南和辽河中游以西、南，青藏高原、横断山脉以东的中国广大陆地，这一范围基本上就是秦朝和西汉前期的疆域。记载"九州"的先秦典籍还有《周礼·职方》《尔雅·释地》《吕氏春秋·有始览》，所记载的"九州"的名称各不相同，均无《尚书·禹贡》的梁州而多幽州，此外，《周礼》还有并州无徐州，《尔雅》有营州无青州。

战国后期于滨海地区的齐国还诞生了另一个"大九州"之说，创立者为稷下学者邹衍。邹衍认为中国境内的九州，合起来只能算一州，称为"赤县神州"，同样的州共有九个，都是"裨海"（小海）环绕，称为小九州。这样的小九州也有九个，即大九州，其外为大瀛海所环绕。大九州的思想反映了战国后期齐国海上交通发达，人们的地理知识丰富以后所做的想象。

传说中的行政区划除了九州说之外，还有畿服之制。最早见于《国语·周

① 李学勤主编：《周礼注疏》，北京：北京大学出版社，1999 年，第 1—5 页。
② （东汉）班固：《汉书》卷 28 上《地理志》，北京：中华书局，1962 年，第 1523 页。
③ 李学勤主编：《尚书正义》，北京：北京大学出版社，1999 年，第 132 页。

语》所说的“五服”：“夫先王之制：邦内甸服，邦外侯服。侯、卫宾服，蛮夷要服，戎狄荒服。”①《尚书·禹贡》承袭此说：“五百里甸服……五百里侯服……五百里绥服……五百里要服……五百里荒服。”②此中近处多贡，远处少贡。《禹贡》的“绥服”就是《国语》的“宾服”，是介于中原与外族的过度，要服和荒服为外族所居。《逸周书》还有“九服”(《职方》)和“三服”(《王会》)之说。“畿服”之说所勾画的行政区划制度整齐划一，在王畿之外划分等距离的五服，显然也是一种理想的政区制度。

中国商周时代实行分封制，即封邦建国。商王及周天子除王畿附近的土地由自己直接统治外，其他土地和人民分封给诸侯，再由诸侯一级级分封，形成大大小小各级领主。各领主管理自己的采邑，除了对天子有少量象征性的纳贡和服役外，在自己封地内独自为政。天子和各级诸侯、卿大夫在自己辖区内各自为政，所谓“分土而治”。因此，在商、周的王朝疆域内无所谓地方行政区划。

春秋中叶后，有些诸侯国逐渐强大，开始发展中央集权，对新开拓的疆土或从私家剥夺来的土地，不再进行分封，而由君主直接统治，于是开始出现了地方行政区划。我国历史上行政区划制度从萌芽、出现到完全确立和全面推行，即从春秋初期至秦始皇统一全面实行郡县制，大约经过了 5 个世纪的漫长历程。区划的形成过程与中央集权制度的萌芽、出现和确立几乎是同步的。

行政区划制度全面确立后，中央政府要将一部分权力下放给政府，从而产生中央与地方在集权上的矛盾，每当矛盾爆发，就会出现一次中央和地方在权力上的调整。一部中国行政区划的变迁史，实际上就是中央和地方权力集权与分权的调整史。因此，行政区划，是国家对所辖领土进行分级管理的区域结构，是中央集权出现后的产物。

行政区划划分和管理的决定因素是政治，包括政权更迭、疆域伸缩、民族分布、中央与地方的关系等因素。但为了更有效地进行统治和管理，包括捍卫边疆、发展生产、增加赋税、便利交通等自然条件和经济因素也是十分重要的条件。因此，历史上政区划分以政治为首要因素，同时顾及自然、经济，在中央集权稳定的情况下，最理想的是三者兼顾。如果中央集权遭到威胁，则往往只考虑政治因素，而不顾及其他，这就是行政区划的政治主导原

① 徐元诰撰，王树民、沈长云点校：《国语集解》，北京：中华书局，2002 年，第 6—7 页。
② 李学勤主编：《尚书正义》，北京：北京大学出版社，1999 年，第 167—169 页。

则，是由中央集权体制所决定的。

从政区地理角度考察，行政区划包括四个基本要素——层级、辖境、边界、行政中心。

行政区划的层次，即中央到地方分几个层次进行管理，是行政区划的最基本要素。一般而言，层次少便于中央管理，上情容易下达；层次多，上下阻隔，政令不易通达。中国幅员辽阔，层次不能任意减少，但层次过多又会使地方权力增大，削弱中央的权力。因此，中国政区沿革核心是政区层次的调整变化，集中体现了中央和地方权力消长演变过程。

行政区划的幅员，即政区面积范围。《礼记·王制》云："凡居民，量地以制邑，度地以居民。"[①]中国历史上有所谓"百里之县""千里之郡""万里之州"的说法，即不同层次有不同的管理幅员，以便更有效地进行统治。

行政区划的边界，是国家内部政区之间的界线。政区既然是中央集权国家为管理地方而设置的一种区划，其边界的划分当然以有利于中央集权统治为原则，同时考虑到经济的发展，尽可能与地理环境相一致，这也是巩固中央统治的基础。因此，历史上曾经出现"山川形便"与"犬牙相错"两条相矛盾的原则。

行政区划的行政中心。一个政区必定有一个（有时有两个）管理的行政中心。这个行政中心位置的确定，主要是由地理环境决定的。但当政治形势、政区幅员大小或自然环境发生变化时，政治中心也会发生变化。

两三千年来，随着国家疆域的变迁，中央政府权力的兴衰，地方势力的消长，自然、经济、人口情况的变化，行政区划的层次、幅员、边界和行政中心都有过十分繁复的变迁。这种变迁很大程度综合反映了我国人文地理面貌的变化。本章的内容是要了解中国历代行政区划的划分、结构及其职能的变迁。

第一节　郡县制的萌芽与确立

中国历代行政区划的变迁，大致可以分为下列四个时期，分别为郡县制、州郡县三级制、道路制度、行省制四个阶段。中国实行郡县制的时期，对应的是春秋中期至秦汉时期。

① 李学勤主编：《礼记正义》，北京：北京大学出版社，1999年，第401页。

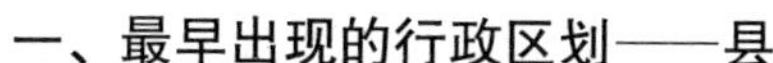

一、最早出现的行政区划——县

历史上最早的地方行政区划是县，据现有的《春秋》《左传》《国语》《史记》等文献，作为行政区划意义上的县的出现和形成，有一个相当长时期的演化过程。

《左传》记楚文王攻灭申、息后，“实县申、息”；以及秦武公十年（前688年），“伐邽、冀戎，初县之。十一年，初县杜、郑”[①]。这些早期的县，并非后来作为基层政区的县，而是指国都以外的郊野乡聚之地，与“鄙”同义，如《左传·昭公十九年》，子产曾对晋大夫说：“晋大夫而专制其位，是晋之县鄙也，何国之为？”[②]

早期的县也有与“邑”同义者。春秋中后期，县的含义发生了变化，出现了与邑同义的县。楚武王时灭权（今湖北荆门市东南），楚文王时灭申（今河南南阳市）、息（今河南息县西南），以两国为县，置尹以治。以后楚庄王十六年（前598年）、楚灵王七年（前534年）两度灭陈，十年又灭蔡，先后置陈公、蔡公，县“公”就是县的长官。

县最早设立于南方的楚和西方的秦，与这两个国家的地理位置有关。处于中原地区的边缘，容易开疆拓土，对新得的土地，不再进行分封，而由国君设县直接统治。类似的情况也出现在晋、齐、吴等国。那时不仅设在边区，也有将新吞并的处于经济发达、交通要冲的小国置为县者。如吴国在今江苏镇江市所置朱方县，即处于交通要冲之地。春秋后期各国县数骤增，如齐国有县三百。到战国时成为较普遍的地方行政区划。

早期的县和战国以后的县有所不同。早期的县保留着分封制的残余，即可以分赐给臣子，县尹可以世袭，食县邑可以互换等；早期的县大小幅员差别很大，大至如楚灭陈、蔡那样中等国家后以一国为一县，小至齐国的县约等于一乡，而以相当于一邑之地为最多；早期的县最先多在边境地区设置，具有军事重镇性质。

早期县与战国以后县也有相同之处。作为国君的直属领土，即便赐给大夫的采邑，也有予夺之权；县的长官由国君委派，称尹、公或大夫，不是世袭。由此可见，县邑之县，已开始从采邑制向正式地方行政区划的郡县制的县过渡。

① （西汉）司马迁：《史记》卷5《秦本纪》，北京：中华书局，1959年，第182页。
② 杨伯峻：《春秋左传注》，北京：中华书局，1981年，第1404页。

春秋后期，作为地方行政区划的郡县制的县开始确立，如晋顷公十二年（前514年）韩、赵、魏、知、范、中行氏六大夫联合灭了在汾水流域的祁氏、羊舌氏，将两家的土地分置了十县，任十人为大夫，此十人或“有力于王室”，或“能守业者”，故“以贤举也”，任职者均以“忠、义”见著，地方上有狱不能断，转报国君定夺。①这些新设的县与分封时代以宗族为主的采邑制不同，而与后代以才德选拔官吏、地方官吏受制于中央的情形相同，即县为中央直属，置官分守，各有分地，县长官食禄不食邑，临民不临土，流动不世袭，这些作为地方行政制度特点的县至春秋后期均已具备，可见至此地方行政区划的县的雏形已经形成。

战国晚期县已经成为较为普遍的地方行政区划，但各国设县的背景不同，县的大小各异，各国县制尚不统一，限于记载，具体县数已无法考证了。

二、郡的形成

郡也出现于春秋但较县晚。秦穆公九年（前651年），晋公子夷吾（即晋惠公）对秦国使者谈到“君实有郡县”，为秦国设郡的最早记载。有名可考的最早设置的郡，有魏文侯（前445—前396年在位）时的西河郡（吴起曾为西河守）；上郡（李悝曾为上郡守）；楚悼王（前401—前381年在位）时的宛郡（吴起曾为宛守）。

郡最早出现时级别低于县。故春秋末赵简子誓师时有言：“克敌者，上大夫受县，下大夫受郡。”②大概是县比郡富的缘故。后世认为当时是一种县统郡的地方行政制度。《史记·秦始皇本纪》云：“周制天子方千里，分为百县，县有四郡，故《左传》云上大夫受县，下大夫受郡。秦始皇初置三十六郡以监县也。”③

早期郡的地理特征不同于县。郡初期皆设于边远荒僻之处，经济开发程度低于县，具有军事防守性质，郡与县不相统隶。战国时韩、赵、魏、燕、楚、秦各国都置有郡，且所置之郡亦多在国境边区，如魏国的西河、上郡、河东、方与、大宋、陶等郡，赵国的代、雁门、云中、上党等郡，韩国的三川、上蔡、上党等郡，燕国的上谷、渔阳、右北平、辽西、辽东等郡，楚国的宛、汉中、新城、江东、黔中、巫等郡，秦国的北地、陇西等郡。唯齐国

① 杨伯峻：《春秋左传注》，北京：中华书局，1981年，第1492—1494页。
② 杨伯峻：《春秋左传注》，北京：中华书局，1981年，第1614页。
③（西汉）司马迁：《史记》卷6《秦始皇本纪》，北京：中华书局，1959年，第240页。

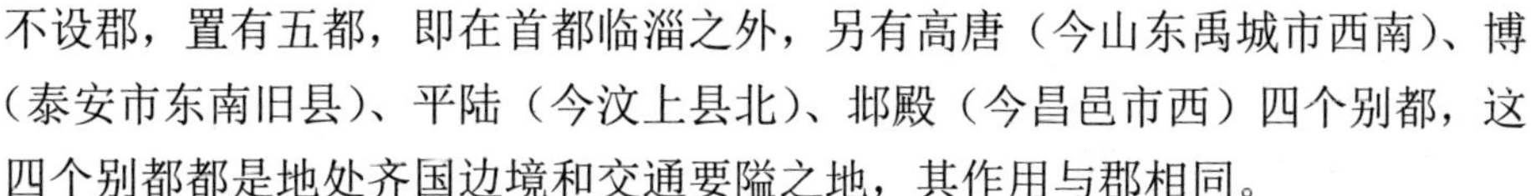

不设郡，置有五都，即在首都临淄之外，另有高唐（今山东禹城市西南）、博（泰安市东南旧县）、平陆（今汶上县北）、邶殿（今昌邑市西）四个别都，这四个别都都是地处齐国边境和交通要隘之地，其作用与郡相同。

三、郡县两级制的形成

随着边防设郡之地逐渐繁盛，边郡地域大，遂分置数县；同时，内地事多，县逐渐增多，也需要建立起更高一级的管理机构，遂在数县之上置郡以统之，于是就形成了郡、县两级制的地方管理体系，郡县大小也渐趋一致。这种制度可能始于三晋，如魏上郡领 15 县，赵上党郡领 24 县、韩上党郡领 17 县。以后秦、楚、燕皆相继效法，不过整个战国时代郡县制和采邑制始终同时存在。

秦国扩张后继续推行郡县制，或以旧国国土或国都置郡，如巴郡、蜀郡、临淄、南郡、邯郸；或沿袭原东方各国的郡重建，如上郡、河东、汉中、上党、三川、雁门、云中、代郡、黔中、上谷、渔阳、右北平、辽东、辽西；或以新有领土置郡，如南阳、太原、东郡、颍川、巨鹿、广阳、薛郡、砀郡、陈郡、泗水、九江、长沙、会稽、琅邪；加上原有的陇西、北地两郡和秦始皇二十五年（前 222 年）所置闽中郡，共为 36 郡。

公元前 221 年秦始皇统一六国，废封建，在全国推行郡县制。郡县制正式成为全国划一的地方行政区划。郡县制为两级行政制度，郡下设县，与县同级的政区还有道，一般设在边境少数民族地区，“县有蛮夷曰道”。县以下的基层政区有乡、亭。

秦代一郡置守、尉、监三员。西汉省监，监察事务由中央派员直接主持，每郡仅守（后称太守）、尉（后称都尉）两员。边郡因军事需要一郡有两个以上都尉，分别以东、西、南、北称之。此外，还有专职的关尉（如玉门关都尉、阳关都尉）、农都尉等。管理少数民族的又称属国都尉，如上郡的龟兹有属国都尉。东汉内地郡省都尉，军事由太守兼管。边区仍保留都尉，并将属国都尉权力扩大，分辖一部分县，“稍有分县，治民比郡”。属国都尉也分领一部分县，分理民政，地位同郡，如分犍为郡南部为属国都尉，分蜀郡西部为属国都尉，分广汉郡北部为属国都尉，辖境均小于郡，而与郡同级。故东汉时郡一级政区有郡、王国、属国都尉三类。东汉时西域叛服不常，曾两度置西域都护府，治龟兹它乾城（今新疆新和县西南），其性质、地域和西汉相同。

四、郡县制的演变

秦初并天下，分为36郡，后有新开拓疆土增置和原有郡分置，至秦末约有近50个郡。如公元前214年统一岭南，置桂林、南海、象三郡，公元前300年北斥匈奴置九原郡。另有郡分置为二，如分邯郸置常山郡，分临淄置济北郡，分琅邪置胶东郡，分河东置河内郡，分九江置衡山郡。以上是秦一代有明确记载的46个郡。其余有见于楚汉之际记载的鄣、庐江两郡，可能是秦末所置，加上都城周围地区直属内史，秦总共有50个郡级政区。近年来在里耶秦简中提到洞庭郡，在张家山汉简的秦朝史书中有苍梧郡，使秦郡的问题又复杂化了。

1. 汉代的103郡国制度

汉王朝正式建立后，刘邦分封异姓诸侯7人，将东部疆土22郡分封为燕（臧荼）、韩（韩王信）、赵（张耳）、楚（韩信）、淮南（英布）、梁（彭越）、长沙（吴芮）等国。刘邦自领24郡之地。汉初约有60郡，大部分属于当时的“异姓七国”。

这种分封是与中央集权相矛盾的，于是从汉高帝六年开始又逐个翦除异姓诸侯。但在消灭异姓七国过程中，又建立了“同姓九国”。同姓九国和异姓国中残存的长沙国共占有40余郡，汉天子自领者15郡。诸侯王国“大者或五六郡，连城数十，置百官宫观，僭于天子。”①

这些同姓、异姓诸侯又称内诸侯，属汉中央节制，其封域属于西汉版图。此外，刘邦时还封故越王为闽越王，王闽中地；封秦南海尉赵佗为南越王，王南海、桂林、象三郡；封南武侯强为南海王，地在越、南越、淮南三国间。这三王国称外诸侯，他们对汉王朝只称臣纳贡，不受汉王朝控制，其领土在汉王朝之外。

汉高祖死后，吕氏当政，打击刘氏诸侯王，增封外戚诸侯王，诸侯王国增到14个。吕氏一死，文帝即位，清除诸吕，恢复同姓诸侯王国。但同姓诸侯王国地域大，人口众，实力雄厚，对中央政权是莫大的威胁。文帝、景帝、武帝时，中央政权多次镇压诸侯叛乱，并推行了一系列削弱诸侯王国封地和特权的政策。景帝平定吴楚七国之乱后，汉尽收诸侯支郡，一国便只领一郡，

① （西汉）司马迁：《史记》卷17《汉兴以来诸侯王年表》，北京：中华书局，1959年，第802页。

王国与郡自此在行政区划上处于同一级别。经过削藩，中央控制的汉郡达 43 个。武帝以后，实行推恩令进一步使王国封域不断缩小，汉郡不断扩大。

武帝时，一方面开疆拓土，初郡与边郡大量增加。如灭古朝鲜，设真番、临屯、玄菟、乐浪四郡；北逐匈奴，取河南地，置朔方、五原二郡；从匈奴手中收河西地，置武威、酒泉、张掖、敦煌四郡；灭南越，置南海、桂林、象郡、苍梧、合浦、儋耳、珠崖、交趾、九真、日南十郡；平西南夷，置犍为、牂柯、武都、益州、汶山、沈黎、越巂七郡。另一方面将内地的郡分割缩小，如关中地区京师附近由中央官内史管理，其辖区称内史，汉时京师地区人口众多，政事纷繁，遂将内史一地，分为京兆尹、左冯翊、右扶风三辖区。其他地区又分置出西河、广平、涿郡、临淮、天水、安定、弘农、零陵诸郡，共有 18 王国 91 郡，达到了西汉一代郡、国的最高数。

秦县约近千个。《汉书·地理志》所载公元 2 年有县 1587 个，东汉初省并 400 余，至 140 年时为 1180 县。东汉疆域小于西汉，加上东汉初年的省并，故县减少 1/4。另，近年来在汉简中发现不少不见于今存文献的汉县，可知实际汉县可能不止 1587 个。

平帝元始二年（2 年）共有郡国 103 个，辖县 1587 个，即《汉书·地理志》所记载的“103 郡国制度”。东汉初大施省并，永和五年（140 年）时比较稳定，为 105 郡（国），成为东汉一代较稳定的制度。

秦始皇在全国建立统一的郡县两级制。汉高祖刘邦先后实行异姓和同姓诸侯分封制，这种分封制虽不同于西周分封，但从中央集权而言，却是一种倒退。地方行政区形成郡、县两级和王国、郡、县三级制并存的局面，造成社会的不安定。经过文、景、武三代的削藩，至武帝末年起才正式实现了郡县两级制，国与郡同为一级。

2. 郡县二级制与其他特殊区划

在郡县二级制中，郡为一级政区，县为二级政区。西汉时郡级政区为郡和国，东汉时又增加了属国都尉。郡级长官郡守，景帝时改名为太守，郡尉改名为都尉。诸侯国官吏的设置如同中央朝廷，侯国的相（治民事）和中尉（管军事）分别相当于郡的太守和都尉。东汉时，内地郡省都尉，军事由太守兼管。县级长官仍因秦制，称令、长。邑、道的官制和县一样。侯国设相。

西汉时县级区分四类，为县、侯国、邑、道。列侯所封食邑为侯国、皇太后公主所封食邑称邑，境内有少数民族的称道。侯国的长官称相，县、邑、道均称令（万户以上）、长（万户以下）。东汉时县一级的还有公国，其余同

西汉。

除了郡县制，秦汉时期还有特殊的行政区。

在边疆地区，有管理少数民族的属国都尉，如辽东属国、张掖属国。东汉时，属国都尉权力扩大，“治郡比民”，成为郡级政区。

西汉时代除了正式的郡国之外，还有一个特殊的行政区划，即汉武帝在西域地区设置了军政合一的西域都护府进行统治，以控制天山南北 50 多个“行国”和“居国”。西域都护府治所在乌垒城（今新疆轮台东），都护府治下并不领县，而是对西域诸邦国施以军事监护的管理模式，只要求效忠于汉王朝，并不干涉其内部事务，唯不定期朝贡而已。东汉也曾两度复置西域都护，都护俸禄比两千石，级别与郡太守等。

3. 秦汉时代郡的地域分布

秦汉时代，以秦岭、淮河一线分南北，行政区划的数目疏密悬殊很大。

秦代时，46 郡加上内史共 47 个郡级政区，主要分布在北方的黄河中下游地区，黄河、函谷关以东，淮河以北占 27 郡。秦岭淮河以南为 12 郡，仅占全国郡数的 1/4。

西汉时期开疆拓土，南、北、东、西都比秦代有明显扩展，郡国增至 103 个。秦岭淮河以南为 29 郡（海南岛上珠崖、儋耳因为时较短而不计），不到全国郡数 1/3；关东地区占 50 余郡，为全国郡数之半。

东汉，秦岭、淮河一线以南荆、扬、益、交四州领郡级政区 32 个，关东地区有郡近 50 个，与西汉情况大致相同。

以上分布格局，可以说明秦汉时代黄河中下游地区自商周以来已经发展成为中国政治、经济中心，而秦岭以南、淮河以南地区相对而言，尚处于发展的初级阶段。

4. 郡县的地理特征

郡县的幅员没有明确的规定，原则上“县大率方百里，其民稠则减，稀则旷”①。这种以人口多少为划分标准，目的是“牧民”，即管理人民生产，征收赋税，是中央政府统治的基层政区，其幅员大小以有利于管理农业生产、征收赋税、行颁政令为原则。自秦汉至明清，专制主义中央集权的政体没有改变，生产、交通水平没有质的变化，因此，县的幅员没有很大的变化。秦代时约 1000 个县，至清代疆土成倍扩大，但县数也仅 1500 余个。

① （东汉）班固：《汉书》卷 19 上《百官公卿表》，北京：中华书局，1962 年，第 742 页。

郡的情况有些不同，郡是统县政区，是中央分出一部分权力由郡级长官掌握，往往会产生中央集权和地方分权之间的矛盾，因此历史上郡级政区幅员大小与中央集权强弱有关，郡级政区过大过小，对统治管理都不便。

秦郡的幅员、边界、治所都与地理环境较为一致，且幅员比较适中。秦郡近 50 个，辖县近 1000 个，大致每郡统县 20 个左右，比较合适。各郡间大小比较一致，如临淄、济北、琅邪、薛郡、胶东五郡相当于今山东省；河东、上党、太原、代郡、雁门五郡相当于今山西省，其东、西、南三边，正好以黄河、太行山为界；邯郸、巨鹿、恒山、广阳、上谷、渔阳、右北平七郡相当于今河北、北京、天津三省（市）。秦岭、淮河以南诸郡因开发较晚，郡的幅员较大，但都与今天的省界相合，如长沙郡相当于今大半个湖南省，闽中郡包括了今福建全省和半个浙江省。

秦郡的边界也比较符合自然条件。如秦岭、淮河、黄河、长江都是区划郡的天然分界线；秦朝以首都咸阳为中心的内史地区，基本上就是今天关中平原；南阳郡就是南阳盆地，三川郡就是洛阳盆地。今山西省境内的太原等五郡，也完全适合山西省的自然分区。唯长沙郡南跨越五岭，显然是初平南越时为了控制南越地方而设。

秦郡的治所大多是春秋战国时旧国国都或商业贸易中心。前者如临淄郡的临淄，东郡的濮阳，邯郸郡的邯郸，会稽的吴等；后者如蜀郡的成都，南阳郡的宛，九江郡的寿春，南海郡的番禺等。

总之，秦代郡的幅员、边界、治所都与地理环境较为一致，保持山川形便，这是因为郡县制初定时，尚未受其他政治因素干扰之故。

西汉末年郡国的地理特征产生了新的变化。

首先，郡国幅员缩小。《汉书·地理志》载："汉兴以其郡太大，稍复开置。"①即将秦代一郡分成二、三或数郡，如分内史为京兆尹、右扶风、左冯翊三个相当于郡的政区，分沛郡、广陵置临淮郡，分东海郡南部置泗水国，分衡山、南郡置江夏郡等，使郡级政区幅员缩小。同时郡、国幅员差别很大。大郡如东海郡领县 57，琅邪郡领县 51，汝南郡领县 37，沛郡领县 37，南阳郡领县 36，而小的王国如河间、广阳、城阳三国各领县 4，泗水国、甾川国各领县 3。这是文、景、武、昭、宣历朝不断推行削弱诸侯王国政策的结果。但郡与王国毕竟是同级政区，幅员如此悬殊，总不相宜。

①（东汉）班固：《汉书》卷 28 下《地理志》，北京：中华书局，1962 年，第 1639 页。

其次，郡国的边界无序化。边界的划定在历史上有“山川形便”与“犬牙相错”两原则，秦代基本上符合山川形便的原则。西汉初年尚算合理，末年时由于削藩的结果，郡的边界出现了与山川不合的奇特现象。如西河郡无视山陕间黄河天险，跨有黄河东西土地；临淮郡跨淮河南北、里运河东西，在跨里运河东西却又存在一个广陵国，而临淮郡则靠今淮安市一条狭长走廊联系里运河东西的郡土；山阳郡主要据有古泗水以西今鲁西南部分地区是比较合理的，但它却又领有泗水中游的瑕丘（今济宁市兖州区）和南平阳（今邹城市）两县，其郡县如同一条有柄长勺伸向北部；齐郡境内有巨淀泊，而注入巨淀泊的短短的女水、洋水、浊水三条河流却跨流经齐郡、甾川、北海三郡国；秦时河北地区大清河北为广阳郡，南为巨鹿郡，两郡以大清河为界颇为相宜，而汉时则上游为涿郡，下游为渤海郡，两郡南北都跨大清河，显然违背山川分界原则。

东汉亦然。东汉时期经过省并，少数郡界有所调整，与山川形势相合，如渤海郡经调整，西、北、南三边均以今海河、南运河、马颊河为界，河间国与涿郡以今大清河为界，大茅山以东、钱塘江以北自为吴郡地，但大多数郡国仍沿袭西汉犬牙相错的局面。东汉的郡国治所大部分沿袭西汉，但少数郡因经济开发，出现了新的经济中心，成为郡的治所，如会稽郡分吴、会稽两郡，山阴（今绍兴）成为新会稽郡的治所。

5. 封建社会政区变化的基本特征

两汉时期是郡县两级制的定型和完成时期，由于西汉初年分封诸侯王和文帝以后削除王国势力的曲折过程，使统县的郡级政区经过复杂的变化，郡级政区的地理出现多变性，而县级政区除因开疆拓土和经济发展数量有所增加外，其地理特征并无特殊变化。可见县级政区是封建中央集权政府统治国家的基层组织，其任务是劝课农桑，收租征赋，对象是人民，故其无须常变动，以免造成管理不利。统县的郡级政区则是中央权力的分散，中央集权和地方势力加强的矛盾，往往会造成郡级政区的多变。县级政区的稳定性和统县政区的多变性，是整个封建社会政区变化的基本特征。

第二节　州 郡 时 代

战国时代人们把所知的地域范围，借用大禹治水的传说，划分为 9 个区域，即人们常说的大禹九州。后代将其误传为先秦时代的地方行政区划是没

有根据的。

九州的名称，说法不一，代表性的有以下几种，见表 8-1。

表 8-1　九州的名称

《尚书·禹贡》	雍	梁	冀	豫	青	徐	荆	扬	兖			
《周礼·职方》	雍		冀	豫	青		荆	扬	兖	幽	并	
《尔雅·释地》	雍		冀	豫			荆	扬	兖	幽	并	营
《吕氏春秋·有始览》	雍		冀	豫	青	徐	荆	扬	兖	幽		

这里的九州非实际政区。但是，不论夏商周时代有没有这种区划制度，基本上反映了当时人们对地域划分的理想观念，也是后世州这一概念得以出现的认知来源。

一、西汉的十三刺史部与东汉的州制

州作为一种地方行政制度，从西汉已经开始萌芽，而完全形成，则已至东汉末年，经过了整个两汉时期。

1. 汉武帝所置十三刺史部和司隶校尉部

西汉初年中央直辖仅 15 个郡，故省去秦制郡监，吏治由丞相派员视察，无常设官员。汉武帝时，国增至 109 个，行政事务繁多，导致丞相无法兼管。于是在元封五年（前 106 年）将长安京畿附近 7 个郡以外的全国郡国分成 13 个区域，称部，每部派刺史一名，巡视地方吏治和豪右强宗，称为行部。刺史所监察的区域称刺史部。

在给刺史部取名时，借用了《尚书·禹贡》的九州名称，其中改雍为凉，改梁为益，加上《周礼·职方》中的幽、并，共为冀、兖、豫、青、徐、幽、并、凉、荆、扬、益 11 州，另有两个不在《尚书·禹贡》范围内的刺史部，即最北的朔方（河套）和最南的交趾（岭南），共为 13 个刺史部，俗称“十三州”。

征和四年（前 89 年），又将京畿附近京兆尹、左冯翊、右扶风、河东郡、河内郡、河南郡、弘农郡（即三辅、三河、弘农郡）七郡，置司隶校尉监察，称司隶校尉部。故西汉有 14 个监察区。

2. 东汉初的十三州以及州的政区化

刺史职能岁终乘传奏事，故“位卑权重”。西汉的刺史秩六百石，与县令相同，是以六条诏周行郡国，巡视吏治。但刺史有权省察秩两千石的郡太守、都尉，故“位卑权重”。刺史每年 8 月巡行所部，岁终至京师向丞相奏事，由丞相处置，无固定驻地。

东汉初年，加重刺史的职权，不限于监察，并有黜陟之权，然仍未干预地方行政。同时，岁终刺史本人不必诣京师奏事，而由属下替代，于是有了固定驻地。刺史部的治所在《续汉书·郡国志》有完整的记载，见表 8-2。

表 8-2 《续汉书·郡国志》载东汉刺史部治所

刺史部	治所	今地
司隶	洛阳	洛阳东汉魏故城
冀州	高邑	河北柏乡北
徐州	郯县	山东郯城
青州	临淄	山东淄博市临淄故城
兖州	昌邑	山东金乡西北
豫州	谯县	安徽亳州市
幽州	蓟县	北京城西南隅
并州	晋阳	山西太原市晋源镇
凉州	陇县	甘肃张家川自治县
荆州	汉寿	湖南常德市东北
扬州	历阳	安徽和县
益州	雒县	四川广汉北
交州	龙编	越南河内

原先刺史的职掌治官不治民，不干预地方行政，故算不得地方一级行政机构。但到了东汉末年，改部分刺史为州牧，州牧内亲民事，外领兵马，成为事实上的地方长官。加之地方行政中心确立，州的四个区划要素完整，从非行政区划的监察区，向一级正式行政区划转变，即行政区划从实两级向虚三级过渡。

东汉末年黄巾起义，朝廷为了加强地方权力，以便镇压起义军，中平五年（188 年），汉灵帝以中央“九卿”出任刺史，称州牧，掌一州军民，职权同刺史，不仅有省察、举劾、黜陟权，同时还有兵权和治民之权，于是州逐渐形成为郡县以上一级行政区划，虚三级转变为实三级。从此，地方行政制度由秦汉四百年的郡县两级制，开始进入了中国历史上州郡县三级行政区划制度，并在此后经魏晋南北朝至隋初历四百年。

二、魏晋南北朝时期的州郡及特殊政区

汉献帝兴平元年（194 年）分凉州、河西四郡为雍州，则东汉末为 14 州。

魏晋南北朝时期继承了前朝制度，并在边疆地区和少数民族地区设置有特殊的政区制度。

1. 魏晋时期的州郡

曹魏据黄河流域，有司隶、豫、冀、兖、徐、青、雍、凉、并、幽、荆、扬 12 个州。灭蜀后，分益州置梁州。孙吴据长江中下游及其以南地区，有荆、扬、交 3 个州；孙吴末年（264 年）从交州析出广州。蜀汉据四川及汉中盆地，有益州 1 个州。故三国共有 16 个州。之后，曹魏灭蜀，分益州为梁州（今四川东部）。265 年司马氏代魏时为 14 个州，吴有 4 个州，南北共 18 个州。

三国时开始稳定的州郡县三级制。州辖郡、国，郡、国辖县、道、邑、侯国，制度同东汉。吴、蜀无王国，只有郡。

2. 魏晋时期的特殊政区

蜀国有庲降都督，与州同级，统辖南中少数民族地区，分理益州南部今川西和云南、贵州地区的所谓“南中七郡”，主要用于镇抚南中少数民族豪强，是介于州郡之间的军事辖区。

曹魏、孙吴政权有为军事服务的屯田区划，如典农校尉（与郡同级）、典农都尉（与县同级）、屯田都尉。这些以屯田为主兼管辖域内人民的农政合一的地方行政区划，即典农校尉和典农都尉，前者同郡，后者同县。如毗陵典农校尉，领毗陵、云阳、武进三县；属丹阳郡的江乘典农都尉、湖熟典农都尉、溧阳屯田都尉等。这是一种农政合一制度，其产生当与东汉末年中原地区大批人口迁往东南地区，而东南荒地尚多有关。西晋年间，这些屯田地区都改为郡县了。

遥领与虚封。这是一种象征性的统治方式。遥领者，不入版图之地，而别于国内他处设刺史、郡守以辖之。虚封者，则仅有封爵而无实土。

西晋初设 19 个州。司马氏代魏时 14 个州，又置秦州、宁州、平州，为 17 个州。平吴得交、广 2 个州，计 19 个州。西晋末增加到 21 个州，分别是惠帝元康年间分荆、扬 2 个州置江州，怀帝永嘉年间分荆、广 2 个州置湘州。

南朝还在边境少数民族地区设置左郡左县、僚郡俚郡。“左”，因蛮人忌讳以“蛮”相称，而“左”又向为“蛮”的代名词，故“蛮郡蛮县”云“左郡左县”。俚人、僚人则是百越族在两广的主要支裔。

北朝还在重要的军事区设置道，与县同级。

3. 南北朝时期州制的混乱

西晋末年永嘉之乱后，北方先后出现十六个小政权，他们往往在各自统治的区域内分设许多州，导致州的设置开始发生混乱。

东晋时有十几个州，南朝宋、齐有超过 20 个州，到梁朝后期竟增至 107 个州。陈朝疆土狭小，仅长江中下游南岸和珠江流域，却有 42 个州，还有说有 64 个州的。

北魏统一北方后，最初有一二十州，至孝文帝太和中增加到 38 个州，太和后增置甚滥，末年竟达 80 多个州，东西魏时尚存 110 多个州，北周大象二年（580 年）有州 211 个。所谓“百室之邑，便立州名，三户之民，空张郡目。”[①]

南北朝前期共有 50 多个州，末年达 300 多个。州制之滥，无以复加。州既如此，郡亦相同，甚至郡置之滥，北朝更胜于南朝。南朝前期约有郡 270 多个，后期增至 350 多个郡。北朝前期有郡 500 个左右，至后期约有近 700 个郡。

东汉末年初行州郡县三级制时，一州往往辖有十来个或七八个郡，每郡领十几个县不等。到了南北朝后期，不少的州只辖一两个郡，一郡只辖两三个甚或一两个县。有的州竟无县可领，有的仅存名目。南朝齐在汉中地区有 45 个郡，“荒或无民户”。有的两个州、郡合治一地，故称“双头州郡”“双头郡县”。

东晋到南朝时还有一种特殊的地方行政制度，即侨州郡县。这种制度始于十六国时期，如前燕所置的襄国郡，但尚未普遍。侨州郡县分有实土、无实土两种。永嘉之乱后，中原人民纷纷流徙，大部分渡淮南迁，也有一小部分迁往辽东和河西地区。许多迁入地为了招抚流民，安置世家大族，就地按原来籍贯的州郡县名设置政区。由于南徙长江流域的人口最多，故侨州郡县多集中在中游的政治中心荆州附近和下游的政治中心扬州附近；另外，是分布在长江上游的汉中至成都，中游的襄阳至江陵，下游沿岸的今当涂、扬州至常州一带。

侨州郡县建立之初，尚有恢复故土的愿望，后因长期无果，政府又缺乏赋税和劳役，于是从东晋成帝咸和年间到陈天嘉元年（360 年），共实行九次“土断”，即以土为断，将侨州郡县与当地原有的政区结合起来，如无实土的给予实土，或加以省并和改属，完全户籍制度，以“正其封疆，以土断人户，明考课之科，修闾伍之法”[②]，使大批侨人服役纳赋，保证政府的赋税来源。

侨州郡县制度的出现和演变，对中国地方行政制度产生过较大的影响。总之，这一时期政区设置十分混乱，到隋统一南北后才告结束。

三、州的地理特征

西汉州部的幅员很大，北方的州略当今半省、大半省或一省之地。如兖、

① （唐）李百药：《北齐书》卷 4《文宣帝纪》，北京：中华书局，1972 年，第 63 页。
② （唐）房玄龄等：《晋书》卷 75《王湛传》，北京：中华书局，1974 年，第 1986 页。

豫、青、徐四州之地，相当于今山东省、河南大部、安徽淮河以北、江苏长江以北地；冀州相当于今北京市、天津市、河北大部和辽宁省地；南方的州更大，相当于今两三省或三四省地，如荆州相当于今湖南、湖北两省和河南省南阳盆地以及广东的韶关地区；扬州相当于今浙江、福建全省和安徽淮河以南以及江苏长江以南地；益州包有今四川大部、贵州全省、云南大部和陕西汉中地区；交州相当于今两广和越南北部地区。

东汉时，除朔方并入并州成为跨黄河东西据有今山西大部、陕北和内蒙古河套地区的大州外，其余州幅员都继承西汉时的州幅员。由于州制初为监察区演变而来，为巡视方便，州的边界基本上符合山川形便。

三国两晋时期，州正式成为一级政区，除周边几个州因分置新州幅员有所缩小外，大体上无明显变化，唯少数刺史驻地发生了变化。

曹魏有郡国约 90 个，吴有郡 43 个，蜀有郡 22 个，共有 155 个郡国。对两汉而言，南北郡国数均有增加。由于疆土没有明显扩大，郡国幅员显然是缩小了。南方郡数增加比较明显，如两汉时今江西省仅豫章一郡，孙吴时分为豫章、临川、鄱阳、庐陵四郡，东汉时今浙江省钱塘江以南部分和福建省合置会稽一郡，孙吴时一分为三，今浙江省钱塘江以南分置会稽、临海两郡，福建自为建安一郡。此外，南北郡数比重发生了变化，三国大体上是北方占 3/5，南方占 2/5。西晋时总共 162 个郡，秦岭、淮河以北有 86 个郡，以南 76 个郡，北方占 53%，南方占 47%。与此同时，南方的区域政治中心也随着郡级政区的增多而增多。

县的情况南北也不同。魏有县 700 多个，吴 313 个，蜀 100 多个，共有 1200 个左右。与两汉比较，黄河流域的县不仅没有增加，反而减少；而南方却明显增加，吴、蜀境内因经济开发，人口繁衍，县数增多明显。两汉时今福建省境内仅 1 个县，孙吴时增到 8 个县；今江西省东汉时置 21 个县，孙吴时增至 54 个；今湖南省东汉时置 38 个县，孙吴时增至 56 个县。南方郡县的明显增多，反映了东汉末年以来南方地区逐渐开发的结果。

刺史驻地选择更多是以交通方便为原则，与传统的政治中心吻合者为首选。西汉时期刺史驻地的选择多与传统政治中心相吻合。如司隶部驻洛阳，青州驻临淄，冀州驻刘秀登基的高邑，幽州治蓟，交州治龙编等；而扬州不驻长期以来为一大都会的合肥而治长江边上的历阳，豫州驻涡水沿岸的谯，徐州驻沂、沭河沿岸的郯县，兖州驻泗水（又称菏水）南岸上的昌邑，显然是这些城市地处东西、南北交通要冲之故；益州治洛而不治成都，当与地处汉中盆地进入成都平原首站有关，凉州治陇县也是因为地处关中平原进入河西的门户；荆州治沅水旁的汉寿，显然是与东汉一代经营武陵蛮有关。

三国至西晋时期，不少州刺史的驻地发生了变化。如冀州从偏西的高邑迁至地位适中的信都（今河北冀县），徐州迁至彭城（今徐州市），当然较郯更为合适；豫州从谯迁至陈（今河南淮阳），是东汉以来蔡河水运较涡水更为发达之故；兖州从昌邑迁至廪丘（今山东郓城县西北），可能是廪丘近东汉以后的黄河和濮水，交通更为便利；凉州迁至姑臧（今甘肃武威），此后一直是河西地区的政治中心。益州迁至成都无疑是最合适的；荆州迁到江陵是两湖地区传统中心；扬州治建业（今南京市）是从政治上考虑的选择；从交州分出今两广地区置广州，番禺当然是首选；其他新置州治，都是选择地位适中的城市，如平州治襄平（辽宁辽阳市），秦州治冀县（今甘肃甘谷县东），在东汉末年一度为凉州治；梁州治南郑（今陕西汉中市），从地理位置考虑都是最佳选择。总之，自东汉末、三国开始，州作为一级政区，其行政中心的选择较初置时考虑更为全面了。

四、州郡县三级制的崩溃

东汉末年初行州郡县三级制时，一州往往辖有十来个或七八个郡，每郡领十几个县不等。可是到了南北朝后期不少的州只辖一两个郡，一郡只辖两三个或一两个县。有的州竟无县可领，有的仅存名目。南朝齐在汉中地区有45个郡，“荒或无民户”。再后来“双头州郡”实际上州直辖县，郡形同虚设。实行了400多年的州郡县三级制已完全丧失了原意，处于混乱境地了。

州郡县三级制出现原是为了加强地方权力，以维护地方治安，但由此引发军阀混战、地方割据，最终出现了三国鼎立的局面。其时制度运行尚属正常。司马晋代魏，为巩固司马集团的统治，大封宗室为王，并令诸王出镇，都督诸州军事，兼及民事，不料事与愿违，最终酿成诸王争权的“八王之乱”，同时也引起民族矛盾，诱发了规模更大的永嘉之乱，西晋政权在战争烽火中覆灭。东晋十六国至南北朝时期，中国长期处于一片混乱之中，州郡制度的置、废、改、并，已非出于地方管理的需要，完全由战争局面变化和人民迁徙所决定。至南北朝末年，州郡之滥无以复加，已到非改不可的地步了。

第三节　道路时代

州郡县三级制到了南北朝后期已经混乱到极点，郡级形同虚设。隋文帝时废弃了州郡县三级政区制度，改行州（郡）县两级制度。之后，隋唐一直到五代两宋时期，中原王朝还在州县的基础上，不断加以调整，还设置了除州县以外的不同类型的区划，如府、军、监、道、节度使与藩镇、都护府、路等。周边少数民族政权，也在仿效中原王朝行政区划的基础上，建立了自己的区划体系，如辽五（京）道、头下（投辖）军州、斡鲁朵制、边防城；金五京、府；西夏两京、南诏十赕、渤海五京五府等。

一、州县

隋朝建立后，于开皇三年（583 年）罢天下郡，以州领县。589 年平陈统一南北后，将州县两级制推行至全境。大业三年（607 年）又改州为郡，从此以郡领县。当时共有郡 190 个、县 1255 个。对统县政区进行调整，目的是精简南北朝时期滥置的州、郡，县的基本数字则无大变化。隋朝实行州县制共 25 年（583—607 年），实行郡县制共 12 年（607—618 年）。

唐初又改郡为州，恢复了州县制。天宝元年（742 年）至乾元元年（758 年）又一度改州为郡。有唐一代近 300 年中，实行郡县制仅 16 年，基本上是州县制。

唐代州县都有等级的划分。州的等级，根据地位分为四辅（华、同、岐、蒲）、六雄、十望、十紧；又根据户口分为上、中、下三等。县的等级，根据地位分为赤（京都所理）、畿（京都所统）、望、紧；又根据户口分为上、中、下三等。

二、府

唐代的府与州同级。府的设置，在于强调某些州的地位不同于他州。最早是将五都所在的州升为府，即升首都雍州为京兆府，升陪都洛州为河南府。以后又陆续将新建的陪都和皇帝驻跸过的州升格为府，如升并州为太原府，升岐州为凤翔府，升益州为成都府，升蒲州为河中府，升荆州为江陵府，升梁州为兴元府，升华州为兴德府，升陕州为兴唐府等。

唐代的府不分等级，却开后世府制的先河，并且这种制度一直沿袭到清代。五代十国时期各国首都和陪都均升为府。宋代升州为府的情况更多了，不仅首都和陪都，举凡皇帝诞生、居住、巡游过的地方以及地位重要的州，都升为府。北宋宣和末全境有 38 个府，南宋境内有 20 余个府。府虽与州同级，但地位略高于州。当时黄河、长江流域一些重要城市所在地几乎都升为了府。明清时代，大部分两级政区都置为府。

宋代的府是分等的，分为京府、次府。京府就是首都或陪都所在地。北宋有四京四府，即东京开封府、西京河南府、北京大名府和南京应天府。

三、道

道是一种监察区，命名当由自秦代设于边疆的少数民族聚居的“道”引申而来。贞观元年（627 年），“始于山河形便，分为十道”[①]，即根据自然山川形势将疆土分为十个区域，与地方行政无关，无固定官员。神龙二年（706 年），始设置“十道巡察使”，又有改称作“十道按察使”“采访处置使”“十道观察使”等。官员由中央政府临时派遣，无定员不常置。后于道设行台尚书省，使道由临时性的军事监察区变成了行政区，实际上相当于州原来的职能。十道的幅员、治所见表 8-3。

表 8-3　唐贞观十道辖区表

道名	四至	今地	治所	今地
关内道	东至黄河，西至乌鞘岭，南达秦岭，北至大漠	陕西秦岭以北，甘肃陇山，宁夏贺兰山以东，北至蒙古大漠	长安	西安市
河南道	东到海，西至潼关，北至唐代黄河，南拉淮水	山东、河南两省黄河以南，江苏、安徽淮河以北地区	汴州	开封市
河北道	东至海，西达太行山，南濒黄河，北达黑龙江下游一带	河北、北京、天津、辽宁、吉林、黑龙江全地；河南、山东二省黄河以北地区；朝鲜北部	魏州	大名
河东道	东至太行山，西临黄河，北达阴山	山西、内蒙古集宁以南	蒲州	永济
山南道	东至涢水，西拉嘉陵江，北抵秦岭，南控长江	四川嘉陵江以东，陕西秦岭以南；湖北涢水以西；重庆至湖南岳阳间长江以北	襄州	襄阳市
陇右道	东至陇山，西抵中亚，南达蜀郡，北界沙漠	甘肃陇山、六盘山以西至中亚，青海湖以东	鄯州	乐都
淮南道	东至海，西至汉水以西，南为长江，北为淮河	西起云梦、桐柏山，东至海，江淮之间	扬州	扬州
江南道	东临海，西接蜀，南抵南岭，北至长江	北濒长江，南抵南岭，西至贵州东北部，东至海	苏州	苏州
岭南道	东南至海，西北抵五岭	南岭以南，广东、广西两省区，越南北市地区	广州	广州
剑南道	东连牂牁，西界吐蕃，南接群蛮，北连剑阁	四川涪江以西，甘肃南部，岷江以东，南达今云南边界	益州	成都

① （后晋）刘昫等：《旧唐书》卷 38《地理志一》，北京：中华书局，1975 年，第 1384 页。

由于“江山阔远，奉使者艰难”[①]，玄宗开元二十一年（733年），重新将天下分为“十五道”，即将关内道分出首都长安附近地区为京畿道，河南道分出陪都洛阳附近地区为都畿道，又分山南为东西二道，江南为东西二道，另增设黔中道（今贵州一带）。“每道置采访使，检察非法，如汉刺史之职”[②]。15道，实际就成了15个监察区。安史之乱后，监察权为节度使所兼，独立的监察区就不存在了。

四、节度使与藩镇

中唐以后，又出现了节度使区域。唐初沿袭北朝制度，在重要的军事区设置总管，旋即改为都督，管辖若干个州的军事。都督府的建置具有军事性质，但却可以兼理民政，这就为这种区域转化为正式政区奠定了基础。

永徽年间，为加强防务，给边境诸州的都督带使持节，节是权力的凭证，从而加强了都督的权力，持节都督称为节度使。

开元时又沿边设置了8个节度使。天宝年间，又沿边增加到9个节度使和1个经略使，见表8-4。

表8-4　天宝年间的节度使和经略使

	名称	驻地	今地
节度使	范阳	幽州	北京
	平卢	营州	辽宁朝阳
	朔方	灵州	灵武
	河东	太原	太原
	河西	梁州	武威
	陇右	鄯州	青海乐都
	剑南	益州	成都
	安西	龟兹	库车
	北庭	庭州	新疆吐鲁番
经略史	岭南		广州

天宝以后，节度使兼采访处置使、营田使、度支使等职，集军、政、财、监各种权力为一身，形成了道与镇全面合而为一的基础。安史之乱后，节度使的设置又从边境延展到内地，节度使亲兼一州刺史，并与道融为一体，道

①（后晋）刘昫等：《旧唐书》卷40《地理志三》，北京：中华书局，1975年，第1639页。
②（后晋）刘昫等：《旧唐书》卷38《地理志一》，北京：中华书局，1975年，第1385页。

正式成为具有军事性质的行政区，至唐末，终于形成割据一方的47个道。

节度使所辖地区又称镇、方镇、节镇、藩镇或道，在比较不重要的地区则置观察使或防御使、经略使统辖一道，从而形成了道（镇）、州（府）、县的三级地方行政区划模式。唐朝后期，除了首都京兆府、附近几个州以及陪都河南府外，其余府州均隶属于方镇。这种道、州、县三级地方行政，构成了地方行政的实三级制。

在唐代47个道中，大者可领十余州，小者也领三四州。节度使职权由原来只管军事，发展为总揽一区的军、政、财、监大权，位尊且权重。随着节度使权限的无限扩大，道成为州（府）之上具有军事性质的行政区域，成为唐末割据一方的地方藩镇。五代十国，其实就是藩镇割据的延续。这时道级政区的称谓亦复杂了，有镇、方镇、节镇、藩镇，但都与道同级。

五、唐都护府与羁縻府州

唐代前期先后灭了东突厥、高昌、薛延陀、西突厥、高句丽，其余边疆少数民族也都纷纷归附。为了加强对这些地区的统治，唐朝政府仿效汉代西域都护府的建制，进一步完善了都护府和羁縻府州的制度。

都护府是集军事区与行政区为一身的机构。开元、天宝年间，唐朝在周边共设置了六个都护府，分别是安东都护府管辖东北地区、安北都护府管辖漠北、单于都护府管辖漠南、安西都护府管辖天山以南的西域地区、北庭都护府管辖天山以北的西域地区、安南都护府管辖越南北部地区及滇东南、桂西。由于政治形势的变化，上述各都护府辖区有过不止一次的调整。

羁縻府州，是由唐朝政府任命，由当地部族首领为都督刺史的地方机构。都督刺史的任命，由中央颁发印信确认，可以世袭。唐代在各边地设置的羁縻府州共计800多个，分别由若干边州都督府和都护府统辖。羁縻都督府、州、县置于少数民族地区，具有民族自治或地方自治性质。对于羁縻府州，中央不征收赋税。但朝廷要设置经略使，处理羁縻府州的民族事务。

此外，还有两个羁縻都护府，为昆陵都护府和濛池都护府，分别统辖碎叶川东西突厥诸部所置的都督府、州，初隶安西，后隶北庭。

六、军和监

五代十国实即唐末藩镇的继续，地方政区制度则完全沿袭唐朝。所不同

的是，这一时期出现了“军”与“监”。

军，源于唐代的“军城”“守捉”等，完全是军事单位，只管军队，将领称使。五代时，军事行动频繁，许多边疆区划直接为军事服务，军建置后，不仅管兵马，也参与辖区的土地民政。宋代沿袭五代制度，军很快演变成为地方行政单位，在今山西、河北、陕西沿边多设军。小的由知县兼军使，大的则由京官带原衔知军。宋代沿用军，州级军下辖县，长官称知军。北宋有军 50 个，南宋为 31 个。

监，主要在十国地区使用，设在工矿产业区，是由国家经营的矿冶、铸钱、牧马、制盐等专业管理机构，因其与国家财政收入关系很大，故地方官无权兼管。由于监是划出一定区域由监官管辖，监官亦需兼管地方民事，故变成地方行政单位，如杭州、汝州、建州等，都设有监。宋代的监，分州级和县级，长官均称知监。北宋有监 4 个，南宋有 3 个。

军和监都有领县和不领县两种，领县的与府州同级，不领县的与县同级。领县的军监虽与府州同级，但一般地位低于府州。所以宋代县级以上政区有府州军监四类。宋代县级军事政区还有城、寨、堡、镇、关等。

七、宋代的路

“路”的名称来源于唐代的道。宋朝建立之初，吸取了唐末藩镇割据的教训，为了革除藩镇的实权，设计为诸州皆直属中央，使节度使仅存空名。

宋太祖为了收回地方财权，分全国为 13 个称为路的区域，每路置转运使，只负责征收和转输各地财赋。以后转运使职权逐渐扩大，兼及边防、盗贼、刑讼、金谷、按廉之任，皆委于转运使，于一路之事无所不总，转运使成为地方大员，实际控制了一切地方行政事务，于是原来仅作为地理上划分的道便转变为行政区划的路，形成了分路而治的局面。

宋真宗时（998—1022 年），已经发现转运使权力太重，于是设置了提点刑狱使，总揽一路司法和监察；又设置安抚使，主持一路军事。转运使专理一路财赋和民政。所以宋代一路有三种长官：转运使，简称漕司；提点刑狱使，简称宪司；安抚司，简称帅司。另外，各路还设置了一个提举常平使司，简称仓司。各司总称监司，没有一个司可以独立，以此来限制地方长官的权力。

北宋路制以转运使为主，终宋一朝有多次变化和调整。至道三年（997 年）始定为 15 路，天禧四年（1020 年）分为 18 路，元丰八年（1085 年）定为 23

路，分别是京东东路、京东西路、京西南路、京西北路、 河北东路、河北西路、永兴军路、秦凤路、河东路、淮南东路、淮南西路、两浙路、江南东路、江南西路、荆湖南路、荆湖北路、成都府路、梓州路、利州路、夔州路、福建路、广南东路、广南西路。崇宁四年（1105年），将首都开封一府另置为京畿路。宣和四年（1122年）宋金盟约，约定联合灭辽后，金归还宋燕云十六州地，于是北宋预置了燕山府路和云中府路，但辽后未能践约，仅归还六州，所以北宋末年号称26路，实际上只有24路。

北宋时期一度出现过的所谓18路、23路，均指转运使分路。宪司、帅司分路则不同于转运使路。如河北转运使分东西2路，帅司根据防御契丹的需要，分为大名府、高阳关、真定府、定州4路，宪司则合为1路。

南宋时，因军事防御要求占据主要，分路转以安抚使为主。在秦岭、淮河以南的南宋全境内，划分有两浙东路、两浙西路、江南东路、江南西路、淮南东路、淮南西路、荆湖南路、荆湖北路、京西南路、成都府路、潼川府路、夔州路、利州路、福建路、广南东路、广南西路16路，这些又与漕司、宪司的分路有所不同。如两浙安抚使分为东西路，漕司则合为1路。

宋代的路有三种监司，各司其职，没有集权于一人一司，府州有事仍可直达中央，因而与魏晋的州和元以后的行省都不相同，并不构成地方上一级行政机构，也就是说，宋代仍实行州（府）县两级制。至于统县政区的复杂化，一方面是继承了唐代府的建置，升州为府的情况更多，如北宋四京府，南宋临安府、绍兴府等；另一方面又继承了五代军、监的建置，领县的军、监与府、州同级。

府、州级的地方长官都是由京官带原衔出任，分别称为“权知府事”（知府）、“权知州事”（知州），相当于以前的刺史。军、监的长官分别称为“权知军事”“权知监事”。县的长官为知县事（知县）。宋代在边境少数民族地区继续设置羁縻州、县、峒，由当地的部落首领担任知州、知县、知峒，称为“土官”。

八、辽五（京）道

辽代沿袭唐制，将全国分为5个道。每道有一政治中心称府，建有京号，并以京号为道名，合称五京道，见表8-5。其中，南京道和西京道大致就是五代后唐割让给契丹的幽蓟十六州地。

表 8-5　辽代全国的道、辖域和政治中心

	辖域	政治中心	治所今地
上京道	西拉木伦河流域为中心的契丹本土	临潢府	内蒙古巴林右旗东南波罗城
中京道	奚族本土，约今内蒙古老哈河上游和英金河、锡伯河流域、辽宁的大小凌河流域和河北省长城以外的滦河流域	大定府	内蒙古宁城西大明城
东京道	原契丹国地，约今辽河、嫩江以东，外兴安岭以南地区	辽阳府	辽宁辽阳市
南京道	约今海河、大清河以北、内长城以南的北京市、天津市、河北省地	析津府	北京市西南
西京道	约今山西省北部和内蒙古东南部分地	大同府	山西大同市

五道之下设州（府、军、城）、县（州、军、城），为三级政区制度。

辽代在形式上沿袭了唐代的道制，但具体统治方法上却采用了宋代的路制，即每道设都总管府（帅司）、处置使司（宪司）和转运使司（漕司），实际上也相当于三权分立。道下分府州军城 4 类，另有隶属于州的州、军、城，实与县同级，这种制度前所未有，为明清时代直隶州、散州的先声。

辽代对北边原游牧部族不采用中原王朝传统的州县制，而是设立部族节度使、属国等进行统治。《辽史·地理志》记载，辽朝有 5 个京、6 个府、156 个州军城、209 个县、52 个部族、60 个属国。[①]在契丹人和其他游牧民族地区则实行部族制。

九、辽头下（投辖）军州、斡鲁朵制、属州、边防城

辽代还有几种特殊的地方行政制度，分别是头下军州、斡鲁朵制、属州、边防城。

头下军州，又作投下军州。是贵族、功臣将在战争中掠夺来的人口，作为他们的私奴所建立的州县。按人口的多少，分成头下州、军、县、城、堡级次。

斡鲁朵制，斡鲁朵是皇帝、皇后的宫殿、行帐所在，又称宫帐制。辽代共有 12 宫 1 府。斡鲁朵制相当于以皇帝的私奴俘所建立的州县，属该皇帝的某宫（斡鲁朵）所辖，实际上就是皇帝的头下军州。

属州，为辽代开创，一般设在州下，有的属州下领县，有的不领，不领县的属州与县同级。

① （元）脱脱等：《辽史》卷 37《地理志一》，北京：中华书局，1974 年，第 438 页。

边防城，是设置在西北边线上的州、军、城，总名边防城，为国防需要所置，不承担赋税。

十、金五京制

金国侵占宋朝秦岭、淮河以北的地区后，旋即迁都中都大兴府，同时，以宋之故都为南京开封府（今河南开封），以辽中京为北京大定府（今内蒙古宁城县大明镇），上、东、西三京如旧，分别为上京会宁府（今黑龙江阿城南），东京辽阳府（今辽宁辽阳），西京大同府（今山西大同），此一都五京各领一路。

金代政区杂糅辽、宋之制，分路而治。后又改北京路（辽上京道）为临潢府路，分东京路为咸平路，河北东、西路因宋旧，并分其南部为大名府路，分宋河东路为南北两路，山东东、西路因宋之旧，分宋陕西两路为京兆府、凤翔、鄜延、庆原、临洮五路，至大定中为以上二十路。泰和五年（1205 年）并临潢府路入北京路，即为《金史・地理志》中的“是为十九路”①。

另外，金国仿照宋制设转运使司，掌一路财赋；设提刑使司（后改为按察使司），掌一路司法；设统军司，掌一路兵马。三者与都总管府分路不同，如总管府为 19 路时，转运司为 13，提刑司为 9，统军司为 3。

金人还在东北外兴安岭以南的黑龙江流域设有曷懒路、婆速府路、蒲与路、速频路、胡里改路等为地方基层行政单位，不领府州县，只辖猛安、谋克，且不在 20 路、19 路之列。金总管府路下辖府、州、军（后尽升为州）、县。据《金史・地理志》载，金时有 179 个京、府、州，683 个县。②

沿袭了辽、宋的政区制度，金依旧实行府、州、县三级政区制度。金朝的府又分总管府和散府。总管府是都总管驻地的府，全国设 14 个府，总管府长官是总管。其他的府为散府，全国共 9 个，散府长官称尹。节度州主要设在经济发达地区，长官是节度使，全国有 36 个节度州。防御州主要设在边地，长官是防御使，全国有 22 个防御州。刺史州是普通州，长官是刺史，全国有 73 个刺史州。军，初始比较复杂，有的与州同级，有的与县同级，“后复尽升军为州”③，全国共有 16 个。县是金朝的第三级政区，县长官为令。与县同级的还有镇、城、堡、寨等。

---

①（元）脱脱等：《金史》卷 24《地理志上》，北京：中华书局，1975 年，第 549 页。
②（元）脱脱等：《金史》卷 24《地理志上》，北京：中华书局，1975 年，第 550 页。
③（元）脱脱等：《金史》卷 24《地理志上》，北京：中华书局，1975 年，第 550 页。

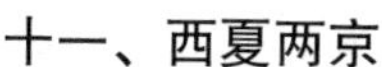

十一、西夏两京

西夏地方行政区亦揉合唐宋制度，分为州县两级。行政区划体系夹杂着民政和军事区，在边境地区有郡的设置。另有四府，分别是东京兴庆府，治兴州；西京西平府，治灵州；甘州宣化府；凉州西凉府。

西夏还设有军事指挥机构，为左、右厢，下设十二监军司，军司多以州治所在为驻所。每个监司均设都统军、副统军和监军使各一名。

十二、南诏十赕

7—9 世纪建立于云南地区的南诏国，早期首府是太和城（今大理市与原大理县之间的太和村西），779 年徙都阳苴咩城（今大理市西三塔附近）；以善阐府（今昆明）作为别都。地方行政区划分为十赕（即州）、六节度和二都督。十赕分别为云南（今祥云云南驿）、白崖（今弥渡）、品澹（今祥云）、赵川（今大理凤仪）、蒙舍（今巍山）、蒙秦（今漾濞）、遼川（今洱源南邓川）、大厘（今大理喜洲）、苴咩（旧大理县）、太和（旧大理县太和村）。十赕都在洱海周围地区，是南诏国的核心地区。

937—1245 年在云南建立的是大理国，以大理（阳苴咩城）为首府，政区建制基本同南诏；后来分为 15 个政区，下辖州、赕、部以及属府的郡等。

十三、渤海五京五府

8 世纪到 16 世纪上半叶，在东北松花江、牡丹江、鸭绿江流域的是渤海国，地方行政区的建置是仿效唐朝的，设了五京：上京龙泉府，首府治龙州（今黑龙江宁安西南东京城）；中京显德府，治显州（今吉林敦化敖东城）；东京龙原府，治庆州（今吉林珲春西南八连城）；南京南海府，治沃州（今朝鲜咸兴，一说镜城）；西京鸭绿府，治神州（今朝鲜慈江道鸭绿江东南岸长城里）。

第四节　行 省 时 代

自元代开始，又在原来路、府（州）、县三级制的基础上，加了一级行省。行省为地方政区中最高一级行政区划，加行省一级后，元朝实际上实行的就是四级区划制。行省的确立，标志着元代进入了中国行政区划史上的行省时代。

一、元朝的省

元朝建立后，并没有打破中原地区原有的行政区划架构，而是引入了行省，叠加在原有行政建制体系之上。行省，全称行中书省，元世祖时将尚书省并入中书省，故称行中书省。

1. 行省的渊源及其演变

行省先是临时措置，从伐金到灭宋共历 70 年，因使用时间较长，遂被固定下来。其职能由最初的只管军事，逐渐演变为兼及民政，其长官也不再带中书省宰相职衔，而是置平章政事为最高长官，由中央官演变为地方官。这种演变大约完成于平宋以后。

行省制度实起源于魏晋以来的行台，原为中央台和省的派出机构。凡地方有事，临时代中央执行任务，事毕即罢。东魏北齐时曾分道设置过行台省。金代初年也出现过行台省制度，称行尚书省，但极为短暂。蒙古入主中原，仿金制实行行省制度。

2. 中书省及十行省

元至元年间，行省的设置和辖区都不固定。12 世纪末的大德年间，全国划分 11 个区域后，行省才开始稳定下来。中书省，即中央机构中书省直辖地区，又称都省、腹里，辖区相当今京津两市和晋、鲁、冀 3 省及豫河北部分和内蒙古部分地。另有 10 个行省，分别是辽阳（今辽宁辽阳市）、陕西（奉元，今西安市）、河南江北（汴梁，今开封）、江浙（杭州）、江西（龙兴，今南昌市）、湖广（武昌）、四川（成都）、云南（昆明）、甘肃（甘州，今张掖）、岭北（和林，今蒙古国鄂尔浑河上游哈喇和林）。另外，在高丽置征东行省，行省丞相由高丽王兼任，性质与内地行省有所不同，实际上是羁縻性质。岭北和辽阳两个行省下没有基层政区，基本上也是自治。

元代的行省制打破了传统的“山川形便”区划原则，其省制和分省政区对后世的影响深远。元代在行省下实行路、府、州、县四级制，但在实际运行中互有交叉，十分复杂。在宣政院属区和少数民族地区设立有宣慰司、宣抚司、安抚司、招讨司等，各司下面又设有万户所、千户所、百主户所等。据《元史·地理志》，元代设立 11 行省、185 路、33 府、359 州、4 军、15 安抚司、1127 县。[①]

元朝末年，又分出许多行省。如中书省分出山东行省，江浙行省分出福

① （明）宋濂等：《元史》卷 58《地理志一》，北京：中华书局，1976 年，第 1346 页。

建行省等等。以后又成立了许多分省，如福建行省分出了建宁、汀州、泉州分省。总之，到了元末，行省制度已十分混乱。层级关系见表 8-6：

表 8-6　元代的行省制度及其层级关系

行省	路	散府（州）	县	
行省	直隶府（州）	县		
行省	府	州	县	
行省	路	县		
行省	路	散府	州	县
行省	府	县		

行省官制与中央的中书省相同。在地方，元代的路、府、州、县均置达鲁花赤一员，达鲁花赤由蒙古人担任。达鲁花赤的助手有路设总管；府设知府或府尹；州分三等，上州置州尹，中、下州置知州；县置县尹。

3. 特殊政区制度

元代还出现有一些特殊的行政区划，有道、宣政院、土司等。

元代的道是介于行省与路府州之间的一种机构，虽为地方行政机构，由于设置的不普遍，因而不能构成某级政区。元朝的道分两种：一是宣慰司道，为行省的派出机构，置于行省鞭长莫及的偏远地区，长官称宣慰使，下辖路府州县，其任务是传达中书省或行省的政令给路府州县，是一种承接机关，元代共设有 11 个宣慰司道。二是肃政廉访司道，是监察区，长官称廉访使。元朝监察道设置特殊，除岭北行省没有设置外，其他行省均有，成宗时全国共 22 个道。

管辖吐蕃地区的为宣政院。宣政院本来是一个管辖全国佛教事务的机构，为了适应吐蕃地区特殊的政治和宗教情况，宣政院兼管吐蕃地区的行政事务。宣政院下辖三个宣慰使司都元帅府：吐蕃等处宣慰司（管理安多藏区）、吐蕃等路宣慰司（管理康藏）、乌思藏宣慰司（管理后藏）。元朝中央政府在藏族地区设置的三个宣慰使司都元帅府，把藏族地区按历史发展的情况划分成了三个行政区划，成为后来藏族地区行政区划的基础。三个宣慰使司具体地实施着元代中央和宣政院的各项职能，军事和驿站是当时最为重要的两个职能，因此各宣慰司在职能上都侧重于管理军事和驿路交通，对于民政，则主要委托地方首领管理。

在四川、云南、湖广等行省的少数民族地区建立土司制度，朝廷以宣慰

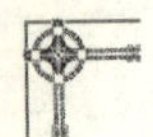

司、宣抚司、安抚司、长官司、巡检司等官衔任命边地世袭土官。土司制度是羁縻制度的继续和发展，不同的是土司要承担规定的贡赋和征伐。土司制度虽然源于唐代的羁縻制度，但到元代才初步形成，到明代以后才发展成为完整的体制。

二、明朝的行政区划

明太祖起兵于江、淮之间，洪武元年定都应天府，加号南京，这是今天南京市名称的来源。明成祖迁都北京，更名为京师。

（一）明代的两京和十三布政使司

洪武十三年（1380年），明统治者为加强皇权，置中书省、六部直属皇帝。原属中书省的辖区也直属六部，名为直隶。明首都应天府，辖今江苏、安徽2省和上海1市，首都辖区为直隶，也称京师。永乐时迁都顺天府（今北京市），相当今北京、天津两市和河北省大部分地区为直隶（京师），故原直隶改称南直隶，也称南京。

明朝实行中央集权，废除中书省和丞相，由六部直接对皇帝负责。中央机关不再有中书省，于是“行省”的名称就被布政使司所代替，但习惯上仍然称为省。以两京所辖的府、州置南、北两直隶，直接隶属于六部，与十三布政使司同为一级政区。明朝疆域范围内除了两直隶外，相当于今天各省的名称和范围大致都已确定，只有湖北和湖南两省还合称为湖广，今甘肃嘉峪关以东地区隶属于陕西省，南直隶包括了今天的江苏、安徽两省。

明代的布政使司是元代行省制的进一步发展，而设置较元朝更为合理，它奠定了清代以来内地省级行政区划的基础。自宣德三年（1428年）以后，全国一直分为两京（或称两直隶）和13布政使司，即京师、南京、山西、山东、河南、陕西、四川、江西、湖广、浙江、福建、广东、广西、贵州、云南，合称15省，俗称“十五省常制”。这成为了明代的常制。

明代简化了省以下的行政区，废除了元代的路，恢复了三级行政区划制度。省以下的区划有府和直隶州两种，直隶州与府同级。但直隶州直接统辖县，而府有的还辖有散州，于是统县政区就有三种形式：散州、府和直隶州。

明朝的正式政区，包括两京和十三布政使司，下辖府、州、县。层级与隶属关系如表8-7所示：

表 8-7　明代的政区层级和隶属关系

省	直隶州	县	
省	府	散州	县
省	府	县	

（二）明代的一省分三司

明洪武初年，改行中书省为承宣布政使司，主管一省民政；设都指挥使司主管一省军户卫所；设提刑按察使司，主一省监察司法。称谓上仍称省，是因为名称和管辖范围均未做修改。元代，行省官制与中央的中书省相同，军民诸政皆由行省统辖，明时则改用地方官名称，并将一省之权分而为都、布、按三司。

明初实行一省分三司，目的是避免地方权重。但在行政管理过程中，特别是面对社会矛盾加剧，内忧外患之时，三司分立的局面缺乏应变能力。于是宣德年间开始，将原来派部（六部）院（都察院）大臣巡抚地方的临时措施，在关中、江南等地固定下来，并作为常制实施。

明朝的一级行政区包括十九个单位：两京（京师、南京）、十三布政使司、奴儿干都司、乌斯藏和朵甘以及肃州以西的哈密等八卫。明代在陕西行省以西嘉峪关到哈密一带先后设立哈密、赤斤蒙古、安定、曲先、阿端、罕东、罕东左及沙州八卫，统称哈密等卫，是与两京十三布政使司并立的一级行政区划，嘉靖七年（1528 年）废弃。

（三）总督、巡抚制度

明朝还出现总督、巡抚制度。景泰以后，增设两广总督。嘉靖以后，又在全国推行设有节制布、都、按三司的总督和巡抚。总督主理军务，比较固定的有蓟辽保定、宣大山西、陕西三边、两广四总督；而巡抚主民政、兼理军务，每省都有，甚至一省有几个。总督和巡抚的辖区、驻地与三司的并不一致。有明一代，督抚始终是中央派出的钦差大臣，与三司之间名义上仍是中央官与地方官的关系，地方事务仍由三司管理。总督、巡抚成为地方官实始于清代。

“巡抚”一词起源较早。《左传》载：“君行则守，有守则从。从曰抚军，守曰监国。”[①]洪武年间，朱元璋派皇太子懿文巡抚陕西，是为明朝最早出现的巡抚。永乐年间，以尚书 26 人巡抚天下，安抚军民，完全是临时性的。宣

① 杨伯峻：《春秋左传注》，北京：中华书局，1981 年，第 268 页。

德年间，由于各省地方事务日繁，巡抚设置增多，停留地方的时间亦渐长。巡抚主要是察吏安民，兼管军务。

总督是总督一两省的军政大员。成化年间，为了镇压汉、瑶等族人民起义，明设置了“两广总督”，以后逐渐普遍设置。总督主要处理地方军务，兼都御史，除节制地方都司外，还节制布政司和按察司。总督、巡抚均为一、二品职秩，成为辖区内集军务、监察、治民大权于一身的官吏。到明代后期，每省基本上都设有巡抚，而总督只在个别省设置，随军事需要而置废。总督管辖的地盘较大，一个总督往往节制几个巡抚，总督侧重军事，巡抚侧重民政。总督、巡抚与省的三司之间的关系，不是上下级，而是中央与地方的关系。地方政务仍归三司管，只是遇及军政大事时才由总督、巡抚处理。总督亦是临时性质，未发展成地方长官。

（四）特殊政区制度

明代的特殊区划，主要有土司、都司与行都司、卫所制度、道台等。

1. 土司制度

在西南地区，明沿袭宋元以来实行的土司土官制度，并使之更加完备。明代土司分为两种。一是由军事部门管辖的，如宣慰司、宣抚司、安抚司、招讨司、长官司等。二是由行政部门管辖的，同内地一样实行府州县制，设土知府、土知州、土知县等官。上述两类官职均由当地民族头人担任，土司的职位可世袭。为了加强对这些地区的控制，明朝陆续以各种借口撤换许多土司，并由中央调迁的“流官”代替，即“改土归流”。

西南各省少数民族地区的各级土司，有的土司与府同级，有的则与县同级。这与元朝的土司制度基本相同，但明朝的土司与中央的隶属关系更加制度化，所以明朝能在今贵州境内实行改土归流，置正式政区。

2. 都司、行都司、卫所制

一般情况下，一都指挥使司辖一省军户。但边区，由于军户多民户少，甚至只有军户没有民户，一个都司鞭长莫及，于是增设了几个都司和行都司。

都司和卫所是由军事机构演变为政区的，主要设在边疆地区，明代共有21个都司和行都司，除了13个与布政使司同名同治的都司外，北方边防要地有大宁、辽东、万全三个都司。

为了辅助各省“三司”中的都司掌管军务，明廷还在边疆五省设行都司，分别为陕西（治甘州卫，今甘肃张掖）、四川（治建昌卫，今四川西昌）、湖广（治郧阳府，今湖北郧县）、福建（治建宁府，今福建建瓯）、山西（治大同府，今山西大同市）。另外，统辖黑龙江、松花江流域和库页岛的奴儿干和统辖青藏地区的乌思藏、朵甘三都司，均属于羁縻性质。

要注意的是，明代所谓一省，并非仅指布政使司辖区，还包括都指挥使司和提刑按察使司辖区。如山东省不仅包括山东布政使辖区、山东都司辖区，还包括辽东都司辖区，因辽东都司的监察由山东按察使司管辖。

都司、行都司管辖卫、所，卫辖千户所，千户所辖百户所。随着卫所逐渐兼理民事，虽然大多数卫所并没有实土，但还是自然而然地演变成了地方行政区划。卫的长官叫指挥使，所的长官称千户、百户。

3. 道台

各省在三司之外设有道台，于布政使和按察使之下设分守、分巡道。分守掌管钱粮，分巡掌管刑名，道员由布政使、按察使二使的副员出任，是二使司的派出机构，不是地方行政长官。明代共有十五种道，如督粮道、提学道、兵备道、屯田道等。因十五种道的功能各一，并非每省必设，而是在一定区域内，因事而设。南北直隶不设布政司、按察司，所以南直隶凤阳府的兵备道则“寄衔于邻近省布、按司官”[①]，凤阳靠近河南省，故名“河南按察兵备行台”。

三、清代的行政区划

清初地方行政制度基本上因袭明朝，不同的是，清代的散州不再统县。此外，清代另创厅级政区，厅有直隶厅和散厅之分，直隶厅直接隶属于省，与府同级，下有辖县；散厅属府，与县同级。清朝的正式政区为十八省所辖的府、州、厅、县，政区层级为省、府（直隶州、直隶厅）、县（府所辖的散州、散厅）三级。

表 8-8　清代的行政区划层级关系

一级区划	二级区划	二级区划
省	府	散厅
		散州
		县
	直隶州	县
	直隶厅	县

清初恢复了行省的名称，南直隶改为江南省。因为明代将内地划分为十

① （清）张廷玉等：《明史》卷 75《职官志四》，北京：中华书局，1974 年，第 1845 页。

五个省区，所辖范围过大，不便于政令的推行，清代进一步将一级政区划小，分江南省为江苏、安徽，分湖广行省为湖南、湖北，将甘肃从陕西省分出。中国内地十八省的名称与范围从此确定了下来。清末为加强防务，于光绪十年（1884年）建新疆省。光绪十一年（1885年）建台湾省，光绪二十一年（1895年）马关条约后，台湾割让日本。光绪三十三年（1907年）改原奉天、吉林、黑龙江3将军辖区为省。全国共22省。

清末光绪年间，伊犁将军改为新疆省，原属福建省的台湾府改为台湾省，在东北的三个将军辖区置奉天、吉林、黑龙江三省，俗称东三省。加上康熙时的十八省计有二十三省。

明朝设于九边的临时性军务大员总督和巡抚，清代成为常设机构，康熙恢复行省制后，按行省的区划设置巡抚，总督则根据政务的繁简，所辖为一省至三省不等。顺治年间曾实行一省一督制。康熙初年改为一省一巡抚，二三省一总督。乾隆中叶以后，确定全国八总督十五巡抚。八总督分别为直隶、两江、闽浙、湖广、四川、陕甘、两广、云贵；十五巡抚有江苏、安徽、山东、山西、 河南、陕西、福建、浙江、江西、湖北、湖南、广东、广西、云南、贵州，是为定制。

直隶、四川、甘肃三省由总督兼巡抚事，省区与督抚辖区趋于一致。光绪时，督抚辖区有所增裁，如光绪十年（1884年）置新疆巡抚；光绪十一年（1885年）改福建巡抚为台湾巡抚，移驻台湾（1895年因中日战争后割让日本而裁）；光绪三十年（1904年）裁湖北、云南2巡抚；光绪三十一年（1905年）裁广东巡抚；光绪三十三年（1907年）增设奉天、吉林、黑龙江3巡抚和东三省总督，至是为9总督15巡抚。

清代边疆地区施行与内地不同地方行政制度，由中央委派重臣，授以将军、都统、大臣等官职，推行军政合一的统治。

在西南少数民族地区，承袭元、明遗留下来的土司制度，雍正时陆续实行改土归流政策，废除土司制度，改建州县，土官数量和统治的范围大大缩小。

清代设盛京（奉天）、吉林、黑龙江、伊犁、乌里雅苏台五个将军辖区。五个将军辖区下设区划有所不同，其中盛京将军辖区的建置为府、州、厅、县，与内地十八省基本相同。吉林、黑龙江将军辖区下因为居民极少，不设州县，由将军统辖下的驻防机构兼管民政。蒙古、新疆两个将军的统辖情况更为复杂，既有府、州、厅、县的设置，又有土司、盟旗制。

在内蒙古、察哈尔等实行的盟旗制，由中央理藩院直辖。盟相当于府，

旗相当于县。

清代还没有两个办事大臣，分别是西宁办事大臣和西藏办事大臣。西宁办事大臣辖青海区，分为两部分，对厄鲁特蒙古实行盟旗制，对玉树藏区等四十族土司实行土司制。西藏办事大臣辖今西藏地区，只处理涉及国家主权的重大问题，内部高度自治，实行政教合一的制度。

清代，道不再是二司的派出机构，而是专设的官职，成为实官，长官称道员。省下的道不再是二司的派出机构，而是专设的官职，成为实官。除了专设的道员外，还有因专门事务而特设的道员，如盐法道、督粮道、河道、海关道等。

四、行省制的变迁

元代在行省以下，路府州县各级行政单位依然保持前代特征。明代的省以下行政单位则有所变化。首先，撤销路，由省直辖府州县。其次，州分为属省的直隶州和属府的属州两种形式，并均省去附郭县，而由知州直接管辖。清代省以下各级行政单位基本沿袭了明制，但也有所调整。第一，废除了明代以卫所管辖部分土地和军户的制度。第二，增加厅级政区。厅原为府的分支机构，为某些特殊需要，由知府委派同知或通判一员驻扎府内较偏僻或新开发的地区，其所辖区域即称厅。厅有两种，属省的称直隶厅（绝大多数不领县），属府的称散厅。第三，明代不论直隶州、属州均领县，而清代直隶州领县，属府的州称散州，不领县。由于直隶厅的长官同知、通判的地位高于知州，故清代省以下政区习惯称为府厅州县。

清代在边区将军和大臣辖区下，除了在部分农业地区设置府州县外，还在内外蒙古、东北、青海、新疆等地建立盟旗制度。盟相当于府，旗相当于县。此外，在新疆还有回庄制度，以各级伯克治民。在西藏，则设营进行管理。

元明清时期，还在西北、西南地方推行由少数民族首领充任并可世袭的土司制度，按等级可分为宣慰、宣抚、安抚、长官等司和土府、土州、土县等政区。土司除承担中央政府规定的贡赋和征伐外，在其辖区内则保持原有的统治机构和权力。明清两代在部分地区进行改土归流，国民党政府时期还有部分地区仍然存在土司。

五、道与府州厅

元明清时代除了上述地方行政区划外，还有“道”，这是一种省的派出

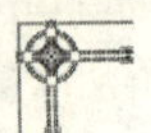

机构，介于省与路府州之间。元代道分两种，一个是宣慰司道，其职能是协助行中书省管理部分路府州县的行政事务；另一个是肃政廉访司道，是专主刑名监察事务的机构。两种道都有自己的辖区。明代，一省由布政使分出管理部分府州县的钱谷，称分守道；由按察使分出主管部分府州县的刑名，称分巡道。清代沿袭明制，长官通称道员。

北洋政府时，一省又可分为数道，取消分守、分巡等名称，设置道尹。1928年取消道制。十年内战时期，国民党在江西省推行行政督察专员制度，即将江西划分为几个区，置行政督察专员管理，辖区称专区。以后推行至全国，这种辖区大致相当于明清时期的道。

民国初年撤废了府厅州制度，全部改为县，由省直辖县，另将“道”作为介于省、县之间的政区，地方行政区划成为省、道、县三级制。新建了四个与省同级的特别区，分别为绥远、热河、察哈尔和川边。民国还撤销了督抚，各省设都督、民政长分理军政、民政，后改都督为将军，又改为督军、督办。民政长旋改称巡按使，又改省长。随着工业化的发展，“市”的形式开始出现，早期出现的市有北京、上海、广州、南京、汉口等。另有设治局管理少数民族地区，性质近似清代的厅。蒙古和西藏仍保留原有制度，称为“地方”。

国民党政府时期各省设主席为一省之长，并改直隶为河北省，改奉天省为辽宁省，又于边区增设热河、察哈尔、绥远、青海、宁夏、西康6省，共28省，基本奠定了今天中国省制的规模。又增设市一级政区，分院辖市和省辖市两种。院辖市初称特别市，后改市，有南京市、上海市、北平市（今北京市）、天津市、青岛市等；省辖市有杭州市、南昌市、福州市等。

抗战以后，省级政区因为日本的侵略和外蒙古的独立做了一些调整。为控制省制对县的直接统治权力过大问题，于1932年在省下设立“行政督察区”，由专员负责，但这种专区只是省的派出机构，目的是方便政令的上传下达，不是一个行政层级，大致相当明清时期的道。

抗战胜利后，将战前东北三省（伪满时分划为18个省）分置为辽宁、辽北、安东、吉林、合江、松江、黑龙江、嫩江、兴安9个省，全国共35个省。蒙古和西藏仍保留原有制度，称为“地方”。

第五节　行政区的划分原则与演变规律

从历史时期行政区划的变迁，反映出行政区的划分与自然地理、社会政

治、区域经济、地方文化等都有着密切的关系。

一、“山川形便”原则

行政区划的重要原则之一是山川形便，即行政区划与自然地理单元相符合的原则。早期“九州”概念，实际上就是相对独立的九个自然区域。

汉代豫章郡几乎与今江西省完全重合，即三面临山，一面以长江为界，充分体现了行政区划的自然性。东汉州牧割据、三国鼎立、唐末藩镇割据、五代割据大都据自然之险而独霸一方。唐代因“天下初定，权置州郡颇多。太宗元年，始命并省，又因山川形便，分天下为十道”①，主要考虑的也是自然条件。今天，许多县与县的交界线仍以重要的山脉和河流为界。

一般地，遵循山川形便原则划分政区界线，有利于农业生产和抗御自然灾害，客观上顺应封建社会自然经济发展规律。同时，对内部交通、经济交流的形成，以及文化的认同也有好处。历史时期政区与自然区、经济区的关系，大体上，秦汉重合，魏晋背离；隋唐重合，宋元背离；明清渐趋重合。

我国历史时期县级政区设立的目的，是理民征赋，对中央政权不构成有实际意义的威胁，所以2000多年来一直相对较稳定。一个以加强中央集权为首要任务的政权，往往先不考虑山川形便，意在犬牙交错，反之则刻意使政区与自然区重合，以有利于管理。

二、政区的变化与“犬牙交错”的原因

历史上主要行政区划的改变，多发生在两次政权交替的混乱时期。例如，东汉监察区变为行政区；隋废郡，推行州县制；唐代方镇演变，道成为一级政区等等。一般地，承平时期，内重外轻，中央集权，政区层次减少，政区名称变化较少；动乱分裂时期，内轻外重，中央王朝不得不借助地方势力使行政区划复杂化、紊乱化，变化无常。

历代行政区划的变化主要体现在一级政区。一级政区，秦汉为郡，汉末魏晋南北朝为州，唐末为道，宋为路，元明清为省。一级政区变化的原因在于，政区地域较大，土地人户众多，军需粮草自成一体，财力雄厚，容易产生与中央对抗的割据力量，甚至产生推翻中央王朝的力量，故成为中央王朝竭力控制的对象。汉末至魏晋南北朝为州，唐末为道，宋为路，最初都只是

① （宋）欧阳修，宋祁：《新唐书》卷37《地理志》，北京：中华书局，1975年，第959页。

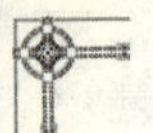

虚设的监察派出机构，中央并不想将其作为一级政区。但由于行政管理成本相对较低，其官员虽位低却权重，握有主宰地方要员的权限，进而逐渐参与到地方事务之中，实现了从虚一级向实一级转化的条件，逐步演变成正式的行政区。而州县一级政区的财力和军力对中央政府往往不存在实质性的威胁，故变化不大。

历史时期，中央与地方关系的矛盾与对立是行政区划变化的重要影响因素。为了加强中央集权，防止地方权力过重，常常有意将郡界划成犬牙相错。《汉书·文帝纪》载，中尉宋昌进曰："高帝王子弟，地犬牙相制，所谓盘石之宗也。"[①]《索隐》："师古曰：犬牙，言地形如犬之牙交相入也。"[②]典型案例非常多，如汉代零陵郡南边领有南岭以南的今桂林、阳朔地。五岭应该是政区的天然分界线，汉代如此划界无非是为了便于对岭南地方的控制。这种犬牙交错的郡界，对行政管理方面肯定有许多不便之处，但统治者权衡利弊，还是将中央集权因素列为首位。

元代以前，以山川形便为划分行政区的基本原则，其自然属性与经济、文化的一体化趋势较强，故有条件产生割据局面。历史上，四川盆地、山西高原、岭南地区都是地理环境极好的割据单元。蜀道四塞，历史上有公孙述、三国蜀汉、东晋十六国的成汉、五代的前蜀后蜀、明代明玉珍的大夏、明清之际张献忠势力等；三晋高凸，历史上有前赵、后赵、西燕、北汉政权以此为基地；岭表远险，秦汉之际赵佗的南越国、五代时南汉据此为险，唐代黄巢也都一度想据此为根据地。

元代以前便有"犬牙交错"的政区划分，但并不普遍。所谓"犬牙交错"，即中央完全打破了山川形便原则，任意将自然地理环境差异极大的地区拼成一个一级政区，利用山川形势制约地方势力。如陕西横亘秦岭，江南与江北有千里淮水横在其间。湖广行省，将洞庭湖横亘期间，同时又跨越南岭，直到今广西。江西省则跨越南岭，深入到今广东境内。

这种将自然地理单元分裂开来，由文化认同差异鲜明的不同自然地理单元的一部分拼接而成的省区内部，往往因为文化认同感差而难以形成独立的经济体，不利于地方发展经济，但却有利于削弱地方经济力量和文化认同感，防止政治上的地方割据政权出现。这种政区，再配以官制上行政、监察、军事三权的分治牵制，故为历代中央政府所青睐。

---

①（东汉）班固：《汉书》卷 4《文帝纪》，北京：中华书局，1962 年，第 106 页。
②（东汉）班固：《汉书》卷 4《文帝纪》，北京：中华书局，1962 年，第 107 页。

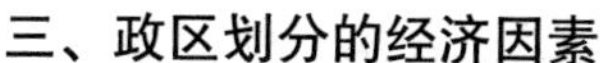

三、政区划分的经济因素

农业经济区的划分最受土壤、山河、气候等自然因素的影响，因此农业社会里经济区往往与自然区相吻合。一般地，元代以前，一级行政区大都与经济区相吻合。元代以后则不完全吻合了，这是受政治因素的影响。

地方政区主要承担的是经济职能，主要体现在两方面：一是替中央或上级行政单位在一定区域内组织经济生产；二是完成国家在本行政区内赋税的征收任务。由于县级政区承担着生产的基本职能，因此，县是最为稳定的行政区划，也是与自然地理单元最相吻合的行政建置。几千年来，这种稳定的政区建置始终执行着征收赋税的职能。

除了县之外，五代之后也出现了其他以经济生产与财赋征缴为主要职能的政区划分模式。如宋代的路，最初设置路是为了设置转运使监督财赋的运输转送，其管理区域便称为路。产生于五代的监，在宋代不断扩置，是国家在矿冶业生产地区设立的重要经济行政区。

与经济密切相关的人口指标也常常成为统治者划分政区的标准。如人口在传统社会里是经济发展的一个重要标志，所以明代以前，州县的设立、分置和等级的划定，都主要是以户口多少为标准，如唐代州、县。明代以后开始直接用各府、县的钱粮数额定府、州和等级，从客观上促使地方发展经济和滋生人口。

政区演变大趋势亦与经济关系紧密。唐宋以前，北方地区政区数目多，幅员小，而南方地区政区数目少、幅员大，这是因为当时中国政治经济文化中心仍在黄河流域，北方的人口密度大。唐宋以后，随着中国政治经济文化中心的东移南迁，南方地区经济文化发展，相应政区也逐渐增多，形成南方地区的地方行政区比北方地区增加更快。

四、政区演变与地方文化

同样的自然环境、相似的经济条件，产生一致的文化认同感。在古代，文化的区域性也是政区划分的原则之一。《汉书·王莽传》载：“圣王序天文，定地理，因山川民俗以制州界。”[①]战国到秦汉时期，燕赵、三晋、巴蜀、吴越、中州、荆楚、齐鲁、三秦、闽台、岭南等地区都是相对独立的民俗文化区。宋代的路更能体现区域文化，成为区域文化的载体，如河东路为三晋之

① （东汉）班固：《汉书》卷99上《王莽传》，北京：中华书局，1962年，第4077页。

地，广南两路为岭南文化故地，江南两路与两浙路为江南故地，夔州路为巴故地，成都府路为蜀故地。明清时，出于犬牙交错的考虑，使以地理环境为基础的文化区与行政区的重合相对减少，但许多省区仍是一个传统文化区，如四川是巴蜀区、湖广为荆楚区、广东为岭南区、山西为三晋区、河南为中州区。而历史时期的属国、道、都护府、羁縻州、都司、宣抚司、安抚司和现在的自治州、自治县等，实际也是相对独立的民族文化在行政区划上的认同。

反之，行政区划的形成也有利于区域内文化的一体化，进而促进文化认同感的产生和进一步加强，但这是一个十分缓慢的过程。

五、行政区划与地名

地名，是一种复杂的文化载体，具有很强的传承性，这种传承性往往通过行政区划的固定而强化。历史时期许多重要的地名都与行政区划有关，如九州，作为后人观念中的先秦理想政区，对后世产生很大影响。其中，冀州的冀，豫州的豫至今仍是省名的简称，徐州、扬州、荆州仍是中国重要的城市名。

秦汉郡县一级的地名在今天中国的地名中多有保留。如汉中、邯郸、九江、太原、南阳、长沙、南海、桂林等重要地名。沿用 2000 多年至今，且地理位置都没有改变的地名有成都、阆中、南郑、蓝田、武功、郿县、江陵、开封、番禺等。西汉监察区名中，凉州、益州、朔方等地名，唐代十五道中的河南、河北，宋代 23 路中的福建、湖南、湖北等，都是至今仍重要的地名。

元代行省制对中国一级政区的地名影响最深远，在 11 个行省中，至今仍有河南、陕西、四川、甘肃、云南、江西等 6 个在使用。在明代 13 个布政使司中，山东、山西、河南、陕西、四川、浙江、江西、福建、广东、贵州、云南 11 个还在使用。府（州）县级地名更不用说了。清代，更是完全奠定了现代一级政区的雏形。

历史上一些一级政区名没有使用到现在的，其影响却留存下来。如秦陇、陇右、关陇、关内、关外、关中、三秦、三辅、关东、关西、中州、江右、江左、江南、江东、塞上、代北、大漠、河洛、河朔、三河、三晋、松辽、三迤、湖广、荆湘、前藏、后藏、南疆、北疆等，在自然地理区域研究和人文地理研究中，都是重要的区域指代名称。

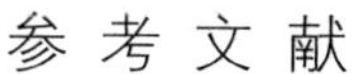

参 考 文 献

顾颉刚，史念海：《中国疆域沿革史》，北京：商务印书馆，1999 年。

李晓杰：《东汉政区地理》，济南：山东教育出版社，1999 年。

刘君德：《中国行政区划的理论与实践》，上海：华东师范大学出版社，1996 年。

龙兆佛，莫凤欣编：《广西地理沿革简编》，南宁：广西人民出版社，1983 年。

鲁人勇：《宁夏历史地理考》，银川：宁夏人民出版社，1993 年。

潘新藻：《湖北省建制沿革》，武汉：湖北人民出版社，1987 年。

尹钧科：《北京历代建置沿革》，北京：北京出版社，1994 年。

俞顶贤：《安徽行政区划概述》，合肥：安徽人民出版社，1983 年。

张纪仲：《山西历史政区地理》，太原：山西人民出版社，1992 年。

周清澍：《内蒙古历史地理》，呼和浩特：内蒙古大学出版社，1994 年。

周振鹤：《体国经野之道——新角度下的中国行政区划沿革史》，香港：中华书局（香港）有限公司，1990 年。

周振鹤：《西汉政区地理》，北京：人民出版社，1987。

周振鹤：《中国地方行政制度史》，上海：上海人民出版社，2005 年。

周振鹤：《中国历代行政区划的变迁》，北京：商务印书馆，1998 年。

周振鹤：《地方行政制度志》，上海：上海人民出版社，1998 年。

周振鹤主编：《中国行政区划通史》（12 卷），上海：复旦大学出版社，2012 年。

练　习　题

一、基本概念

分封制　畿服之制　“禹贡”九州　郡县制　异姓七国　103 郡国制度　十三州刺史部　双头州郡　侨州郡县　土断　贞观十道　行省　承宣布政使司　河西四郡　河西五郡　道路制　行省（制）道　开元十五道　土断　宗主督护制　监军　羁縻府州　唐都护府　关东关西　江右江左　关内关外　岭南　湖广　头下军州　猛安谋克制　辽阳行省　岭北行省　府路州县　州府军监　监司　两京十三布政使司

二、思考题

1. 简论行政区域四个要素。

2. 讨论政区和政治制度的关系。

3. 简述历史时期中国行政区划演变的趋势。

4. 简述中国行政区划与自然区、经济区的关系。

5. 论述中国古代郡县制的萌芽和确立。

6. 简述历史时期边界划定的“山川形便”与“犬牙相错”两个原则。

7. 唐代行政区划的演变过程是怎样的？

8. 简述北宋的四京四府制度。

9. 简述辽与金五京（道）制度。

10. 简述元明清我国地方行政区划体系的基本构成和历史演变及其主要原因。

11. 改土归流的内容和意义。

12. 论述行省制度的起源与发展，讨论行省制度的发展过程以及对现代中国的影响。

13. 举例分析中国行政区划演变对社会发展的影响。

第九章　历史军事地理

军事地理学研究军事与地理条件之间的关系，是人文地理的一个分支，也是军事科学的一个组成部分。了解古代的军事地理不但是复原历史的重要地理模式，也是更好认识当代军事地理的重要条件，因此，历史军事地理是历史地理学，也是军事地理学中不可或缺的一部分。冷兵器时代，军事进攻与防御都与自然地理条件密切相关。在中国古代的防御体系中，长城、关隘、城防是其最主要的组成部分。

第一节　长　　城

长城，是一种由城墙串连城堡而形成的漫长的防御体系，是中国古代列国之间或大漠内外游牧民族与黄河流域农业民族长期攻防守备的重要产物。中国历史上春秋战国时期的秦国、赵国、燕国、楚国、魏国、中山和齐国先后都修筑过长城，作为列国之间互相防御的军事工程。秦始皇统一中国以后，楚国、魏国、中山和齐国成为同一版图内的内陆和腹地，长城这一防御体系失去了存在的必要。而秦、赵、燕三国所修筑的长城北临强敌，在秦统一以后仍继续发挥防御作用。西汉与匈奴在边界问题上都遵守的原则是“长城之内天子有之，长城之外单于有之”。

历史上，长城与农牧分界线基本吻合，现在还在用的词语如“塞外”“塞北”“塞上”中，“塞”字实际上就是长城这一概念。史籍中对长城的种种称呼，东汉蔡邕曾讲“秦筑长城，汉起塞垣”；汉代长城多称“塞”“亭障”；北魏太平真君七年（446 年）“筑畿上塞围”；金长城称“金边壕”；明代长城称“边墙”，又有“外边”“次边”之称。

一、历代长城

中国历史上，除了唐、宋、元、清等政权外，其他中央政权几乎都有筑造或修缮长城的历史，长城在不同历史时期的地理分布及其对区域内部政治、经济、社会、文化的影响也有所不同。

（一）春秋战国时期诸侯国之间的防御性长城

最早的长城，一般认为是公元前9世纪周宣王为防御猃狁而建，而大规模修筑长城是在公元前6世纪春秋时期，各国为了相互防御或防御北方民族南下而建。前者包括齐长城、楚长城、魏西长城、魏南长城、赵南长城、燕南长城、中山长城。后者包括赵北长城、燕北长城、秦长城。

1. 齐长城

齐长城是中国境内最早修筑的长城，被史学家称为“中国长城之父”。西起平阴县，经肥城市、济南市莱芜区、淄博市博山区、临朐县、沂水县、安丘市、莒县、五莲县至青岛市西海岸新区入海，穿越起伏连绵的泰沂山脉的山岭和平谷，全长达1200余里。齐长城始建于春秋时期，公元前557年以前完成，历时170多年。齐长城的构筑有以块石、条石或片石垒砌起来的石砌长城，也有沙土板筑的长城。

2. 楚长城

《左传》记载了僖公四年：“楚国方城以为城，汉水以为池。”[①]《汉书·地理志》说：“叶，楚叶公邑。有长城，号曰方城。”[②]楚虽僻处南方，对于国防之设施，亦以筑边城为重，似不能例外。此方城在宛地外围，为楚北通中原之根据地，是楚国巩固边防的重要军事设施。

3. 中山长城

中山国又称鲜虞，地处赵国、燕国之间，面积不大，疆土仅有灵寿、临城、唐县、新乐等地。赵国一直视中山为心腹之患，为防范赵国，中山于赵成侯元年（前374年）开始修筑长城。中山长城起讫点史无记载，据推测，当在河北与山西的交界处。从现有遗迹看，总长大致89千米，南北走向。长城沿线的一些险要关口筑有城墙及烽燧，在城墙内侧修筑有较大的用于屯戍的城址。城墙有石砌和土石混砌两种，墙基宽在1至3米，城墙横截面呈梯形，上宽下窄，当地称之为“土龙”或“龙脊”。中山虽筑长城，但因国力

① 杨伯峻：《春秋左传注》，北京：中华书局，1981年，第292页。
②（东汉）班固：《汉书》卷28上《地理志》，北京：中华书局，1962年，第1564页。

实在太弱，公元前296年为赵所灭。

4. 魏长城

魏惠王在位期间，为了防御强秦，巩固河西之地和保卫国都大梁，先后修筑了河西长城和河南长城。

魏河西长城，史称“滨洛长城”，南端起于今陕西省华阴华山峪口，循长涧河而下，经县城西北的古城村，跨过渭河，于滨洛东北上岸，经大荔县城北入澄城县境，再北至合阳县西北，向东经韩城市抵黄河岸边，长百余千米。《史记·秦本纪》载：“魏筑长城，自郑滨洛以北，有上郡。”[①]《竹书纪年》亦记：“十二年，龙贾帅师筑长城于西边。”[②]指的就是河西长城。

魏河南长城，史称“卷之长城”。《后汉书·郡国志》说：“卷有长城，经阳武到密。”[③]据《水经注》洛水条记载，魏河南长城大致北起于当时位于黄河南岸的卷县，向东抵阳武，折向西南经管（今郑州）东，直达密县（河南新密市）境内。

5. 秦长城

战国初期，秦国国力不强，常遭受魏国的进攻。为此，秦厉共公和秦简公先后在黄河和洛水西岸修筑长城，用以自守，史称堑洛长城。据《史记·秦本纪》载，厉共公“十六年，堑河旁。以兵二万伐大荔，取其王城”[④]，简公六年（前409年）“堑洛，城重泉”[⑤]。

6. 燕南长城

燕国位于今河北省北部到辽宁西端，南与齐国、赵国毗邻，北与东胡等游牧民族相接。据历史文献记载，为了防御邻国与北边东胡的进攻，燕国分别于南境与北边修筑了一道南长城和一道北长城，即后人所称的燕南长城与燕北长城。

燕南长城，《史记·张仪列传》秦相张仪游说燕昭王时说：“今大王不事秦，秦下甲云中、九原，驱赵而攻燕，则易水、长城非大王之有也。”[⑥]张仪所说的长城指的就是燕南长城。从引文可知，燕南长城应修建于燕昭王以前。燕南长城的走向，据《水经注》《元和郡县图志》等文献记载，起于今河北省易县西北太行山下，经易县南境，入徐水、安新北境至雄县东北，折向南经

---

①（西汉）司马迁：《史记》卷5《秦本纪》，北京：中华书局，1959年，第202页。

② 范祥雍编：《古本竹书纪年辑校订补》，上海：上海人民出版社，1957年，第59页。

③（南宋）范晔：《后汉书》志19《郡国志一》，北京：中华书局，1965年，第3389页。

④（西汉）司马迁：《史记》卷5《秦本纪》，北京：中华书局，1959年，第199页。

⑤（西汉）司马迁：《史记》卷5《秦本纪》，北京：中华书局，1959年，第200页。

⑥（西汉）司马迁：《史记》卷70《张仪列传》，北京：中华书局，1959年，第2298页。

文安至大城县西境，止于子牙河。

7. 赵南长城

《史记·赵世家》记赵肃侯“十七年，围魏黄，不克。筑长城”[①]。赵肃侯对魏、齐两国联合互尊为王一事不满，派军攻魏，但因久攻不下被迫撤军。为防御魏、齐两国的报复，赵国在南部边境的漳水和滏水之间的今河北磁县、临漳一带修筑一道长城。之所以选择在漳水北岸修筑长城，是因为从赵敬侯四年（前 383 年）到赵肃侯十七年（前 333 年）这 51 年间，赵、魏之间 13 次战争中，赵国失败了 9 次，且所有 13 次战争都发生在这里。至今尚有遗迹可寻。

（二）战国时期“筑长城以拒胡”

战国时期，匈奴兴起于漠南阴山地区，当时中原处于争霸战争中，匈奴乘机夺取河套以南的“河南地”，处于边境的秦、赵两国只得被动防守，修筑长城以拒匈奴。同时期的东北辽河上游西拉木伦河和老哈河流域居住着另一个游牧民族东胡，东胡经常寇略燕、赵两国边境，燕国也修筑长城防御东胡。

1. 秦昭王长城

秦国西北部与义渠为邻。义渠是我国古代西戎族的一支，分布于岐山、梁山、泾水、漆水之北（今甘肃庆阳及泾川一带）。秦昭王时，灭残义渠，夺取其地，并筑长城以拒匈奴。《史记·匈奴列传》记载，秦昭王时“起兵伐残义渠。于是秦有陇西、北地、上郡，筑长城以拒胡”[②]。据调查，秦昭王长城西起吴起县庙沟乡，经志丹县至榆林市靖边县，全长约 235 千米。

2. 燕北长城

《史记·匈奴列传》云：“燕亦筑长城，自造阳至襄平。置上谷、渔阳、右北平、辽西、辽东郡以拒胡。”[③]燕北长城筑于秦开大败东胡之后，即燕王喜至孝王末年，是战国时期最晚修的一道长城。长城西起于今河北省张家口、宣化，向东北行，进入内蒙古境多伦、独石，经河北省围场之北，东行，过内蒙古赤峰敖汉旗，入辽宁省朝阳，越医无闾山，跨辽河，折而南至朝鲜清川江北岸。

3. 赵北长城

《史记·匈奴列传》记载，赵武灵王“变俗胡服，习骑射，北破林胡、楼

①（西汉）司马迁：《史记》卷 43《赵世家》，北京：中华书局，1959 年，第 1802 页。
②（西汉）司马迁：《史记》卷 110《匈奴列传》，北京：中华书局，1959 年，第 2885 页。
③（西汉）司马迁：《史记》卷 110《匈奴列传》，北京：中华书局，1959 年，第 2886 页。

烦。筑长城，自代并阴山下，至高阙为塞。而置云中、雁门、代郡”[①]。赵北长城修筑于赵武灵王二十年至二十六年（前 306—前 300 年），分南北两列。北列西起高阙，即今内蒙古杭锦后旗乌拉山与狼山之间的缺口，沿阴山南麓东去，经五原、固阳县北境，至呼和浩特西北大青山北麓；南列西起乌拉特前旗黄河东岸，傍大青山南麓逶迤东去，经包头、呼和浩特、卓资北境，向南折入察哈尔右翼前旗。今存遗迹尚存，城墙为黑沙土夯筑，高 2—3 米，宽 4 米。

（三）秦长城

秦始皇统一中原以后，将原来秦、赵、燕三国北部边防的长城连接起来，修筑了一条西起临洮（今甘肃岷县）、东至碣石的真正意义上的长城。《史记·蒙恬列传》云：“秦已并天下，乃使蒙恬将三十万众北逐戎狄，收河南。筑长城，因地形，用制险塞，起临洮，至辽东，延袤万余里。”[②]又，《史记·匈奴列传》载：“通山险，堑溪谷，可缮者缮之。”[③]《汉书·韩安国传》载：“蒙恬为秦侵胡，辟数千里，以河为竟，累石为城，树榆为塞。”[④]

根据文献记载可以推知，秦长城的防御特征大致是依着山岭、河川等险要地形，顺着天然地势，傍山筑城，依水为塞，用石头垒为城堡，用树木填为障塞，形成军事防守要塞。同时为了解决驻军的供应问题，秦代大量移民到长城沿线进行开垦，并设置郡县，以巩固这一军事防线。

（四）汉长城

汉朝与匈奴长期对抗，并不能完全依靠秦长城作为北部边防，于是根据北部边防的形势，大量地修筑烽燧，以完善长城的防御体系。

1. 西汉河西长城与塞外长城

汉高祖时因为内顾不暇和国力贫乏，北部边境只是修缮了秦“河上故塞”，并通过和亲政策换取北方地区的暂时安宁。汉武帝时，凭借汉初几十年休养生息的国力积累，发动了大规模反击战争，却匈奴于漠北。为了进一步加强西、北方的防务，一方面对秦时遗留下来的长城塞垣重新整修；另一方面重新修筑了河西长城和塞外长城两道长城，联接成一条自敦煌至辽东，长达一万一千五百余里的“乘塞列燧”。

---

①（西汉）司马迁：《史记》卷 110《匈奴列传》，北京：中华书局，1959 年，第 2885 页。
②（西汉）司马迁：《史记》卷 88《蒙恬列传》，北京：中华书局，1959 年，第 2565—2566 页。
③（西汉）司马迁：《史记》卷 110《匈奴列传》，北京：中华书局，1959 年，第 2886 页。
④（东汉）班固：《汉书》卷 52《韩安国传》，北京：中华书局，1962 年，2401 页。

随着汉武帝的东征西讨，长城的修筑也向西、向北蔓延。元狩二年（前121年），汉武帝派骠骑将军霍去病率军在河西地区大败匈奴，匈奴浑邪王杀休屠王降伏归汉。为了对河西走廊实施有效的统治，并从根本上切断匈奴“右臂”，确保边境安全，进而加强对天山南北地区的控制，达到远交近攻的目的，汉政府遂在河西设立四郡，同时开始大规模地在河西走廊北部边境修筑长城防御体系，即汉“河西长城”。河西长城从令居（今永登）穿过整个河西走廊直至敦煌，并将“亭”（烽燧）、“障”（较大的城堡）的防御工程修筑至玉门关以西的楼兰古国（今罗布泊一带）。此外，河西长城还包括深入漠南的居延及休屠一段，为路博德所筑。

汉武帝令大将军卫青收复河南地，置朔方郡后，在秦长城之外，阴山以北又修筑了“塞外列城”，从此，使匈奴失去了南侵的屏障，“幕北地平，少草木，多大沙，匈奴来寇，少所蔽隐，从塞以南，径深山谷，往来差难。边长老言匈奴失阴山之后，过之未尝不哭也”①。

今天，仍有汉长城的烽燧残垣遗存于甘肃玉门关、敦煌附近，其结构没有砖石，而是因地制宜，就地取材，以敦煌、玉门关一带生长的沙漠绿洲植被，如红柳、芦苇、罗布麻、胡杨等为地基，上铺土、沙砾，中间夹以柳条、芦苇这些韧性枝条，一层层加以夯筑而成，分段修筑，相连为墙。

2. 东汉的内层防线

东汉因为内乱频仍，匈奴乘势南侵，光武帝时只能徙民内迁，并修筑内层防线，命王霸与杜茂“治飞狐道，堆石布土，筑起亭障，自代至平城三百余里”②。飞狐道凭借常山关和雁门关之险，为秦长城之内的内层防线。东汉的内层防线除了飞狐道之外还有几道堡壁，间以烽火台。这几道防线已经退缩到陕西与山西、河北之间，被视为拱卫京师的坚壁堡垒。后来匈奴分裂为南、北两部，南匈奴和东北的乌桓相继归附于汉朝，东汉王朝将这些内附的匈奴和乌桓分置于沿边各郡，作为抵御北匈奴和鲜卑的外藩，长城失去了防线的作用，之后再未作修缮。

（五）魏晋至明代长城

魏晋至明代，长城的修筑有断有续，期间长城的消失也有着不同的原因。

1. 北魏长城

北魏统一北方以后，为了对付塞外的新兴民族柔然（《魏书》称为“蠕蠕”），

①（东汉）班固：《汉书》卷94下《匈奴列传》，北京：中华书局，1962年，3803页。
②（南朝·宋）范晔：《后汉书》卷20《王霸传》，北京：中华书局，1965年，第737页。

明元帝泰常八年（423 年）修缮了自赤城至五原的秦、汉长城，并置戍卫。太武帝时先后在长城沿线，自西而东为沃野、怀朔、武川、抚冥、柔玄、怀荒六镇，以保卫平城。

除了修缮故长城，太武帝又在长城之内、都城平城之南修筑了“畿上塞围”，作为拱卫都城的第二道防线。根据《魏书·世祖纪》的记载，这次“畿上塞围”的修筑用了两年的时间，起自上谷，西至于河。[①]自今延庆南境的八达岭趋向西南，跨越小五台山、蔚县和涞源两县间的黑石岭（飞狐陉），入山西省，过灵丘县天门关，转西循恒山过今浑源、应县之地，过代县的雁门关后，转趋西北，再经宁武县阳楼烦关，沿偏关河而下，西止于黄河东岸。其平面布局略呈向南凸起的弧形，恰好在北魏京都的东、南、西三面形成合围。

2. 东魏长城

东魏筑长城针对西魏、柔然的防线。武定元年（543 年），高欢在肆州北修筑长城，西自马陵，东至土隥。东魏长城很短，五万民工用了四十天的时间即告修成。

肆州故治，即今山西忻州市。其北境宁武县南部有北山，是今汾河与桑干河的分水岭，也是恒山、管涔山、芦芽山和吕梁山的交结之地，具有重要的军事交通地位。在桑干河上游恢河源头附近山上，北朝时期有一天然的高山湖泊，名叫天池，亦名祁连池，天池迄今犹存，现名马营海子。北山长城当从天池北侧穿过，将天池包裹于长城以内，如此推断不误，则东魏长城走向应当为西起今五寨县东部，横穿今宁武县南部——汾河源头、马营海子北侧，东达原平市北方的恒山山脉，同北魏“塞围”长城衔接。长约 70 余千米。

3. 北齐长城

北齐政权立国只有 27 年，但期间备受北方柔然、突厥和契丹等游牧民族的侵扰，西边又有西魏、北周政权的威胁。为了防御突厥、契丹南下和北周东进，天保年间先后四次修筑长城。

天保三年（552 年），修筑自黄栌岭北至社平戍的长城，长四百余里。这条长城自南向北沿吕梁山东麓呈南北向，主要用来防御西魏，“四百余里，立三十六戍”[②]。天保六年（555 年），“诏发夫一百八十万”[③]民夫修筑自幽州夏口至恒州的长城，长达九百余里。天保七年（556 年），在恒州至夏口长城

①（北齐）魏收：《魏书》卷 4 下《世祖纪》，北京：中华书局，1974 年，第 101 页。
②（唐）李百药：《北齐书》卷 4《文宣帝纪》，北京：中华书局，1972 年，第 56 页。
③（唐）李百药：《北齐书》卷 4《文宣帝纪》，北京：中华书局，1972 年，第 61 页。

的基础上，追加了自夏口东沿燕山南麓到秦皇岛市抚宁区附近的渤海入海段。为切实防御柔然的进攻，又于天保八年（557年）修筑了重城，即所谓的“内长城”，自今山西的朔县西南的库洛拔而东，至今山西繁峙平型关东北坞纥戍，长四百余里。从其位置及其走向判断，这条长城是在北魏“畿上塞围”的基础上修建而成的。

北齐武成帝高湛河清二年（563年），为防御北周东进，再次在今河南济源市西北王屋山麓修筑了一道西南部的长城。《资治通鉴》载：“齐诏司空斛律光督步骑二万，筑勋掌城于轵关；仍筑长城二百里，置十二戍。”[①]轵关亦在济源北境，为太行八陉之第一陉，位于由晋南穿中条、太行山出入河北、河南之要冲。

综观北齐一代，尽管时间短暂，却在接二连三地修筑长城。

4. 北周

因为突厥入侵并州，北周于大象元年（579年）“发山东诸州民，修长城”[②]。胡三省认为是“修齐所筑长城”，即对北齐所筑长城的修缮。

5. 隋

隋代为了防御北方的突厥、东北的契丹和西方的吐谷浑，开皇元年（581年）对魏、齐长城的东段进行修缮。之后修筑了几段小段的长城，见于记载的有七次。隋文帝开皇五年（585年），于朔方、灵武筑长城，从今宁夏灵武市西南黄河东岸绥州，经陕西靖边等县抵绥德，绵延七百里，以遏胡寇。

大业三年（607年），隋炀帝修筑“西距榆林，东至紫河”[③]的一段长城，到达紫河后接上北齐的外长城。这道长城横亘黄土高原的北部边沿和西北部地势平坦的结合地带，是北方游牧民族南下的踏板，长城的修筑很好地阻扼了其南下山西的通道。

隋代修筑长城规模虽然很小，但在长城史上却有两件大事：一件是开皇三年“城渝关”，奠定了“天下第一关”山海关的雏形；另一件是自西起灵武，东至黄河这段长城的修筑使河套从此被弃于塞外。

6. 金长城

金灭辽后，为抵御北方新兴的蒙古族，在大兴安岭南麓东起嫩江，西至大青山修筑了一条两千多千米的长城，《金史》称之为“界壕”或“边堡”。

---

①（宋）司马光：《资治通鉴》卷169“陈文帝天嘉四年三月乙丑”条，北京：中华书局，1956年，第5231—5232页。

②（唐）令狐德棻等：《周书》卷7《宣帝纪》，北京：中华书局，1971年，第120页。

③（唐）魏征等：《隋书》卷3《炀帝纪上》，北京：中华书局，1973年，第70页。

金代的界壕边堡分布在北部边界东北路、临潢路、西北路和西南路，建筑结构与防御体系明显不同于历代长城，由界壕、边堡组成。界壕，为掘地以限戎马之足的沟堑；边堡，则是在要害处筑城堡以居戎人。虽然由于北方沙漠草原地带风沙容易填塞城墙外的沟堑，但其防御功能对北部边疆的安宁仍有一定作用。

金代长城大部建于内蒙古草原之上，城墙外侧多有护城河状的堑壕，交通要冲之处还双壕双墙并列，形成外壕、副墙、内壕、主墙几重防线，墙外附筑有马面与烽燧，内侧分布有戍堡或关城。金代长城的设置和走向，其所经基本上都在今天内蒙古自治区境内，除两端为单线外，中间还分为内、外、中三条。

（四）明长城

明长城防御方向是蒙古族后裔鞑靼和瓦剌，全长 12 700 多里，称作万里长城。西起嘉峪关，经河西走廊越黄土高原，经今山西、河北、辽宁到山海关。其中，除西段为明代新筑外，其他段都是在旧长城基础上修缮、增补而成。明代长城的修建有三个时期，明代前期为对长城的修缮期，明代中期为大规模的兴建期，明代后期为蓟东长城的修建期。

明长城在东北亦建有防御体系，以防御蒙古兀良哈部和女真各部的侵扰，沿边修筑了 880 余里的辽东边墙、1950 里的盛京边墙（老边）、从开远威远城至吉林北界法特哈的“柳条边”边墙（新边）。长城沿线划分九个防区（军镇），即“九边”，分别为辽东镇、蓟镇、宣府镇、大同镇、山西镇、延绥镇、宁夏镇、固原镇、甘肃镇。

明代长城的工程技术、形制和防御功能均达到了我国长城修筑史上的高峰。明长城墙体结构坚固，形制设置灵活多样，有城堡、城墙、城台、烟墩等。从明代开始，县城普遍用砖石包墙，长城也开始改用砖石砌筑。

二、长城的景观与功能

长城的功能不仅仅是一道城墙，还是由许多不同形式、不同用途的建筑设施相互配合而连接成的一套完整的防御体系，以发展成熟的明长城为例，从长城的结构上，有城堡、城墙、城台、烽火台等不同景观。

1. 长城的景观

长城防御体系庞大且具有历时性，为方便驻军生活，长城附近一般设置郡级政区。如燕筑长城，“自造阳至襄平。置上谷、渔阳、右北平、辽西、辽

东郡以拒胡”[①]。赵武灵王夺回河套地以后，“筑长城，自代并阴山下，至高阙为塞。而置云中、雁门、代郡”[②]。秦昭王时，“起兵伐残义渠。于是秦有陇西、北地、上郡，筑长城以拒胡”[③]。因此，长城实际上是一整套防御体系，而非独立的一道城墙。

明代长城的城堡按照等级可以分为镇城、路城、卫城、关城和堡城。九边重镇所在地的城堡称为“镇城”，镇以下所分各路的城堡叫“路城”，要害地区设卫，卫所在的城堡叫“卫城”，如山海卫城，其北起角山，南到山海关，依山临海。在长城要隘所建立的为关城，如嘉峪关城、雁门关城等，关城都设在要冲之处，具有“一夫当关，万夫莫开”的险要形势。山海关和嘉峪关是明代所修的最为重要的两个关城。

山海关关城是明洪武年间徐达在隋朝渝关的基础上筑成，因其倚山临海，所以叫山海关。嘉峪关关城是洪武年间冯胜在酒泉（今酒泉市）西七十里嘉峪山西麓依山所筑，关城居高凭险，控遏绝塞。嘉靖七年（1528 年）割弃哈密以后，嘉峪关的军事防御地位更为突出。关城在一座平坦高地上，平面近方而略呈梯形，墙顶有砖砌雉蝶。关城只开东、西二门，各有三层城楼，高高突起在城墙上，气势雄壮。门外各有瓮城。城四角有角台、角楼，南北城墙正中有敌台、敌楼。角台、敌台均包砖，角楼、敌楼均砖砌。关城外面侧加筑一道高大的砖墙，城门上也有城楼。城外南北两侧另筑较矮土墙，称罗城。在历代长城沿线，特别是沿边险要地段所筑的“堡城”数不胜数了。

明代长城的城墙多用砖、石砌成，整齐牢固，墙体高低因地势而定，山岭陡峭处较低，平地较高，墙基略宽于墙面，城墙剖面呈梯形。墙面的宽度可容五马并骑、十人并进。墙身有垛口，用以观察敌情，垛口下面有一个小孔，叫作“射洞”，用来射击敌人。明代长城上最为重要的建筑是城台，即城墙上每隔 500 米左右有一个类似于近代碉堡的城台，内有遮蔽风雨的铺房，供士兵巡逻放哨和作战用。

烽火台，又叫狼烟台，多见于长城内、外的高山顶上或平地转折处，是用砖、石砌成的高台，专为传递军情用。烽火台的出现很早，汉长城还有烽燧的遗址存在。烽火台在长城景观中尤其入诗，唐代边塞诗人岑参在一个叫做苜蓿烽的烽燧下写的家书道：“苜蓿峰边逢立春，胡芦河上泪沾巾。闺中只

①（汉）司马迁：《史记》卷 110《匈奴列传》，北京：中华书局，1959 年，第 2886 页。
②（汉）司马迁：《史记》卷 110《匈奴列传》，北京：中华书局，1959 年，第 2885 页。
③（汉）司马迁：《史记》卷 110《匈奴列传》，北京：中华书局，1959 年，第 2885 页。

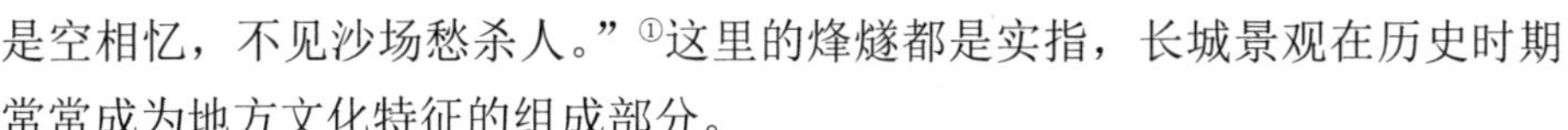

是空相忆，不见沙场愁杀人。”[①]这里的烽燧都是实指，长城景观在历史时期常常成为地方文化特征的组成部分。

2. 长城的功能

中国西北地区远离太平洋，印度洋又被喜马拉雅山阻挡，故中国西北部地区湿润程度相对较低。受这种气候、地缘（区位）、地貌的综合影响，在距离递减规律的影响下，东南地区普遍温暖湿润，西北内陆地区普遍干燥少雨。形成了南方农业文明与北方畜牧业文明的对立。

在冷兵器时代，刀、剑、戟等武器的杀伤范围有限，弓、弩的射程也只有一二百米，因此，地形地势对战事的影响较大，墙体的防御功能具有一定的成效。而长城集城防、运输、通信为一体，对于游牧民族骑兵来说，一定程度上确实起了防御作用。10 世纪以后，火药武器出现，虽然攻防双方都利用火铳、火炮，但是长城关城相连，烽火相通，居高临下的优势非常显著，可以有效地消耗、迟滞敌军，争取时间，也可作为反攻的基地，故长城对于防御游牧民族的军事进攻，在战术上是成功的。《新书·过秦上》称秦“北筑长城而守藩篱，却匈奴七百余里，胡人不敢南下而牧马。”[②]武帝则“建塞徼，起亭隧，筑外城，设屯戍，以守之，然后边境得用少安。”[③]故直到宋明时期，中原王朝一直无法放弃利用长城防守北方游牧民族南下。

但是，长城并不是万能的。越往后代，筑城技术越先进，由夯土变成砖石的城墙，如明长城。然而，城墙虽愈加坚固，但防御却是越来越失去效果。就长城自身而言，存在着不可克服的弱点，即战线长，防守力量被分散，难以抵挡敌人的重点突破。真正较量还是靠实力说话，这个实力不仅是物质实力，还包括政治的清明与政局的安宁。历史上曾有众多游牧民族跨越长城，饮马长江，指点中原，如明代，蒙古人也曾三次兵临北京城下。

除了军事防御线外，长城也是一条地理上的重要分界线。秦汉长城沿阴山而建，以北为平坦的沙漠、草原，缺少军事隐蔽性，以南则为农耕区。明长城路线的走向基本与 400 毫米降水线重合，以北为蒙古高原干旱和半干旱气候，以南为湿润和半湿润气候，因此，长城也是一条农牧分界线。

① （唐）岑参：《题苜蓿峰寄家人》，（清）彭定求等：《全唐诗》卷 201《岑参四》，北京：中华书局，1960 年，第 2104 页。
② （汉）贾谊著，王洲明注评：《新书》卷 1《过秦上》，南京：凤凰出版社，2011 年，第 3 页。
③ （东汉）班固：《汉书》卷 94 下《匈奴列传》，北京：中华书局，1962 年，第 3803 页。

三、历史时期长城的消逝

历史时期，也有不筑长城的时期，但长城的消逝，有被迫消逝与积极消逝两种情况。

1. 长城的被动消逝

对于中原政权来说，长城的边界意义由于草原民族的渗透与征服，曾经两次被动消逝，一次是魏晋，一次是两宋。

三国、西晋时期，由于北方匈奴、鲜卑等少数民族内迁，长城的国防意义不再突出，见于文献记载的只有一次，是西晋太康年间对秦、汉长城的东段进行修缮和派军驻防，其背景是鲜卑侵略北平。①晋室南渡后，北方陷入五胡十六国的战乱，对于这些由塞外少数民族入侵中原所建立的政权来说，长城没有任何防御价值。

五代时后晋割让燕云十六州给契丹，北宋一直未能收回，北部的边界退至河北、山西中部，长城大都在辽国境内。由于北边失去了长城这一重要屏障，北宋外患特别严重，以至与辽有澶渊之盟，首都汴京为金所攻破。

元朝统治者是蒙古族，原本就是长城防御的对象，他们入主中原后，长城也失去了防御意义。

2. 长城的积极消逝

唐初对北方的突厥采取以攻为守的策略，据《资治通鉴》记载，唐太宗曾经对李世勣说："隋炀帝劳百姓，筑长城以备突厥，卒无所益。朕唯置李世勣于晋阳而边尘不惊，其为长城，岂不壮哉！"②直至攻灭东突厥，唐太宗被尊为"天可汗"，自然没有修筑长城的必要。以至于更有一条朝拜之路："臣等既为唐民，往来天至尊所，如诣父母，请于回纥以南、突厥以北开一道，谓之参天可汗道。"③唐玄宗时因为契丹的崛起，对居庸关一带的长城有过小规模的修筑。

第二节 关　隘

关隘是古道设施之一。《南齐书·萧景先传》曰："依山筑城，断塞关

① （唐）房玄龄等：《晋书》卷42《唐彬传》，北京：中华书局，1974年，第1219页。

② （宋）司马光：《资治通鉴》卷196"唐太宗贞观十五年冬十月辛卯"条，北京：中华书局，1956年，第6170页。

③ （宋）司马光：《资治通鉴》卷198"唐太宗贞观二十一年春正月丙申"条，北京：中华书局，1956年，第6245页。

隘。”[①]在重要津渡和道路险要之处设关，关隘的功用是作为交通枢纽并可在军事上控制出入，也具有经济上征收赋税等功能。关隘的得失，常常关系到一场重要战争的胜负，影响到国家和民族的兴衰。

文献中所见最早的关隘是东都洛邑（洛阳）王畿十二关，也就是说，最迟从周代开始有关隘了。郑玄在《周礼注疏·地官司徒》中说：“王畿千里，王城在中，面有五百里，界首面置三关，则亦十二关。故云关界上门也。”[②]“界首”就是指边界或边境，这里指王畿与诸侯国交界的地方。这种军事防御和交通控制的布局，对诸侯王及之后历代王朝建都筑城的四周防御设计都有影响。

文献中记载了一些具体的周代著名关隘，如战国时置设轵关，关当轵道之险而得名，由于关址地形两山相夹，路在中间，形势险峻，居王城进入晋国高地之要冲，亦为历代军事险要，故《战国策》中苏秦曾说赵王曰：“秦下轵道，则南阳动。”[③]“南阳”指太行山以南地区，为太行八陉第一陉。

再如函谷关，始建于春秋战国之中，传说为周武王克殷后放牛的地方，是东去洛阳、西达长安的咽喉，自古为兵家必争之地。周慎靓王三年（前318年），楚怀王举六国之师伐秦，秦依函谷天险，使六国军队“伏尸百万，流血漂橹”。秦始皇六年（前241年），楚、赵、卫等五国军队犯秦，“至函谷，皆败走”。“刘邦守关拒项羽”，“安史之乱”时唐军与叛军的“桃林大战”，1944年，第三十四集团军司令李延年指挥中国军队与日本侵略军的“函谷关大战”，都是在这里进行的。遗址在今灵宝市坡头乡王垛村与孟村峡谷口的宏农涧入黄河口处，东指洛邑，西望长安，南依秦岭，北瞩黄河，自崤山至潼津，通名函谷，号称关隘，其中有8千米为绝崖壁立，柏林阴谷，殆不见日。因关在谷中，深险如函得名，为历代兵家必争之地。函谷关不仅是一处军事重地，而且是古代中原腹地与西北地区文化、经济交流的要点。

梅关，江西赣州市大余县，古道始通于秦汉，是古代沟通中原与岭南的五条交通要道之一。梅岭设关始于秦，主要用于军事。早在公元前214年，赵佗就率秦军经过梅岭入粤，在岭口设横浦关。秦始皇统一中国后，先后派遣屠睢、任嚣、赵佗等人攻取岭南，并在公元前213年略取岭南后，在大庾岭上的梅岭筑关，又称秦关，打开了沟通南北的梅关古道。汉武帝时，派遣

① （南朝·梁）萧子显：《南齐书》卷38《萧景先传》，北京：中华书局，1972年，第662页。
② 李学勤主编：《周礼注疏》，北京：北京大学出版社，1999年，第232页。
③ （西汉）刘向：《战国策》卷19《赵二》，上海：上海古籍出版社，1985年，第637页。

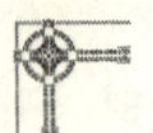

楼船将军杨仆率楼船师平南越，“出豫章，下浈水”，即是沿古道越大庾岭南下。唐开元四年（716 年），为适应当时南北经济文化交流的需要，张九龄又奉诏用两年时间另凿新道。新道宽 1 丈，长 30 华里，两旁广植松梅。唐代，古驿道上并未设立关卡，军队驻守也是时有时无。到了宋代，广盐入赣，为加强管理，增加关税收入，1063 年，南安知军蔡挺在驿道口建筑关楼，并将其命名为梅关。

历史时期著名的例子不胜枚举，这里择其要列举如表 9-1 所示。

表 9-1　历史上的重要关隘

区域	重要的关隘
关中地区	潼关、函谷关、大散关、天水关、仙人关、蒲津关、萧关、蓝田关
幽燕地区	山海关、居庸关、紫荆关、倒马关、娘子关、瓦桥关
三晋地区	雁门关（西陉关）、土门关（井陉口）、天井关、孟门关、宁武关、偏头关、石岭关、武关、平型关
河西走廊	嘉峪关、阳关、玉门关
中原地区	虎牢关、轩辕关（娥岭关）、伊阙关、武胜关
巴蜀地区	剑门关、南津关、瞿塘关、七盘关、清溪关、阳平关
荆楚地区	直辕关、昭关
吴越地区	梅关、仙霞关、分水关
岭南地区	镇南关（友谊关）、鬼门关、昆仑关
云贵地区	下关、娄山关

第三节　古战场的地理分布

中国古代战争频繁，而战争与自然、社会、经济、文化等诸多因素有关，故分析战争的地理分布，可以深入认识到战争与这些因素间的关系，能够在历史研究中，多一种思考角度。从客观的山川形势去分析历史事件，配合文献记载，较之宏观地、主观地从政治、经济、文化角度分析，更有助于使历史研究接近历史事实。

中国历史上的军事区域，一般可分为塞北、河套、河西、西域、河陇、关中、汉中、巴蜀、川西、青藏、云贵、岭南、闽台、江南、江淮、荆湖、中原、山东、燕晋、东北等军事区。不同时期，战争的分布在以上这些地区往往有较大的差异，统计数据如表 9-2 所示。

表 9-2　中国古代南北方发生的战争次数

	先秦	秦汉	魏晋南北朝	隋唐五代	宋辽金	元明	清
北方	87	76	61	68	50	29	26
南方	13	24	39	32	50	71	74

中国古代战争北多南少，但宋以来逐渐形成南多北少的格局。中国古代战争主要分布在黄河中下游地区，但后来逐渐向长江流域、东南沿海地区推进，这种演变趋势原因十分复杂，但根本原因是中国政治经济文化中心的东移南迁。此外，近代海疆价值日益突显，治历史军事地理，亦要关注“海防要塞”。

本节自北而南以东北、幽燕、三晋、关中、河陇、中原、齐鲁、巴蜀、荆楚、吴越和岭南等大的地理单元为军事区域加以概述。

1. 东北地区

东北地区包括黑龙江、吉林、辽宁三省和内蒙古的呼伦贝尔盟。地理形势特点是山环水绕，平原广阔。大兴安岭、小兴安岭、张广才岭、长白山地、辽东、辽西的山地丘陵，环列于东北地区的四周；东北疆域辽阔，额尔古纳河、黑龙江、乌苏里江、图们江、鸭绿江，分别成为蒙古、俄罗斯和朝鲜的界河，围绕着整个东北地区。东北南部，南临黄海和渤海。山河环固，海疆拱卫。东北中部是广阔的平原，由松嫩平原、三江平原、松辽平原、辽河平原组成，土质肥沃。东北地区四季呈冬长春短。水利资源丰富，灌溉条件优越，嫩江、松花江、辽河流贯整个平原。众多的河道也为东北地区提供了舟楫灌溉之利。中国东北，地理位置独特，地理单元完整，森林、矿产丰富，土地物产丰饶，是有名的“大粮仓”，因而在近代历史上，一直是沙俄、日本所垂涎、觊觎、争夺的地方。东北地区又是清朝满族势力的发祥地，被誉为“龙骧之地”[①]。由努尔哈赤建立的“后金”政权，就是凭借东北地区的雄厚实力，挥师入关，定鼎中原。自明清至近现代，都具有举足轻重，至关重要的战略地位，军事意义非常重大。当年的满族，就是以东北为根据地，创造了统一中国的奇迹，并确立了清朝长达 276 年的统治。

2. 幽燕地区

幽燕之地，大体上北起燕山，南抵黄河，西邻太行山，东滨渤海，为今华北平原北部，亦称河北平原，是古代经济开发较早的地区之一。太行山燕

① 龙骧，为明代南京卫指挥使司十七卫之一，隶属于都督府，后改亲军都督府，负责皇帝的安全。

山山前冲积扇地带，土质肥沃，又因地势较高无河流改道造成的自然灾害，农业经济发达。交通上，这里地处南北交通要道，殷商文化沿着山麓平旷地带向北发展。幽燕同中原地区联系非常紧密。邺城（今河北临漳西南）、邯郸（今市）和北京，在历史上都曾为幽燕地区的经济、文化和政治中心，亦是战争频发之地。

以邺城、邯郸、北京为例，邺城为我国历史上七大古都之一。这里西北依邻太行山，三面为富饶的大平原所环围。通过太行山谷道滏口陉，可进入山西高原，南部临近中原地区。控制邺城及其周围，可以河北为根本而问鼎中原。邺城有漳水溉田之利，为河北平原最富裕的地区之一。邯郸为战国时期赵国的都城，为战国五大都市之一。燕国为河北北部的区域性政权，战国七雄之一，其势力可北向扩及辽东半岛以远地区。北京是燕国的政治中心、军事要地，交通枢纽，为历代兵家所重视。辽、金、元，以至明、清，北京成为北方及全国的统治中心。因其具有独一无二的地理位置，即蒙古高原游牧、东北狩猎农耕和内地农耕三大社会的交汇处，在经济、交通、军事上占有非常重要的地位，因而也形成了幽燕地区独特的军事地理价值。

3. 三晋地区

三晋，因公元前 4 世纪中叶，韩、赵、魏三家分晋而得名。三晋地区大致相当于山西高原，海拔千米，是我国北方地理形势最为完整的地域。西面以黄河为襟带，隔河与关中相望；东及南面以太行山、王屋山、中条山为屏障，居高临下，雄视华北平原；北面与蒙古高原连为一体。山河环固，拱卫着三晋中间的汾河谷地。谷地由串珠状的盆地组成，土地肥饶，极便灌溉，是我国北方农业开发最早的地区之一。三晋之地又富盐铁之利，是割据政权的重要物质基础。

三晋在中国历史上的分裂时期，占有重要地位。利用山西高原居高临下的军事地理优势，常常攻入华北平原地带，成为处于华北平原割据政权的心腹之患。由于三晋北境与蒙古高原相连，又多南北纵向谷地，居于蒙古高原的游牧民族南下，亦往往必先强占山西高原，方能对中原地区的汉族政权造成巨大的军事威胁。

山西高原在黄土高原的东部，地势由东北向西南倾斜。由晋中盆地、晋东山地和晋西高原山地三部分组成。晋中因断层陷落而形成河谷盆地，并有桑干河、滹沱河、汾河流贯其中；晋东山地，以太行山脉为主，自北向南还有恒山、五台山、太岳山等；晋西高原山地，介于黄河谷地与晋中盆地之间。

以吕梁山为主体，山岭连绵。三晋分明独特的地理大势，构造了众多的险关、要隘。

4. 关中地区

关中，也称“三秦”。项羽分立诸侯王，分关中之地为三王，即雍、翟、塞为三秦王。三秦之地，西有陇关，东有函谷关，南有武关，北有临晋关，西南有散关。秦地居中，故谓之关中。周都丰、镐，秦都咸阳，汉都长安，皆在关中之地。

关中位于黄河流域中游，兼跨汉水上游。自南而北，大体由山地、平原、高原三部分组成。秦巴山地，包括秦岭、大巴山和夹于两山之间的汉水谷地，秦岭为黄河流域和长江流域的主要分水岭；关中平原，亦称渭河平原或关中盆地，东起潼关，西至宝鸡，南接秦岭，北抵陕北高原，由三川即渭、泾、洛冲积而成，造就了富饶的“八百里秦川”，素有“天府之国”和“陆海”之称。

三秦之地拥有完整的山河大势和丰饶的经济物产，是统治全国的政治中心，或地方割据的军事基地。“陕西据天下之上游，制天下之命者也。是故以陕西而发难，虽微必大，虽弱必强，虽不能为天下雄，亦必浸淫横决，酿成天下之大祸。”①

关中地理位置具有巍然独立和对外联系紧密的特点。东可俯瞰华北平原；南经栈道和陈仓道与汉中盆地和四川盆地相通；西拥陇东，与河西走廊相接，为古代丝绸之路之东端；东南出武关，可沿汉水谷地入南阳盆地和江汉平原。关中军事集团可凭借山河之险、巴蜀之饶，胡马兵革之利，割据自守，还可挥师东向，席卷中原统一全国。诚如太史公司马迁所说：“关中之地，于天下三分之一，而人众不过什（十）三；然量其富，什（十）居其六”②。唐代以前，关中拥有巨大的经济实力，在全国政治中占有极为重要的地位。

5. 河陇地区

河西走廊因地处黄河之西而得名，西北起疏勒河下游，东南止于乌鞘岭。南倚祁连山，北接大漠。河西四郡的武威、张掖、酒泉、敦煌，将漫长的戈壁走廊串连起来，构成了“介戎夏之间，居噤喉之地”的整体的军事战略要地。玉门关、阳关控扼通西域的大道，自汉至唐是“丝绸之路”的必经之地，是中国连接中亚的重要交通孔道。在河西走廊东端，由陇山之六盘关、东北

① （清）顾祖禹撰，贺次君、施金和点校：《读史方舆纪要·陕西方舆纪要序》，北京：中华书局，2005 年，第 2449 页。

② （西汉）司马迁：《史记》卷 129《货殖列传》，北京：中华书局，1959 年，第 3262 页。

之平凉、关中要会之天水、襟带河湟之临洮，构成了三秦之地的北部屏障，拱卫着关中京畿地区。平凉史称“安定”，“外阻河朔，内当陇口，襟带秦、凉，拥卫畿辅，关中安定，系于此也”[①]。天水关，“盖关中要会常在秦州，争秦州则自陇以东皆震矣”[②]。蜀后主建兴八年（230），诸葛亮与司马懿曾对垒于天水关。临洮亦是控御西陲的著名军事要地，明朝大将徐达曾对朱元璋说：“临洮西通蕃落，北界河、湟，得其地足以给军储，得其人足以资战斗也。”[③]河西走廊地居西北，内连三秦，外通西域，祁连险阻，绝漠侵逼，孔道如丝缕。“为东西咽喉扼塞之处”。

6. 中原地区

中原地区以黄河中下游地区为核心，大部分在黄河以南，故又名河南。狭义的中原地区，指今河南省境，古代为豫州地，简称豫。中原地区由黄淮平原、豫北山地、豫西山地、南阳盆地、豫南山地构成。中原地区河流众多，以黄河、淮河为主，自西向北、东、南呈辐射状分流。黄河自陕、晋边境折向东流，横贯中原。在古代政区归属上，分为东西两部分，西部以洛阳为中心，东部以开封为中心，交替担任一些封建王朝的首都或陪都。西周初年，周公根据洛阳的山河形胜和居天下之中的地理位置，以方便控制东方，定都洛邑为“成周”。西周至唐末，洛阳一直是中原地区最主要的政治和经济中心。五代以后，开封由于交通方便，地靠经济发达的江淮地区，上升为中原地区的主要政治中心。

“中原自古多烽烟”，“问鼎中原”，“逐鹿中原”的历史典故和事件，都发生在中原腹地。历代王朝更迭，亦常有“决战中原”“定鼎中原”而分晓雌雄。所以，在中原地区发生的大小战争与战役，难以数计。中原兵家必争之地，广布，如天下心膂郑州，豫北重镇安阳，豫东门户商丘，水陆都会开封，黄河古渡孟津，必争衢地洛阳，秦、晋、豫三省砥柱三门峡，中州形胜许昌，南襄隘道南阳，豫南重地信阳，天下重险崤山，荥阳、虎牢亦是千古悲歌，万古遗恨的交兵之地。

7. 齐鲁地区

齐鲁以战国时期齐国和鲁国辖地为中心，地处华北平原东部，黄河下游，

① （清）顾祖禹撰，贺次君、施金和点校：《读史方舆纪要》卷 58《陕西七》，北京：中华书局，2005 年，第 2774 页。

② （清）顾祖禹撰，贺次君、施金和点校：《读史方舆纪要》卷 59《陕西八》，北京：中华书局，2005 年，第 2833—2834 页。

③ （清）顾祖禹撰，贺次君、施金和点校：《读史方舆纪要》卷 60《陕西九》，北京：中华书局，2005 年，第 2864 页。

因处太行山以东，故名山东。东部为山东半岛，伸入渤海与黄海之间，亦称“胶东半岛”。

西周初年，太公吕望被封于齐，都营丘，后称临淄，即今淄博市东。地处中原通往山东半岛东西大道之要冲，极富盐、铁之利，渔业发达。为山东最早的政治、经济、交通和文化中心。

西周之初，周公旦之子伯禽，被分封于鲁都曲阜，相当于山东的西南部。鲁地农业发达，城市繁华，面积广大。北依泰山，南临淮泗。至东汉，齐鲁之地分为青州、兖州、徐州三个中心区域。这一区域地形构造丰富，有平原、丘陵、河谷、湖泊、海洋、海滨、黄河、湖群等。济运河贯通齐鲁大地南北。

济南郡属青州，故城在淄州长山县西北，西北濒临黄河，南抵泰山，北襟渤海，为齐俾通衢之地。河济、淮泗，向为列国用兵征战的“肘腋之地”。战国初年，魏齐争强，齐境颇多战事。济南，古称历下。韩信破赵之战后，东出太行，挥师入齐，袭破历下，自北翼对西楚霸王形成战略包围之势。东汉光武帝刘秀论及济南形势说：“昔韩信破历下以开基，今将军攻祝阿以发迹，此皆齐之西界，功足相方。”[①]明洪武时期，重修济南城，以砖石环筑城池，为中国北方坚城之一。

徐州，战国时为鲁国薛县。梁惠王三十年（前340年），下邳迁于薛，改称徐州，或因徐丘以立名。这里是连接黄河、长江两大流域的枢纽地带，可以北进齐鲁，南制吴越，东控海疆，西扼中原，兼领淮汉、荆楚之地，“自古彭城列九州，龙争虎斗几千秋”，战略地位极为重要。楚汉之际，项羽建都彭城。在战略上，他犯了“先齐后汉”的错误，使汉王刘邦的势力乘机发展起来。宋代定都开封，徐州地近京畿，“为南北襟要，京东诸郡邑安危所寄也”[②]。明初，朱元璋定都南京，京师北门即为徐州。

8. 巴蜀地区

巴蜀地区，位于长江上游，是古代文明发达最早的地区之一，由东部的四川盆地和西部川西高原组成。四川盆地四周被城墙式的高大山脉所环抱，地理单元独立而完整。西、南为青藏高原和云贵高原边缘山地，邛崃山、米仓山、大巴山、巫山、大娄山、大凉山等山脉，环列于四周。盆地中央为成

①（南朝·宋）范晔：《后汉书》卷19《耿弇传》，北京：中华书局，1965年，第711—712页。
②（清）顾祖禹撰，贺次君、施金和点校：《读史方舆纪要》卷29《南直十一》，北京：中华书局，2005年，第1389页。

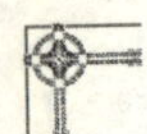

都平原。早在公元前250年，在灌县修建的“水旱从人，不知饥馑”[①]的都江堰，使成都平原成为物产丰饶的“天府之国”。巴蜀地区水利资源极为丰富，金沙江、川江、峡江为长江上游不同区段的名称。长江自万县（今重庆市万州区）以下，切穿巫山，形成西起奉节白帝城附近滟预滩，东至宜昌的南津关，峡谷长达 204 千米，河道滩峡相间，瞿塘峡、巫峡、西陵峡三峡两岸高峰壁立，形势极险。嘉陵江、岷江、沱江、乌江为长江在巴蜀地区的四大支流。山高水远，关山阻断，对外交通不便。独立的地理环境和丰富的物产，有利于区域内部形成完整的经济链条而不必依赖于其他经济区。而雄险的高山，成为地方割据政权形成的有利条件，地方割据也是巴蜀地区的主要历史。历史上的公孙述、刘璋、刘备、李特、谯纵、王建、孟知详、明玉珍、张献忠等，纷纷称王，割据于四川。但这些割据政权，无一统一过全国，而只能够自保于巴蜀之地。

明末清初人欧阳直公《蜀警录》曰:“天下未乱蜀先乱,天下已治蜀未治。”[②]此诚如顾祖禹所论：“四川非坐守之地也。以四川而争衡天下，上之足以王，次之足以霸；恃其险而坐守之，则必至于亡。”[③]三国时诸葛亮北伐亦只能止步于秦岭似乎也表明，四川盆地是入之易、出之难的“坐守之国”。

9. 荆楚地区

荆楚之地大致相当于今湖北省境，位于长江中游的洞庭湖以北，故名湖北。秦讳庄襄王子楚之“楚”字，故其国号谓楚为荆，因境内有荆山。荆楚之地，地势西高东低，西、北、东三面环山，向南敞开，形成一个不完整的盆地。西北部高山盘结，为秦岭、大巴山向东的延伸部分，大巴山、荆山是长江与汉水的分水岭；西南部地势高旷，属云贵高原的东缘；东北部是低山丘陵，位于鄂、豫、皖边境的桐柏山、大别山，是长江与淮河的分水岭；中南部为坦荡宽阔、湖泽纵横的江汉平原，与湖南北部的洞庭湖平原相连，合称“两湖平原”。平原上河道曲折，河网交织，湖泊密布，港汊交错。群山环抱，水域广阔，交通发达，物产丰饶。

荆楚地区复杂多样的山川大势，使之成为独具特色的兵家必争之地。诸葛亮的《隆中对》中就指出了荆州的战略地位：“荆州北据汉、沔，利尽南海，

① （晋）常璩原著，汪启明、赵静译注，吴迪等校订：《华阳国志译注》，成都：四川大学出版社，2007 年，第 92 页。

② （清）欧阳直公：《蜀警录》，民国元年（1912 年）刻本。

③ （清）顾祖禹撰，贺次君、施金和点校：《读史方舆纪要·四川方舆纪要叙》，北京：中华书局，2005 年，第 3094 页。

东连吴、会，西通巴、蜀，此用武之国。”[①]鲁肃对孙权论及荆州形势时说：“荆楚与国邻接，水流顺下，外带江、汉，内阻山险，有金城之固。”[②]

荆楚地区，又以荆州与武昌为自古兵家所重。荆州成为蜀汉门户，不唯如此，东晋以后，以扬州为京师（南京）根本，荆州依然为军事总凑，号称“西陕”，关涉举国安危，故有“欲保江左，必都建康，欲守建康，必有荆、峡。湖北十有四州，其要会全在荆、峡”[③]之说。宋代李纲以六朝为鉴，主张“强兵巨镇，宜在荆、襄”[④]，就是因为荆襄之地左可顾川陕，右能控湖湘，下瞰京洛，且江浙之粟，资川陕之兵，因此，“自古兵家重荆州”。至元代以后，武昌逐渐取代了荆州的地位。

东汉末年，荆州刺史刘表令黄祖据守江夏。东吴孙权为控制长江中游地区，首先夺取了夏口（汉口），之后才水陆并进攻占武昌，成就了称雄东南的霸业。自三国之后，历各朝以至清，武昌战事始终连绵不断，盖因武昌之地西可援蜀，东可争淮，南可控潇湘，北可进中原的地理位置和“九省通衢”自然地理条件。

10. 吴越地区

吴越地区大体相当于今皖南和沪、宁、杭地区，即今江苏宁镇山、茅山，浙江天日山以西的皖南地区，以南京为主要区域的淮河以南地区，钱塘江流域南北地区。杭州湾南岸的宁绍平原是越国经济文化发达最早的地带。春秋时期，吴、越两国基本上是以钱塘江为界。吴国故都会稽郡郡治苏州，辖地东达长江口，西通南京，南望杭州，北近长江，居长江三角洲肥水沃土的中心，为水陆交通枢纽。长江三角洲和钱塘江三角洲，分别是吴越的两大核心区域。春秋末年，吴国开凿了从邗城（今扬州）至末口（今淮安）的邗沟，是我国最早的人工运河，全长150千米，沟通了长江与淮河两大流域。邗沟是我国著名的贯通南北大运河的起源。魏晋南北朝时期的建康（今江苏南京）和南宋时期的临安（今杭州），成为这两大区域内分别取代姑苏、会稽的两大著名古都。

吴越地区有几个战略核心。一为当涂，古称姑孰，为金陵的门户。《读史

① （晋）陈寿：《三国志》卷35《蜀书·诸葛亮传》，北京：中华书局，1999年，第912页。
② （清）顾祖禹撰，贺次君、施金和点校：《读史方舆纪要》卷78《湖广四》，北京：中华书局，2005年，第3652页。
③ （清）顾祖禹撰，贺次君、施金和点校：《读史方舆纪要》卷78《湖广四》，北京：中华书局，2005年，第3654页。
④ （清）顾祖禹撰，贺次君、施金和点校：《读史方舆纪要》卷78《湖广四》，北京：中华书局，2005年，第3653页。

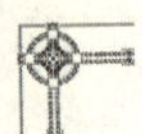

方舆纪要》称当涂“控据江山，密迩畿邑。……金陵有事，姑孰为必争之地。……左天门，右牛渚，铁瓮直其东，石头枕其北，襟带秦淮，自吴迄陈，常为巨屏”[①]。二为九江郡，即今合肥，顾祖禹总结说：“得合肥则可以西问申、蔡，北向徐、寿，而争胜于中原；中原得合肥则扼江南之吭，而拊其背矣。”[②]三为扬州，“扬州者国之北门，一以统淮，一以蔽江，一以守运河，皆不可无备”[③]。四为镇江，古称丹徒，后又有京口、润州之名。《尔雅》名其地势“因山为垒，缘江为境，因谓之京口”[④]。镇江与扬州隔江相望，地处长江三角洲的顶端，北临长江，扼京杭大运河与长江交汇之处，交通便利，是南京下游的交通门户。

11. 岭南地区

岭南，指南岭山地以南，泛指今之两广地区。这一区域整体地势北高南低，山地与丘陵分布广泛，海岸曲折多良港与岛屿。广西部分山地环绕出“广西盆地”，西北向东南倾斜。在流贯于整个岭南地区的珠江入海口附近，珠江三角洲平原上河网纵横，岗丘错落，土壤肥沃。

岭南门户之地为广州。秦始皇和汉武帝用兵南越，由岭北进入岭南的进军路线，从湘江河谷，经灵渠，进桂江，入西江；由赣江河谷，过大庾岭，入北江；或从湘江支流潇水，越九嶷山，进贺江，入西江，再从来水越骑田岭，转连江，入北江。三条路线，最后会合之点，皆在广州附近，这是古代中原和长江流域同岭南交通的主要孔道。西晋太康元年（280年），广州统南海、桂林、苍梧等十郡，治南海番禺县，《汉书·南粤传》载：“番禺负山险阻，南北东西数千里……可为国。”[⑤]南赵王赵佗即是凭此在这里建了南越国。广州地当东南亚和东亚，连通西洋的海上航线之中心地带，是我国古代最重要的海港之一。

参考文献

安介生编著：《天下雄关》，长春：长春出版社，2007年。

① （清）顾祖禹撰，贺次君、施金和点校：《读史方舆纪要》卷27《南直九》，北京：中华书局，2005年，第1320—1321页。

② （清）顾祖禹撰，贺次君、施金和点校：《读史方舆纪要》卷26《南直八》，北京：中华书局，2005年，第1270页。

③ （清）顾祖禹撰，贺次君、施金和点校：《读史方舆纪要》卷23《南直五》，北京：中华书局，2005年，第1113页。

④ （宋）司马光：《资治通鉴》卷66《汉纪》注引《尔雅》，北京：中华书局，1956年，第2102页。

⑤ （东汉）班固：《汉书》卷95《南粤传》，北京：中华书局，1962年，第3847页。

边强编著：《甘肃关隘史》，北京：科学出版社，2011 年。

曹云忠等：《中华名关》，北京：解放军出版社，1988 年。

陈梦家：《汉武边塞考略》，《汉简缀述》，北京：中华书局，1980 年。

程龙：《北宋西北战区粮食补给地理》，北京：社会科学文献出版社，2006 年。

程喜霖：《汉唐烽堠制度研究》，西安：三秦出版社，1990 年。

段清波，徐卫民编著：《中国历代长城发现与研究》，北京：科学出版社，2014 年。

胡阿祥主编：《兵家必争之地——中国历史军事地理要览》，南京：河海大学出版社，1996 年。

穆谓生：《唐代关内道军事地理研究》，西安：陕西人民出版社，2008 年。

施和金：《中国古代战争的地理分布》，《历史地理》第 12 辑，上海：上海人民出版社，1995 年。

史念海：《河山集》（四集），西安：陕西师范大学出版社，1991 年。

寿鹏飞：《历代长城考》，台北：明文书局，1941 年。

王国维：《金界壕考》，《观堂集林》，北京：中华书局，1959 年。

张维华：《中国长城建置考》，北京：中华书局，1979 年。

《中国长城志》系列，南京：江苏凤凰科学技术出版社，2016 年。

朱悦梅：《吐蕃王朝历史军事地理研究》，北京：中国社会科学出版社，2017 年。

练　习　题

一、基本概念

府兵制　楚方城　汉长城　明长城　关隘　山海关　嘉峪关　函谷关　玉门关　阳关　九边

二、思考题

1. 论述中国历代长城修筑及其与中国社会的关系。
2. 论述历史时期关隘的功能与作用，举例说明。
3. 分析中国古代战争分布演变趋势及原因。
4. 试述东北地区的军事战略要地。
5. 简述天下第一关山海关。

第十章　历史时期的城市与都城

城市，是社会经济发展的必然产物。也就是说，当社会经济发展到一定阶段，必然会出现城市。由于各个国家和地区经济发展的水平不同，城市出现的时代也就有了差异。城市的历史发展进程也有差异，从选址、形状到变迁，都与自然地理条件与区域文化有直接关系。

都城，又与一般的城市和城镇有很大差别，古代都城的选址与建造，是政治地理的范畴，但是考虑到都城的建立，对于一个政权的社会经济也是起到至关重要的作用，而且都城的选址亦与区域自然地理、人文地理诸要素密切相关。

第一节　中国古代的城市

《黄帝内经》《世本》《淮南子》《吴越春秋》等文献，有黄帝“筑城”和“鲧作城郭”的记载，这些大多被今天的考古学所证实。距今4000年的山东章丘城子崖龙山文化遗址首次发现完整的古城，城址占地仅0.17平方千米。距今4800年的湖南澧县城头山屈家岭文化中期古城遗址，城址中出土有丰富的文物；河南省郑州市北的古城，则把中国古城的历史推向距今6000年左右。这就意味着，中国的筑城史起源于原始社会中后期的仰韶文化和龙山文化时代。

一、中国古代的城与市

中国古代，城和市是不同的两个概念。

城，是用夯土筑成的高大墙体，展成一线称长城，围成一圈就是城。《墨子·七患》说："城者所以自守也。"[①]说明城郭是一种防御工程，并不是今天意义上的城市。

市，则是货物交换的地方，开始时物物交换，货币产生后就成为买卖的场所，即市场，故曰："庖牺氏没，神农氏作。……日中为市，致天下之民，聚天下之货。交易而退，各得其所，盖取诸噬嗑。"[②]《世本·作篇》记颛顼时"祝融作市"。颜师古注曰："古未有市，若朝聚井汲，便将货物于井边货卖，曰市井。"[③]可见，早期的市与城没有关系，只是进行物物交换的场所。这种市不具备城市的基本形态，也并不都是中国城市的前身。可见，在历史时期，"城"和"市"虽然出现较早，但前者为了"盛民"，后者为了"买卖"，二者并无直接关系。

城市则不然，它必须有集中的居民和固定的市场，在地理学的城市定义中，二者缺一都不能称为城市。因此，只有在城中或城的附近设市，把城和市连为一体的时候，才能认为产生了城市。仅有市而无集中的居民，或者仅有集中的居民而无市，仍然只能是单个的城或市，都不是特定意义上的城市。

城市并不一定要有城，但必须有市，才能成为经济活动的中心。中国早期的城市是城和市的结合体，而且往往是先筑城而后设市，城的地位和作用比市更为重要，这是中国特殊的自然环境和人文物质所决定的。由于中国城市这样的独有特点，就不能以一般城市形成的规律来解释。

夏商的都城是否设市，既没有文献依据，也无考古上的证明。文献所见最早设市的是西周的都城丰镐。《周礼·考工记》中有司市，说明当时市的设立和管理已成为政府行政职能的一部分。市场有专门的管理机构，"平市""均市""止讼""去盗""除诈"等。[④]市有市门，定时交易，"大市，日昃而市，百族为主；朝市，朝时而市，商贾为主；夕市，夕时而市，贩夫贩妇为主"[⑤]。西周的首都设市，一般诸侯国的都城也应该设市。

早期的城和市各自独立，大概与城的规模有关。早期的城并不大，所以有《司市》所言，分次聚合。说明设市的区域狭小，必须分次聚合才能满足交易的需要。

① 吴毓江撰，孙启治点校：《墨子校注》，北京：中华书局，1993 年，第 37 页。
②（清）李道平撰，潘雨廷点校：《周易集解纂疏》，北京：中华书局，1994 年，第 624—625 页。
③（汉）宋衷注，（清）秦嘉谟等辑：《世本八种》，上海：商务印书馆，1957 年。
④ 李学勤主编：《周礼注疏》，北京：北京大学出版社，1999 年，第 367—368 页。
⑤ 李学勤主编：《周礼注疏》，北京：北京大学出版社，1999 年，第 369 页。

西周时已形成早期的城和市，但在西周的文献中尚未发现有“城市”一词。春秋战国时代，随着社会经济的发展，城和市的关系越来越紧密，城市的概念逐渐形成。《诗·鄘风·定之方中》记载了春秋时卫“文公乃徙居楚丘，始建城市而营宫室”，这应该是春秋时代最早出现的“城市”。虽然这时城和市连成一体了，但未必就是城市的概念。根据孔颖达的疏文：“文公乃徙居楚丘之邑，始建城，使民得安处。始建市，使民得交易……而始筑城立市，故连言之。”①

从概念上实现的城市一词出现于战国。《战国策》记苏秦在游说齐缗王时说：“通都小县置社，有市之邑莫不止事而奉王。”②《战国策》和《资治通鉴》中都有“城市邑”的称谓，所指确为城市。《战国策》载，赵曾割“城邑市五十七，命以与齐，而以求安平君而将之。”③《资治通鉴》载韩国为了阻挡秦国，愿献城于赵，“有城市邑十七，愿再拜献之大王”。胡三省解释：“城市邑，言邑之有城市者，指言大邑也。”④也就是说，只有大邑才具备城市的资格。《韩非子·爱臣》中明确提出了城市的概念：“大臣之禄虽大，不得借威城市。”⑤城市一词终于成为反映特殊地理实体的准确概念，一直沿用至今。

中国早期的城市，是在城内设市以后产生的。随着农业、手工业和商业的发展，逐渐在一些交叉路口、水路码头、军事要塞，或人口集中的地方也形成了城市。有些城市并未筑城，但却是真正的城市，因为这些地方既有众多定居的人口，又有市场，符合城市的基本条件。

二、中国古代城市的选址原则

城址，指城市的具体位置和活动的基本空间。城址的确定要进行精心的选择，然后划定区域，规划设计，修筑城墙，圈定空间。被城墙所圈定的范围，就是中国早期城市的城址。

城址的选择，一般要求自然环境优越、平坦开阔的地理空间、便捷的水陆交通、良好的水源、适宜的温度和丰富的物产，等等。而如果是都城的话，则还有兼顾大区域的社会经济格局、地缘政治关系、军事战略条件，

① 李学勤主编：《毛诗正义》，北京：北京大学出版社，1999年，第194页。
②（西汉）刘向：《战国策》卷12《齐五》，上海：上海古籍出版社，1985年，第436页。
③（西汉）刘向：《战国策》卷21《赵四》，上海：上海古籍出版社，1985年，第751页。
④（宋）司马光：《资治通鉴》卷5“周赧王五十三年乙亥”条，北京：中华书局，1956年，第167页。
⑤（清）王先慎撰，钟哲点校：《韩非子集解》，北京：中华书局，1998年，第25页。

等等。

1. 平坦开阔的地理空间

建造城池首先需要有足够回旋的土地资源，土地资源是否丰富是城市选址的首要原则。在历史时期，平原是中国城市的摇篮。平原地区自然环境优越，地形平坦，交通方便，水源丰富，物产丰盈，能为城市的兴起和发展提供一切必要的条件。

中国早期的城市几乎无不建在平原之上。据统计，《史记·货殖列传》《汉书·地理志》《汉书·货殖列传》中以“都会”相称的城市有 13 处，分别是长安位于关中平原的中央；洛阳、邯郸、蓟、临淄、陶、睢阳、宛、寿春、合肥都在华北大平原；江陵、吴位于长江中下游平原；只有番禺位于华南沿海平原。东北平原虽然是中国最大的平原，由于经济开发较晚，中国早期的城市没有一个首先在这里兴起。可见，平原优越的自然环境，为中国城市的兴起奠定了良好的基础。

中国最早的三大农业地区关中平原、成都平原和黄河下游平原，也是中国城市最早兴起的地区，绝不是偶然现象，而是社会历史发展的必然结果。

2. 水陆交通便利

城市是一个地区政治、经济和文化的中心，城址选择必须考虑水陆交通方便。交通方便是城市兴起、完善和发展的基础，是城市选址的基本原则之一。

中国历史时期的城市选址，无一不考虑水陆交通的便利。正如桑弘羊所说：“燕之涿、蓟，赵之邯郸，魏之温轵，韩之荥阳，齐之临淄，楚之宛、陈，郑之阳翟，三川之二周，富冠海内，皆为天下名都，非有助之耕其野而田其地者也，居五诸侯之冲，跨街衢之路也。”①

普通的城市选址重视交通条件，作为政治的中心都城，选址更是重视交通原则。春秋战国各国的国都，如临淄、郢、新田、大梁、邯郸、阳翟、蓟等城市，无一不在交通要道之上。秦汉时期，分别以首都咸阳和长安为核心，向四面八方辐射出一张全国交通网。而秦选择咸阳作为都城，就是因为咸阳是控制关中东西大道的咽喉。关中地区的东西大道必须从咸阳渡过渭河，所谓“咸阳古渡几千年”。

① 王利器校注：《盐铁论校注》，北京：中华书局，1992 年，第 41 页。

地方性的政治中心，在选择城址时也是以地理条件与交通地位为出发点。例如，齐国的临淄虽偏处淄河西岸，却为古代东西大道所必经。以临淄为中心，东达山东半岛的成山角；西与邯郸、洛阳相通；南连彭城；北达渤海湾。临淄实际上是山东地区交通的中心。

商业城市更是受交通条件制约。所谓“天下熙熙，皆为利来；天下壤壤，皆为利往”①，历史上著名的经济发达的都会，有位于陆路交通干线之上的，如长安、洛阳、邯郸、蓟、临淄、宛等；也有位于水路交通干线之上的，如陶、睢阳、江陵、吴、寿春、合肥、番禺等。

交通便捷不仅是城市经济生活有序进行、国家与地方政令上传下达的基本条件，还有利于区域文化中心的形成和发展。往往大的城市就是大的区域的文化中心，小城市就是小区域的文化中心。如西汉长安城就是汉代全国文化的中心，不仅有全国最多的藏书，而且有全国最高的学府——太学，齐国临淄的稷下之学亦是如此。

3. 有利的地形

地形指城市周围的地形和城市内的微地形。地形条件是城市选址的一个重要原则。

就周围地形而言，城址必须选择在地形险要的地区之中，能够充分防御，以利于城市的安全。汉唐建都关中平原，就是因为关中平原三面环山、东临黄河，所谓“四塞之固”，有利于进攻退守。其他城市的城址选择，不是傍山、倚原、临河，就是处于两山之间或河谷之中，或者面临大湖、大海，以广阔的水域为屏障，使城市处于安全地位。

微地形是城市选址的基本出发点。一个理想的城址，可考虑选择在一个较小的地理单元之中，使之既有足以回旋的余地，又能高低错落，宏伟壮观。隋唐长安城选择在龙首原与少陵原之间的“六坡”上，既增大了长安城的立体空间，又使皇宫具有居高临下、气势磅礴的威严感，异常巧妙，绝无仅有。唐以前的扬州城也倚位于今扬州西北蜀冈而立，南临长江，既水路交通便利，又地形高亢，据险而守，雄峙于长江岸上，成为区域内重要的经济都会和军事重镇。苏州城址位于太湖平原上，水网密集，城址依运河而立，三横四直的运河线构成苏州城前临街、后临河的基本骨架，使城址一经成型，再无法转移，故从城址选定之日起，至今再未变动过。

①（西汉）司马迁：《史记》卷129《货殖列传》，北京：中华书局，1959年，第3256页。

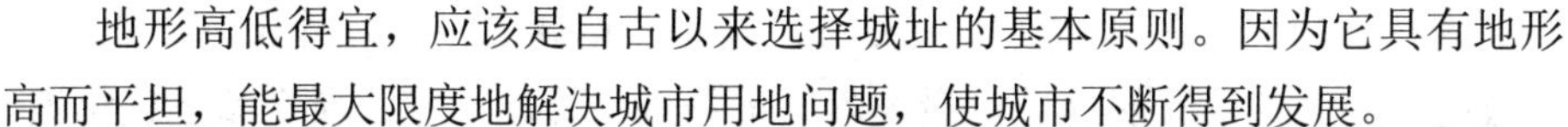

地形高低得宜，应该是自古以来选择城址的基本原则。因为它具有地形高而平坦，能最大限度地解决城市用地问题，使城市不断得到发展。

4. 合理的水源与引用

水源便利是城市选址的基本原则。扬州城高居蜀冈之上，前临大江，当长江南移后，商业罗城就跟着转移到蜀冈之下，这除了平原广阔外，显然同引水方便有密切关系。隋唐长安城有“六坡”地形作为骨架，而冈与冈之间的低地用来开渠引水，与城市中曲江池、大明宫太液池、兴庆宫龙池等低洼地带相结合，巧妙地解决了城市用水问题。

《管子·乘马》说：“凡立国都，非于大山之下，必于广川之上。高毋近旱，而水用足；下毋近水，而沟防省。因天材，就地利。”①城市选址还要注意地形高低得宜，太高或太低，不是引水不便，就是受到洪水威胁。地形高低得宜，既可省去修筑沟防，又能引水方便，解决城市供水问题。北京也是利用地势合理解决水源使用的经典案例。北京城址位于永定河的山前冲积扇上，平原开阔，因为山前洪积扇恰好是高低地形的结合部，为潜水溢出带，水源最为丰富。从史前人类，到历史时期早期，人们主要活动于大川——河流的二级阶地之上，这里一般距河岸 20 米左右，既有一定高程，又开阔平坦，不易遭受洪水的袭击，同时距河岸较近，取水方便。后来北京城的城址选择，依然以河流的二级阶地为核心。与之相似，西汉长安城也是位于渭河的二级阶地之上。

水源丰富，能充分解决城市供水问题，为城市发展开辟广阔前景。

5. 气候温和，物产丰盈

气候条件是人类生活、生存的基本条件之一，城市是人口集中的所在，会尽量选择气候条件优越的地方。根据对全世界 20 万人以上城市的统计，热带城市占总城市的 7.6%；干燥带占 5%；温带占 72.6%；冷带占 14.8%；寒带占 0%。全世界的绝大多数城市分布在气候冷热得宜，适宜于人类生存的温带地区。气候条件是影响城址选择的重要原则，但不是绝对原则，只要具备选择城址的基本条件，当地又有人类生存，社会经济发展到一定阶段，也必然会出现城市。

物产丰盈指农、林、牧、副、渔、矿、水等各种物质资源，是城市兴起的物质基础。因分布地区不同，影响城址选择的物产基础有所不同。以农业

① 李山译注：《管子》，北京：中华书局，2009 年，第 42 页。

经济为基础的城市多分布在农业经济最发达的地区之中，且处于方便农产品集散的中心地位，既能使城市最大限度地得到供给，又能使农产品迅速集散。矿业城市的选址必然接近矿产资源，以满足矿业管理、矿业生产和维系矿业生产所需要的社会生活。海港城市的选址，必然离不开优良的港口，优良的港湾为港口城市的兴起提供了条件，但并不是所有的港湾都能形成港口城市，这还取决于广阔的腹地、丰富的物产和海路交通路线。就其他各类城市而言，城址的选择也必须具备物产丰盈这个基本条件，才能生存和发展。否则，就会昙花一现，或始终处于落后的地位。

三、中国古代城址的转移

城址选择得当与否，与城市发展的关系极为密切。选址得当，有利于城市的发展，相反，就限制城市的发展。城市的功能和性质不同，选址的要求就有差异。以防御为目的的城市，城址就必须选择在地理形势险要的地区；以航运为主的城市，城址必须选择在江河沿岸或港口码头地区；以采矿为主的城市，城址必须靠近矿区；以工商业为主的城市，城址必然会选择在交通要道之上；以旅游为主的城市，城址应当选择在风景区的近旁，或具有多种风景名胜功能的地区，等等。如果一个城市具有多种职能要求，则城市选址就会受到较多条件的制约。

尽管城址的条件千差万别，但城址选择得当与否，都会直接影响到城市的发展，如规模大小、发展快慢、环境质量优劣等。由于社会经济和科学技术的发展，最初选择的城址未必都是恰当的，因此，就出现了城址的转移。在中国历史上，像苏州、成都这样城址从未转移的城市，数量并不很多，大多数城市都有过城址转移。城址迁移的原因亦有不同，有的最初选址不当，有的移位于地理条件更有利的区域。

历史时期，由于选址不当而使城市废弃的也为数不少。这类城市有些因水源难于解决而废弃，有些因受沙漠威胁而废弃，还有的被河流圮毁或被湖泊湮没。

北方地区，水源问题和沙化问题是城市废弃的主要原因。西汉时位于今陕西扶风法门镇的美阳县，东临美阳河。由于河流下切，地下水位下降，美阳县因用水困难而废弃。据研究，美阳县城的废弃与选址不当有关。美阳县城最初建于今法门镇，恰好坐落在山前水流溢出带的空白地带，地下水位深，打井亦很困难。十六国时期夏国的都城统万城，位于今陕西靖边县北的白城子，唐宋两朝都在这里设置了夏州城。夏国当初建都之时，当地水草丰茂，牛羊塞道，生态良好，具备建都的有利条件，但是，这里地下沙源丰富，一旦植被遭到破坏，地表裸露，在季风吹扬下，势必风沙蔓延，成为风沙区。到了宋代，夏州终因深处沙漠之中，随时都有被沙漠埋没的危险，不得不放弃。

河流湖泊侵蚀湮没的古城池亦数量可观。位于山西万荣县的宝鼎镇，是唐代的宝鼎县和北宋荣河县所在地，由于原来的县城不断遭到黄河侵蚀而圮毁，荣河县不得不于1923年迁至宝鼎镇以东的荣河镇，荣河县在中华人民共和国成立后与万泉县合并，称为万荣县，县治东移解店，不幸的是，新县城又面临沟头的威胁。唐代的泗州城位于今安徽盱眙县北的洪湖南岸，为漕运咽喉要冲，汴河与淮河在此相汇，商业十分发达。明清两代，不断加高高家堰，使本来就不断抬高的洪泽湖水位进一步提升，洪泽湖湖面迅速膨胀，淮、湖也合而为一了。康熙十九年（1680年），位于淮河岸上的泗州城终于被汹涌的洪泽湖所吞没，沦入湖底；近年来，每当淮河流域天旱少雨，洪泽湖水位下降时，泗州城垛仍可露出水面。

由于黄土高原2000年以来被不断侵蚀冲刷，塬体破碎，使位于黄土高原上的许多古代州治县城，都因水土流失严重被冲毁而废弃。十六国时期匈奴人刘渊建都的左国城，位于今山西方山县峪口乡北川河东，城址先后被12条大沟所分割。位于庆阳市西峰区东北的唐彭原县城，如今已三面临沟，还有一条大沟已冲进城内，长达五六十米。唐宋时期的麟州城，位于今陕西神木市北的杨家城，是一座军事重镇，由于城址坐落在窟野河东岸，河岸陡峻，沟头逼近城墙。这些被废弃的城市，多是与选址不当导致无法克服的地理因素有密切关系。

以上都是被动消失或转移的城址，与之不同，还有许多城址的转移，是为了争取更为有利的地理条件，为追求城市的良性发展，而人为地放弃旧城，另选新址，或在旧城址的基础上，向周边扩展。

西安城址曾有四次转移。西周丰镐城是西安地区最早的城址，位于沣河两岸。根据考古发掘，在今沣河西岸的东西长5千米、南北宽2.5千米的范围恰好位于沣河的二级阶地之上，符合古代选择城址“高毋近旱，而水用足；

下毋近水，而沟防省”[①]的原则。根据实地踏勘，沣河西岸的地势略高于东岸，而且水源丰富，东有沣河，西有灵沼河，还有灵沼等湖泊，水源充足。周武王继位后，把国都从丰迁到了镐，镐京位于沣河东岸，史称宗周。武王选择迁都，是由当时政治发展的形势和地理上的具体条件所决定的。就地理条件而论，丰京范围较小，又受到沣河、灵沼河的限制，无法进行扩建，只有向沣河东岸发展。而沣河以东地势更为开阔，并有高阳原（今斗门镇东北）可以选作城址，即使都城有回旋的余地，又接近滈池和滈水，使城市供水更为方便，镐京就是因滈池、滈水而得名的。西周末年，由于犬戎入侵，周平王迁都洛邑，丰镐被废弃。

春秋时秦国九次迁都，最后定都咸阳。秦孝公十二年（前350年），“作为咸阳，筑冀阙，秦徙都之”[②]。秦由今临潼东北武屯一带的栎阳迁都咸阳，有利于秦国东出函谷关与六国争锋。咸阳位于渭河中下游分界处，自古为控制关中地区东西大道的要冲，东西往来必经渡渭，虽然咸阳以东的渭河北岸还有泾河、石川河、洛河等几条大川，但横渡这几条河流并非易事，故东出的道路就必须从咸阳渡渭，再沿渭河南东出函谷关；与此相反，咸阳以西的渭河南岸有涝河、黑河等大川，而渭北的咸阳原上地形平坦，东西二三百里内没河流，为从咸阳西行的理想路径，加之咸阳附近的渭河河势顺畅，两岸土质坚硬，河道很少摆动，容易建立渡口或修建桥梁，故有“十里长峡”之誉。秦国选择咸阳建都，极尽水陆交通优势，使咸阳成为居中枢纽。

今天的兰州，亦非历史上的兰州区域，而是历经迁转，由历史上若干个兰州城叠加而成。兰州市兴起于西汉的金城县，汉昭帝始元六年（前81年）置金城郡，郡治金城县，大约位于今兰州市的西固区，这是今兰州市内发现的最早的城址。金城县地处羌戎之间，西控河湟，北扼朔方，“陇右安厄，常系此地”，为中原王朝控制西北的重镇。隋文帝开皇元年（581年）改郡为州，置兰州总管府，并把子城县（大业时改名金城）迁至今兰州市城关区，兰州之名始见于此。这次城址迁移，除适应地缘政治关系的形势和交通道路的变迁外，主要是为了把兰州城址迁移到兰州盆地的中心，使兰州成为控制大西北的前哨阵地。这里群山环抱，平原开阔，土地资源丰富，黄河横贯其间，有建成大城的一切有利条件。隋代以后兰州城市迅速发展，政治、军事

① 李山译注：《管子》，北京：中华书局，2009年，第42页。
② （西汉）司马迁：《史记》卷5《秦本纪》，北京：中华书局，1959年，第203页。

地位不断提高，而城址再未转移，表明隋代所选择的兰州城址，地理条件是最为优越的。

由于范围狭小局促，在原来的基础上向周边延展，形成新的城市，这种形式比较典型的案例之一是太原。太原城兴起很早，位于今太原市西南的汾河以西、晋祠以东地区。公元前497年，赵鞅命董安于修建晋阳城，因“城在晋水之阳故曰晋阳矣”，城址在今天太原晋源一带，西有悬瓮山，西北有蒙山，山环水绕，易守难攻。从春秋时晋国的形势看，晋阳城偏居晋中，远离当时晋国国都新田（今侯马西北牛村），在这里选址建城，主要是出于军事方面的考虑。由于城址选取得当，地形有利，水源丰富，晋阳城逐渐成为开发太原盆地的适中地点，一直维持到北宋初年，历时达1470余年之久，在隋唐时发展到鼎盛，成为北方地区最重要的政治、军事重镇，以及著名的经济都会，李世民父子即从太原起兵，建立的唐王朝。唐代晋阳城发展很快，贞观十一年（637年）并州长史李绩主持修建汾河以东的东城。武则天时，崔神庆“跨水连牒”，修建中城，将西、东二城“合而一之”，形成了历史上著名的晋阳三城。晋阳城规模空前，周回40多里，跨河而建，是城市发展史上的奇观。武则天时代曾在晋阳设北都，后称北京，太原则称太原府，并置晋阳县和太原县。北宋一度焚毁晋阳城，后由于军事上的需要，不得不重建，但城址已向北移动45里，位于汾河东岸的阳曲县唐明镇，并将并州治所从榆次移于此，为今天的太原城奠定了基址。由于新的太原城军事地位重要，又无法被其他城址所取代，宋、元、明、清的太原城就一直延续发展，终于成为山西省政治、经济和文化的中心，也成为北方地区著名的工商业城市。尽管北宋的太原城址在地理条件上不如原来的晋阳城址优越，平原狭小，地面水源也不甚丰富，而且容易受到汾河洪水的威胁，但毕竟还有延续发展成为大城市的有利条件，那就是地下水源丰富，交通方便，可以允分利用山区提供的矿产资源。然而，两相比较，晋阳城平原舒展，汾晋交汇，而北宋选择的太原城址，位于太原盆地的北端，三面皆山，平原狭小，缺少开阔的地理形势，为后来太原城市的发展带来了一些不利因素，最明显的就是山洪的袭击和城市用地的不足。今天的太原市区早已扩展到汾河以西地区，而且使城市明显的分割为两大块，呈南北向长条状发展。

受到多种地理条件的制约，历史时期的城市城址转移是非常频繁的，其原因和演变规律对于今天城址选择的判定和城市迁移的考量都具有重要的借

鉴意义。

四、中国城市的形状

历史时期中国城市的形状也是非常丰富的。中国古代城市大都有城墙，城墙所圈定的范围就是市区，市区很少越出城墙，故习惯上又被称为“城池”。近代以来，随着大工业的出现和铁路、公路、航运的发展，市区多沿交通线发展，城市的形状则迅速突破城墙的限制，呈现出更为复杂的形态。

1. 方形城市

《周礼·考工记》载：“匠人营国，方九里，旁三门，国中九经九纬，经涂九轨。左祖右社，面朝后市，市朝一夫。”①这里的国指国都，也就是说周代国都是方形城池，按照周代制度，每边长 9 里，合今连长 3222 米，周长 12.8 千米，面积 10 平方千米左右。今在洛阳发掘面世的东周王城，北墙长 2890 米，面积为汉代河南县城的 4 倍，即 8.3 平方千米，也为方形城。

春秋战国出现了中国历史上的第二次筑城高潮，是中国城市大发展的时期，城的形状开始多样化，但仍以方形为主。魏国安邑城、鲁国曲阜城、楚国丹阳城（今湖北秭归），都是方形或接近方形。西汉的首都长安城，南北连长 6.4 千米，东西长 6.15 千米，为近方形。北宋继承了后周所筑开封城外城，将其进一步扩展，周五十里一百六十五步，也是近方形。明代北京内城实为对元大都城的发展，将北墙内缩，南墙展出，使原来南北向长方形的城池，改变成东西长 7 千米，南北宽 5.7 千米的接近正方形。总之，都城的形状相对比较规则，方形占有一定数量。方形给人端正、威严感，也成为中国都城文化的典型形状。

在省、府州、县城中，方形的城市也占有相当数量，特别是县城，由于县城体量较小，对土地资源的要求不如都城，故较容易建成正方形。明代太原城方向正南北，为方形城市。兰州内城也接近方形，后来加筑外城，才使城市成为不规则形状。成都城，由于受到河流流向制约，城池无法保持正南正北，建成后呈西北、东南向，东西略长，南北略窄，接近正方形。明代的宣化、大同、安阳、保定、扬州新城等府州级城市，大多为方形或接近方形。方形的县城更多，像上海奉贤、陕西神木、山西太谷等。奉贤位于平原地带，修筑方方正正的城比较容易，而陕西神木市位于陕北黄土高原上，西临窟野

① 李学勤主编：《周礼注疏》，北京：北京大学出版社，1999 年，第 1149—1150 页。

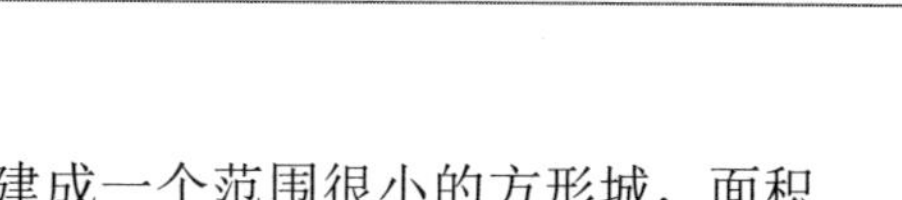

河，东倚高原，能利用的河谷非常小，故建成一个范围很小的方形城，面积仅 0.25 平方千米。山西太谷城地处汾河盆地，盆地较开阔，又处在交通要道上，商业兴盛，不但面积较大达 2.7 平方千米，城市亦为正方形且布局整齐。

2. 长方形城市

长方形城市在中国城市形态中是比较多见的一种，实际上是对可利土地使用最大化的结果。春秋战国，各国城邑既有东西向的长方形，也有南北向的长方形。

河北易县的燕下都，南北为中易水和北易水所夹，形成东西两城相连的狭长长方形，东城斜向东南，东西长 8 千米，南北宽约 4 千米。齐临淄城，东临淄河，小城半嵌在大城西南部，整个城市为南北向长方形，大城周长 14 千米，小城周长 7 千米。晋国侯马古城所在的新田遗址，由平望、牛村、台神三个小城构成“品”字形组合，平望城、牛村二城为南北向的长方形，台神城为东西向长方形。据研究，三个小城建于不同时代，各自依循地形特点向外扩建，但建造新城时，都尽量保持“方”的形态。

还有些长方形城市，因地形势影响，不能完整地保持“方”的特征。如赵国的邯郸城，由两城构成，大城位于小城的东北，二城间相距不足百米。大城为南北向的长方形，但由于西北地势无法延展而缺了个西北角。小城由三个小城构成，呈“品”字形，北面的小城和东南的小城均为南北向的长方形，而西南的小城则为正方形。有趣的是，即使因地形限制而无法形成完整四边方形，宁愿缺一个角，也要维持城池任意两边之间的直角，不放弃“方”的概念，可见，周礼在北方社会的影响至深。

春秋战国时期形成的第二次筑城高潮不仅体现在黄河流域，在长江流域也是如此。湖北江陵以北有楚国的纪南城，东西长 4.5 千米，南北宽 3.5 千米，为东西向长方形。但南方能建成方形城市地理条件有限，因此，还有很多城市只能算作接近方形，地形复杂也不可避免地使更多的城市形状走向多样化，并最终走向各国城邑形状的不具一格，从而突破了《周礼·考工记》所规定的模式。

春秋之后，大部分都城都保持了南北向长方形的特征。如东汉洛阳，东魏、北齐邺都南城，元代的大都城等，都是典型代表。东汉洛阳城为北倚邙山、南临洛河南北向的长方形，经实测，其西垣残长 4.29 千米，北垣长 3.7 千米，东垣长 3.895 千米，南垣长 2.46 千米，周长 14.345 千米。城池被有意地建成南北向的长方形，而不建成东西向的长方形，有学者指出这与“九”“六”

之数有关，因为“洛阳，周时号成周。城东西六里十一步，南北九里一百步”①，故被称为“九六城”。东汉洛阳城的北、东、西墙均有曲折，南墙被洛河冲毁，形状亦不规则，这种不规则的形状也是受当地地形制约的结果。东魏、北齐的邺城南城，紧附于曹魏邺城之南，据《邺中记》记载，城东西六里，南北八里六十步，以西晋尺计算，六里为 2.646 千米，八里六十步为 4.41 千米，为南北向的长方形。城中宫殿区摆在全城北部中央，其他建筑形成东西对称布局，在南北向的长方形中显得均称、大方。元代的大都城，是刘秉忠依据《周礼·考工记》精心设计的一座宏伟的大都城，城墙东西长 6.65 千米，南北宽 7.4 千米，周长 28.6 千米，为南北向的长方形，十分整齐。其实北京小平原也有建成方形城市的一切有利条件。据研究，刘秉忠并未按《周礼》设计，是因为北京地区寒风凛冽，只有把大都城设计成南北向的长方形，才能少开北门，以适应北京地区的气候特点。

东西向长方形的首都，以曹魏邺都北城、北魏洛阳外城和隋唐长安城最为典型。曹魏邺都城，《水经注》记载“东西七里，南北五里”，为东西向的长方形，也是中国最早的砖城。北魏迁都洛阳后，依汉魏洛阳旧城加筑外城，其方向与内城相反，成为东西向的长方形，“东西二十里，南北十五里”。北魏洛阳外城不得不取东西向，是受邙山、洛河之间东西宽而南北窄的地理形势制约。隋唐长安城与北京城所在地一样，隋唐长安城所在地也是地形开阔，既可建东西向长方形的城市，也可建南北向长方形的城市。但城市最终选择东西向长方形设计，是由龙首原与少陵原间六条高坡的东西走向决定的，因为如果把长安城建成南北向的长方形，必然增大每一个坊内高低地形的差距，难于布设街道，为整个城市的总体布局带来困难。

在省、府州、县城中，长方形的城市更多。东西向与南北向的差别并不突出。明清西安城在唐皇城的基础上修筑，只把唐皇城的北墙、东墙向外展出，其形状仍依唐皇城，仍为东西向长方形。明清苏州城为元代所重修，东西长 9 里，南北宽 12 里，周长 34 里 53 步 9 分，城内运河三横四直，较宋时的平江城范围增大，而形状未变，为南北向的长方形。明代的宁夏镇城，受东红花渠和西唐徕渠所夹，为东西向狭长的长方形，东西长 2.6 千米，南北宽 1.75 千米。在县城中，东西向或南北向的城市最多，长方形的宽窄程度多与河流和交通道路的影响有关。

① （西晋）皇甫谧等撰，陆吉等点校：《帝王世纪》，济南：齐鲁出版社，2010 年，第 50 页。

3. 圆形城市

在中国历史上长方形城市居多，正方形的也占有一定数量，但圆形城市较少。

现已发现的最早的圆形古城为中国南方史前大溪文化至石家河文化时期的城头山古城。古城位于湖南省澧县车溪乡城头山村，坐落在澧阳平原西北部一处高出四周平原2—4米的矮岗上，现存墙体宽25—37米，城高2—4米。城址平面呈圆形，由护城河、夯土城墙和东、西、南、北四门组成，占地面积76 000多平方米。圆形形状的选择，可能同古老的圆形房子或天圆地方说有关。原始社会的房屋结构，圆形的房屋占有相当比例，如西安半坡新石器时代遗址。

周代也有圆形城市。在今江苏省常州市西南，有一周代淹城，由三道城墙、三道护城河构成，分王城、内城、外城。中心的王城呈方形，周长0.5千米；内城为不规则圆形，周长约1.5千米；外城也是不规则圆形，周长约3千米。三道城墙都只有一个旱路城门，且不在一个方向上。城东西直径约1千米，南北直径约0.74千米，接近圆形。

圆形或接近圆形的城市还有上海市的青浦城、上海城、嘉定城，浙江省嘉兴城，安徽省合肥城、河南省罗山城等。北方地区有一些小城寨也有圆形的。从全国城市的分布看，圆形的城市多在南方，北方极少。这与南方多为水网、河流交错，城市旁河依湖而建有关，难免受河流的制约。

圆形城市数量少的原因，大概与建筑技术有关。中国筑城技术早期多是小版堆筑法，商周时使用大版，大版筑城，每段长约3.3米，作直角形曲折比较容易，围成圆形则较困难。

4. 不规则形城市

不规则形城市指城市的形状带有随意性，或有沿河发展者，或有受地形制约而随意展布者，总之，因地制宜，没有完整形状。在这类城市中，沿河发展的城市较多。如江西景德镇、湖北沙市、湖南株洲等。有些则位于两河交汇处，如重庆，四川宜宾、泸州，江西赣州、弋阳、婺源、会昌，湖北武汉，湖南岳阳，广东肇庆，广西梧州等。

景德镇位于昌水之南，北宋景德年间，因烧制瓷器质优美观渐渐发展为瓷业中心，随着城市规模的扩大，城区沿昌江东岸成长条形发展，并向东边山地的窑场区推进，因城市并未形成中心区域，后来建城时，城墙呈不规则形。位于渭河支流耤水河谷北岸今甘肃天水，最早先修大城，后续修东、西关城，然后才有小西关城和中城，形成五城相连的不规则带状城市。

山城亦常常是不规则的形状，重庆最为典型。重庆位于长江与嘉陵江交会处一个半岛上，城市沿山而建，渐次上升，城墙周十二里六分，门十七，九开八闭，俗以为九宫八卦之形，环江为池，形成不规则的城市。

在不规则的城市中，还有一种类型，即两城并列或多城组合。从单独一个城看，形状是规则的，把两个或多个城合起来看，形状就不规则了。今天的呼和浩特即是由历史上的绥远、归化两个城合并而来，两个城单独都是方形且相距甚远，绥远城在东北较大，归化城在西南，是内蒙古地区最早出现的城郭之一，故而较小，归化城发展较快又有所延展，与绥远城合并以后，整座城市就成为不规则形。

近现代，随着大工业的发展，城市多成为不规则形，这种不规则城市几乎成为不可抗拒的历史潮流。

第二节　历史时期的都城

国都，作为国家的政治中心，与国运休戚相关。古都作为特殊的城市，是历史城市地理研究中的主要对象。在中国历史上，都城有过各种名称，称京，或称都、邑、国、国都、京辇、京城、京华、京阙、京畿、京师，等等，最常见的则是京师。“京师”一词最早始见于《诗·大雅·公刘》中“京师之野，于时处处。”[①]自东周至于清末一直沿用。

一、国都

作为一国之都，历代王朝都根据当时的历史条件，经过精心策划而择定。历代统治者择都主要是从经济、军事、地理位置等方面进行考量。经济条件是要求都城的周围是一片富饶的农业生产区，足以在较大程度上解决统治集团的物质需要；军事条件是要求都城所在的地区既便于制内，即维持国内的社会管理，又利于御外，即抗击外敌的入侵；地理位置是要求都城大致位于王朝全境的政治中心区，以利于统驭全部疆土，但这个中心并不要求一定是地理上的几何中心。当然，没有各方面条件都符合理想的首都。因此，历代统治者择都都是根据当时的主要矛盾选择最有利的地点。

① 程俊英译注：《诗经译注》，上海：上海古籍出版社，1985 年，第 541 页。

根据历代都城城垣形制、城市布局和功能等几方面考察，中国古代都城的发展历史可分为4个时期。

夏以前是都城发展的萌芽期，也就是传说中三皇五帝之都，从夏至战国都为雏形时期的都城。以春秋时期为限，之前都城相对简单，仅为统治阶级政治和军事的堡垒。春秋战国之后进入都城形成期，多数都城已有作为工商业区的“市”，发展成为城市。但在城市布局上，往往是大、小宫城两城相依。

从秦汉至隋唐是都城的发展时期，都城的平面形状演变为横长方形，大、小两城相依则演变为小城置于大城之内，宫城位置由居于城南转移到城内北部，宫城南门演变为正门。从都城的南面城门通至宫城南门的大街，从无到有，最终发展成为全城的中轴线。“市”由城北移至城南，居民区的“里”“坊”在都城中所占面积越来越大，排列规整并与宫阙有了明确分区。

从宋元至明清为都城的成熟时期，无论在城市布局、建设规模、所能容纳的人口数量、社会经济各方面都远远超过了前代。

从建都史的角度，中国历史时期的都城又可分为前后两期。从殷周到北宋的二千四百年为前期，称为中原期，其时一统政权和统治北半个中国的大地区性政权的首都有殷（邺）、长安、洛阳、开封，都在中原地区，这期间，南京只做过统治南半个中国的地区性政权的都城。南宋以后至今八百多年为后期，一统政权和大地区性政权的首都都离开了中原，或向南移到了江南，如南宋的杭州和明初的南京，或向东移到了北京。杭州、南京和北京在前期的四大首都之东，距海不远，所以又称作东移近海期。中国历史上每遇外患压迫，国都总是向南迁移，计有东晋、南宋、晚明三次。

二、陪都

在中国历史上设有陪都，即“两京制度”。这一制度始于西周，是我国政治制度上的重大创举。西周都城在关中的镐京，周武王为了加强对东方诸地的控制和防止商朝残余的复辟，在“天下之中，四方入贡道里均”的洛阳营建陪都。此后，许多大小王朝，如汉、唐、明、清等，无不模仿周朝的两京制度。

历代陪都的设置，大体分为四种情况。一是由于都城偏居边地，不利统治者管辖全境，有必要在位置适中的地方建置陪都，加强对全国的控制，如西周的洛阳。二是由于该政权兴起于边疆地区，建都在边区，后来政权强大，入主中原，为了便于控制全国，迁都内地，为表示不忘根本，便将原都城作为陪都，如元代上都开平府，清代盛京等。三是都城虽为全国政治、军事的中心，但是，随着经济、文化中心的转移，京师附近物资供应不足的矛盾日益暴露。因而，统治者便在接近经济、文化中心，交通便利的地区营建陪都，如隋、唐的东都洛阳等。四是皇帝因巡幸或躲避战乱临时住过的地方，皇帝返京后将其定为陪都，如清的承德，唐的南京、成都等。另外，还许多王朝或政权不止两京，如渤海、辽、金、明等。

我国的少数民族，在辽阔的边疆地区也曾建立了许多都城。这些都城多建在边疆地区，城垣形状、布局规制等方面大多模仿中原地区的都城，这些都城规模不大，也没有全国意义，但它们对边疆地区的开发有重要的意义，是中国古代都城的一部分。

三、七大古都

一个政权的政治中心应否列为“大古都”，主要看以这个城为都的政权疆域有多大，历时有多久。一般来说，中国学术界以西安、洛阳、开封、北京、南京为五大古都，后来加入杭州成为“六大古都”。1988 年 “中国古都学会”又决定将河南安阳列入，与上述古都并称的七大古都。

1. 安阳

安阳，位于今河南省的北部太行山与华北大平原的过渡地带，西为太行山区，有滏口之径可通山西；东部是源于太行山区的漳、洹等河的冲积扇，与华北大平原相连，有大道可达南北。安阳位居古代“山东”地区的中心，气温适中，土地肥沃，水分充足，宜农耕，是殷商至隋唐时期经济发达的政治中心。

公元前 14 世纪，商王盘庚从今山东曲阜附近“奄”迁都到“殷”，即今安阳市西北 25 千米的小屯村一带，安阳成为当时政治、经济、文化中心，直到公元前 11 世纪纣王帝乙之子辛自焚于鹿台。商王室在此共传八代十王，历经 273 载，史称殷朝或殷商。周灭商后，国都西移，小屯一带逐渐荒芜，光华闪烁的商文化被淹没地下，沦为一片废墟，后人称“殷墟”。

公元前 7 世纪春秋齐桓公时代，距殷墟 20 千米处的漳河两岸兴起了一座新城——邺。至战国初期，魏文侯在此立都，是为邺最早成为都城。东汉末，邺为冀州治所。东汉初平元年（190 年），袁绍领冀州牧，后兼并青、并、幽三州，邺成了黄河流域大部分地区的统治中心。东汉建安九年（204 年）曹操打败袁绍，统领了黄河中下游地区，在邺建社稷、宗庙，虽名义上属汉，都城在许，而实际上的政治中心在曹操所在的邺。

曹操居邺城后，在战国魏都旧址上进行了重建，经过周密规划，将宫城、官署与民居以一条东西大街而截然分开，将皇城分为南北两部分。城北部又分三部分，从东向西依次为戚里，是宗室外戚的居所；宫殿、官署区，是曹操处理政务或朝会四方之所；最西为王室专用园林铜雀园。城市南部主要是居民区、商业区和文化区。整个邺城“东西七里，南北五里”，城有七门。曹魏时代的邺城布局，对我国古代都城发展有深刻的影响。

黄初元年（220 年），曹丕代汉，迁都洛阳。邺城降为陪都。西晋“八王之乱”期间，成都王颖据邺，成为西晋王朝实际的政治中心。西晋永嘉元年（307 年）石勒攻入邺城，烧杀淫掠，并将邺城烧为灰烬。东晋咸康元年（335 年）后赵石虎迁都邺城，清理被焚毁的城垣，开始大规模的营建，使邺都的发展进入鼎盛时期。当时建造的宫殿楼阁达 40 多座，极尽奢华，壮观远胜于前代。石虎还在邺城周围广建林园别馆，总计 44 座，邺城人口达 50 万之多，成为当时黄河流域人口最多，城市规模最大，建筑最豪华的都城。

2. 西安

西安地处关中平原，背山面水，南有秦岭，北有渭河，东有崤山和函谷关，西有陇山和大散关，自古被称为“金城千里”和“四塞以为固”的形胜之地。西安北部的渭水，支流交错，密布于整个关中平原，号称“八百里秦川”。其中西安附近有渭水的八条支流，所谓“八水绕长安”。优越的自然条件和四塞为固的地形优势，使得西安很早就成为中国的政治和文化中心，“秦中自古帝王洲”，历史上先后有西周、秦、西汉、前赵、前秦、后秦、西魏、北周、隋、唐等十个朝代在这里建都，前后历时达 1062 年。

西安最早出现的都城是丰和镐。后周人东迁，兴起于秦州（今甘肃天水）的秦国东迁到周原附近的雍（今凤翔南），在汧、渭二水交汇处建立雍城，控制关中向西的交通要道，并借这里的有利地势向西方扩展势力，称霸西戎。到秦献公时又东迁栎阳，进一步向东与魏国争河西之地。秦孝公时，为了东出函谷关，问鼎中原，又将都城迁到丰镐东北方渭水之边，因为这里地处崤山之南、渭水之北，山南水北，山水都在阳，所以叫咸阳。咸阳邻近西周旧都，开发较早，又依山傍水，条件远比栎阳优越。秦以咸阳为都，直至秦二世秦灭亡，计有143年。

秦朝在统一六国的过程中，每破一国，就仿造其宫室，建于咸阳原上。六国宫殿分布在咸阳城北的坠原上，居高临下，巍峨壮丽。秦始皇修建的最为豪华的宫室是后来被楚霸王一把火烧掉的阿房宫。阿房宫位于渭水以南，是一组宫殿建筑群。随着阿房宫的修建，咸阳成为横跨渭水南北的大都会。

长安位于渭水以南的龙首原西北麓。龙首原地势南高北低，刘邦采纳了娄敬和张良的建议，定都于此，并取“欲其子孙长安都于此”为意。长安作为西汉首都，代替了被毁灭的秦都，成为全国政治中心。根据《三辅黄图》，长安城平面呈不规则的正方形，有完整宽大的城墙，每边有 3 个城门，共有 12 座城门。每座城门有 3 个门道，中间是皇帝专用的“御道”，左道为出，右道为入。每个门道对着一条宽阔的道路，组成了城内纵横相间的大街，全城有“八街九陌”[①]。这些街陌把全城分割成若干住宅区，每个住宅区又分成160个闾里。城内设有东市、西市、柳市等九个市。街道宽直，两旁栽植林木，布局整齐划一。城外有又宽又深的濠水环绕。长安城在布局上的特点是充分利用地形，将主要宫殿建于城南高地，城北地势低平处为街坊和市场，西北濒临渭水，交通方便，为手工业和商业中心。[②]

长安城内外主要有长乐宫、未央宫、建章宫三个宫殿群。长乐宫为刘邦所建，位于城内东南部覆盎门内，西汉初年为百官朝仪所在，刘邦以后专供太后居住。未央宫为刘邦七年萧何亲自监造，未央宫建置完备，由前殿、宣室、承明等四十多个宫殿台阁合成，其中的“宣室”是皇帝求贤咨询的地方，经常入典；未央宫里还有藏书的天禄阁和石渠阁，可以说是中国最早的国家图书馆，汉成帝时刘向就是在天禄阁校理藏书，编修著名的国家书目《七略》。未央宫和长乐宫之间有武库，这两个宫殿群占去了长安城内二分之一的面积。建章宫位于城西直城门外的上林苑内，是汉武帝所建的离宫，以豪华著称，后王莽为修建祖庙而拆毁。

汉长安城商业繁荣，人口密集，城内“街衢洞达，闾阎且千。九市开场，货别隧分。人不得顾，车不得旋。阗城溢郭，旁流百廛”[③]。随着丝绸之路的开辟，长安成为一座繁华的国际性大都市。东汉迁都洛阳以后，汉长安城逐渐衰落，东汉末年以后，兵祸不断，虽然有几个短暂的政权在这里建都，但

① （唐）佚名撰，（清）张澍辑：《三辅旧事》，西安：三秦出版社，2006年，第37页。
② 何清谷校注：《三辅黄图校注》卷2《汉长安故城》，西安：三秦出版社，1995年，第58—60页。
③ （汉）班固：《西都赋》，（梁） 萧统编，（唐）李善注：《昭明文选》卷1，上海：上海古籍出版社，1986年，第18页。

都是昙花一现。

隋初仍都汉长安城，但由于长安城自汉代以来，屡经丧乱，凋残日久，又因为渭水河床南移，长安城逼近渭水，城内潮湿，容易被水淹。于是隋文帝于开皇二年在龙首原南地势较高的“六陂”地带另建新都。唐长安城沿袭了隋大兴城，但恢复了长安旧名。唐长安城由宫城、皇城、外郭城组成。宫城在长安城北部的最中央，是皇帝和皇族居住和处理朝政的地方。皇城，又叫“子城”，是封建政府机关所在地，紧附于宫城之南，北面无墙，与宫城相隔一条横街，实际上是一个广场。外郭城，又叫“京城”，是一般居民和官僚的住宅区，也是商业区，外郭城在东、西、南三面环绕宫城和皇城，因此也称“罗城”，外郭城的形制为东西略长的长方形，每边有三座城门，计十二座城门。除正南的明德门有五个门道外，其他都是三个门道。

长安城内的街道南北方向的有十一条，东西方向的有十四条，纵横交错如棋盘。全城以朱雀大街为中轴线，从外郭城南面的明德门起，北通皇城的朱雀门，直达宫城的承天门，朱雀大街将长安城分为东西对称的两部分，其中位于皇城的一段称承天门大街，又称“天街”，天街两旁槐树成荫，官署都分布在这里，所以也叫“槐衙”。全城东西向的主要干道是位于皇城南面沟通春明门和金光门的东西横街。长安城中的商业区是东市和西市，两市左右对称，市内各有两条东西方向和南北方向的大街，把市场划成“井”字形的九个方块，店铺就设在每个方块的四边临街的地方。

唐长安城内的宫殿群共有三组，分别是太极宫、兴庆宫、大明宫。太极宫原来是隋朝的大兴宫，北靠龙首原，坐落在承天门大街中轴线的北端，正殿太极殿是举行“中朝”的地方，是唐初政治中枢所在。太极殿东边是太子居住的东宫，西边是妃嫔居住的掖庭宫。大明宫是唐太宗为他的父亲李渊修的一座避暑离宫，位于京城北墙外侧的龙首原上，高宗以后的政治中心转移到这里来。大明宫北的麟德殿是宫内宴会和接见外国使臣的地方。兴庆宫是唐玄宗所建，位于长安城内兴庆坊，原来是李隆基的旧居，即位后成为他起居听政的正式宫殿，其建筑的豪华过于太极宫和大明宫，宫内有多种牡丹花，是唐玄宗和杨贵妃演绎爱情故事的地方。李白著名的《清平调词三首》就是唐玄宗和杨贵妃春日游兴庆宫的沉香亭赏牡丹时，李白被召进宫，趁着酒兴而作的：“名花倾国两相欢，长得君王带笑看。解释春风无限恨，沈香亭北倚栏杆。”①

①（清）彭定求等:《全唐诗》卷164《清平调词三首》，北京：中华书局，1960年，第1703页。

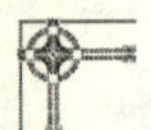

宫城的北部有禁苑，南接京城，北枕渭水，四周设有围墙，是专供皇帝游猎和娱乐的场所。城东南有风景区曲江池和芙蓉园，大明宫和兴庆宫顺着外郭城建有夹城复道与曲江池相通，杜牧有诗《长安杂题长句六首》道："六飞南幸芙蓉苑，十里飘香入夹城。"[①]通过夹城，皇帝和随从、嫔妃可以潜行往返于皇宫与曲江池之间。

3. 洛阳

洛阳位于河南省西部黄河中游的伊洛盆地，东据虎牢关，西有函谷关，北背北邙山，南对龙门伊阙，伊、洛、瀍、涧四水蜿蜒其中，自古被称为"河山控戴，形势甲于天下"。自公元前770年东周迁都洛阳开始，先后有东汉（汉以火德，忌水，改为雒阳）、曹魏、西晋、北魏、隋、唐（隋唐为东都）、后梁、后唐等九个王朝在此建都，历史近千年，因此被称为"九朝古都"。

东汉时光武帝定都洛阳，大修宫殿，城内有南、北两宫，"皇城之内，宫室光明，阙庭神丽"（班固《东都赋》）。其中包括东观和白虎观，是东汉的藏书馆和研究机构，分别产生了《东观汉记》《白虎通义》两部重要的著作。东汉洛阳城的特色建筑有城南开阳门外中国最早的太学和天子的太庙——明堂；左制辟雍，为皇帝乡射行礼的场所；右立灵台，"掌候日月星气"。城西雍门外有佛教传入中国以后的第一座寺院白马寺。商业区有城内的金市，城东的马市和城南的南市。

北魏将洛阳城的南、北两宫合为一个宫城，又名皇城。宫城南边正门阊阖门通向宣阳门的铜驼街为全城的中轴线，中央官署都设在街的两侧。北魏又在原洛阳城之外增筑了一个外城，南临洛水，北达邙山。从宣阳门南越洛水上的永桥直到伊水北岸的圆丘，建有御道，御道北与内城的中轴线铜驼街相接。永桥北的御道东侧为明堂、灵台与国学，永桥南的御道东西分别为四夷里与四夷馆。青阳门外的"小市"、西阳门外的"大市"和永桥南的"四通市"为城内主要商业区，总称"洛阳三市"。北魏崇尚佛教，洛阳城中寺院多达一千多所，以永宁寺为最大。中国石刻艺术的瑰宝之一的龙门石窟大多完成于北魏时期。

《洛阳伽蓝记》记载了很多北魏时作为都城洛阳的城市地理史料，如"出西阳门外四里御道南有洛阳大市，周回八里。"[②]"市东有通商、达货二里。

---

①（清）冯集梧注，陈成校点：《杜牧诗集》卷2，上海：上海古籍出版社，2015年，第104页。

②（北魏）杨衒之著，杨勇校笺：《洛阳伽蓝记校笺》卷4《城西·法云寺》，北京：中华书局，2006年，第176页。

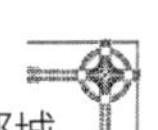

里内之人，尽皆工巧、屠贩为生，资财巨万。市南有调音、乐律二里。里内之人，丝竹讴歌，天下妙伎出焉。市西有延酤、治觞二里。里内之人多酝酒为业。市北慈孝、奉终二里。里内之人，以卖棺椁为业”[①]。“别有阜财、金肆二里，富人在焉。凡此十里，多诸工商货殖之民。千金比屋，层楼对出，重门启扇，阁道交通，迭相临望。金银锦绣，奴婢缇衣；五味八珍，仆隶毕口。神龟年中，以工商上僭，议不听衣金银锦绣；虽立此制，竟不施行。”[②]从这些记载可以看出，当时洛阳的城市经济已经相当繁荣，商人和工匠很多，以至于出现了高度集中的商业区和同行业手工业区，商人的势力很大，以至于日常生活出现了僭越的现象，政府的规定不能令行禁止，引起了统治阶级的不满。

隋炀帝即位后，因洛阳“控以三河，固以四塞，水陆通，贡赋等”[③]的优越地理形势，在洛阳营建东京。但隋东都舍弃了已经破败不堪的汉、魏洛阳故城，另辟新都。新的东都有外郭城（罗城）、皇城和宫城组成，不同的是，皇城和宫城不再包括在外郭城之内，而是位于外郭城的西北部。洛阳因为有运河交通的便利，作为唐代东都的地位与西京长安几乎并重。东都的布局承袭了隋代，只是宫殿、苑囿更加华丽。唐代又是佛教发展的一个高峰，洛阳龙门石窟的造像也随之进入极盛阶段，代表作奉先寺的卢舍那大佛反映了盛唐雕像的风格。

4. 开封

开封位于华北平原黄河冲积扇西缘，因地处中州腹心，地形平坦，自古就是中原地区的交通枢纽和兵家必争的四战之地。开封作为都城从战国时期的魏开始，经过五代的后梁、后晋、后汉、后周，以及北宋和金，先后有七个王朝在此建都，有“七朝都会”之称。

战国时期，魏国为了避开秦国的威胁，魏惠王将首都从安邑迁到大梁，魏因此也称为梁，魏惠王因此也称为梁惠王。大梁的东门是夷门，魏公子信陵君的门客，“窃符救赵”的侯嬴就是夷门监（夷门侯生）。魏惠王迁都第二年修筑了沟通河、淮、济三大水系的鸿沟，大梁的水陆交通地位更加突出。不过，后来秦灭魏也是引渠水灌城，城毁魏灭。

① （北魏）杨衒之著，杨勇校笺：《洛阳伽蓝记校笺》卷4《城西・法云寺》，北京：中华书局，2006年，第177页。
② （北魏）杨衒之著，杨勇校笺：《洛阳伽蓝记校笺》卷4《城西・法云寺》，北京：中华书局，2006年，第178页。
③ （唐）魏征等：《隋书》卷3《炀帝纪》，北京：中华书局，1973年，第61页。

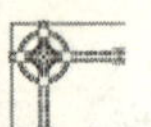

安史之乱后，随着北方经济的衰落，北方政治中心对南方经济的依赖日益加重，开封因为地理位置正当运河的枢纽，在沉寂了近千年以后重新兴盛起来。唐德宗开始在这里（汴州）设宣武军节度使，五代时朱全忠（朱温）就是以宣武军节度使的身份篡唐建立了后梁，并升汴州为开封府，开封从而取代了两京成为北方的政治中心。五代时四个朝代建都开封的时间都很短，对都城没有什么建设，只有后周对开封的道路和河渠进行了一些修建，为北宋东京的繁荣奠定了基础。

由于开封地势开阔不利于防守，所以宋朝政府对城防的建筑特别做了精心的设计。城分为三重，外城、里城（内城）和皇城（即宋大内，又名宫城）。外城的城门有十二座，除了南薰门、新郑门、新宋门和新封丘门四门因为是御路，开双重直门外，其余八门都筑有三层屈曲开门的瓮城，防御体系极为严密。里城为唐德宗时宣武军节度使李勉所筑，北宋时在北面增加了金水门，南边改尉氏门为朱雀门，增开了保康和新门两门。皇城原来为唐宣武军节度使署，北宋沿袭为宫城。

皇城位于东京城的正中偏北，因此未能有城市中心构成十字街。城内主要干道称作“御道”，共有四条。一自皇城南宣德门向南过州桥，经过内城正南边的朱雀门，通往外城正南边的南薰门。这条御道的规模最大，尚书省、御史台等中央政府机关就在此道两侧。二从州桥向东，经内城东墙的旧宋门，通往外城新宋门，东京最大的商业中心相国寺就在这条御道的北侧。三自州桥向西，经内城西墙的旧郑门直达外城新郑门，开封府在此御道的北侧。四从第二御路分出，向北经内城北墙的旧封丘门，通到外墙的新封丘门，此道西侧有潘楼街等商业区。其他街道则由御道分枝，呈方格状分布，四通各城门。

北宋定都后，因为开封地势平坦，没有山河之险，北宋朝廷驻扎重兵以巩固城防，庞大的军队需要解决粮食问题，北宋疏浚和开凿了围绕汴京的漕运四渠，水路的畅通，刺激了东京城的经济中心地位，使汴京成为“轴舻相衔，千里不绝”的“水陆一都会”，从《清明上河图》看，城内店铺林立，茶楼酒肆、贩夫走卒，一派忙碌、丰富的市民生活图景；运河里轴舻相接，凸现了运河交通在北宋汴京繁荣中的重要地位。

5. 南京

南京位于长江三角洲的顶部，南依秦淮，东有巍峨的钟山，西有孙权所建的军事要塞石头城，当年诸葛亮在此曾发出“钟阜龙盘，石头虎踞，真帝王之宅也”的慨叹，人们称这里“龙蟠虎踞”，号为“天堑之险”。三国东

吴迁都于此，从此“石头城”开启了南京作为六朝古都的序幕，而后，东晋、宋、齐、梁、陈、五代南唐、明、太平天国、中华民国先后在此定都。

南京的名称在历史上屡有变更。东晋时因为避晋愍帝司马邺的讳，改建业为建康，南朝时一直沿用。五代十国时，南京成为南唐的首都，称为江宁府。南京的名称始于明太祖朱元璋，朱元璋在此定都后，南京第一次成为统一王朝的首都。

中国历史上，南京曾是十朝都会，六朝金粉之地，极富奢侈豪华景象。秦淮河从南面流经南京城，在城西入长江，其中流经城内一段的“十里秦淮”就是“六朝金粉”所在。“江南佳丽地，金陵帝王州”（杜牧《登北固》），恰当地形容了这个帝王州的脂粉气。因为定都南京的王朝除了后来迁都北京的明朝和中华民国外，都是短命王朝，尤其是东晋南朝和五代南唐又都是脂粉气浓郁、文人气息较重的小朝廷，吴宫花草、晋代衣冠，使后人一直都在感叹“六朝旧事随流水”！

6. 杭州

杭州位于杭州湾的顶端，西临西湖，南有钱塘江，在七大古都中以风景优美著称。杭州曾是五代吴越国和南宋王朝两代建都地。杭州古称钱塘唐，最早建置为秦始皇所设会稽郡下的钱唐县。隋朝开皇九年（589 年）废钱唐郡，置杭州，杭州之名首次在历史上出现。南宋建炎三年（1129 年），高宗南渡至杭州，升杭州为临安府。绍兴八年（1138 年）南宋正式定都临安，历时 140 余年。

杭州经唐宋两代几位勤于政绩的刺史如李泌（修凿杭州六井）、白居易（修建白堤）、苏轼（修建苏堤）的治理和经营，城市的发展具备了良好的条件。五代吴越国在此定都后，吴越国王钱镠对西湖进行了疏浚，并刻意规划西湖风景区，著名的雷峰塔、保俶塔、六和塔和白塔都建于吴越，保存至今的许多佛教经幢和雕像也都是吴越的遗物，吴越国为杭州积淀了浓郁的文化底蕴。

南宋定都杭州后，改称临安府。这一建于江南财富地的都城很快繁荣一时，锦绣绮罗中，市民生活丰富多彩，临安城中一派歌舞升平，以至于“暖风熏得游人醉，直把杭州作汴州”①。

7. 北京

中国历史上曾有周朝燕、十六国之前燕，以及金、元、明、清等王朝立

①（宋）林升：《题临安邸》，（清）曾唯辑，张如元、吴佐仁校补：《东瓯诗存》卷 4，上海：上海社会科学院出版社，2006 年，第 185 页。

都北京，累计长达近700年。其中，从元开始的600年，北京一直都是全国统一政权的首都。

北京的地理位置十分优越。北有军都山，东有盘山，西有西山，三面群山环抱，有“北京湾”之称。在群山峻岭之中，有许多的峡谷、关隘，是南北交通的天然孔道。如西北的南口和东北的古北口，是北京通往蒙古高原和松辽平原的必经之地。而北京的南面是广阔的华北大平原，东控渤海湾，四出交通极为方便。北京周边的地势有利于攻守，自古以来就被视为要地。

最早在北京地区建立都城的，是3000多年前周天子分封的燕国建立的蓟，大约在今北京广安门附近。由于蓟城所在的北京地区是中原与蒙古高原和松辽平原间联系的交点，交通、军事地位都十分重要，蓟城分身凭落借于此很快发展成为北方重要的政治、文化中心。从公元前11世纪至秦统一，蓟作为诸侯国的都城存在了800多年。秦统一全国，都咸阳，蓟城成为其北方军事重镇，在联系北方和东北少数民族的关系上，蓟城起着极为重要的作用。蓟城的这一特点，自秦至唐1000余年始终未变。每当以汉族为主建立的王朝势力强大，北京地区就成为中原王朝开拓疆土、经略东北的基地。当中原政权势力衰落时，东北的游牧民族就常乘机内侵，于是，蓟城常常成为双方必争之地。对中原政权来说，蓟城是军事防守的重镇。对南下的民族来说，蓟城是继续南下的立足点。政治安定时期，蓟城又会很快发展成为北方各少数民族与汉族人民之间经济交往、文化交流的中心。

五代时期，兴起于东北的契丹人占据了北京地区，建立辽朝，并以蓟城为陪都，称南京。辽的南京沿用旧蓟城，还加修了新城墙，城周36里，城墙高3丈，宽1丈5尺。辽南京人口稠密、市井繁荣，在辽五京中规模最大。宣和四年（1122年），金灭辽，攻占了辽的南京城，破坏了城市的城防系统。绍兴二十三年（1153年），金朝迁都于此，改称中都。从此，北京开始了作为我国封建王朝首都的历史。金立中都后，于辽旧城的基础之上，进行了大规模的改造和扩建，将城东、西、南三面加以扩展，城周37里多，呈方形，12座城门。新城分三层，大城之内为皇城，皇城之内有宫城。大城的北面，有全国最大的商品交易市场，全城居民达22.5万余户。嘉定八年（1215年），蒙古大军攻占了中都，并焚烧了中都城。

景定四年（1263年），忽必烈从远在蒙古高原的和林迁都至中都，由于中都城破坏严重，无法重新修复，因而，在中都旧址的东北另建新都并命名为大都。大都城周长57里，东西13里，南北15里，全城呈南北略长的长方形，

除北城墙为 2 座城门外，其余每边为 3 座城门。元大都建筑齐整，各城门之间均有宽广的直道互相交叉，街道以南北向大道为主，东西向横街为次，全城共分 50 坊，有如“棋盘”。在大城之内，中部前方为皇城，后方为市场，皇城东是社稷坛，皇城西为太庙，符合我国古代都城建筑中“左祖右社，面朝后市”的原则。为了体现皇权至上思想，在城市布局上，突出了贯穿全城南北中轴线的地位。皇城的主要建筑，包括大明殿、延春阁等都在中轴线上，而次要建筑分布在中轴线两旁，左右对称，加强了封建皇帝的尊严感。顺中轴线至宫城外，有 3 千米长的南北垂直大道，将中轴线明显的突出出来。

明北京城是在元大都城的基础上加以改造和扩建而成，并为清朝所沿用。明初建都南京，朱元璋攻下元大都以后改称北平，因为元顺帝退走蒙古高原，伺机南侵，明朝驻军为了便于防守，将大都城内比较空旷的北部放弃，而在其南部五里另筑新墙，仍然开设两个门：安定门和德胜门。同时又分别改东墙的崇仁门为东直门，西墙的和义门为西直门。永乐元年改北平为北京，四年开始营建北京宫殿城池，十八年正式迁都北京。

明初攻占大都时，为消灭大都的“王气”，将宫城铲为平地。永乐四年（1406 年）开始兴建紫禁城。紫禁城周长 6 里，宫城主要建筑有外朝三大殿——奉天、华盖、谨身，后期更名为皇极、中极、建极，以及内廷后三殿——即乾清、坤宁、交泰，前后 6 大殿均在中轴线上。在营建宫城的同时，对大城也进行了改造，南城墙外移 2 里。嘉靖四十三年（1564 年），为防止蒙古兵，于大城南郊修筑了外城，又称外罗城，周长 18 里，开有 7 座城门，呈“凸”字形状。

故宫的平面呈矩形，南北长于东西。宫墙为紫红色，城墙上开有 4 门，正门即午门，北门为玄武门（乾隆时改为神武门），东为东华门，西为西华门。城墙四角各耸立着 4 座角楼，每座角楼建有 3 层屋檐，72 个屋脊，造型别致，为中国古代建筑业中的杰作。城墙外环绕宽 52 米、深 6 米的护城河，构成壁垒森严的城堡。

北京城继承了元大都宫廷广场的旧制，即位于皇城南门（天安门）之外，但做了一些改变，即沿着广场的东、西、南三面修建宫墙，将广场完全封闭起来，在东西两侧和正南方开三个门，东侧的叫长安左门，西侧的叫长安右门，正南的叫大明门（清初改为大清门）。广场南端保留了一段横街，作为东西城往来的孔道，叫作棋盘街，是商贾荟萃的地方。穿过棋盘街就是正阳门，俗称前门，是明清两朝北京内城的正南门，也是北京内城九门中规模最大的

唯一保存完好的一座城门。从正阳门向南有笔直的大道穿过天坛和山川坛之间，直抵外城南面正中的永定门。

顺治元年（1644 年），清军攻占北京，并迁都北京。清朝的北京城完全沿袭了明代的城市规模和规制，只是增建了一些次要大殿。清政府投巨资主要是修建了西郊的圆明园、颐和园等园林，在这些园内，营建了规模空前、华丽非凡的离宫建筑群，建筑规模之大、风景之美，比京城的皇宫还要过之。清灭亡后，北洋政府继续以北京为都。由于军阀混战，执政者无力也无心建筑都城。

参考文献

陈桥驿主编：《中国历史名城》，北京：中国青年出版社，1986 年。

程骏，马正林：《中国城市的选址与西部地区的城市化》，《陕西师范大学学报》（哲学社会科学版）2003 年第 2 期。

戴均良主编：《中国城市发展史》，哈尔滨：黑龙江人民出版社，1992 年。

傅宗文：《宋代草市镇研究》，福州：福建人民出版社，1989 年。

顾朝林：《中国城镇体系——历史·现状·展望》，北京：商务印书馆，1992 年。

朱逸宁：《上古时期中国南北城市文化的源流与精神结构》，《复旦学报》（社会科学版）2014 年第 1 期。

刘景纯：《清代黄土高原地区城镇地理研究》，北京：中华书局，2005 年。

刘景纯：《城镇景观与文化：清代黄土高原地区城镇文化的地理学考察》，北京：中国社会科学出版社，2008 年。

马正林：《论城市历史地理学的对象和任务》，《陕西师大学报》（哲学社会科学版）1990 年第 4 期。

潘明娟，吴宏岐：《秦的圣都制度与都城体系》，《考古与文物》2008 年第 1 期。

石忆邵：《中国集贸市场的历史发展与地理分布》，《地理研究》1999 年第 3 期。

史念海：《中国古都和文化》，北京：中华书局，1998 年。

宋峰：《武安城址的研究价值》，《中原文物》2008 年第 2 期。

谭其骧：《中国历史上的七大古都》，《历史教学问题》1982 年第 1、3 期。

王社教：《史念海先生与中国古都学研究》，《史学史研究》2003 年第 1 期。

史念海主编：《西安历史地图集》，西安：西安地图出版社，1996 年。

朱海滨：《景德镇城区方言与陶瓷业》，《中国社会经济史研究》2000 年第 4 期。

练　习　题

一、基本概念

盘庚迁殷　天下之中　汉五大都市　京、益二镇　《清明上河图》 古都包城高潮　七大古都　城市　陪都

二、思考题

1. 简述中国古代都城分布演变趋势及原因。
2. 简述我国古代都城空间分布（规律）特点及其影响因素。
3. 中国古代城市形制与中国传统文化的关系。
4. 中国古代城市在平面布局上的特点。
5. 中国七大古都的现代名称和确立的标准。
6. 明清时期工商业城市及其选址特征的举例。
7. 宋代至清末城市重心的变化。

第十一章　历史时期农业区变迁

受到自然地理条件限制，中国是一个传统的农业国家，也是世界上最早出现农业的国家之一，至少已有 8000 年的农耕历史。近几十年新石器时代遗址的大量农业工具与作物的发现，说明在北起松辽平原，南至珠江流域的广大土地上，自原始社会晚期就开始有了农业。因此，历史时期经济区域的变迁，实际上就是不同自然地理单元内农业区的发展与演变。历史农业地理的研究内容主要包括农耕区的地域研究、农作物分布（包括种类、种植制度、农作物组合等）、农业区发展进程与农业开发中的环境问题等。

第一节　历史时期中国的主要农作物及其变迁

中国是世界栽培植物的起源中心之一，菽的原产地就是中国，现今世界各国的大豆都是直接或间接从中国传去的。历史时期，由于不同自然地理单元的自然地理条件的差异性，农作物的类型及其历史时期的演变轨迹都有所不同。

一、历史时期中国的主要农作物

在黄河流域，由于气候和土壤的原因，新石器时代人们最先驯化了抗干旱力强、耐高温、生长期短的黍和粟。长江流域则很早便开始种植水稻。原始农业时代，中国形成了南稻北粟的格局。

新石器时代，中国开始种植麻，其为最早的五谷之一。古墓中出土有薏苡，是当时作为一种主要粮食作物种植的，但后来变成一种副食和药用作物了。此外，中原地区育蚕缫丝的历史也早在5000多年以前的仰韶文化时期。

商周时期主要作物为黍、稷、麦（小麦）、菽、麻等，明代以前中国北方的粮食作物基本如此。其中又以黍和粟占绝对地位，水稻种植开始向北方推进，而原产于西亚的小麦，引进黄河流域后种植并不普遍。

春秋战国，菽地位上升，菽、粟为当时最重要的粮食作物，小麦地位也上升，黍地位下降。五谷的称法此时出现。

秦汉以来，粟仍是北方地区最重要的粮食作物，被视为五谷之长。南方长江流域以水稻种植为主，水稻种植不断向北推移，北京就有水稻种植的记载。菽开始成为副食，而随着生产力的提高，小麦种植推广。麻作为粮食作物的种植逐渐变得不重要，而芋[①]、菰[②]等作物兴起。汉代时又从西域引进了芝麻和苜蓿，同时，柘（甘蔗）、茶种植更普遍了。

魏晋南北朝，黍和菽在北方较为重要，南方则在水稻种植进一步扩大的同时，淮南和江南地区的小麦种植得到初步推广，一些地区还开始种植高粱，如蜀黍、巴禾等。麻在这时已经不作为粮食了，而是用作油料。油菜和芸苔开始种植，但还不是用作榨油。棉花开始在这个时期出现，但还仅在新疆、云南、闽广等地有相关记载，广泛种植要到宋元以后，元以前，多以麻、葛、丝和皮毛为主要衣用材料。

从唐代开始，水稻和小麦渐渐取代了粟、稻的地位。特别是唐中叶，中国经济重心东移南迁后，水稻在农业经济中地位上升，关中、河内、河套、幽蓟等地水稻种植地位突出，新疆和东北地区也有了水稻种植。在山区，薯蓣（山药）成为重要粮食作物，荞麦种植也开始普遍。

宋元以来，北方人口大量南迁，小麦在南方长江流域的江浙、淮南、湖南等地广泛种植，岭南也开始广种小麦。同时，农业技术大幅提高，稻麦两熟制在南方形成。较著名的有耐水旱而成实早的早熟稻"占城稻"引入中国，大大提高南方地区的粮食产量。因此，宋代开始，稻麦为主的粮食结构在全国形成。棉花在江南传播，并向黄河中下游发展。油料，宋以前以芝麻为主，宋代开始油菜兴起。

明清以来，全国粮食结构达到"稻居什七"，但北方还是"小麦居半"。水稻种植北界达44°N，新疆伊犁、河西走廊、河套到辽河、济河流域都有水

① 芋，多年生草本植物，块茎椭圆形或卵形，叶子略呈卵形，有长柄，花穗轴在苞内，雄花黄色，雌花绿色。块茎含淀粉很多，供食用。

② 菰，多年生草本植物，生长在池沼里，花单性，紫红色。嫩茎的基部经某种菌寄生后，膨大，做蔬菜吃，叫茭白。

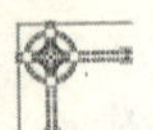

稻种植。北方地区，高粱（蜀黍）、粟种植也普遍。棉花生产占绝对优势，蚕桑和麻类比例非常小了。

明代中后期，从海外引进了马铃薯、玉米、番薯、花生、烟草、番椒等。特别是番薯、玉米、马铃薯等高产旱地农作物的引进，对中国农业生产生态和粮食结构产生了极大的影响，为中国人口的大幅度增长提供了基础。

二、历史时期水稻的种植与分布

后梁开平四年（910 年），王审知建立闽国。时值中原大乱而闽中地区相对稳定，王审知有机会发展海上交通，唐末乾宁时，下令凿去位于福州之北的黄崎海道中梗舟之巨石，开辟甘棠港，开展对外贸易，将原产于越南中南部的占城稻引进闽中。宋大中祥符五年（1012 年），宋真宗命取占城稻万斛，分给江淮两浙三路转运使，令择民田高仰者种之。

占城稻早熟高产、耐水耐旱、外形精美、煮后味香、出饭量高。占城稻的传入，使水稻生长期大大缩短，促使双季稻复种和稻麦轮作制发展，从而使水稻等粮食产量大大增加。粮食的增产，可以养活的人口数增加，可供国家的储备量增加，加快了南方地区的经济发展，强化了南方地区经济重心地位的提高。

水稻原产于中国南方地区，汉唐时期北方政治经济高于南方，加上中国气候处于温暖期，水稻一度在北方黄河流域大量种植，但近 2000 年来中国北方气候总的来说逐渐变得干燥寒冷，极大地制约了北方地区水稻的种植，这在传统农业社会几乎是不可逆转的，故宋代以来随着黄河流域气候变寒，中国政治经济中心开始东移南迁，北方地区的水利灌溉萎缩，水稻生产更加受到致命打击。

明清时期由于技术进步，水稻种植北界向北推移，但北方水稻生产在水稻生产总体格局上地位并不高。相反，南方地区由于早熟占城稻的引进和推广，引发了南方地区土地利用和粮食生产的一场革命，更加确立了南方地区经济重心的地位。因此，占城稻的传入与种植，是中国粮食生产和培育的第一次革命。

近现代以来，随着科学技术的进步，北方地区水稻种植有了发展，但在很大程度上仍然受到水资源的制约。

三、高产旱地农作物的引进及对农业生态和社会发展的影响

历史上，外来农作物的引进和传入都多多少少会对农业经济产生较大影响。这在生态学概念上，称作“生物入侵”，也会对生物多样性产生各种影响。

早熟占城稻的传入，作为中国粮食生产和培育的第一次革命，对中国南方地区的开发和经济重心在南方的确立起着较大作用。明清时期的海外高产旱地农作物的引进，是中国粮食生产和培育的第二次革命，对中国社会的影响更加深远。

中国的传统粮食作物，自先秦的粟、黍、稻、麻、菽，至秦汉魏晋南北朝以来的粟、麦、稻，再到宋元时北方的粟、麦，南方地区的稻、麦，作物种类发生变化。但是，由于生物属性的制约，特别是受气候和垂直高度的限制，这些农作物不可能在山地大量种植并获得较高产量，故元以前中国的农业种植经营一直主要立足于平坝和浅丘坡地，人口的扩展也因此受到了限制。

明代后期，玉米、马铃薯、番薯等美洲高产旱地作物传入中土。研究表明，玉米在 16 世纪传入中国，番薯、马铃薯在 17 世纪传入中国，但玉米和番薯大量推广是在清乾嘉时期，而马铃薯推广则更晚。清代中前期，玉米、番薯的主要产区是在南方。玉米集中产区的北界以秦岭为界，主要产于陕、鄂、川、湘、贵、桂六省区。番薯的集中产区分布于杭州湾以南的东南各省，四川和山东中南部也有较多的生产。湘南和湘东是玉米、番薯种植带的交汇地带。但在四川盆地有一番薯集中产区，而在浙皖山地又有一玉米集中产区。

马铃薯的生物属性使之更适宜在贫瘠高寒的山地种植，且产量较高；玉米因根系发达，具有耐瘠能力强、抗逆性强的生物属性，亦适宜在山地种植；番薯为根块作物，对土壤的要求是厚且疏松，故在低山和丘陵地区反而更能得到高产。

玉米系首先从西北传入，故西部山地得以率先传播和推广；番薯在万历年间由东南沿海传入，故首先在东南丘陵山地得到推广。玉米主要是由川、湘、鄂、皖、豫等省平原区移民入山耕种的流民种植，东南沿海番薯则主要在闽浙一带开始种植。所以，玉米、番薯传入中国后，传统路径大体上是玉米由西向东传播，番薯产区则是由东向西推广。

清代北方移民多是北向移入内蒙古和关外，这些移入地土地平坦肥沃，适宜于传统的粟麦等作物；而在南方，坪坝地方早已开垦殆尽，过剩人口只有向山地进军，而山地农业，也只能种植马铃薯、玉米等才能得到高产。东

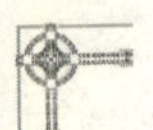

南番薯种植地区在清代之前，因粮食作物的单一性，常常造成粮食供给不足，番薯的传入正好弥补了这一不足。

据研究，粮食生产革命和人口爆炸是互为因果的。明代前期以前，中国农业种植主要集中在坪坝、川地、台地、丘陵等地势平缓地区，广大山地则是森林和草地。在坪坝、川地、丘陵、台地地区的农业种植以水稻、粟、黍、小麦等粮食作物为主，而广大山地不适宜这些作物的种植，但仍以种植传统的粟、黍、燕麦、荞麦为主，产量不高，也难以推广。

从这个意义上讲，美洲高产旱地农作物传入和推广为中国亚热带山地的深度开发创造了条件，但是我们也应该看到其带来的负面影响。如果没有海外高产旱地农作物传入，则农业的发展只能在坪坝、川地、台地、丘陵和低山地区作内涵式发展，如此，则粮食产量不可能很快提高，人口膨胀不可能成为现实。另外，如果没有外延式发展的机会，在适度人口压力下，在有限的土地上，有利于产生追求机械技术、挖掘动力能源的诱发机制，为科学技术的进一步发展创造条件。

美洲高产旱地作物传入，从四个方面影响了中国传统社会发展。第一，它使中国农业经济走上了扩大山地耕地面积的外延式的发展道路，减缓了中国平地、台地、丘陵地区的人口压力，消除了这些地区人口压力下内涵式发展的技术创新诱发机制。第二，大量亚热带森林被砍伐，用来种植旱地作物，使绿地变成旱地，使大部分多山地区经济多样性和输出能力开始减弱，成为后世亚热带山地结构性贫困的根源。第三，亚热带山地高产旱地作物的种植即使山地人口滋生和快速发展成为可能，也使平原、丘陵、低山地区因战乱、灾害而带来饥荒所造成的人口自然损耗得以减缓，这一切为清代中叶及之后的人口膨胀创造了条件。第四，亚热带山地高产旱地作物大量种植，造成森林大量破坏，使这些地区水土流失加重，造成清中叶以来生态破坏的加剧，影响区域可持续发展。

第二节　历史时期主要农业区的变迁

中国是世界上古老的农业大国，经历了原始农业、传统农业和近代农业三个阶段。在中国农业发展史上，传统农业阶段最为重要，在这一阶段里不仅形成了中国传统农业的耕作形式、生产环节，而且还奠定了农业地理的基

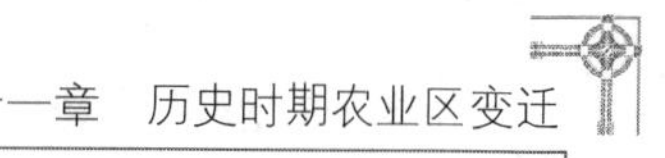

本格局。传统农业阶段还集中了中国古代农业的全部精华，对中国社会和中华文明产生深远影响。

本节以关东的华北平原区、关中地区、长江上游地区和东南地区四个地理单元为例，观察其历史时期农业地理的演变过程。

一、华北平原农业区

中国古代以黄河中下游的崤山、函谷关为界分为关东关西（又称山东山西）两大区。华北平原农业区，由关东区、河北平原中部地区、黄淮平原等几个各自相对独立的地理单元组成，这几个不同的自然地理单元各自的农业区形成与发展过程亦有差异。

1. 关东地区

关东地区相当于今以洛阳为中心的大河南北地区，为伊、洛、河、济四水相交之处，历史上又称三河地区，指河南、河内和河东，这里也是中国黄河流域农业文明的起源地之一，《史记·货殖列传》称之为“天下之中”[①]。早在新石器时代，这里就有发早期农业的开发。

在河北武安县磁山和河南新郑裴李岗约公元前6000年左右的新石器时代早期遗存中，都发现有粟的遗存，并出土有农具和粮食加工工具，显然当时农业已从原始的刀耕火种进入了耜耕农业阶段。裴李岗类型遗存分布在密县、登封、鄢陵、长葛和郏县一线，这说明距今七八千年前，在黄河下游巨大冲积扇的顶端，即华北平原西缘与太行山脉、豫西山地的交接处，已进入了农业社会。

在时代稍后的仰韶文化遗址，包括洛阳王湾、郑州大河村等遗址中，除了粮食遗存，还有村落、房屋，说明当时人们已经过着定居的农业生活。在公元前2700年由仰韶文化向龙山文化过渡阶段陕县（今三门峡市陕州区）庙底沟二期文化中，农业工具较仰韶期有了改进，农业已成为这一带的主要生产部门，这个时期的遗存集中在以潼关为中心和以洛阳、郑州为中心的两个地区。而在以洛阳为中心的伊洛河流域发现的王湾类型和安阳后岗类型的河南龙山文化遗存中，农业工具有更为明显的进步，表明农业生产水平比前一阶段又有所提高。偃师二里头类型文化的年代与中国文献上记载的夏代纪年大体一致，如是，则可以确定中国最早的奴隶制国家夏朝，就是在农业发展

①（西汉）司马迁：《史记》卷129《货殖列传》，北京：中华书局，1959年，第3257页。

最早地区之一——豫西、冀南山麓地区兴起的。

关东地区的农业有着从山麓地带向东和东北平原地区发展的过程。在豫西山地、太行山东麓一线的山前冲积扇上，分布着二里岗遗址和郑州商城、安阳殷墟以及河北邢台、邯郸、磁县、藁城、曲阳、永年、灵寿、石家庄、内邱等诸多的商代遗址。这里地势较高，排水良好，土壤肥沃，在商代已是当时黄河流域的一个农业中心。与之相吻合，在殷墟出土甲骨中，多有黍、麦、禾（粟）等代表农作物的文字以及不少与农田垦殖有关的记载。

战国时期，魏国西门豹、史起在今河北临漳县西南邺城附近地区引漳溉田，“成为膏腴”①。西汉时，建于这里的魏郡已成为人口最密集的郡之一。东汉末曹操定都于邺，以后十六国后赵、前燕、北朝的东魏、东齐沿袭在这里的发展，无不与当地的农业发达有关。隋代杨坚毁掉了邺都，但其所在相州（治安阳）境内却修凿了6条人工渠道引漳水、安阳河进行灌溉，可见关东地区始终保持着农业发达的状况。

2. 河北平原中部地区

这里早期农业发展较缓慢。由于三河长期穿越河北平原中部地区，河水泛滥，到处是沼泽洼地，这里很难形成定居农业，所以从新石器时代开始，历经商周，以至春秋时代，平原中部一直为极为空旷的人迹稀少地区。

战国中期，黄河下游两岸修筑堤防，湖泊沼泽逐渐干涸，人们开始在宽阔的平原上进行耕种。《史记·货殖列传》描写这里“有鱼盐枣栗之饶”②。在燕国境内出土的大量铁制农具，也说明了到战国时，燕国的农业已经高度发展。另外，在今河北高碑店、涿州市一带有督亢陂，这里在战国时也已经发展成为富饶的水利灌区。

东汉建武年间，渔阳太守张湛在今北京市顺义境引白河水开稻田约1200公顷，这是北京地区种植水稻的最早记载。三国魏嘉平二年（250年）驻守在蓟城的征北将军刘靖在石景山修筑水利工程，当时可灌田2000顷，约合200余公顷。之后，又自车箱渠引流注入鲍丘水（今白河），灌田万余顷。这是永定河冲积扇上大规模开发水田的先声。据文献记载，西晋、北魏、北齐一直到唐代，都有对督亢陂、戾陵堰、车箱渠等水利工程的修缮，无疑是农业规模化发展的要求所致。《齐民要术》记录了河北平原农业技术已经相当发达，农作物品种多样，有黍、粱、大小豆、麻、大小麦、水旱稻、胡麻、瓜、韭

① 杨树达：《汉书窥管》卷3，上海：上海古籍出版社，2006年，第202页。
②（西汉）司马迁：《史记》卷129《货殖列传》，北京：中华书局，1959年，第3265页。

等粮食瓜蔬等20余种。直至唐代安史之乱之前，平原中部水利建设仍保持十分兴旺。

3. 黄淮平原

黄淮平原介于豫西山地和鲁中山地之间，原始文化的遗址多分布在傍山近水的山谷平地或者河流两岸，农业发展首先中从东西两侧和山麓地带向相对方向发展。其中，颍水上游一带农业生产起源较早，是夏文化中心之一。泗水流域在公元前4300—前2400年大汶口文化时期已以农业经济为主，种植作物以粟为主，以后发展为典型的龙山文化。

战国至汉初期间，黄淮平原上的农业较为落后。西汉时在这里设置颍川郡，辖今许昌、平顶山、登封、鄢陵等十来个市（县）。汉武帝时，在黄淮平原上大兴水利，农业生产得到改观。汉昭帝时，韩、宋、卫、梁等各地百姓“无不家衍人给”，是当时人口最密集的地区之一。三国时，曹魏邓艾在颍淮之间兴办屯田，修渠道陂塘，使阡陌相望，黄淮平原上的农业得到较好的发展。唐宋时期，汴、蔡、涡、颍、濉等豫东淮东平原上的一些主要河流的沿岸，亦出现农业发达、人口增加的局面。金元以后黄河长期南泛夺淮入海，黄淮平原上的水利系统全面破坏，河流淤浅，陂塘填平，水涝灾害屡年不断，农业生产一落千丈，反倒成为农业落后的地区。

二、关中地区农业经济的变迁

关中地区的农业中心在渭河平原，即关中平原，根据环境考古资料，这里在仰韶文化时期气候温暖湿润，自然条件优越，适宜人类居住。仰韶文化型半坡遗址出土的农具有 700 多件粟米和菜籽等遗存，表明先民们已定居生活，在从事农业的同时，还饲养家畜和兼营渔猎，农业已脱离原始阶段。

周原北靠岐山，南临渭河，沣河横贯其中，汧河环绕其西，具有良好的水资源灌溉条件。周人古公亶父从陕西彬州市、旬邑县一带迁至周原以后，芟除杂草，开垦新田，关中平原农业迅速发展。据《诗经》《史记》等书的记载，西周时关中平原的农业生产技术和管理水平也相当高，农作物除了适宜北方水土的黍、稷、粟、麦以外，还开始种植水稻。西周之所以能灭商，其拥有雄厚农业基础是根本原因。

春秋时期，公元前647年，秦国拿出大批粮食支援晋国的饥荒，说明关中平原的农业持续发展。战国时期，铁制农具的使用使水利工程的修建成为

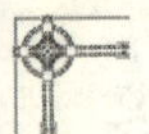

可能。如秦统一中原前不久，关中平原出现了规模宏大郑国渠，可灌溉“泽卤之地四万余顷”，使关中平原最早获得“天府”之誉。粮食作物方面，西周时关中粮食作物以黍稷为主，战国时以菽粟为主。

汉武帝时，关中地区相继兴修了六辅渠、白渠、漕渠、成国渠等水利设施，渭河两岸土地得到滋润，成为“天下陆海”。《氾胜之书》中记载西汉后期关中地区已经具有相当高的农业生产技术，如赵过发明的代田法得到推行；农业生产工具、农业管理水平在全国也是一流的，铁犁铧也是在关中平原首度使用。关中地区农业水平在全国范围内是相当高的。

西汉以后，关中平原的农业生产遭到两次严重破坏。一次是西汉末年的王莽之乱，“长安为虚，城中无人行”①，人口锐减。另一次是东汉末年的董卓之乱，长安地区成为战场，“谷一斛五十万，豆麦二十万，人相食啖”②，原来三辅地区有民居数十万户，此后大量损失。魏晋十六国北朝时，农业生产有一定复苏，但却远非秦汉时可比。

隋唐时期，关中平原再度成为全国政治中心，农田水利重新受到重视。唐前期在渭河南北修复汉魏以来损毁的破旧沟渠，又开凿出不少新渠，但效益却不理想。已修复的郑国渠和新扩建的三白渠所能灌溉的农田面积仅及秦汉时期的1/4弱，而到唐代后期更是仅有1/7。这时的关中地区虽仍号称沃野，但“所出不足以给京师”③，所缺乏的粮食，需仰赖东部平原，甚至隋炀帝时洛阳成为事实上的首都，而唐高宗以后很多帝王直接趋食洛阳，以就漕粮之便。

隋唐时代关中地区的农业之所以不能振兴，原因可归纳为三个方面。一是人口骤增。唐天宝初年，京畿道人口已达三百余万，而平原上可开垦的耕地业已尽辟。二是秦汉以来，长期对泾、渭、北洛河上游的过度开垦，导致泾、渭等河含沙量不断升高，使大量人工渠道淤浅，灌溉能力减弱甚至消失，如唐时郑国渠在石川河以西河段已经彻底淤废。郑国渠在宋代河床又淤至渠口，以至于泾水根本无法引入、水利灌溉设施失去作用。三是关中地区为王侯权贵云集，他们在渠道旁竞造碾面巾硙，耗费水量，堵塞渠道，加重了水利设施的效能。

宋代建都开封，对关中地区不如唐代重视。郑国渠全废，白渠灌溉不及

---

①（东汉）班固：《汉书》卷99《王莽传》，北京：中华书局，1962年，第4193页。
②（唐）房玄龄等：《晋书》卷26《食货志》，北京：中华书局，1974年，第782页。
③（宋）欧阳修，宋祁：《新唐书》卷53《食货志三》，北京：中华书局，1975年，第1365页。

二千顷。元代关中的渠堰尽坏，灌溉系统破坏后，农业发展大受影响。

明清时期，关中农田水利小型灌溉工程普遍开展，但功能效率大不如前，虽不失为西北地区的重要小麦产区，但在全国经济地位已远不如汉唐时期。

三、长江上游地区

长江上游以成都平原为中心的川西地区，是古代蜀国经营之地，也是中国古代主要农业区之一。在相当于中原西周至春秋中期期间，蜀王杜宇“教民务农”，并“以汶山为畜牧”[①]，成都平原较早开发农业的地区。

战国时代，成都平原农业基础雄厚，物产富饶。公元前316年，秦惠文王灭蜀，置蜀郡。公元前308年秦司马错率巴蜀众10万，大船万艘，米六百万斛，浮江伐楚。公元前256年蜀守李冰主持兴筑都江堰，使成都平原一跃成为与关中平原并称“陆海”的“天府之国”。秦定六国后，徙大批工商业者入蜀，特别是卓氏、程郑带去的冶铸技术，促进了农业工具的加工，有效地提高了成都平原的农业生产力水平。

楚汉之际，蜀汉地区农业继续稳定发展，到西汉末年，成都一县就达户7.6万，仅次于首都长安县的8万户，在《汉书·地理志》有户口数记载的10个县中排名第二位。近年来在成都平原出土了不少汉代水田陂塘的陶制模型和汉画像石，其中有大量描述的都是农业生产活动。自汉以降，中原每有战乱灾荒，往往调取成都粟赈饥，同时，饥民亦以成都平原为迁移目的地。相较于关中平原，成都平原自然条件更优越，又未遭关中战乱的厄运，故农业经济长期不衰。

唐时自陇右及河西诸州军国所资、邮驿所给，亦莫不取于蜀，成都成为仅次于扬州的全国第二大都市。安史之乱，中原衣冠士庶大批流入蜀地，又垦出大量原来未垦的土地，进一步扩大耕地面积。

五代时，前后蜀政权先后割据四川，由于地方局势安定，府库充实，粮食价格下降至“斗米三钱”。后唐平蜀时，一度储粮达 253万石，足见蜀地农业经济之发达。宋代成都平原“地狭而腴，民勤耕作，无寸土之旷，岁三四收”[②]。从13纪初开始，宋金战争等造成的大量百姓弃业避乱，农业经济受到严重影响。

①（晋）常璩撰，刘琳校注：《华阳国志校注》卷3《蜀志》，成都：巴蜀书社，1984年，第182页。
②（元）脱脱等：《宋史》卷89《地理志五》，北京：中华书局，1977年，第2230页。

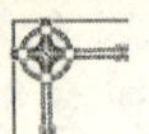

元明至清初，成都平原都虽不断遭受战祸与灾害，特别是张献忠乱川极大破坏了农业生产，但三代都在反复改建都江堰工程，保持较好的水利效能，使成都平原成为中国 2000 多年历史中唯一长期保持稳产高产的主要农业区。

四、东南平原地区

这里的东南地区专指太湖流域和杭州湾南岸宁绍平原，是以河姆渡文化、马家浜文化和良渚文化为代表的，以水稻种植为主的农业文化区。在 7000 年以前的余姚河姆渡遗址，有丰富的稻作遗存，经鉴定是迄今为止中国发现最早的人工栽培稻，也是亚洲最古老的稻米实物遗存。虽然农业起源较早，但由于铁器农具尚未使用，当地的渔猎经济长期占有较大比例，大片原始森林和湖沼洼地保持较好的原始样貌。直到春秋战国时期，杭州湾地区的越族依然处于“随陆陵而耕种” 的迁徙农业阶段，如司马迁所说：“楚越之地，地广人希（稀），饭稻羹鱼，或火耕而水耨。”①

两汉东晋南朝时期，东南地区农业人口大幅度增加，东汉永和五年（140 年）在宁绍平原上兴修的鉴湖，可溉田九千顷。东汉末建安以降到东晋南朝，北方人口大量南迁，将先进的生产工具农业技术带入这里，还提供了充分的劳动力，开始大规模兴办水利，开辟农田，东南地区很快由地广人稀变为发达的农业区。

安史之乱后，中原人口再一次南迁进入东南，水利设施普遍兴建，太湖流域水系被规划为五里一纵浦、七里十里一横塘的灌排系统，利于圩田屯垦，尤以太湖流域常、苏、湖三州为最，东南地区农业进一步发展，成为全国经济重心所在，所谓“当今赋出于天下，江南居十九”②。

两宋时期，东南人口高度密集，耕地出现不足，开始围湖造田、垦殖海涂。北宋前期占城稻传入东南地区，为进一步扩大耕地面积提供了条件。南宋时北人南迁，小麦种植获利倍于种稻，于是出现了稻麦复种制，亩产大为提高。苏、常、湖、秀（今嘉兴）四州的粮食可北调京师开封。

元代，更是“转粟京师多资东南，居天下什（十）六七”③。明成化年间，各地运粮至京师四百万石，其中南粮占到粮食总供给的 80%，而苏、松、常

① （西汉）司马迁：《史记》卷 129《货殖列传》，北京：中华书局，1959 年，第 3270 页。
② （唐）韩愈：《送陆歙州诗并序》，屈守元，常思春主编：《韩愈全校注》，成都：四川大学出版社，1996 年，第 111 页。
③ （元）苏天爵辑，姚景安点校：《元朝名臣事略》卷 4《平章武宁正献王》，北京：中华书局，1996 年，第 70 页。

三府又占南粮中大部分，故有“苏松财赋半天下”[①]之说。清代康熙年间在苏州地区推广双季稻，亩产显著增加，成为中国粮食的主要产地。

综上所述，中国几个主要农业区的演变过程有各自不同的特征。黄河中下游的山麓地带农业起源很早，向平原地区发展迅速，大致到8世纪中叶前一直为中国主要农业区，之后由于自然条件和社会因素的影响而渐趋衰落；关中平原的农业发展情况大致相同，但得益于大平原及黄河水利之便，得以保持农业主产区的地位；发展稍迟的成都平原，由于水利条件良好，历二三千年而农业不衰。长江下游东南地区原始农业起源也很早，但早期受生产力水平的限制而进程缓慢，六朝以后才飞速发展，两宋时跃为全国农业经济的首位。

参考文献

陈国生：《明代云贵川农业地理研究》，重庆：西南师范大学出版社，1997年。

陈文华编著：《中国古代农业科技史图谱》，北京：农业出版社，1991年。

耿占军：《清代陕西农业地理研究》，西安：西北大学出版社，1997年。

龚胜生：《清代两湖农业地理》，武汉：华中师范大学出版社，1996年。

郭声波：《四川历史农业地理》，成都：四川人民出版社，1993年。

韩茂莉：《辽金农业地理》，北京：社会科学文献出版社，1999年。

韩茂莉：《宋代农业地理》，太原：山西古籍出版社，1993年。

蓝勇：《历史时期西南经济开发与生态变迁》，昆明：云南人民出版社，1992年。

李令福：《明清山东农业地理》，台北：五南图书出版有限公司，2000年。

李心纯：《黄河流域与绿色文明——明代山西河北的农业生态环境》，北京：人民出版社，1999年。

梁家勉：《中国农业科学技术史稿》，北京：农业出版社，1989年。

马雪芹：《明清河南农业地理》，台北：洪叶文化事业有限公司，1997年。

王社教：《苏皖浙赣地区明代农业地理研究》，西安：陕西师范大学出版社，1999年。

吴宏岐：《元代农业地理》，西安：西安地图出版社，1997年。

吴宏伟：《广东历史农业地理》，长沙：湖南教育出版社，1998年。

萧正洪：《环境与技术选择：清代中国西部地区农业技术地理研究》，北京：中国社会

① 嘉庆《松江府志》，清嘉庆二十三年（1818年）刻本。

科学出版社，1998 年。

中国科学院地理研究所经济地理研究室编著：《中国农业地理总论》，北京：科学出版社，1980 年。

练　习　题

一、基本概念

五谷　占城稻　美洲高产作物　都江堰　五谷　稻麦复种制　占城稻　美洲高产作物

二、思考题

1. 简述近 2000 年来中国重要农业作物嬗变的大势。
2. 试分析中国农业作物嬗变对中国社会发展的影响。
3. 解释“苏湖熟，天下足”和“湖广熟，天下足”，并分析其产生的经济地理学背影。
4. 论述玉米、番薯的传播路径及其对中国社会的影响。
5. 论述明清时期植棉业的主要分布区域。

第十二章　历史时期经济区域变迁

司马迁《史记·货殖列传》根据汉代经济类型的分布及特点，将全国划分为山东、山西、江南、龙门碣石以北四大经济区，其中，属于黄河流域的山东、山西地区是传统的农业区，长期居于全国经济重心的地位。开发起步相对晚的地区为江南地区，虽物产丰富，但气候炎热潮湿，地势复杂，不利于开发，两汉时，这里大部分地区人口稀少，生产技术落后。龙门碣石以北地区则为传统的畜牧业或半农半牧区。受到地理条件的制约，不同地区的经济发展也出现地域性差异，并且出现了经济中心的转移。

第一节　历史时期商业与手工业的分布与变迁

伴随着农业的发展，带动了商业与手工业亦勃兴。在历史时期，中国的商业发展常常是与城市的发展相结合，而手工业则随着社会分工，形成地域化差别。

一、历史时期商业贸易的发展与变迁

周代分封，形成王城、诸侯城、采邑三级网络。140 多个诸侯首邑城市形成我国第一次城市建设高潮。春秋战国郡县制开始，促进了城市发展，出现第二次城市建设高潮，不仅仅产生了大量的城池，还有与城市居民社会生产生活密切相关的商业成分。

秦始皇统一全国后，战国以来形成零乱错杂的交通道路，连接成以首都咸阳为中心辐射向全国各地的水陆交通网。这张道路交通网络，不仅承担着国家行政指令上传下达的功能和赋税征缴的运输功能，更重要的是带动了交

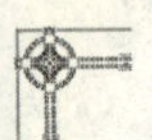

通沿线上各地区间的经济交流，并在此基础上先后涌现了一批重要的工商业城市。

如在横贯东西干线上有咸阳、长安、洛阳、荥阳、濮阳、定陶、临淄等，通往北方干线上的温、轵、杨、平阳、邺、邯郸、涿、蓟等，通往东南干线上的大梁（今河南开封市）、睢阳、彭城、寿春、合肥等，通往南方干线上的阳翟、宛、以及南海的门户番禺。还有长江干线上的成都、江陵、吴三座大的城市。以上这些城市除了政治中心的功能外，还是两汉时期一方的经济都会和区域的经济中心。秦汉时期封建社会早期城市的特征，是以小城市为主体，因此，各地的商业发展规模有限。

魏晋南北朝时期，北方游牧民族纷纷南下，农业经济受到摧残，城镇发展停滞。长江流域社会发展，特别是商业和手工业随着农业的发展而得到提振，许多城市的商业功能加强，并且出现具有地方特征的商业门类，如出现了一批生产丝、陶、茶、纸、文具的新兴手工业城市。特别是沿黄河、长江、淮河、大运河沿岸，形成一批重要的贸易城市，如长安、洛阳、汴州、成都、扬州、鄂州、余杭、吴郡、楚州、宋州等。其间水运也得到发展，而商业城市之所以沿水路发展，与水路运输的承载量有直接关系。

魏晋商业经济还有一些特殊发展类型。如魏晋时期军镇遍及全国，带动了以军镇为中心的商业经济圈。还有草市镇，是起源于南北朝时期的一种商业形式，由于草市镇方便灵活，发展迅速，中唐以后草市镇就突破了州县以下不得设市的规定，在多地普遍实施，如荆州沙头布、蒙顶山遂斯安市、盐亭雍江盐市等。

南北朝时期还出现了一些特大城市，如南朝梁的建康、隋唐洛阳、唐长安，人口都在百万以上。唐代长安、洛阳、扬州、广州、泉州、明州、登州、益州被称为八大都市。唐代城镇分布重心由黄河流域迁移到了长江流域。同时，城市也开始向边疆地区推进，进一步带动了商贸经济在地区间的均衡发展，也使丝绸之路贸易、边疆农牧经济交易等迅速发展起来，丰富了当时的社会经济内容。

在传统的以政治与农业经济为主导的城市外，以水运为基础的城市网络形成，最为突出的是沿运河和长江两岸商业与商业贸易发展的趋势日益凸显。唐宋两代在运河河道整治工程和航运管理上均较前有较大进步，这种进步驱动了隋唐以后的造船工业发展，从而降低了水运成本，再度刺激了水路运输行业的发展和商业城市规模的扩大。更重要的是，运河还沟通了黄河流域与长江流域之间的水运交通，如《唐国史补》记载长江流域几乎“无不通水，故天下货利，舟楫居多”①。

一些重要工商业城市不仅建在水运的沿线，同时还成为区域的交通枢纽。如位于运河和长江的交会点上的扬州，因地处长江下游，便于带动全流域的经济交换关系，因而成为唐代全国第一工商业大都会。位于长江上游的成都也是因水运交通便利，而产生若干商贸集散地。再如，有永济渠沿岸的魏州、贝州；通济渠沿岸的汴州、宋州；古汴河和泗水交会的徐州；邗沟和淮河交会的楚州；江南河沿线的润州、苏州、杭州；以及长江及其主要支流沿岸的荆州（今湖北江陵）、鄂州、潭州、岳州，江州、洪州等。

宋代以前，中国城市在性质上均以行政为主，城市主要是各地区的政治中心，而商业不过是其附属而已。宋代经济增长很快，商业发展对城市政治性质有巨大冲击作用，致使城市除了行政所在地外，均达到中国有史以来前所未有的商业化。五代至宋元时期，随着经济结构中商品经济成分增大，城市的经济职能明显，坊里制被打破，城市夜市增多。宋元时期大城市数目也剧增，唐代十万户以上城市只有一二十座，宋代达四五十座。一批工商业城市、商业性城市、手工业城市出现，意味着中国传统经济走向成熟，城市发展已突破了政治框架的限制，经济力量成为城市发展的主要动力。在农村，草市大量涌现，并向商业集镇发展。

此外，南方海上丝绸之路繁荣，带动了沿海港口城市的不断发展；一些核心城市转移频繁，呈现由西向东南迁移的趋势。总体而言，宋元时期，以国都、府州治所、县城、市镇四级城镇等级的基础上，地区性经济中心城市已形成网络化。

元明清时代从大都（北京）至杭州的南北大运河，促进了南北经济文化的交流及中外贸易的发展，在大运河形成后的400多年里，不仅起着沟通南北水运大动脉的作用，还在大运河沿岸形成了一些商业发达的城市，如通州、直沽（天津）、沧州、临清、德州、东昌（今聊城）、济宁、徐州、镇江、淮安、扬州、常州、苏州、杭州、嘉兴等。同时还出现了一批随交通地位提升而形成的商业城镇，如南阳镇、清江浦（今淮安市淮安区）、王营等。

明清时期，随着经济发展，一大批因手工业、商业和交通运输而兴起的

①（唐）李肇：《唐国史补》，上海：上海古籍出版社，1979年，第62页。

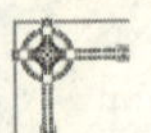

中小城市繁荣起来。农副产品专业地区特征明显起来，出现了江南棉区、江南桑蚕区、闽浙皖茶区、闽浙广赣川甘蔗区，相应地一些专业性的城镇出现。这时的城镇功能类型也有明显的发展，主要有商业市镇、手工业市镇、手工业—商业市镇、全国性经济中心城市等类型。

二、历史时期的港口城市与商业贸易

中国有着绵长的海岸线，众多的港湾不乏良港，为海上交通提供了极大的方便。春秋战国时期，中国东部沿海的齐、吴、越等国，已经有在海上航行的记载。两汉时期的海外交通亦较前代更为发达，海上交通的发展，意味着海港的开发与使用，以及围绕海港形成的商业活动已经出现，海港城市也成为社会经济的组成部分。唐代海上交通发展为国际交往的重要路线亦必然以一批城市的兴起为依托。

中国北部的海上交通，主要集中山东半岛沿岸，由这里可渡渤海、趋辽东，也可沿朝鲜半岛西、南岸抵日本，中、朝、日之间海上交通是这一海域最早开发的航路。但是，当时日本、朝鲜经济并不发达，这条航路的经济意义并不大。

中国南方海上航路，在西汉时期已通向孟加拉湾西岸；东汉时，中印之间的海上交通已经常态化，更远的，还有罗马帝国东部的商人远洋过海来华通商；三国魏、吴分别与日本、林邑和扶南以及南洋群岛中若干岛屿有海上往来。那时的广州为中国海外交通的第一大港。1975 年，考古专家在广州市区中山四路一带挖出一座秦代造船遗址，大约建造于秦始皇统一岭南时期，这里所造的船只大约载重 25—30 吨，平底木质。这座造船场规模、船台的形式等，都表明 2000 多年前中国造船技术和造船生产产能已经具有很高的水平。如此的规模，对应的水上运输承载力与贸易水平亦相当可观。

隋唐统一帝国建立后，更注意发展海上交通。航运范围已扩及北方的新罗、日本，南方更是经今越南中南部的林邑、真腊沿海地区，至今新加坡海峡，东航可至诃陵（今爪哇岛），西航经室利佛逝（今苏门答腊）、伽芝州（今尼科巴群岛）至狮子国（今斯里兰卡），再沿着印度半岛的西岸，经波斯湾至幼发拉底河口登陆，趋大食国的首都缚达城（今巴格达）。这是东西方两大帝国的海上交通航路，阿拉伯商人亦多经此航路来华贸易。为适应大范围的海上交通和对外贸易的发展，隋唐时期在沿海产生了一些港口城市和商贸中心。在北方的有登州（今山东蓬莱）、莱州，南方的有楚州（今江苏淮安）、扬州市、明州（今浙江宁波市）、温州市、福州市、泉州市、潮州市、广州市、交州（今越南河内）和苏州的华亭（今上海市松江区）等。

宋代因西北有西夏的阻隔，中西陆路交通衰微，再加上指南针的应用，海上交通较前更为发达。宋代在沿海重要对外贸易港口置市舶司（务）等机构，管理通商事务。北宋设立市舶司的有广州、杭州、明州、泉州、密州板桥镇、秀州华亭等。南宋增设温州、江阴军（今江阴）、秀州海盐、澉浦数处。其他如通州（今南通市）、楚州、海州（今东海县）、越州（今绍兴市）、台州（今临海）、福州、漳州市、潮州、雷州（今广东海康）、琼州等，都是海上贸易港口。元代设市舶司的有广州、泉州、温州、庆元（即明州）、杭州、澉浦和上海，其中最主要的是广州、泉州和明州。泉州港位于东海航路和南海航路的结点，唐代以后海外贸易已经很发达，南宋以后地位日益重要，到元代时替代广州成为对外贸易的第一大港，元代时被摩洛哥旅行家伊本·白图泰称为："这是一巨大城市，此地织造的锦缎和绸缎，也以刺桐命名。该城的港口是世界大港之一，甚至是最大的港口。我看到港内停有大艟克（即大船——笔者注）约百艘，小船多得无数。这个港口是一个伸入陆地的巨大港湾，以至与大江会合"①。

明清时代海上交通更为发展，海船所至遍及欧亚非一些主要港口。明初永乐、宣德年间，郑和领导的远航船队 7 次下西洋，经 37 国，向南到了爪哇岛，向西到波斯湾、红海，最远到了赤道以南的非洲东海岸，载入世界航海史的史册。

16 世纪以后，西欧殖民主义者开辟了通向印度、远东、美洲的新航路，从此远洋航路遂为其所垄断。鸦片战争后，中国的沿海航线亦被控制，港口被迫开放，甚至丧失了内河航行权。

第二节　主要手工业部门的地理分布

我国手工业产生早，原始手工业从属于农业，到原始社会末期实现了第二次社会大分工，手工业脱离农业，形成了独立的手工业部门。由于手工业

① （摩洛哥）伊本·白图泰著，马金鹏译：《伊本·白图泰游记》校订本，银川：宁夏人民出版社，2000 年，第 551 页。

发展历史悠久，行业多且分布广，因此，在不同历史时期都在国民经济中占有重要地位，且在不同地理单元的制造业门类及其发展轨迹有所不同。这里仅就几种主要手工业部门的地区分布和区域发展状况加以阐述，以观察这些部门兴起和演变的地理基础。

一、冶铁业

中国自古盛产铁，早在商代就开始用陨石中的铁制造兵器的刃部。关于炼铁，从历史记载和出土文物来看，大致在春秋中后期冶铁手工业已有一定规模，《管子·海王篇》云："今铁官之数曰：一女必有一针一刀，若其事立。耕者必有一耒一耜一铫，若其事立。行服连轺辇者，必有一斤一锯一锥一凿，若其事立。不尔而成事者，天下无有。"[①]《管子》内容多取材于齐国的档案，所反映的大概是春秋时的实际情形，可见，齐国可能是较早使用铁器的一个地区，而且当时的铁器种类丰富，已经覆盖了社会生产的方方面面。《国语·齐语》中有"美金以铸剑戟，试诸狗马；恶金以铸鉏、夷、斤、斸，试诸壤土"[②]的记载。一般认为"美金"指铜，用来制造剑戟，"恶金"就是铁，用来制造农具。公元513年，晋国用铁铸刑鼎也是历史上著名的事。铸鼎的铁是作为军赋向民间征收的，足见铁在晋国已很普遍，同时，能够浇铸上面有法律条文的刑具，也说明晋国已有较高的冶铸水平。

除了北方的齐国、晋国为已知的冶铁业中心外，春秋时期在南方地区也有铸造中心。近年在江苏六合程桥春秋晚期吴国墓葬中出土有块炼铁[③]锻打的铁条和铸铁〈生铁）铸造的铁丸；湖南长沙识字岭春秋晚期楚国墓葬出土了铸铁制造的小铁锄；长沙东郊龙洞坡春秋晚期楚国墓葬出土了铁削；长沙杨家山春秋晚期楚国墓葬中出土了钢剑。炼铁技术是需要有一个发展过程的，既然春秋晚期已经达到这样的冶铸水平，那么炼铁很可能起源早于春秋初年。

战国时期，铁器的普遍使用，冶铁业也成为独立的手工业。《山海经》记载有明确地点的铁山共 36 处，分布在北自辽东半岛，东至海滨，南至广东，西到陕西、四川的广大地区。在当时七国的主要地区，都有战国时期的

① 黎翔凤撰，梁运华整理：《管子校注·海王篇》，北京：中华书局，2004年，第1255—1256页。

② 徐元浩撰，王树民、沈长云点校：《国语集解》，北京：中华书局，2002年，第231页。

③ 块炼铁是铁矿石在较低温度（1000℃左右）的固体状态下用木炭还原而得到的含有较多夹杂物的铁。这种铁为海绵状固体，杂质较多，含碳量低，质软，只能锻，不能铸，且需经过反复锻打才能得到较纯的铁块。

铁器出土。1950 年发掘的战国魏墓，出土了 70 多件铁制兵器和 90 多件生产工具。

秦汉时冶铁业比前期有更快发展，块炼铁和生铁冶铸都获得了进一步发展，冶铁中心亦分布广泛。据统计，汉代铁官所在地和产铁地共计 53 处。从涉及的范围看，北到辽宁盖州市，南达湖南郴县，西抵甘肃洮县，东至山东。若以秦岭淮河为界，则这些铁官所在地和产铁地主要在此线以北，达 44 处，此线以南仅 9 处。其中山东、河南、河北三省就占了 26 处，关中平原、成都平原及其附近地区分别占了 5 处和 3 处，这与当时主要的农业地区相吻合。现在已发现的汉代冶铁遗址有 21 处，河南占 10 处，也可以说明冶铁与农业生产关系密切。当时最著名的冶铁中心邯郸、宛、鲁、西平和临邛，恰好也正是在最主要的农业地区。

魏晋南北朝时期，虽然政权分裂，但各个割据政权都有自己的冶炼中心。除制造生产工具外，主要是造兵器。北方地区除山东渚冶炼场外，相州的牵口冶是北魏制造兵、农器械最精良的地方；夏阳诸山（今陕西韩城以北诸山）是北周冶铁规模最大的地方。而南方地区最有名的冶炼场就是扬州所管的梅根冶和冶唐两处。另外，像铁舰山、山白等，也都设有规模较大的冶炼场。冶铁业的普遍发展，魏晋南北朝时期在各冶铁业中心设置“司金中郎将”“司金都尉”“监冶谒者”等官职，专门管理铁的生产。

宋代的矿冶比唐代更有所发展，产区不断扩大。宋初，各地共有矿冶场 201 处。宋英宗时，增加到 271 处，开采规模很大。宋神宗熙宁年间和北宋末年，韶州岑水（今广东曲江）铜场和信州铅山（今江西铅山）铜场采炼工人达十多万人。各处矿场产量大幅度提高，铁产量也增加，宋初每年为 5 748 000 斤，到宋英宗时，每年增加 2 493 000 斤。这个时期的冶矿场主要集中在南方地区，如安徽繁昌的冶铁遗址，面积达 750 平方米，废铁堆积高约 2 米。徐州的利国监（徐州东北盘马山）和兖州莱芜监，冶铁规模也很大，前者有 36 个冶场，后者有 18 个冶场。这都证明南北地区都有规模很大的冶炼场所，同时，北方几大矿冶中心依然有产量较高，如河北沙河市的北宋冶铁遗址，地面上的炼铁炉痕迹有十七八处之多，尚存铁汁凝块也有十几块，每块达几吨重。在冶铁技术方面，已应用石炭（煤）炼铁增高炉温，加快冶炼过程，提高了质量。此外，还广泛应用“灌钢”或“锻钢”冶炼法来炼钢。

元代的冶铁比宋代有所进步。湖广、江浙、江西等地，是主要的产铁区。

明清两代，随着资本也义生产关系的明芽，矿冶业有很大的发展，主要表现在官办衰落，民营兴盛。明初主要冶铁中心有江西进贤、新喻、分宜、湖广兴国（今湖北阳新）、黄梅，山东莱芜，广东阴山，山西吉州（今吉县）、太平、泽州（今晋城）、潞州（今长治）等，共 13 处。佛山虽然未被列入冶铁中心，但明代后期，铁锅生产已闻名全国，到了清代，“佛山之冶遍天下”[①]，所产铁锅行销国内外。陕南的冶铁中心，主要分布在凤县、略阳、宁强、镇安、旬阳一带，较大的铁厂有两三千人，小的也有几百至上千人。陕南所以成为冶铁中心，是因为有丰富的铁矿和木材，并有汉水与长江相通交通便利的缘故。

二、蚕桑业和丝织业

中国是世界上最早发展蚕桑业和丝织业的国家。浙江吴兴钱山漾新石器时代遗址中出土的绢片和丝带，经鉴定为家蚕丝。江苏吴江梅堰和浙江余姚河姆渡遗址出土的器物上有蚕纹图案。这些都说明长江流域的中国先民经长期采用野蚕丝的实践，到了新石器时代的晚期已将野蚕驯化为家蚕，至今约有四五千年的历史。黄河流域至今尚无确凿证据证明新石器时代已经有了蚕桑业，不过从种种有关迹象看来，黄河流域蚕桑业的起源也是很早的，在黄土高原北部的汉代遗址中出土有大量的蚕形的陶缸和陶罐，可以将黄河流域养蚕业的时间上限向上推。

商代，丝织物成为贵族衣着的主要原料，是丝织业发达的证据。一些商代墓葬出土的青铜器表面，经常粘附有丝绸残片或渗透着丝绸纹样的痕迹。西周时各地种桑养蚕十分普遍，泾渭流域、山东半岛和华北平原的许多地方已无处不种桑养蚕。西周到春秋时期的蚕桑业高度发展，今黄河中下游的陕、晋、冀、豫、鲁等地区蚕桑业已相当普遍。特别是华北平原北端的燕、代（今河北蔚县）“田畜而事蚕”。黄河下游的齐、鲁一带可见“千亩桑”，从事蚕丝业的人可富比“千户侯”。齐国的丝织品在当时最出名，产品行销各地，享有“冠带衣履天下”的声誉。长江流域的蜀国、楚国和吴、越等地都有蚕桑和丝织业。

黄河中下游地区是古代蚕桑业最发达的地区，西汉时期丝织业依然非常发达，长安和齐郡临淄是全国丝织业的中心。长安设有东、西织室，临淄和

---

①（清）屈大均：《广东新语》，北京：中华书局，1985 年，第 458 页。

今河南睢县的陈留襄邑等地设立有官办手工业作坊，作坊里的织工多达数千人，需要设专门的官员进行管理。富商大贾经营的私营蚕丝手工业作坊在一些大城市发展起来，使这些大城市成为丝织业发达的商业中心。而农民家庭手工业则主要是纺织自己穿用和缴纳赋税的麻布、葛布和绢帛，有的也出售一小部分纺织品，这也意味着蚕桑业从大城市向乡村发展，最终成为在中国覆盖面最广的一门产业。

东汉时，蜀锦驰名全国，《西京杂记》载汉成帝曾下令益州留下三年税输，为宫廷织造七成锦帐，以沉水香饰之。东汉时成都城内有锦官城以贮锦。城内锦江即以濯锦而得名。襄邑和齐的丝织业也很发达，王充在《论衡》中说："齐部世刺绣，恒女无不能；襄邑俗织锦，钝妇无不巧。"①东汉时长江中下游的蚕桑事业已经发展起来。《后汉书》云："桂阳太守茨充教人种桑蚕，人得其利，至今江南颇知桑蚕织履，皆充之化也。"②汉代西域丝织业也有很大的发展，新疆民丰县汉墓中出土的红色杯纹罗，织造匀细，花纹规整，这是在丝织工艺技术普遍提高的基础上才可能出现的。可见，两汉时期，丝织业中心也在全国，特别是北方地区形成的全面而密集的分布态势。

魏晋南北朝时，黄河流域丝织业最发达的仍然是河北地区。左思《魏都赋》中特别地歌咏了清河（今河北清河）的缣和房子（今河北高邑）的锦、纩均是上乘品质，有"锦绣襄邑，罗绮朝歌。绵纩房子，缣总清河"③之称。其他如巨鹿、赵郡、中山、常山等郡出产的缣也为人们所称道。《颜氏家训·治家篇》云："河北妇人，织红组紃之事，黼黻锦绣罗绮之工，大优于江东也。"④在长江流域，最著名的依然还是蜀锦，就连河北所产丝绢也不及蜀锦，以至于蜀汉"民贫国虚，决敌之资，惟仰锦耳"⑤。当时江东尚未有锦，故魏、吴二国都从蜀汉输入蜀锦。三国时，长江流域丝织业发展更快，蜀汉"决敌之资，惟仰锦耳"，而吴丝与蜀锦的地位也已相仿，几欲取代临淄、襄邑。

唐代丝织业发展更快、分布地区也不断扩大，到南宋时长江中下游的蚕

① （汉）王充：《论衡·程材》，上海：上海人民出版社，1974 年，第 189 页。
② （南朝·宋）范晔：《后汉书》卷 76《循吏列传》引《东观记》，北京：中华书局，1965 年，第 2460 页。
③ （晋）左思：《魏都赋》，（梁）萧统撰，（唐）李善注：《昭明文选》，上海：上海古籍出版社，1986 年，第 290 页。
④ 王利器：《颜氏家训集解》增补本，北京：中华书局，1993 年，第 51 页。
⑤ 王瑞功主编：《诸葛亮研究集成》，济南：齐鲁书社，1997 年，第 315 页。

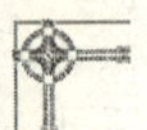

桑事业已超过了黄河流域，与全国经济重心云南大体一致。长江流域的丝织业上自川蜀，下至关越，都已非常发达。由于江南丝织业的发展，江南道（今江苏、浙江、福建、江西、湖南一带）的产量仅次于河南道（今河南、山东一带）、河北道（今河北、辽宁、河南、山东一带）而居全国第三位，而上述三道是唐代丝织业最发达的地区。江南道的越（今浙江绍兴）、润（今江苏镇江）等州所产的越罗，苏、润、湖、杭、越、明（今浙江宁波）、睦（建德）等州所产的吴绫，都以轻薄而闻名并畅销全国。江南地区蚕桑事业的迅速发展，与优越的自然条件有关，但用绢来做标准，黄河流域仍占上风。中唐时把全国各地的绢分为八等，前五等大部分在黄河流域，这与当时主要的经济地区相吻合。在唐后期，南方的丝纺织业已超过北方。吴越是江南地区的丝纺织中心，越州向朝廷进贡的丝织品达数十种之多，越州出产的缭绫尤称精美。荆州（今湖北江陵）和宣州（今安徽宣城）也成了丝织物的重要产地。荆州的贡绫、宣州的红线毯，都居全国的上选之列。丝织业是宋代纺织业的一个重要部门，以两浙、川蜀最为发达。

北宋时，东南地区养蚕缫丝很普遍。当时全国只供绮、罗、绫、绢、绝、纱、绸、什色匹帛，东南和四川就占了70%多，两浙占30%。南宋绍兴年间，东南诸路每年上供的绢、绸、绫、罗、絁又增长了近1/3，而江浙东西四路每年征收民间的绢由39万匹，增加到260万匹。这些数字反映了两宋时期东南地区、四川和两浙丝织业的发达。到了元代，这里的丝织品大量运销国外，可见丝织业规模之大。

宋代以后，虽河北、山东地区的蚕桑业仍保持着较好的发展水平，但是，黄河流域蚕桑、丝织业基本上停滞且逐渐衰微，就整个黄河流域而言，已远不及长江流域的发展速度。究其原因，既与社会政治有关，亦有自然地理条件的影响。

第一，契丹、女真南侵，破坏了所到之处包括蚕桑业在内的几乎所有农耕产业。史载契丹行军所到之处，“沿途民居、园囿、桑柘，必夷伐焚荡”，并且“御寨及诸营垒，唯用桑柘梨栗”①。女真入居黄河流域后，初期仍然推行其猛安谋克制，他们圈地之后“不自耕垦，及伐桑枣为薪鬻之”②。桑树被大量砍伐，育蚕事业遭受重创。第二，异常残酷的靖康战祸，迫使北方大量人口南移避祸，蚕桑纺织技术也随之南下，在大大加强了南方丝织业技术力

①（元）脱脱等：《辽史》卷34《兵卫志上》，北京：中华书局，1974年，第399页。
②（元）脱脱等：《金史》卷47《食货志二》，北京：中华书局，1975年，第1044页。

量的同时，造成北方产业的凋敝。第三，由于12世纪开始黄河流域气候逐渐变寒转干，已经不适宜蚕桑业的发展，丝织业更加零落。第四，西北陆路丝绸之路阻塞，海上域外交通的兴起，刺激了南方丝织工业的发展，长江流域因其良好的自然地理条件与便捷的水陆交通，助力了桑蚕、丝织业的空前繁荣。成都、苏州、杭州、建康等为南方丝织业中心。临安城中出售的来自南方各地的绮、绫、缎、锦，不仅名目繁多，而且花色齐全。长江流域的丝织业已远远超过了黄河流域。

元代灭南宋以前，在北方地区征收的赋税中，科差丝料大都以丝计两，几乎没有丝织品成品。而灭南宋后，在江南地区也维持旧制，夏税可折输绵、绢等杂物，收起的是丝织成品，不像北方那样只有原丝。这表明，黄河流域织造和原料生产已经分化，农家多以育蚕缫丝为限。同时，南方地区的育蚕工具和栽桑技术等也都已经比北方先进。明洪武年间规定黄河流域数省的夏税绢数共7.4万余匹，比长江流域及其以南地区的21.4万余匹少了2/3，正是这种情况的反映。元代官办的织锦院，主要在成都、苏州和杭州。福建也成为一个新的丝织中心，大约以织缎为主。

明清两代，丝织业中心已主要集中在东南地区。明代的苏、杭、湖、常、松江、南京等重要城市，都是丝织业中心。苏州以南的德泽镇和盛泽镇，由于明代丝织业的发展而由原来的小镇发展成为太湖附近的著名大镇。清代的织造衙门就设在江宁（今南京）、苏州和杭州。明清两代，成都、江浙终于成为我国最重要的丝织业中心。明清以后植棉业和棉织业的兴起，对蚕桑、丝织业发展有一定影响，因为比之蚕桑业，棉花无采养之劳，却有必收之效，故一部分丝绵为棉花所替代，一部分丝织品为棉布所替代。

三、植棉业和棉织业

中国古人衣着的植物原料主要是葛和麻，而非棉。中国早期文字中并无“棉”字。直到宋代棉布传入中土，为区别于蚕丝的“绵”，遂加“木”字称“木绵”。宋以前中原人没有看到过草棉、树棉的原物，更不能区别草棉、树棉、木棉，以为就是南方乔木攀枝花的纤维，就统称为“木棉树”。古文献中的梧桐木、桐木、木童花、古终藤、娑罗木等名称，或指树棉，或指草棉不一。另外还有吉贝、古贝、织贝、劫贝、白叠等名称，是音译了梵语的栽培棉或棉布。

种棉是从印度传入中国的，传播路线大致分北、西南和南三道。

北道，指棉花大约于公元前 2 世纪从中亚传入新疆，最早传来是只是棉织品。在新疆民丰、吐鲁番、和田等地均发现有东汉至唐代各时期的棉织品。西域各国输往中原的贡品中多包括各种棉布。正史、地方出土文献中有非常多相关记载，如西州（治高昌）贡物中有一种叠布，就是棉织布。在一份吐鲁番出土的唐代西州残存文书中，记录了西州农户种植小块棉田作为副业，以及市场上有买卖棉布等情形。棉花传入中国西北后，长期停留在新疆一带，南道长期停留在滇、桂、川、广、闽一带，均迟迟没有进入黄河流域或长江流域。故在两宋人的文集、笔记中大多只记闽广有木棉。南宋诗人谢枋得（1226—1289 年）有《谢刘纯父惠布》诗云："嘉树种木绵，天何厚八闽。"[①]

西南道为从缅甸入滇，然后北上四川。《后汉书·西南夷传》记载，东汉时，今云南西部哀牢夷所居的永昌郡，"有梧桐木华，绩以为布，幅广五尺"[②]。李贤注引晋郭义恭《广志》曰："剽国（缅甸）有桐木，其华有白毳，取其毳淹渍，缉织以为布。"[③]《华阳国志》称这种布为"桐华布"。《史记·西南夷传》载张骞至大夏（今阿富汗北部）看到蜀布。蜀郡与永昌郡（东汉置）为邻，蜀布也可能是滇西所产之桐华布。

南方一路则大约从东南亚或越南传入中国两广地区。《后汉书·南蛮传》载，汉武帝时已向海南岛征调广幅布，导致"蛮不堪役"[④]。《吴都赋》注引东汉杨孚《异物志》说："木绵，树高大，其实如酒杯……广州、日南、交趾、合浦皆有之。"[⑤]可知两广地区在公元前 2 世纪以前已有树棉栽培和棉布生产。魏晋时两广、福建等地普遍有树棉或草棉的种植，有吉贝、古贝、古终藤、娑罗木等名称。南朝时棉织品才有见传至长江流域者。

宋元是中国植棉业发展的转折期。元至元二十六年（1289 年）置浙东、江东、江西、湖广、福建木棉提举司，责民岁输木棉布 10 万匹。反映 13 世纪中叶南方的植棉业和棉织业在长江流域有了长足的发展。北方的植棉和棉织业在元代也只传至陕西。成书于至元十年（1273 年）的《农桑辑要》说：

---

① （南宋）谢枋得著，熊飞、漆身起、黄顺强校注：《谢叠山全集校注》卷 5《谢刘纯父惠布》，上海：华东师范大学出版社，1994 年，第 121 页。

② （南朝·宋）范晔：《后汉书》卷 86《西南夷传》，北京：中华书局，1965 年，第 2849 页。

③ （南朝·宋）范晔：《后汉书》卷 86《西南夷传》引《广志》，北京：中华书局，1965 年，第 2850 页。

④ （南朝·宋）范晔：《后汉书》卷 86《南蛮传》，北京：中华书局，1965 年，第 2835 页。

⑤ （东汉）杨孚：《异物志》，（清）梁延楠、（汉）杨孚等著，杨伟群校点：《南越五主传及其它七种》，广州：广东人民出版社，1982 年，第 43 页。

“苎麻，本南方之物，木棉亦西域所产。近岁以来，苎麻艺于河南，木棉种于陕右，滋茂繁盛，与本土无异。二方之民，深荷其利。”[①]14世纪初，中国棉纺织的技术已达到较好的水平。

元代以后棉种才传入内地的，由于气候和栽培条件的不同，棉种发生变异，多年生型树棉逐渐被淘汰，一年生型草棉种植逐渐扩大。而明以后，所谓木棉才专指草棉。元时植棉区和棉织业产地除传统的闽广地区外，扩及太湖流域、江西、两淮、陕西、河南、山东、四川等，其中又以太湖流域的松江府最为发达，乌泥泾镇成为长江下游棉纺织业中心。

元代植棉业和棉织业推广迅速，原因有三：一是南方人口骤增，尤其是江南地区，富有阶层人口增加，有限的蚕丝生产量不能满足需要，促使闽、广、滇、川的植棉业向北传播。二是种植棉花虽较育蚕为易，但在元代以前，棉花加工工序和织造技术比较复杂，生产效率低，很难推广。元初黄道婆从海南岛引入先进的纺织技术，改进了捍、弹、纺、织等工具，大大提高了生产效率，使棉织业推广成为可能。三是棉织品质地柔和，穿着舒服，价格反而又比丝质品低廉，“人无贫富皆赖之”[②]。

明清时棉花种植和棉织业在全国被广泛接受，“其种乃遍布于天下。地无南北皆宜之”[③]，棉织业不但进入河北平原，而且很快在各地农村种植并演进成为家庭手工业，人们日常衣服的主要原料也由棉织品取代了丝、麻。

明清时期植棉业主要分布在三大区域。一是长城以南、淮河以北的北方区，包括北直隶、山东、河南、山西、陕西5省。其中明代时以山东、河南两省产棉量最高，清代则北直隶涨幅最大，山西、陕西次之。二是秦岭、淮河以南、长江中下游地区，首先是南直隶松江府产棉最富，其次为湖广、浙江，再次为江西。长江三角洲南岸的松、苏、常3府和北岸的泰州、海门、如皋都是重要产棉区。三是华南、西南地区，包括两广、闽、川、滇，也是最早植棉区，但产量在明清时却不高。

明清时期的棉织业则主要分布在10个省区，分别是北直隶、南直隶、山东、山西、河南、陕西、浙江、江西、湖广、四川。太湖流域的苏、常、松3

① 石声汉校注，西北农学院古农研究室整理：《农桑辑要校注》，北京：农业出版社，1982年，第52—53页。

② （明）丘濬著，林冠群、周济夫校点：《大学衍义补》卷22《治国平天下之要》，北京：京华出版社，1999年，第213页。

③ （明）丘濬著，林冠群、周济夫校点：《大学衍义补》卷22《治国平天下之要》，北京：京华出版社，1999年，第213页。

府是全国棉织业中心。松江府所产最为精良，远销日本，号称“衣被于天下”[①]。苏州府7县均产棉布，嘉定布远销蓟、辽、山、陕，常熟所产则售于齐、鲁地区。北方诸省中河北的保定、正定、冀、赵、深、定诸府州的棉织业也很发达，棉织品也极精良，明时肃宁县的产量相当松江的1/10，质量亦上乘，“几同松之中品”。陕西中部葭川、宜君、耀州等地农村棉织业也有可观，但产品质量不高，亦无竞争能力，只在附近销售。除此之外，福建建宁府、广东的广、惠、琼、廉、雷等府州虽也有棉织业，但不及他处。

明清时黄河流域植棉业比较发达，而棉织业则不如长江流域。明代王象晋在《群芳谱》中说：“北土广树艺而昧于织。”[②]徐光启《农政全书》说：“今北土之吉贝贱而布贵，南方反是。”[③]这是因为北方气候干燥，日照长，雨量少，适宜于棉花的生长。而东南地区棉织业发达，棉织品质量优良，产品备受各地欢迎，故而使许多原来棉织业较好的地区因失去竞争力而衰落。如传统的植棉业地区广东、福建到此时，所需棉布皆仰吴、浙。

四、制瓷业

中国是世界上发明瓷器最早的国家。根据已发掘的考古材料，大约在商代中期，在烧制白陶器和印纹硬陶器的同时，已经逐渐创造出了原始瓷器。商朝时期，随着统治范围的扩大和商文化与周围各族间文化交流，原始瓷器的烧制也遍及长江中下游地区和黄河中下游地区。原始瓷器在黄河中下游地区的河南、河北、山西和长江中下游地区的湖北、湖南、江西、苏南等商代中期遗址和墓葬中都有出土。

西周时期，原始瓷器的烧制工艺提高，出产的地区也较以前更为扩大，在陕西、山西、河南、山东、北京、河北、安徽、江西、湖北、江苏、浙江等地的部分西周文化遗址与墓葬中，都发现有原始瓷器。春秋晚期，江、浙一带的原始瓷器，胎质更为细腻，厚薄均匀。而在黄河中下游地区，则较少春秋时期的原始瓷器。这一时期原始瓷器的主要产区集中在江南地区，与南方地区盛产瓷土原料有关。战国时期，原始瓷器的发展达到了鼎盛时期，其

---

① (宋) 欧阳修：《峡州至喜亭记》，李之亮笺注：《欧阳修集编年笺注》第3册，成都：巴蜀书社，2007年，第67页。

② (明) 王象晋：《群芳谱・棉谱小序》，四库全书存目丛书补编编纂委员会编：《四库全书存目丛书补编》第80册，济南：齐鲁书社，第520页。

③ (明) 徐光启撰，石声汉校注，西北农学院古农学研究室整理：《农政全书校注》卷35《桑蚕广类》，上海：上海古籍出版社，1979年，第969页。

烧制和使用的数量，约占当时陶瓷器总数一半左右。

中国成熟的瓷器出现于东汉时期，在浙江慈溪、上虞、宁波、永茹等地先后发现了瓷窑遗址；在江苏高邮郡家沟汉代遗址和河南洛阳中州路、烧沟、河北安平逯家庄、安徽亳州、湖南益阳、湖北当阳刘家冢子等东汉晚期墓葬，也都发现了瓷制品，而尤以江西、浙江墓葬发现最多。浙江地区有着十分丰富的浅表层瓷土矿藏，易于开采。从瓷窑遗址周围的自然环境观察，一般还具备较为充足的水力资源，且交通便利，燃料充足。因此，浙江地区具备瓷业发展的先决条件。

魏晋南北朝时期是制瓷业发展壮大的时期。在江南，从东起东南沿海的江、浙、闽、赣，到长江中上游的两湖、四川，都相继设立瓷窑。浙江窑场分布最多，包括了早期越窑、瓯窑、婺州窑和德清窑，还形成了各有特点的瓷业系统。越窑发展最快，窑场分布最广，瓷器质量最高。绍兴、上虞等地的早期瓷窑与后来唐宋时期越州窑都属“越窑”系统。越窑是南方青瓷的中心，自东汉创烧以来，中经三国、两晋，到南朝获得了迅速的发展。三国时期越窑窑址在今上虞市发现了 30 多处，西晋时在上虞市已发现这个时期的窑址达 60 多处。在北方，山东省淄博寨里窑主打青瓷烧制。在河南安阳北齐武平六年（575 年）范粹墓首次发现了北朝的白瓷，釉层薄而滋润，呈乳白色泛青，与青瓷有渊源关系。

隋唐五代时期，制瓷业发展很快，不但花色品种不断增多，地区分布更不断扩大。隋朝瓷业的发展改变了以前烧瓷的窑场都主要在长江以南和长江上游的今四川省境内的趋势，在大河南北发展起来。南方青瓷体系有越窑（集中在上虞、余姚、宁波，还有诸暨、绍兴、镇海、奉化、临海、黄岩等）、瓯窑（在浙南的温州、永嘉、瑞安）、婺州窑（浙江的金华、兰溪、义乌、东阳、永康、武义等）、岳州窑（在湖南湘阴的窑头山、白骨塔、窑滑里）、长沙窑、洪州窑（江西丰城、新淦）、九江蔡家垅窑、临川白浒窑（江西）和景德镇五代窑等，共有 35 处，遍及浙江、湖南、江西、福建、广东和四川等省，浙江省独占 20 余处。浙江的越窑青瓷代表了当时青瓷的最高水平。

唐五代白瓷的生产仍以北方地区为主。河北邢窑白瓷风靡一时，“天下无贵贱通用之”[①]。目前已发现的唐代白瓷窑有今河北省临城曲阳窑、邢窑，河南省境内的鹤壁窑、登封窑、安阳窑、巩县窑、密县窑、郏县窑、荥阳窑，山西省境内有平定窑、浑源窑，陕西的耀州窑，安徽的萧窑等，形成“南青北白”的唐窑

① （唐）李肇：《唐国史补》，上海：上海古籍出版社，1979 年，第 60 页。

分布格局。除青白瓷外，还有许多窑烧制黄釉瓷器和黑釉瓷器。前者分布有今安徽省淮南市寿州窑、萧县白土窑，河南省新密市窑、郏县窑；陕西省铜川市玉华宫窑；山西省浑源窑和河北省曲阳窑等七个窑址。后者目前已在陕西、河南、山东三省的七个县发现唐代烧黑瓷的窑址，以河南为多，有五处瓷窑发现黑瓷。

宋代是我国瓷业发展史上的一个繁荣时期。宋代瓷窑遗址遍布各地，达130多个县，南北方都有很多名窑。北方名窑有定窑（今河北曲阳)、官窑（今河南开封)、汝窑（今河南临汝)、磁窑（今河北磁县)、钧窑（今河南禹州市）等。南方名窑则有越窑（今浙江绍兴)、龙泉窑（今浙江丽水)、景德镇窑、建窑（今福建建瓯）等。宋代除青、白瓷外，还发明了一种青白瓷，主要由定窑系诸窑生产，多分布在山西境内，如平定窑、阳城窑、介休窑。磁州窑系诸窑以河南为多，有鹤壁窑、禹州市扒村窑、登封的曲河窑。宋代的青瓷主要以耀州窑系（今陕西省铜川）和钧窑系和龙泉窑系三大窑为主。江西景德镇窑是宋代重要瓷窑之一，它有优质的制瓷原料，丰富的烧瓷用松柴来源，又位于昌江与其支流西河、东河的汇合处，有便利的水路交通，便于汇集全国的制瓷工艺，代表了宋代烧瓷的最高水准。

元明清时代的瓷制业继承了宋代的地理分布格局。元代的钧窑、磁州窑、霍窑、龙泉窑、德化窑等仍是主要窑场。明代，浮梁县境内的麻仓山、湖田及附近的余干、婺源等地，因蕴藏着丰富的制瓷原料，又可经昌江及其支流与景德镇密切关联，发展成为新的烧窑中心，与景德镇的制瓷业一样迅猛发展，成为全国的瓷业中心。清代陶瓷器的产地是比较广泛的，但代表整个时代水平的，仍然是瓷都景德镇。近代以来，最德镇逐渐衰落。

第三节　中国古代经济重心东移南迁

我国南北方的地理分界线是秦岭至淮河一线。作为经济、文化重心的北方和南方，专指黄河流域和长江流域，再具体些，是黄河下游地区（北方）和长江下游地区（南方)。中国历史上经济文化重心的南移是一个此消彼长的过程，在这个总体趋势中，还有许多可以讨论的空间，比如经济重心南移的时间、原因、条件以及南移以后北方的情况等。经济文化重心南移以后，还引发了一个重要的历史地理现象，就是宋代及其之后的“东南财赋地，江左

人文薮”[①]。

一、南北方区域经济的特征及其走势

中国古代经济重心在北方，北方的自然条件相对于南方具有一定的开发优势，从《禹贡》记载的九州中，可以看出古代北方六州土壤的肥沃程度远胜于南方三州，其中青（上下）、徐（上中）、雍（上上）三州为上等，兖（中下）、冀（中中）、豫（中上）三州为中等，南方梁（下上）、荆（下中）、扬（下下）三州为下等。可以看到，在不同自然地理单元，社会经济发展的基础是不同的，南北方甚至还差别较大。而不同区域的经济发展轨迹又因地理环境的差异而不同，有的发展过程甚至带来经济发展的逆转。

1. 南北方早期经济的基础

中国北方的黄土结构比较疏松，只要得到充分的水量供给，就可以把深藏在地下的矿物质带上土壤表层，有利于植物根部的吸收。所以水利灌溉对于中国北方黄土的生产力具有重要意义。战国至秦汉时期，黄河流域的水利建设一直受到重视，从关中地区的郑国渠到西门豹引漳水灌溉盐碱地，北方的农业文明得到了稳定的发展。战国七雄中的六国齐、燕、韩、赵、魏、秦都集中在北方黄河流域，只有楚国在长江流域，而且楚国的政治中心也是在靠近中原地区的江汉平原一带。

南方，则是“江南卑湿，丈夫早夭”[②]，甚至被称为“蛮烟瘴海”。不只如此，南方的交通条件亦不如北方。淮南王安曾谈到闽越之地，“以地图察其山川要塞，相去不过寸数，而间独数百千里，阻险林丛弗能尽著。视之若易，行之甚难”[③]。相对于南方而言，北方的作为经济重心的优势非常明显。主要体现在人口数量、行政区划、城市分布、文化发展等方面。

人口数量，北方较南方占绝对优势。《汉书·地理志》载元始二年（2 年）的人口数量，以秦岭、淮河为界线，北方人口占 4/5 之强，南方人口只占 1/5。而楚越之地，地广人稀。与之相对应，北方地区的行政区划亦密集分布，城市数量远高于南方地区。由于农业生产的发展和运河等交通条件的改善，北方早在战国时期就出现了许多繁华的工商业城市，如“陶天下之中，诸侯四

①《圣祖仁皇帝御制文集》卷 40《示江南大小诸吏》，《景印文渊阁四库全书》第 1298 册，台北：商务印书馆，1986 年，第 317 页。
②（西汉）司马迁：《史记》卷 129《货殖列传》，北京：中华书局，1959 年，第 3268 页。
③（东汉）班固：《汉书》卷 64 上《严助传》，北京：中华书局，1962 年，第 2778 页。

通，货物所交易也”[①]。

文化的优势，得益于政治区位优势的支持，北方亦胜于南方。中国古代文化重心也在北方，黄河流域辉煌的古代文明是中华文明的摇篮。传世文献也证明了先秦及秦汉时期黄河流域作为学术文化的中心亦有绝对优势。先秦时期，与北方“百家争鸣”、礼乐声教相应的是南方的“披发左衽”“断发文身”。

北方经济发达时期，南方的经济状况相对滞后。相比较而言，南方因为气候温暖湿润，自然资源丰富，“饭稻羹鱼”“果隋蠃蛤，不待贾而足，地势饶食，无饥馑之患”[②]，但同时，又“呰窳偷生，无积聚而多贫”[③]。江淮以南之所以既无冻饿之人，亦无千金之家，原因就在于优越自然地理条件养成了南方人惰性的生存习惯。另一个重要原因，就是早期的生产力水平确实达不到丘陵地带开发的要求。

南方虽然自然资源丰富，但是由于原始农业生产力低下，开发程度低，《左传·宣公十二年》所谓的“筚路蓝缕，以启山林”[④]，说的就是南方地区早期开发的艰难。

2. 北方经济的日渐衰弱

宋代之前北方经济日渐衰弱的表现是多方面的。

一是区域战乱频繁。古代战争对经济的破坏表现在两个方面：（1）对原有经济成果的毁灭性破坏，这是直接的破坏。这个时期是南方地区丝织业快速发展，而北方地区由于自然条件与人类活动等各方面原因，较南方而言出现相对停滞。（2）战争造成人口的流失，间接造成田地荒芜。在北方经济的日渐衰弱中，后一个因素起了决定性的作用。作为政治重心所在的黄河流域在中国历史上经常陷于战乱之中。一方面由于中原王朝的更迭和王朝内部的战乱；另一方面由于中国北方游牧民族与中原王朝的冲突时有发生。秦末和西汉末年的战乱由于时间比较短，破坏力不大。

经过唐代中叶的安史之乱，北方经济一蹶不振，始终没有能够得到恢复。频繁的战乱使北方水利设施不断遭到破坏，到了唐宋时期，水利工程大多废弃不可用，如在今湖北省境内的引漳水灌溉盐碱地的白起渠，即因农田荒弃后逐渐损毁。战争还导致大量可耕之地变成荒田，耕地抛荒现象严重。

---

①（东汉）班固：《汉书》卷 91《货殖列传》，北京：中华书局，1962 年，第 3683 页。
②（西汉）司马迁：《史记》卷 129《货殖列传》，北京：中华书局，1959 年，第 3270 页。
③（西汉）司马迁：《史记》卷 129《货殖列传》，北京：中华书局，1959 年，第 3270 页。
④ 杨伯峻：《春秋左传注》，北京：中华书局，1981 年，第 731 页。

其次，人口因素。北方经济的日渐衰弱开始于东汉末年从黄河流域开始的大规模战乱，之后历次的战乱都导致了人口的南迁。人口是农业社会发展的基础，人口的流失造成了北方经济的日益凋敝。“八王之乱”等的主战场都在黄河流域，这些战乱持续时间达300年之久，严重动摇了北方的经济基础，以致隋统一中国后，隋炀帝开凿了南北运河，一定程度上依赖江南经济的繁荣来弥补北方经济的不足，说明当时北方的经济已经不堪中央政府的用度了。

再次，大规模农业开发。土地大量农业化导致生态环境恶化。黄河流域开发较早，在历史时期由于人口压力过大，垦殖过度，造成天然植被严重破坏，生态环境恶化，土地的生产力降低。

最后，黄河的屡次泛滥所造成的耕地减少，加剧了北方经济的衰弱。黄河自东汉王景治理以后，因为种种原因安流了800年，到了唐末开始出现了悬河现象，五代至北宋频繁决口，极大冲击了北方社会经济的发展。

3. 南方的开发与经济的日渐发展

南方本来具有一定的文明基础，长江文明与黄河文明始终如影随形。河姆渡文化、良渚文化、三星堆文明等考古发掘都证明了长江流域古老稻作文明的存在和辉煌。先秦时期南方诸侯国如楚国、吴国、越国都曾经北上争霸。南方的开发与经济的发展充分得益于两个因素，一是北方移民的南下，二是割据政权在南方的存在。

当北方经济日渐衰弱的时候，南方却因为北方大量移民南下，已经脱离了“地广人稀”的自然未开发状态，资源优势得到充分发掘，经济逐步发展。南方经济的发展与北方移民的南下基本同步。割据政权在南方的存在客观上也刺激了南方经济的发展。

南方地区的第一次发展是在孙吴割据江东时期，孙吴的割据政权前后近一百年，对南方的开发具有筚路蓝缕的首创之功。汉末中原动乱，大批移民南下，为孙吴立国江东、开发南方提供了良好的物质基础。孙吴时大规模征讨山越，建立行政区划，实现了对南方山林的初步开发，并取得了显著的成果。孙吴统治下的长江流域及其以南地区，所领荆、扬、交、广四州，其隶属郡县数比东汉有显著增加。新析置郡县的增加，正是经济发展、人口增长的结果。

南方地区的第二次发展是东晋南朝时期。永嘉之乱后，北方移民的大规模南迁以及汉族政权的长期偏居南方，将北方较高的生产技术能力和文化素养带入南方，从而扩大了南方的开发范围，农业生产由粗耕转变为精耕。这

样的发展不同于孙吴时期以驱逐山越、编户齐民为主的被动开发。南方本来就具备的天时地利的条件，因为移民的加入，人口殷实，加上南北朝分裂时间近三百年之久，汉族相对先进的政权长期偏安南方，南方经济在这一时期的发展于是具备了天时地利和人和，得到了相当的发展。《宋书·沈昙庆传》论及江南之为国盛，“自晋氏迁流，迄于太元之世，百许年中，无风尘之警，区域之内，晏如也”①。

东晋南朝时期，南方开发加剧，经济发展水平最高的是在长江下游平原和杭绍平原地区，这两个地区分别是长江下游流域政治中心和文化中心所在。此外，长江中游的荆州地区也得到了一定程度的发展，“会土带海傍湖，良畴亦数十万顷，膏腴上地，亩直（值）一金，鄠、杜之间，不能比也。荆城跨南楚之富，扬部有全吴之沃，鱼盐杞梓之利，充仞八方，丝绵布帛之饶，覆衣天下”②。这一时期江南土地的开发还局限于“带湖傍海”的条件优越地区。经过东晋南朝的开发，南方经济已经足以与北方抗衡。

4. 经济重心的南移

隋炀帝南北运河的开凿说明经济重心已经南移。隋朝立国短暂，史料中看不出北方政权对南方经济的依赖，但是南北运河开凿的史实比史料更有力地说明了南方经济在国家财政中举足轻重的地位。

唐代在长江中下游地区大力发展水利事业，据《新唐书·地理志》记载，有唐一代江南地区各种水利工程约有70余项，土地的生产力大大提高，为江南经济的飞跃发展打下了很好的基础。

安史之乱后，又有北方移民南下。由于南方经过了东晋南朝的初步开发，北方移民可以选择的地理空间大为缩小，对土地需求的压力迫使垦殖范围扩大，在这种情况下，江南丘陵山地及湖沼地带得到了普遍的开发和利用，开发深度和广度都达到了空前的规模。安史之乱后，长江流域已经确立全国经济重心的地位，人口的分布也说明了这一点。安史之乱前，北方人口占全国人口的58.3%，南方占41.7%；安史之乱后，南方人口已上升到68.3%。人口是古代经济发展的一个重要指标，这时南方人口在绝对数量上超过了北方。

唐代中央政府对南方经济的依赖在文献中已经有大量记载。《新唐书·食货志》称：“唐都长安，而关中号称沃野，然其土地狭，所出不足以给京师，

①（南朝·梁）沈约：《宋书》卷54《沈昙庆传》史臣曰，北京：中华书局，1974年，第1540页。
②（南朝·梁）沈约：《宋书》卷54《沈昙庆传》史臣曰，北京：中华书局，1974年，第1540页。

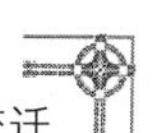

备水旱，故常转漕东南之粟。”①唐宪宗公开地说：“军国费用，取资江淮。”②韩愈《送陆歙州诗序》亦言：“赋出于天下，江南居十九。”③杜牧引用当时浙江观察使崔郾的话说得更为具体：“三吴者，国用半在焉。”④南方经济重心地位一经确立，就再也没有动摇过。

五代十国时期，北方战乱，五代更迭，经济继续衰落，南方各割据政权保境安民，相对稳定，经济稳步上升。北宋时期，南方经济水平要高于北方，宋廷曾公开宣称：“自祖宗以来，军国之费多出于东南。”⑤尤其是江南地区，成为两宋的经济命脉所在，太湖流域几乎成了全国的粮仓，当时的谚语“苏湖熟，天下足”，“天上天堂，地下苏杭”，生动形象地说明当时的人已经意识到南方经济的发展在全国举足轻重的地位。李觏就有天下根本在江淮之说，曰：“天下无江淮，不能以足用。江淮无天下，自可以为国”⑥。全国经济重心南移已经是很明显的事了。靖康之难后，宋室南渡，南宋得以建立偏安政权，专心于江南的开发，使经济重心南移最后完成，南方无论在农业、手工业还是商业方面，都远远超过了北方，史称“高宗南渡，虽失旧物之半，犹席东南地产之饶，足以裕国”⑦。

唐朝末年经济重心南移以后，经过五代十国及两宋时期的发展，南方在全国的经济重心地位进一步得到巩固。由于地理和国防的需要，政治、军事中心却仍留在北方，长安仍然为隋唐大一统帝国的首都。北宋的首都开封仍居于北方，走出东移的步伐。

二、中国古代经济重心东移南迁原因

黄河流域最发达的地区最初是在关中平原、涑水和汾水平原，唐宋以后向东移至中州、齐鲁地区。这种经济重心东移、南移趋势，有其必然性。中国古代经济重心东移地迁的原因，可归纳为社会原因和自然原因两个方面。

首先，北方人口大量南迁促成中国经济重心南移。永嘉之乱、安史之乱、靖康之难都造成北方人口大量南迁。唐五代北方人口南迁主要发生在安史之

①（宋）欧阳修，宋祁：《新唐书》卷53《食货志》，北京：中华书局，1975年，第1365页。
②（清）董诰等：《全唐文》卷63《宪宗元和十四年七月二十三日上尊号赦》，北京：中华书局，1983年，第677页。
③（唐）韩愈著，马其昶校注：《韩昌黎文集校注》卷4，上海：上海古籍出版社，1986年，第231页。
④（唐）杜牧：《樊川文集》卷14《赠吏部尚书崔公行状》，上海：上海古籍出版社，2007年，第210页。
⑤（宋）赵汝愚：《宋朝诸臣奏议》，上海：上海古籍出版社，1999年，第1152页。
⑥（宋）李觏：《直讲李先生文集》卷28《寄上富枢密书》，上海：商务印书馆，1922年《四部丛刊初编》本。
⑦（元）脱脱等：《宋史》卷173《食货志》，北京：中华书局，1977年，第4156页。

乱、藩镇割据、唐末农民战争和五代十国等四个阶段。据统计，四个阶段移民总数分别占北方人口数的18%、9%、53%、21%，主要的人口迁入地为江南、江西、淮南、蜀中，其中淮河以南、长江以北为密集区，长江以南至今两广以北为点状分布区，两广地区为稀疏区。同时，南方人口自身滋生很快。北宋时期江南人口已经占全国一半以上，北宋后期，人口数量超过20万的州郡，南方44处，北方仅11处。唐末五代大量北方移民进入南方地区是新的人口分布状况形成的重要原因，我国人口的重心至少是在北宋已经移到了东南地区。

宋代，南方经济发展水平已经高于北方地区。江南地区从土壤、水利、品种等方面都优于北方，粮食单产和总产量都高于北方。北宋初，开封的漕粮主要来自四个地区，即长江流域、关中泾渭流域、淮河上游的陈蔡、开封以东的青齐，其中长江流域的数额最大，以致后来关中地区的漕粮被全免，可见长江流域经济发展地位的上升。

其次，随着南方农业经济的发展及手工业与城市经济、商品经济的发展，亦是东南长于北方。北宋至道三年至元丰元年（997—1078年），银、铜、铅、锡的生产地大都是在南方地区；丝织业在北宋时北方较南方发达，21处丝织场所有14处在北方，但南宋时期江南丝绸业发展起来，杭州、越州、成都平原、四川盆地地位突出，至明清时，所谓“吴丝衣天下”，江南成为中国丝绸业的中心地区；陶瓷业亦是，唐到北宋时，北方的定窑、汝窑、柴窑为主，南宋时越州窑、龙泉窑、吉州窑、建州窑、景德镇窑后来居上，元明清时主要的陶瓷业中心都居于江南；其他如造船、造纸、印刷、冶铸、织染、晒盐、漆器加工、文具加工等，重心也都在南方。

城市数量，长江流域比黄河流域多且重要，东部比西部多且重要。从宋代汴京、临安、成都、广州、泉州、福州、寿州、杭州、兴元、苏州等成为重要的经济都会，即所谓“东南财赋地”。

再次，从自然地理条件看，东亚大陆东南临海，西北内陆纵深广阔，东南的亚热带季风深入十分有限，而印度洋热带风又受喜马拉雅山阻隔，无法到达缺水的西北部地区，使之相较于东南地区就显得更加干燥。

受天文背景的影响，中国近5000年来气候变化总体上日益干燥寒冷，大幅度增加，这在中高纬度地区表现更为突出，在东亚大陆中高纬度的本部更是明显。造成游牧民族周期性南下，对农业文明造成极大冲击。

气候干燥使北方地区农业生态环境受到影响，河流断流改道，沙漠化进程加快，农田水利受到影响，农业经济更加残破，呈现马太效应，即经济越困难，乱砍滥伐越加严重，水利失修，治黄失策，加之战乱，恢复越发困难。南方气候波动不如北方剧烈，气候变干对沼泽地区的开发在某种程度上反而利多弊少。加之生产工具的进步、优良品种的引进，农业经济有效发展，水平大幅提高。

以上诸多原因，使中国南北经济重心大易位，并呈现一种不可逆转性和不可回归性。

参考文献

安介生：《山西票商》，福州：福建人民出版社，1997 年。

侯甬坚：《区域历史地理的空间发展过程》，西安：陕西人民教育出版社，1995 年。

冀朝鼎：《中国历史上的基本经济区与水利事业的发展》，朱诗鳌译，北京：中国社会科学出版社，1981 年。

蓝勇：《从天地生综合研究角度看中华文明东移南迁的原因》，《学术研究》1995 年第 6 期。

吴松弟、樊如森、陈为忠：《港口—腹地与北方的经济变迁（1840—1949）》，杭州：浙江大学出版社，2011 年。

吴松弟主编：《中国近代经济地理》（九卷本），上海：华东师范大学出版社，2015 年。

张萍：《地域环境与市场空间：明清陕西区域市场的历史地理学研究》，北京：商务印书馆，2006 年。

张萍：《区域历史商业地理学的理论与实践：明清陕西的个案考察》，西安：三秦出版社，2014 年。

郑学檬：《中国古代经济重心南移和唐宋江南经济研究》，长沙：岳麓书社，1996 年。

邹逸麟：《从中国历史上经济发展轨迹看 21 世纪的中国经济》，《历史地理》第 13 辑，上海：上海人民出版社，1996 年。

练习题

一、基本概念

龙门碣石　茶马互市　农牧交错带　山东山西　江南　天府　“苏湖熟天下足”　都江堰　东南财赋地

二、思考题

1. 论述近 2000 年来中国经济区域重心变化的基本走势。
2. 试分析中国古代经济重心东移南迁的自然和社会原因。
3. 论述隋唐时期关中地区农业不能振兴的原因。
4. 宋朝的经济发展的历史背景表现形式和意义。
5. 中国经济重心东移南迁的过程和原因。
6. 论述战国至秦汉时期蚕桑业与丝织业的主要产区与分布特点。
7. 论述棉花的传播路径及其对中国社会的影响。
8. 论述明清时期植棉业的主要分布区域。

第十三章　历史时期交通的变迁

人类文明发展到一定阶段，必然产生对交通的需求，交通的便捷又进一步推动文明的传播和发展。古代用来代表地理的名词“舆地”一词即与交通有关。交通道路是由历史事件演绎而成的，张骞凿空“丝绸之路”即是典型的表述。

交通的状况取决于两个因素，即地形和交通工具。基于这两个因素，中国不同地域的交通表现出不同的特点。草原沙漠地区是马蹄驰骋的空间，因此没有具体清晰的路线可言。黄河流域的北方以车辆为主要交通工具，交通路线以陆路为主，因地制宜，在崇山峻岭中取路于山间河流所经行的谷地，平原地形中也利用河流。长江流域的南方以舟船为主要交通工具，交通路线以水路为主，翻越山岭时也利用陆路。

中国古代的交通不外乎陆路和水路两种。从水路来说，中国河网交错，给发展水路交通提供了可能性，三大水系自西向东跨过不同的地形区，三大水系之间也有着沟通的便捷渠道。黄河与长江之间，西部有汉水，东部有淮河；长江与珠江之间，长江的两条支流赣江和湘江分别与珠江的两条支流北江、漓江隔南岭而分流，极容易沟通。从陆路来说，鲁迅说过，世上本无路，走的人多了也就成了路。

中国地形虽然复杂多样、山重水隔，但是不论地势怎样险峻，大自然总是留给人类以交通的便利和可能，所谓“山重水复疑无路，柳暗花明又一村”，以至于在人迹罕至之处，亦较早有道路的开通。如蜀道之难也很早就有了“五丁开山”所开辟的金牛道。再如，《佛国记》所记的“上无飞鸟，下无走兽，遍望极目，欲求度处，则莫知所拟，唯以死人枯骨为标帜耳”[①]的沙漠丝绸之路。

① （晋）法显著，郭鹏、江峰、蒙云注译：《佛国记注译》，长春：长春出版社，1995年，第5页。

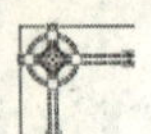

第一节　域内交通路线及其变迁

《尔雅·释宫》："一达谓之道路，二达谓之歧旁，三达谓之剧旁，四达谓之衢，五达谓之康，六达谓之庄，七达谓之剧骖，八达谓之崇期，九达谓之逵。"[①]可见，中国古代对道路交通体系的认知和设计繁杂而完整。这也是历代中原王朝建立交通制度的指导原则。中国近世使用的交通大动脉，都是在历史时期即已形成。而历史上期，由于政治中心、地理地貌、区域经济等的差异性，道路交通的空间格局、交通形式也都有所不同。

一、上古三代时期的交通

传说夏人在今山西西南部建立的都城，有平阳（今山西临汾西）、晋阳（今山西太原市西南）和安邑（今山西夏县西北）三地，均是由涑水流域北至汾水中游的一条道路。胤甲居西河，夏后皋之墓在崤山，则西河与崤山是有道路可以相通的。这样的道路不是由晋、陕两省间渡过黄河，并沿河东下，就是越中条山南行。尤其是越中条山一道，夏初当已形成，以至于周人称唐叔所封地（汾水下游）和虞仲所封地（今山西平陆县）皆为夏墟。夏人建国以这几处夏墟为基础向东发展，自然也打通了这里的交通。

商代频繁迁都，从契至汤凡八次。所迁的都城有蕃（今山东滕州市境）、砥石（据说在今河北宁晋、隆尧两县间）、商丘、相土的东都（据说是在泰山之下，不确定）和邶（今河南汤阴县南）。自汤之后，至于盘庚的迁殷，其间又有五次，所迁之地为嚣（或作隞，今河南荥阳市东北）、相（今河南内黄县南）、耿（祖乙所都，有歧义。据《左传》宜公六年的邢丘之说，当在今河南温县东北）、庇（今山东旧鱼台县）、奄（今山东曲阜）。相土之东都在泰山之下，这是商人都城东迁最远之地。商人的迁徙过程虽然都不曾远离黄河下游，但却打通了区域内部的道路交通，分别为黄河以南和济水以南的东西道。而且，不仅是陆上交通，黄河的水上交通当亦有所开发，在甲骨文就出现"车""舟"以及桥梁、驿传、馆舍，可以推知当时的交通已经具备了水陆全面发展的规模。

周人兴起于周原，其向东发展也使当时的交通呈现系统化和网络化。周

① 李学勤主编：《尔雅注疏·释宫》，北京：北京大学出版社，1999年，第132页。

武王东征，由盟津渡过黄河抵朝歌，与殷纣战于牧野。灭殷归来，营成周于洛邑，东西交通干线初具雏形，即由周原经丰镐至于洛邑。由雒邑往东，还有伸延，这就是周人继灭殷后继续东向残奄过程中形成的。奄既被残，周人以其地建立鲁国、齐国，当时的东西交通干线，最向东就通到了齐、鲁两国。由洛邑经盟津至朝歌是武王灭纣的旧路。纣灭之后，其故土为卫国的封地。卫国之北，尚有邢国。邢国和凡、蒋等国皆为周公之胤，也是一个重要的封国。邢国故地在今河北邢台市。邢国以北未闻有所建置，这条道路可能暂止于邢国。溯汾水北行的道路，至于霍太山，最北的封国当为霍国（今山西霍州市）。这是列国间的交通格局。

周人对南方的控制有两条路线。一条经由丹水至江汉，齐桓公曾因“昭王南征而不复”责难楚人，周宣王也曾“丧南国之师”[①]，周昭王、宣王时，楚都既在丹阳，则自丹水之阳到江汉之间有路相通。另一条是方城至雒邑。早在殷商之时，曾经对于“居国南乡”[②]的荆楚进行过征讨。周宣王时申伯封谢（今河南南阳），如《诗·大雅·崧高》所言，是为了“南国是式”“南土是保”，申国与雒邑间崇山峻岭，互相隔绝，亦仅方城一途可以通过。以申国所在地而论，实可控制丹水和方城两条道路，为周平王立国的支柱。

西周初年，在平定淮夷的过程中，东南交通得到开发。淮夷居地当在淮水下游，淮夷实际就是徐国。周人灭商以前，就有太伯和仲雍奔吴的往事，吴更在淮夷的东南。《诗经》所称颂的“周道如砥，其直如矢”[③]；《小雅·太东》：“四牡騑騑，周道倭迟”[④]。《小雅·四牡》解释“四牡”即四匹驾车的公马；“騑騑”为行走不停；“倭迟”指道路弯曲，延绵不尽。这些文字反映了周朝境内已经有了平坦绵长的大道。

《国语·周语》中还记载着西周时的道路制度，如“雨毕而除道，水涸而成梁”[⑤]，“列树以表道，立鄙食以守路”[⑥]，说明当时在国郊及野的道路两旁通常栽植树木以指示道路的所在。沿道路还有配套设施，如十里有庐，备有饮食；三十里有宿，筑有路室；五十里有市，设有候馆。这些都是为了供给各国的使人过客使用的。可见周朝交通制度的全面性与完整性。

① 徐元诰撰，王树民、沈长云点校：《国语集解》，北京：中华书局，2002年，第23页。
② 程俊英译注：《诗经译注》，上海：上海古籍出版社，1985年，第684页。
③ 程俊英译注：《诗经译注》，上海：上海古籍出版社，1985年，第408页。
④ 程俊英译注：《诗经译注》，上海：上海古籍出版社，1985年，第288页。
⑤ 徐元诰撰，王树民、沈长云点校：《国语集解·周语中》，北京：中华书局，2002年，第64页。
⑥ 徐元诰撰，王树民、沈长云点校：《国语集解·周语中》，北京：中华书局，2002年，第66页。

二、春秋时期的交通

春秋各国道路制度仍然遵循西周旧制，所谓“先王之教”。西周时以丰镐为中心，向外辐射出若干交通路线。这时应是以雒邑为中心，形成向外辐射的交通道路。东西大道虽然由于周平王东迁，其西段的地位下降，但是很快秦国崛起于雍，雍还在周原之西，说明这条道路的西段不仅得到恢复，而且向西还有拓展。齐、鲁两国在东方的发展，又使这条东西大道的东段仍然具有一定的优越条件。

诸侯国之间的战争，都是以相应的道路交通条件为基础的。齐桓公召陵（今河南漯河市东北）之役，表明黄河以南的南北大道有新的开辟，是与今京广铁路大致平行的南北大道的另一段。召陵之盟后，陈国大夫辕涛涂深恐齐国及诸侯之师出于陈、郑之间，准备了另一条观兵于东夷，循海而归的道路，即以徐夷为中心的南北沿海大道，和今天津沪线大致平行，但因开辟在东方，齐桓公未采用。秦、楚之间，有丹阳和上雒一途为两国间往来的大道，吴师入郢之役，秦军救楚，都由这条道路东南往返。楚国也由这条道北上，寻求扩展疆宇。

黄河以北，随着诸侯封国版图的扩张，道路也因之向北伸延。太行山东大道已经伸延到鲜虞。春秋末期，晋国荀、赵两家交恶，赵鞅率师伐荀寅据朝歌，荀寅奔邯郸，赵鞅再围邯郸，荀寅逐奔鲜虞；导致晋国的疆土逐渐向北推广，甚至达到霍人邑（今山西繁峙县）。

从交通类型来说，水道比陆路更为便利。文献记载所保留的水运交通情况开始于春秋时期。楚、吴两国虽分据长江的中游和下游，由于九江附近江水的浩渺，所谓“九江孔殷”，从吴、楚两国的争战来看，长江的水上交通未能利用。秦、晋两国分据黄河的东西，两国之间的交通就曾经利用过黄河及其支流渭水和汾水。《左传·僖公十三年》所载公元前647年的“泛舟之役”，秦国即利用渭水、黄河和汾水航道，将大批粮食从国都雍（今陕西凤翔南）运往晋国国都绛（今山西翼城东），以赈灾荒，“泛舟之役”一名即因此而得。

春秋时各国的水运充分利用了黄河、长江及其支流作为天然航道，为了弥补天然航道的不足，列国还开凿有运河，沟通天然河道。运河首先出现在地形平坦、水源丰富的太湖流域和江汉平原，前者有胥溪、百尺渎，后者有

扬水运河。司马迁记录了春秋战国时运河纷纷兴建的盛况：“荥阳下引河东南为鸿沟，以通宋、郑、陈、蔡、曹、卫，与济、汝、淮、泗会。于楚，西方则通渠汉水、云梦之野，东方则通（鸿）沟江淮之间。于吴，则通渠三江、五湖。于齐，则通菑济之间。于蜀，蜀守冰凿离碓，辟沫水之害，穿二江成都之中。”①

楚国在江汉平原上开凿沟通江、汉的扬水运河，江汉平原分布众多大大小小的湖泊，扬水、夏水穿流其间。楚灵王时开渠通漕，实现了早期的平原区间沟通，“言此渎灵王立台（指章华台，在今湖北监利西北）之日，漕运所由也。其水北流注于扬水”②，这是春秋时出现在江汉平原上的运河。

吴国开凿沟通江、淮的邗沟和沟通商、鲁之间的荷水。荷水沟通济水和泗水，为了吴、晋黄池会盟，吴国通过邗沟、淮水、泗水、荷水、济水，可以泛舟直达中原。吴王夫差时一度在打败越和楚国之后，北向问鼎中原，为向齐国和晋国炫耀武力，于吴王夫差十四年（前 482 年）借黄池（今河南封丘西南）会盟中原之际，开通菏水，利用大野泽的水源，将泗水支流沂水和黄河支流济水连通，是为《国语·吴语》所记：“（吴王夫差）乃起师北征。阙为深沟，通于商、鲁之间，北属之沂，西属之济。”③菏水在今山东定陶与济水相连，在鱼台与沂水汇合。齐国则在临淄城西还开凿了沟通济、淄二水的运河。

三、战国时期的交通

战国时期，列国之间的水陆交通进一步发展，形成以各国都城为中心向外辐射的交通。陆路交通的几条交通干道对后世都有影响。

1. 东西大道

秦国函谷关的设置，控制了秦国东方的门户。《战国策·秦策》称为“成皋之路”④。成皋，今河南荥阳西北汜水镇。荥阳及其西面的成皋，北据黄河，南屏嵩山，汜水纵流其间，是西入关中的咽喉。秦昭王十一年（前 296 年）齐、韩、魏、赵、宋五国攻秦，皆逡巡于函谷关下，不能前进。可见这条道路是函谷关以东各地西行的主要通道，非其他道路所能轻易代替。《过秦论》

① （西汉）司马迁：《史记》卷 29《河渠书》，北京：中华书局，1959 年，第 1407 页。
② （北魏）郦道元著，陈桥驿校证：《水经注校证》卷 28《沔水》，北京：中华书局，2007 年，第 670 页。
③ 徐元诰撰，王树民、沈长云点校：《国语集解·吴语》，北京：中华书局，2002 年，第 545 页。
④ （汉）刘向集录：《战国策》卷 19《秦策》，上海：上海古籍出版社，1985 年。

称其之要在于“秦人开关而延敌，九国之师，逡逃而不敢进”[①]。由函谷关西行，可入秦境。由洛邑东行，经过魏国都城大梁，折向东北行，再循济水而下，经过平阴，又可直达齐国都城临淄。其中，平阴为入齐国的要道，沿齐长城西至济水，东至于海，其西端就在平阴；再由大梁趋向东南，是为东西大道的一条分支，可经宋都睢阳去往彭城。

2. 南北大道

战国时，随着燕国的崛起，南北大道继续向北延伸，从鲜虞（即中山）向东北经过燕国的涿，抵达燕国都城蓟。赵长城、燕长城分别扼守这条大道的漳水和易水之滨。黄河以南楚国的崛起，由南阳盆地东出伏牛山隘口通向中原，《史记·越世家》称之为“夏路”[②]。在魏、赵、齐等国之间的交通大道，《战国策·赵策》称为“午道”[③]。

3. 以咸阳为中心向外辐射的道路

由咸阳沿渭水东行，有出函谷关的东西大道，可经栎阳和大荔王城，由蒲津渡黄河，溯汾水谷地而上，这条路上有魏国旧都安邑，韩国旧都平阳和赵国旧都晋阳。由咸阳东南行，经过商於和丹阳，可以达到宛、穰，秦曾设武关以控此东南方向的道路。

咸阳往北与匈奴接壤，在与匈奴的斗争中，经多方经营，形成了几条道路。一由咸阳北行，经上郡治所肤施抵匈奴境，赵武灵王和秦昭襄王都曾经走过这条道路的全程；二是通过萧关到达黄河岸旁的道路。此外，咸阳至陇西郡治所临洮当有道路可通，史籍失载。

咸阳往西南通往巴蜀的大道称“褒斜道”。从咸阳出发后翻越秦岭，达汉中，取金牛道入蜀。金牛道为今陕西勉县至四川剑门关的一段道路。史载，秦惠王欲伐蜀，愁蜀道险阴，诈称秦国愿送“金牛”和美女给蜀王。蜀王贪财好色，命五丁力士开设栈道，秦便乘机命司马错、张仪伐蜀，蜀遂亡。《史记》有“栈道千里，通于蜀汉”[④]的记载，可见古栈道至迟在先秦时已经有了。

4. 水路交通

魏国有济水流贯国中，且距黄河亦非甚远，故能利用水道，从事交通运输。鸿沟是魏惠王迁都大梁（今开封市）后开凿的，沟通了河、淮之间的济、汝、颍、涡、泗等河，形成了以鸿沟为干渠的水运交通网。至此，黄、淮、

① 贾谊：《过秦论》，吴楚材，吴调侯编选：《古文观止》，北京：中华书局，2014 年，第 109 页。
②（西汉）司马迁：《史记》卷 41《越王勾践世家》，北京：中华书局，1959 年，第 1748 页。
③（汉）刘向集录：《战国策》卷 19《赵策二》，上海：上海古籍出版社，1985 年，第 641 页。
④（西汉）司马迁：《史记》卷 79《蔡泽传》，北京：中华书局，1959 年，第 2423 页。

江三大水系均有水运可以通达。《尚书·禹贡》所记载的贡道都是水路，鸿沟的开凿更使水上交通大为发展。

四、秦、汉交通

中国古代交通发达的原因，在政治因素上主要有两个，即战争和巡幸。秦始皇统一后，将战国以来零乱错杂的交通道路进行统一和改建，所谓“书同文”“车同毂”，大修驰道。《汉书》载：“（秦）为驰道于天下，东穷燕齐，南极吴楚，江湖之上，濒海之观毕至。道广五十步，三丈而树，厚筑其外，隐以金椎，树以青松。为驰道之丽至于此。”[1]同时，秦始皇开凿了沟通湘、漓二水的灵渠，形成了以首都咸阳为中心辐射全国各地的水陆交通网。

秦始皇所修驰道中，有一条著名的直道，是为防御匈奴入侵，命大将蒙恬监修的一条军事道路，由咸阳附近的云阳（今陕西省淳化县北）向北通到九原郡治所（今包头市西南）的甘泉，中间沿着子午岭北行，沿途堑山湮谷，全长“千八百里”。直道的修筑便于由关中调兵到阴山山脉附近。

汉武帝在秦代交通网的基础上又开通了翻越秦岭的故道（即陈仓道）、褒斜道和子午道，通往蜀、滇的西南夷道，通往西北的回中道等，水路方面开凿了关中漕渠。汉武帝时，以长安为中心辐射全国的水陆交通线基本形成。

西北干道，由长安往西，沿渭水河谷或泾水河谷，逾陇山，过金城进入河西走廊，可通往西域各地，此即丝绸之路的东段。

北路干道有两条。一条是秦始皇所开的直道；另一条是战国时的秦晋古道，从长安东出，沿渭水至蒲津渡河，再沿汾水河谷而上，经平阳、太原，可至云中、代郡。

西南干道，即“难于上青天”的蜀道，由渭水流域向南穿秦岭间峡谷，进入汉中盆地接秦石牛（金牛）道入蜀，秦灭蜀即由此道。此外，蜀道还有阴平道和米仓道，北起汉中市南郑区，南至四川巴中市，因穿越米仓山而得名。自此再由汉武帝所开的五尺道（或称西南夷道）入滇。

从长安翻越秦岭抵达汉中盆地有四条主要的道路。子午道，出子午关（今西安市长安区南），循子午谷南行，再折而向西，抵达汉中；傥骆道，最靠近秦岭主峰太白山，是最便捷也最艰险的一条，出骆谷关（子午关之西，今周至县西南），循傥骆道南行，抵达汉中；褒斜道，出斜峪关（骆谷

[1]（东汉）班固：《汉书》卷51《贾山传》，北京：中华书局，1962年，第2328页。

关之西，今眉县），循褒斜道而行至汉中，在陕西褒城（今勉县）北石门溪谷道中有刻于汉明帝永平六年至九年《鄐君开通褒斜道摩崖》，记述了汉中太守鄐君受诏承修褒斜道之事；陈仓道，出大散关（今宝鸡市南），循陈仓道可至汉中。

南路干道，由长安东南出武关，经南阳盆地出襄阳，下汉水至江陵，由荆江溯湘水而上，过灵渠后下漓水、郁水（今西江）至番禺。此外，还有从长江溯湘江或赣江而上，翻越南岭进入岭南地区的交通线。

东路干线，是战国以来沟通咸阳与中原的东西交通主干线，从长安东出函谷关至洛阳，又东经成皋、荥阳，再循济渎抵定陶，再东，可顺济、淄，抵达临淄。

东北干线，从长安至洛阳渡河，沿着太行山东麓，经邺、邯郸，至涿、蓟，继续向东北则可至辽东地区。

东南干线，从长安至经荥阳至陈留，再沿战国时魏国所凿鸿沟南下，经颍水入淮，逾淮循淝水、巢湖抵长江，渡江由胥溪运河进入太湖地区。另一条线至荥阳后由济渎经定陶出荷水，循泗水入淮，沿邗沟抵长江，渡江至太湖流域。

秦汉时期，长江干线是唯一一条不由首都出发的水运干线。长江干流自宜宾以下均可通航，公元前308年秦国司马错率巴蜀众十万、大船万艘浮江伐楚；公元前201年秦始皇曾自云梦一带浮江而下，过丹阳到钱塘。可见长江干流早在秦始皇时就已经是主要的水运干线了。

五、隋唐交通

隋唐统一帝国的出现，为全国水运交通的重新布局提供了条件，隋朝开凿了总长2000余千米的南北大运河，西抵长安、北达涿郡、南至余杭，沟通了黄河、海河、淮河、长江、钱塘江五大水系，形成了以政治中心长安、洛阳为轴心，向东北、东南扇形辐射的水运网。唐代因为政治中心也在关中，漕运路线和隋代基本相同。

在陆路交通方面，唐代曾在开元年间修建大庾岭道，这是一条自赣江上游通向岭南的古道，原来翻越岭路一直比较艰难，经过唐代的修建后通行较为容易。唐代的交通为外向型，对域内陆路交通布局没有重大改变。

唐代长江的水上交通特别发达，船舶也特别大，在下游的东吴与上游的益州之间畅通无阻，杜甫旅居成都时有诗写道：“窗含西岭千秋雪，门泊东吴万里船。”[①]江上运输的景色俨然如画。长江南部的支流赣江和湘江上溯可通岭南，北部的支流汉水也可通航。长江干、支流航道是唐朝以运河为中心的漕运路线的重要组成部分，因为有长江的运输力量，汴渠才能更大的发挥漕运作用。

随着运河的开凿和长江航道的发达，唐朝出现了扬州和益州两个新兴的城市。扬州是江淮漕运的中心，长江以南以至岭南运往长安的漕粮都要经过扬州城下，甚至成都平原的漕粮也要顺长江而下，至扬州转入运河。益州的繁荣主要依靠长江航线的交通。此外，益州北面可以翻越秦巴山脉抵达长安，但这条道路险峻不易通行；西北可以溯江水而上，至松州（今松潘）翻越岷山，抵达今甘肃、青海；南面可以抵达南诏。益州经济的繁荣与扬州无二，故有“扬一益二”[②]的说法。

六、两宋交通

北宋以首都开封为中心，大力发展水运交通，通过疏浚原有河道，补充水源，形成了以汴京为中心的四条人工运河——汴河、惠民河、金水河、五丈河，史称漕运四渠。《宋史·河渠志》记“有惠民、金水、五丈、汴水等四渠，派引脉分，咸会天邑，舳舻相接，赡给公私，所以无匮乏。”[③]因为金水河只是五丈河的水源渠道，本身不通漕运，所以往往加上通漕的黄河称为漕运四河。宋金对峙后，南北漕运断绝，汴河等人工运河很快淤废。

南宋建都临安，在宁绍平原上开凿了浙东运河，西起钱塘江岸西兴镇，东经萧山、绍兴至上虞与余姚江相接。

交通的便捷和政治中心的地位促成了两宋时开封和临安的繁荣，《清明上河图》反映出丰富多彩的开封市民生活，同时也描绘了汴河繁忙的运输情景。临安作为南宋行都所在，也是一派歌舞升平的气象，以至于“暖风熏得游人醉，直把杭州作汴州”[④]，交通枢纽地位可见一斑。

七、元明清交通

驿站是政府设置的邮传机构，主要是用来传递政治和军事信息。中国的驿递制度由来已久，学者根据甲骨文中的文字，认为殷商时代就已经有了驿

① 杜甫：《绝句》，（唐）杜甫著，（清）仇兆鳌注：《杜诗详注》，北京：中华书局，2004年，第1143页。
② （宋）洪迈著，冀勤评注：《荣斋随笔》卷9《唐扬州之盛》，北京：中华书局，2005年，第123页。
③ （元）脱脱等：《宋史》卷93《河渠志》，北京：中华书局，1977年，第2321页。
④ （宋）林升：《题临安邸》，秦言编著：《中国历代诗词名句典》，北京：中国商业出版社，2011年，第318页。

递机构。此后，驿递制度进一步发展和完善，驿路往往平坦近直，驿站供给运输工具，驿使往来持有凭证，或骑马，或乘车。

元代疆域空前辽阔，全国遍设驿站，形成以大都为中心的驿站交通网，东北通到奴儿干地区（黑龙江口一带），北方通到今叶尼塞河上游，西南通到今西藏，驿站所达范围空前广阔。明代在此基础上进一步发展，几乎无处不可通达。二京之间、二京与十三布政司之间的水陆干线同时承担驿路功能，各布政司与所属府的主要水陆交通沿线也都设有驿站。这些驿路是明代国内交通的大动脉，它们与各种干线、支线、间道、便道一起，组成全国性的交通网。明后期，因为不法差役违例用驿的情况日益严重，驿政腐败，驿站不胜负荷，驿递制度日久生弊，终于与明王朝一起归于灭亡。

元朝定都大都，为了解决南粮北运问题，开通了京杭大运河，经过明清两朝的改建，运河成为南北水运的大动脉。京杭大运河水运交通的发展，使运河沿线兴起了一批新的商业城市，如通州、直沽（天津）、沧州、德州、临清、聊城、济宁、徐州、淮安、扬州、镇江、常州、苏州、嘉兴、杭州等。20 世纪初，南北漕运停办，运河失修，趋于湮废，京杭大运河沿线的城市发展受到严重影响。后来铁路代之而成为主要交通干线，不少城市因为不是铁路所经而渐趋衰落，如临清、聊城、济宁、淮阴、扬州等。

第二节　域外交通

根据历史文献，中国与域外周边各国的交通最早开始于西汉。中国疆域西、北两面连接深远的大陆，东、南两面濒临辽阔的大海，决定了中国对外交通有陆路和海路两条道路。

一、陆路丝绸之路

公元前 2 世纪，汉武帝为了联络阿姆河流域的大月氏共同进攻匈奴，派张骞两次出使西域，开通了东西方道路。因为中国的丝绸由此运销西方，张骞凿空的这条通道在近代被学术界命名为“丝绸之路”。

丝绸之路从长安出发西北行，逾陇山，通过河西走廊，到敦煌后分南北两道，出阳关，进入丝绸之路南道，过白龙堆，至楼兰（今罗布泊西北岸），沿南山（今昆仑山脉）北麓，经鄯善扜泥城（今若羌附近），西南沿今车尔臣

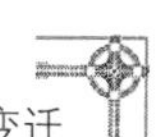

河，经且末（今且末西南）、拘弥（今于田东）、于阗（今和田）、皮山、莎车至疏勒（今喀什）；出玉门关进入北道，沿孔雀河经渠犁（今库尔勒）、乌垒（今轮台东）、轮台、龟兹（今库车）、姑墨（今阿克苏）至疏勒。南北道在此会合，再翻越葱岭（今帕米尔），至大宛、康居，再西至奄蔡（黑海、咸海间）。或者西经大月氏、大夏（今阿富汗北部）、安息（伊朗北部）、条支（伊拉克），乃至犁靬（埃及亚历山大城）。

东汉明帝永平十六年（73 年），北攻匈奴取伊吾（今哈密）地，置宜禾都尉屯田，最终迫使匈奴西迁，于是东汉又开辟了新北道：从敦煌出发，经伊吾、高昌壁（今吐鲁番东）、车师前部交河城（今吐鲁番），经焉耆至龟兹与原北道合。此三道就是《三国志·魏志·乌丸传》裴松之注引《魏略》中所谓的南、中、新三道。中道即西汉之北道，新道即东汉所开辟的新北道。

《隋书·裴矩传》总结了从敦煌至于西海的三道。[①]南道即昆仑山北麓汉魏时南道；中道即《魏略》的新道，也就是东汉的新北道；北道则为新开辟的经天山北路的一道，即由敦煌经伊吾、蒲类海（今巴里坤湖），通过天山北麓，渡北流河水（今伊犁河、吹河），至拂林（东罗马），以至西海（今地中海）。这条新辟的北道对罗马帝国意义重大，公元 1—3 世纪罗马帝国曾因安息的阻挠，断绝了丝绸的来源，新北道的开辟，使罗马帝国摆脱了安息的羁绊，保证了丝绸的来源。

吐谷浑道（青海道），是从中国内陆去往西域的另一条道，开始于何时尚不清楚，最早见载于《魏书·吐谷浑传》。大致从青海西宁一带的湟中地区，经柴达木盆地南缘，越过阿尔金山脉，至鄯善、且末与传统的丝绸之路南道会合。东晋南北朝分裂时期，河西走廊被阻时往往取青海道。如北魏神龟元年（518 年）宋云西行即取青海道；西域与南朝政府的交通因北朝的阻隔，不走河西走廊，也经吐谷浑道从川北进入益州。隋唐统一后，河西走廊畅通无阻，青海道才逐渐衰落。

西南丝绸之路。公元前 2 世纪张骞凿空西域时，在大夏已经看到蜀布和邛杖，可以推测西南丝路的开创实际上早于西北丝绸之路。东汉永平十二年（69 年）云南西部哀牢夷内附，置永昌郡治不韦（今保山东北），正处于西南丝路的交通孔道上。唐代西南丝路的交通更为发达，根据贾耽的《边州入四

① （唐）魏征等：《隋书》卷 67《裴矩传》，北京：中华书局，1973 年，第 1579 页。

夷路》和樊绰的《蛮书》记载，这条道从成都经今雅安、西昌、会理，渡金沙江，经大姚、祥云、下关、大理，由保山越高黎贡山至腾冲，自此或南去缅甸掸邦、骠国古都卑谬出海去印度，或西去密支那，越过那加山脉，沿印度布拉马普特拉河谷至印度中部。永昌（今保山）为西南丝路对外交通的要冲，这条道路与近代滇缅公路基本吻合，抗战期间曾是中国唯一对外交通线。

二、海上交通

两汉时期，中国的海上交通已经见于史籍记载。北部由山东半岛渡海经辽东半岛，沿着朝鲜半岛的西、南海岸，渡对马海峡至日本。汉、朝鲜半岛、日本之间的海上交通大概是中国历史上最早开通的海上航路之一。在我国南方，西汉时的航路已经远至孟加拉湾，据《汉书·地理志》记载，自日南障塞（今越南顺化附近）或徐闻、合浦出海，经马六甲海峡，最终到达黄支国。黄支国一说在今苏门答腊西北部，一说在今印度马德拉斯西南。

东汉时，中印海上交通已经打通。罗马帝国的商人远洋来华通商，当经过印度。《后汉书·西域传》记载："大秦王安敦遣使自日南徼外献象牙、犀角、玳瑁。"[①]大秦即古代中国对罗马帝国的称谓，其输入汉地的是象牙、犀角、玳瑁等，而汉代输出的则以丝绸、黄金为主。

魏晋南北朝时期，海上域外交通持续发展。三国魏、吴两国东临大海，都很注意发展海上域外交通。曹魏曾两次遣使去日本，日本倭女王也曾四次遣使来中国，其航海路线大致与西汉时相同。孙吴时，曾派朱应、康泰去中南半岛的林邑、扶南和南洋群岛的若干岛屿，这条航路在西晋和南北朝时成为中印高僧的往来之路，如东晋高僧法显从长安陆路去印度，由海路返回。此后的求那跋陀罗、菩提达摩等都经由这条海路至番禺（广州），番禺是当时中国经营海外交通的第一大港。

隋唐南方海上交通进一步拓展。在北方，隋朝去往高句丽、日本的航路大体上走传统的北方航路。唐朝因与日本的交流十分频繁，开辟一条新的航道，即从扬州出发，横渡中国海，抵达日本。北路因为沿海岸而行，比较安全。后来因为新罗统一朝鲜半岛，与日本关系不和，日本遣唐使多走南面航路，至扬州、越州、福州、明州等港口登陆。在南方，则从广州出发，经琼

① （南朝·宋）范晔：《后汉书》卷88《西域传》，北京：中华书局，1965年，第2920页。

州海峡，沿中南半岛，渡新加坡海峡，东航可至诃陵（今爪哇岛），西行经狮子国，沿印度半岛，抵达波斯湾，再至幼发拉底河口登陆，最远可去往大食国首都缚达城（今巴格达）。

宋元时期，往高丽、日本主要从登州和明州出发，同时，与阿拉伯各国的海上贸易也非常发达。一方面由于宋元时期手工业和商品经济空前发达，另一方面由于河西走廊为西夏政权所控制，西北陆路受阻，海上航路成了宋代保持对外贸易的可靠通道。南方海上交通还可远达东非的索马里、马达加斯加一带和地中海区域的西班牙南部。因为海上交通的发达，宋元时期留下了许多记述域外番国和岛夷的文献，如宋代周去非的《岭外代答》、赵汝适的《诸番志》，元代汪大渊的《岛夷志略》等。在宋元时期的海外贸易中新兴的港口城市是泉州。

宋元时不仅发展了与马来半岛、中南半岛、印尼群岛、菲律宾群岛、印度半岛和巴基斯坦各地港口的交往，还远至波斯湾沿岸、阿拉伯半岛以及东非的索马里、马达加斯加一带和地中海区域的西班牙南部。元代大陆沿海的航运也很发达，当时的南北漕运多走海路，其路线从刘家港（今江苏太仓浏河）放洋北上，绕成山角以达天津。宋元时与日本、高丽之间官方和民间贸易十分繁盛。1976—1977 年，在韩国木浦附近海底发现载有大批金属器皿和铜钱的中国沉船，时间大约为元代后期，是当时海上贸易的物证。

明代的海外贸易和航海事业发展到一个新的高峰，以郑和七下西洋为代表。从永乐三年（1405 年）至宣德八年（1433 年），郑和先后七次率领庞大的船队，远渡印度洋，历 37 国，堪称中国航海史上的壮举。其航程南至爪哇岛，西达波斯湾的忽鲁谟斯（今伊朗阿巴斯港）和红海的天方（今麦加），最远还到了非洲东海岸的木骨都束（今索马里摩加迪沙）。

明清时长期实行海禁，严禁人民下海贸易，阻碍了海外贸易的发展。16 世纪以后西欧殖民者开辟了通向印度、远东和美洲的新航线，垄断了远洋航路。

参考文献

黄盛璋：《川陕交通的历史发展》，《地理学报》1957 年第 4 期。

蓝勇：《南方丝绸之路》，重庆：重庆大学出版社，1992年。

李之勤：《元代陕西行省的驿道和驿站》，《西北史地》1987年第1期。

李之勤等：《蜀道话古》，西安：西北大学出版社，1986年。

刘景纯：《〈明代驿站考〉陕西驿站补正》，《中国历史地理论丛》2012年第2辑。

刘希为：《隋朝交通路线考述》，《江海学刊》1991年第1期。

全汉昇：《唐宋帝国与运河》，台北：商务印书馆，1995。

史念海：《中国的运河》，西安：陕西人民出版社，1988年。

王文楚：《古代交通地理丛考》，北京：中华书局，1996年。

王元林：《秦汉时期南岭交通的开发与南北交流》，《中国历史地理论丛》2008年4辑。

巫新华、李肖：《寻觅大海道：考古探察手记》，北京：中国社会科学出版社，2000年。

辛德勇：《古代交通与地理文献研究》，北京：中华书局，1996年。

严耕望：《唐代交通图考》（八卷本），台北："中研院"史语所专刊，1986年。

杨富学：《丝路五道全史》，太原：山西教育出版社，2019年。

杨建新、卢苇：《历史上的欧亚大陆桥——丝绸之路》，兰州：甘肃人民出版社，1992年。

杨正泰：《明代驿站考》，上海：上海古籍出版社，1994年。

章巽：《古航海图考释》，北京：海洋出版社，1980年。

章巽：《我国古代的海上交通》，北京：商务印书馆，1986年。

练　习　题

一、基本概念

秦直道　漕运四渠　直道　驰道　五尺道　丝绸之路　两京驿道　河西走廊　南方陆上丝绸之路　海上丝绸之路　站赤　灵渠　京杭大运河

二、思考题

1. 简述近2000年来中国水陆交通发展的基本趋势和形成原因。
2. 隋朝大运河与元代大运河的异同。
3. 分析隋唐大运河和明清大运河的异同点。
4. 论述大运河的发展与中国经济的发展。
5. 汉唐丝绸之路的走向和意义。
6. 丝绸之路与北方社会发展与自然环境变迁。

7. 试分析几条丝绸之路地位变化与中国社会发展和自然地理变化的关系。

8. 从历史地理学的角度分析丝绸之路的研究应包括哪些方面，并说出它的历史意义和现实意义。

9. 论述西北丝绸之路的兴衰。

第十四章　历史时期人口的损益、分布和迁徙

从某种意义上说，历史时期地理环境的变迁，就是人类活动与自然环境之间相互作用、相互制约的结果。在古代，自然环境在很大程度上决定了人口的数量、分布和迁徙，反之，人口规模又不同程度地影响着自然地理环境的变化。因此，历史时期人口数量的变化、地域分布和迁徙，是历史人口地理学的主要研究课题。

中国是世界上最早进行人口调查的国家之一。《国语·周语》记载，周宣王三十九年（前 789 年）"料民于太原"[①]，秦代已经有比较完整的户口统计簿籍了。秦末刘邦进入关中，萧何首先收集秦朝的户籍地图，"所以具知天下隘塞，户口多少"，可惜秦代以前的人口资料没有保存下来。

掌握人口数据，目的主要是征兵和征收赋税，即为维护统治秩序服务，故在历史时期，各个王朝都十分重视户口的调查和造籍。现存最早的人口统计数字，是《汉书·地理志》记载西汉平帝元始二年（2 年）的版籍，此后的历代正史地理志、全国总志、地方志大多继承了这个传统，保留了户数口数等人口数据。中国历史文献上保留下来的历代人口数字，是世界上最丰富，最完备的人口调查资料。

第一节　秦代之前中原及其周围地区的人口

夏、商、周三代，我国人口较为稀少。晋人皇甫谧《帝王世纪》的记载："及禹平水土，还为九州，今《禹贡》是也。是以其时九州之地，凡二千四百三十万八千二十四顷，定垦者九百二十万八千二十四顷，不垦者千五百万

① 徐元诰撰，王树民、沈长云点校：《国语集解》，北京：中华书局，2002 年，第 24 页。

二千顷。民口千三百五十五万三千九百二十三人。”[①]这个数据为《通典》与《通考》所继承，但为学术界所质疑。

一、上古三代人口

夏代人口已无可考。据《左传》记载：有虞氏时“有田一成，有众一旅”[②]，杜注：“方十里为成，五百人为旅。”[③]其后少康依靠这支军事力量“复禹之绩”，可见当时人口不会很多。夏末统治者淫乱暴虐，“而诸侯多畔（叛）”，又经历商灭夏的战争，到夏末期人口当更为稀少。

商王朝建立后，作为一个新兴的奴隶国家，向周边扩张的过程中掠夺奴隶和财产，如卜辞所现，“获羌”“执羌”“多羌”，获得不少人口。据甲骨文记载，在一次对羌人的大规模战争中，“丁酉贞：王作三（师）；右、中、左”。每师约万人，三军共三万余人，远较夏代的军队数量多。

虽然有大量掠夺人口做补充，但商朝人口的增长率却很低。因为卜辞中还屡有“伐羌”“伐妾”的记载。甲骨文也有记武丁死后“用三百羌于丁”，最多的一次有五百个奴隶用于人祭，安阳武官村北殷王陵墓中奴隶祭祀坑所埋奴隶遗骨近两千具。除了祭祀杀牲，奴隶还被用于对外战争，仅武丁时期卜辞中为伐吾方而占卜的记录即达三百多次，因此之故，商代人口的增殖还是有限的。

西周建立后，人口发展仍处于较低水平。西周后期已较少将奴隶用做人祭、人殉，而农业生产与对外征伐又需要大量人口，“太公望封于营丘，地潟卤，人民寡，于是太公劝其女功，极技巧，通鱼盐”[④]，通过鼓励生育，对人口的恢复与增长具有一定积极意义。至武王伐纣时，可资调遣的军力达兵车三百乘，士卒四万五千人，虎贲三千人。周公时有“宗周六师”（又称“西六师”）戍守镐京，“成周八师”（又称“东八师”）监视殷商顽民。按《周礼》一师二千五百人，则军队总量近 35 000 人。《诗经》有言：“绰彼甫田，岁取十千”，即为天子公田服役的农夫每年有万人，这些数字表明，西周人口较前朝有所增加，但人口数量仍然非常稀少。

周宣王时，奴隶逃亡和国人暴动，大量井田成为“维莠骄骄”的荒地。

---

① （晋）皇甫谧等撰，陆吉等点校：《帝王世纪　世本　逸周书　古本竹书纪年》，济南：齐鲁书社，2010 年，第 64—65 页。

② 杨伯峻：《春秋左传注》，北京：中华书局，1981 年，第 1606 页。

③ 杨伯峻：《春秋左传注》，北京：中华书局，1981 年，第 1606 页。

④ （西汉）司马迁：《史记》卷 129《货殖列传》，北京：中华书局，1959 年，第 3255 页。

宣王三十九年（前 789 年）又在千亩原败于姜戎，“既丧南国之师，乃料民于太原”。这次人口普查的目的是扩出人口进行生产，却是人口严重不足的反映，但最终结果却是“民不可料”。

二、春秋至战国时期人口发展的转折

春秋时期诸侯争霸，各国要求增加人口富国强兵，但如孔子所说：“地有余而民不足，君子耻之”①，于是各国纷纷提倡施仁政于民，管子主张“相地而衰征，则民不移”②。墨子则提倡二十而娶，十五而嫁并视之为“圣王之法”。

1. 春秋时期仍是“土旷民稀”

虽然实施增加人口的措施，但大国间的争霸战争严重破坏了社会生产，也阻碍了人口的发展。所以一般城邑的人口规模都不是很多，“城虽大，无过三百丈者；人虽众，无过三千家者”③。周惠王十七年（前 660 年），位于今河南濮阳南的卫国破于狄，“卫之遗民男女七百有三十人”④，加上共（今河南辉县）、滕（今山东滕县西南）两地人口也不过 5000 人。卫国乃中原地区的重要国家尚且如此，可见春秋时期人口数不会增加太多。

春秋时常以兵车乘数判断国家大小。据《司马法》，兵车一乘，马四匹，甲士十人，步兵二十人。每兵车五乘有辎重车一乘，后勤兵二十五人。当卫国被狄攻破时有兵车三十乘，按五丁出一兵算，则大千乘，人口约在 17 万左右，最大的晋国兵车四千乘，人口也不超过 70 万。春秋后期各诸侯国估计共有兵车二万五千乘，则有士兵 87.5 万，总人口约 450 万左右。

2. 战国时期人口的急剧上升

先秦时期的人口，到战国时出现了历史上第一次飞跃。

战国时期封建制开始取代奴隶制，社会生产力水平提高。铁器牛耕广泛使用，极大地促进了农田开垦和水利工程建设，原散于各国之间的“隙地”得到开发。城邑和新的聚落发展起来，“千丈之城，万家之邑相望也”⑤，“三里之城，七里之郭”⑥。当时的齐国“邻邑相望”⑦，“鸡鸣狗吠相闻，而达

---

① 李学勤主编：《礼记正义》卷 43《杂记》，北京：北京大学出版社，1999 年，第 1221 页。
② 徐元诰撰，王树民、沈长云点校：《国语集解・齐语》，北京：中华书局，2002 年，第 227 页。
③ 缪文远等译注：《战国策・赵策》，北京：中华书局，2006 年，第 255 页。
④ 杨伯峻：《春秋左传注》，北京：中华书局，1981 年，第 266 页。
⑤ 缪文远等译注：《战国策・赵策》，北京：中华书局，2007 年，第 255 页。
⑥ 杨伯峻：《孟子译注》卷 4《公孙丑下篇》，北京：中华书局，1962 年，第 86 页。
⑦ 孙通海译注：《庄子・胠箧篇》，北京：中华书局，2007 年，第 172 页。

乎四境”[①]；魏国“庐田庑舍，曾无所刍牧牛马之地。人民之众，车马之多，日夜行不休已，无以异于三军之众”[②]。秦吕不韦封文信侯“食河南洛阳十万户”[③]，有“家僮万人”“食客三千”。人口已经相当稠密了。

此外，新兴的地主阶级纷纷通过变法运动图强，对人口加强管理，如秦国商鞅变法颁布了人口上计制度，规定“竟（境）内仓、口之数”按时上计，使“四境之内，丈夫女子皆有名于上”[④]。到春秋后期，国家在籍人口由 450 万猛增至 2000 万，为以后秦汉统一的中央集权国家建立了基础。

三、秦朝的人口及其迁徙

秦时已开始在全国范围内造图籍，图为地图，籍即户口资料。刘邦入咸阳时，萧何“收秦丞相御史律令图书藏之”[⑤]，于是“具知天下阸塞，户口多少，强弱之处，民所疾苦者，以何具得秦图书也”[⑥]，并造石渠阁以收藏“入关所得秦之图籍”[⑦]。

1. 秦代的人口统计

秦朝统一前，以上计制度为征发士卒、收缴粮饷提供人口数据，秦王政十六年（前 231 年）推行“初令男子书年”[⑧]，将男子的年龄正式列为户口登记的内容。二十六年（前 221 年）秦灭六国，实行统一的地方行政区划郡县制度，从而具备了实施全国性人口统计的条件和基础。汉高祖六年（前 201 年），萧何南过原燕国南陲曲逆县（今河北保定西南顺平县）时，曾顾问御史“曲逆户口几何？对曰：始秦时三万余户。”[⑨]可见，地方御史已经在进行人口统计了。

2. 对秦代人口的推测

据《史记・秦本纪》及《六国年表》，自秦惠文王更元十三年（前 312 年）至秦始皇十二年（前 234 年）的 78 年间，秦破六国兵所斩首虏，见于记载的计 120 余万人，仅长平之战一役，赵国俘虏被秦将白起活埋的即达 40 万人，秦军在这次战役中也死亡过半。如此，则秦军在整个统一战争中所杀的全部

---

① 杨伯峻：《孟子译注》卷 3《公孙丑上篇》，北京：中华书局，1962 年，第 57 页。
②（西汉）刘向集录：《战国策・魏策》，上海：上海古籍出版社，2007 年，第 787 页。
③（西汉）司马迁：《史记》卷 85《吕不韦列传》，北京：中华书局，1959 年，第 2509 页。
④ 石磊译注：《商君书・境内》，北京：中华书局，2009 年，第 161 页。
⑤（西汉）司马迁：《史记》卷 53《萧相国世家》，北京：中华书局，1959 年，第 2014 页。
⑥（西汉）司马迁：《史记》卷 53《萧相国世家》，北京：中华书局，1959 年，第 2014 页。
⑦ 毕沅校正：《三辅黄图附补遗》卷 6《阁》，上海：商务印书馆，1936 年，第 47 页。
⑧（西汉）司马迁：《史记》卷 6《秦始皇本纪》，北京：中华书局，1959 年，第 232 页。
⑨（西汉）司马迁：《史记》卷 56《陈丞相世家》，北京：中华书局，1959 年，第 2058 页。

人数，以及秦王政十三年（前234年）至秦统一的十三年间彼此伤亡的数字，因战争而直接损耗的人数约在300万人左右，占战国总人口2000万的15%。《帝王世纪》所谓“其所杀伤，三分居二”①，显然是过甚其词了。大型工程亦是人口消耗的重要因素。《帝王世纪》在论及秦始皇大事征役时又谓：“北筑长城四十余万，南戍五岭五十余万，阿房、骊山七十余万。十余年间，百姓死没，相踵于路”②，这几项工程占用的服役人数超过150—160万，加之每年征发的徭役，估计当时人口在300万人以上。

3. 秦代促进人口发展的措施

秦始皇三十一年（前216年）发布“使黔首自实田”③的律令，允许百姓向官府自报占有的土地，国家正式承认并保护土地的私有权，提高了个体农民劳动生产的积极性。秦王朝统一全国货币、度量衡、文字及广修驰道，促进了各地区经济文化的沟通与交流。迁徙富豪及徙民实边的政策，客观上也有利于促进经济的发展和人口的增殖。

秦灭赵后，迁当地富豪于临邛（今四川邛崃），使临邛发展成为新的冶铁业中心和新兴的商业城市。破魏后迁富豪孔氏于南阳（今河南南阳），孔氏迁南阳后，促进了南阳地方冶铁业的发展。秦始皇“徙天下豪富于咸阳十二万户”，倘以每户五口计，当为六十万人，原居住的人口尚不在内，使咸阳成为富商大贾麇集的全国的商业中心。秦王朝徙民实边的人数，如包括派往边境长期戍守的戍卒在内，总数不下数十万之多，这一实边性质的移民，也大大有利于边境的开发及人口的增殖。这些促进经济发展的措施，对人口增长有极大好处。

秦王朝所实行维护统一的措施和制度，适应当时由分裂割据走向统一的历史形势，开创了社会经济发展的新局面。但是这些措施都建立在对广大劳动人民残酷的剥削和压榨之上，因而社会生产力和人口未能得到应有的发展与增长。到秦二世胡亥统治时期，又“赋敛愈重，戍徭无已”④，造成百姓被迫“亡逃山林，转为盗贼”⑤。将流亡人民估计在内，秦末全国人口数字应不会少于战国盛时。

①（晋）皇甫谧等撰，陆吉等点校：《帝王世纪》，济南，齐鲁书社，2010年，第66页。
②（晋）皇甫谧等撰，陆吉等点校：《帝王世纪》，济南，齐鲁书社，2010年，第66页。
③（西汉）司马迁：《史记》卷6《秦始皇本纪》，北京：中华书局，1959年，第251页。
④（西汉）司马迁：《史记》卷87《李斯列传》，北京：中华书局，1959年，第2553页。
⑤（东汉）班固：《汉书》卷24《食货志》，北京：中华书局，1962年，第1137页。

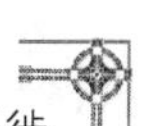

4. 秦代的移民

秦代的移民政策主要是“戍边郡”和“实关中”两种。“戍边郡”就是徙民实边，主要是北迁，目的在于巩固边防。秦汉时期的主要外敌是北方的匈奴，为了充实边境，以减少边地的戍卒，从而缓解国家的经济负担，向北方和西北大量移民。由于北方和西北被人们视为苦寒、荒凉的戎狄之地，虽然地域辽阔，但适宜开垦的农业土地相对较少，同时又有来自剽悍的游牧民族的军事威胁，移民主要出于中央政权的强制性措施。

秦汉两代“戍边郡”的次数很多，每次规模都很大。据《史记·秦始皇本纪》记载，秦代大规模人口迁徙有两次。一次是在秦始皇三十三年（前 214 年），蒙恬西北驱逐匈奴，取得河南地（河套地区），置 44 县，“徙谪，实之初县”[①]。迁徙的对象是罪犯。另一次是秦始皇三十六年，“迁北河榆中三万家”[②]。“北河”指今河套地区的黄河，“榆中”指河套东北阴山以南一带。

“实关中”，就是向京畿地区的移民，目的是“强本弱末”，迁徙对象主要是六国权贵与豪强之家。西汉继承了秦帝国的徙民政策，大量从关东迁移人口，被安置在长安周围的陵县。秦的政治中心在关中，对政权构成威胁的六国贵族后裔集中在经济发达的关东，所以秦和西汉初不断采取强制性手段将关东豪强、贵族迁入关中，也就是所谓的“实关中”。秦始皇统一以后，二十六年（前 221 年），“徙天下豪富于咸阳十二万户”[③]。如果以每户 5 口计，就有 60 万人；三十五年徙 3 万家于丽邑、5 万家于云阳，均在首都咸阳附近。

第二节　两汉时期人口及迁徙

西汉人口的发展，与西汉跌宕起伏的历史发展进程相一致，人口数量也起起落落，但总体上，人口还在不断增加，同时，人口的迁移规模与范围也在扩大。汉代的人口调查皆为户数和口数并列，口赋（算钱）是国家的主要收入，户赋则指定为列侯、封君的收入。《汉书·地理志》记载了西汉末元始二年（2 年）103 郡国户口数总共为户 1235.6490 万，口 5767.1401 万。

①（西汉）司马迁：《史记》卷 6《秦始皇本纪》，北京：中华书局，1959 年，第 253 页。
②（西汉）司马迁：《史记》卷 6《秦始皇本纪》，北京：中华书局，1959 年，第 259 页。
③（西汉）司马迁：《史记》卷 6《秦始皇本纪》，北京：中华书局，1959 年，第 239 页。

一、汉代人口的发展

汉初至武帝元光初年是汉代人口急剧上升时期。汉初实际人口估计当在1500万至1800万之间，人口较秦代而言有所减耗。西汉前期人口急剧上升，主要得益于汉高祖刘邦采取的一些比较现实的措施。当初采取恢复农业生产秩序，推行早婚、奖励生育，加强户口管理等措施，有利于逃亡人口回归田亩和人口再生产。汉武帝时，“外出四夷，内兴功利”①，武帝后元二年（前87年）时人口3200万左右。到武帝中后期，人口处于发展停滞时期。武帝晚年，推广“代田法”及耧车、耦犁等先进的农业工具，恢复和发展农业生产。武帝末年至平帝元始二年（2年），人口再度上升达于最盛时期。

西汉末东汉初人口严重损耗。西汉末年“大兴徭役，重增赋敛”②。之后，新莽改制，法禁苛烦。战争也在大量消耗人口，对匈奴战争，“野有暴骨矣”③。西南攻句町，“士卒疾疫，死者什六七”④。此外，饥荒疫疾，“天下户口减半矣”⑤。

汉光武帝时期人口缓慢恢复。汉光武帝采取了一系列恢复生产和稳定社会秩序的政策，如收复流民，成为政府的编户；大规模军队屯田；“三十税一”、精兵简政、裁省郡国都尉，遣散地方军队等等，光武帝中元二年（57年），户428万，口2100万，户口数恢复到西汉时的三分之一以上。

明、章、和三朝人口的持续增长。明帝之后，实行“与民休息”政策，加之牛耕和铁铧犁普及，水利灌溉工程兴建，社会生产的稳定，同时，政府奖励人口增殖，和帝元兴元年（105年）时，增加到923万余户，5325万余口，人口规模恢复并接近西汉末年水平。

二、对汉代人口的分析

文献记载了汉代的人口数量，西汉末元始二年（2年）103郡国户口数总共为户1235.6490万，口5767.1401万。西汉时期，由汉初的1500—1800万增加到元始二年的约6000万，年平均自然增长率为6‰—7‰。东汉时期人口高峰值已经超过6000万。但这些数据，都是政府为征收赋税和征发徭役而统计的在籍人口数。西汉时期有些人口是不入籍的，如流民脱籍与豪强地主的

①（东汉）班固撰：《汉书》卷24《食货志》，北京：中华书局，1962年，第1137页。
②（东汉）班固撰：《汉书》卷85《谷永传》，北京：中华书局，1962年，第3462页。
③（东汉）班固撰：《汉书》卷94《匈奴传》，北京：中华书局，1962年，第3826页。
④（东汉）班固撰：《汉书》卷99《王莽传》，北京：中华书局，1962年，第4145页。
⑤（东汉）班固撰：《汉书》卷24《食货志》，北京：中华书局，1962年，第1185页。

隐匿户口，宗室、列侯另有名籍，其奴婢亦不入户籍，西域都护管辖地区的户口未列入统计，此外，还有一部分少数民族户口未列入编户。如果将不在籍人口统计在内，则西汉时期全国的总人口，估计当在6500万以上。

东汉时期的人口也有在籍与不在籍之分，因此，对东汉人口也需要进行再估计。按照官方统计的人口数字，东汉时人口数量仍未恢复到西汉的水平，后期，人口发展更是停滞不前，主要原因在地方豪族地主势力的膨胀。西域都护管辖地区的户口以及内附的边境部族，如南匈奴各部、东北乌桓各部等的人口都未计入汉籍。漠北的鲜卑，白山黑水之间的挹娄、沃沮等，仍都保持原有的部落形式，不向国家缴纳赋税和提供徭役。陇右地区护羌校尉辖下的羌人，户口也不在国家的编户之内。如将上述未列入编户的户口数字估计在内，则东汉人口当比西汉更多，全盛时人口应远逾6500万以上。

三、汉代人口的分布与迁徙

如以秦岭淮水为南北界线，汉代北方人口占4/5弱，南方人口占1/5强。如以汉武帝时所置14个监察区来划分，户数超过百万，口数超过500万的有司隶和豫、冀、兖、青、徐五州，都在黄河中下游地区，也就是说，在大致相当今陕西关中平原和黄河下游的冀、豫、鲁和皖、苏的淮河以北地区，人口总数占全国的55%。关中平原人口最集中的是长安附近，密度约达到每平方千米千人，为全国之冠。太行山以东平原地区，除了鲁中山地、胶东半岛和滨海地区外，人口密度估计也在每平方千米百人以上。

在地理空间上，这些人口形成两条人口比较密集的带状地区。东西向自西起依次为京兆（长安）、河南（洛阳）、陈留、济阳（定陶）、山阳、东海一线；南北向的是自清河、魏郡、河内、河东、河南、颍川、汝南一线。这种分布格局显然与交通路线有关。长江流域人口集中在成都平原、南阳盆地、太湖平原和宁绍平原，这无疑是由优越的自然环境所促成的。

西汉末年的战乱，导致中原大量人口避难长江流域，更远的还到达了岭南地区。同时南方经济进一步得到开发，人口自身也在显著增长。南方人口的增加除了北方人口南移外，还与新移民迁入后对当地的深度开发有关。而黄河流域除了少数几个郡国外，人口都在普遍减少。

移民方面。汉朝继续实行秦朝移民实边和徙民实关中的措施，但将原来的强制性措施改为了鼓励性措施。汉文帝时，采纳晁错的建议，“徙民实边，

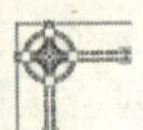

使远方亡屯戍之事，塞下之民，父子相保。”[①]“募民之欲往者，皆赐高爵，复其家。予冬夏衣廪食，能自给而止”[②]，以“使屯戍之事益省，输将之费益寡”[③]。这些建议实施后，极大地促进了人口向边地迁移，缓解了边地人口不足的局面。汉武帝继续执行这一方略，开疆拓土后大规模移民实边，如元朔二年（前127年）收复河南地，置朔方、五原郡，徙民十万口实边。元狩四年（前119年），又利用关东灾荒，再次实现了大规模徙民实边。

移民实边的同时，汉高祖七年（前200年）迁泗水流域的丰县民于关中置新丰县，九年徙齐楚大族昭、屈、景、怀、田五姓于关中。高祖以后，又迁入关东人口充实关中诸陵县。汉武帝太始元年（前96年）、昭帝始元三年（前84年）和四年三次徙民于云陵，云陵所在为今淳化县，在关中的泾水流域。这种状况一直持续到隋唐，造成了关中地区人口对土地的巨大压力，以致唐朝经常出现皇帝率领文武百官到洛阳就食的情况。明成祖建都北京，也曾从江南、山西、山东、河南等地迁移了大量人口充实北京及其周围地区。迁移人口实京畿，是传统农业和冷兵器时代巩固政权的有效办法。

第三节　魏晋南北朝时期的人口及迁徙

魏晋南北是中国历史上大纷乱的时期，也是人口数据存在错乱问题最多、统计数字与实际情况相差最大的时期，这与人口统计方法、人口流失原因等有很大关系。

一、三国时期人口

唐杜佑《通典》有记载的三国人口数字：“天下通计户百四十七万三千四百三十三，口七百六十七万二千八百八十一。”[④]相较于东汉桓帝永寿三年（157年）的1067.8万户，5648.7万口，尚不及七分之一，降到了我国有历史记录以来人口数字的最低点。

三国户口数字与当时社会发展的实际极不符合。曹魏在黄河流域广行屯田、兴修水利、招徕流民，农业生产得到了迅速的恢复和发展。蜀、吴则在

① （西汉）晁错：《论守边备塞书》，（清）曾国藩：《经史百家杂钞》，北京：中华书局，2015年，第435页。
② （西汉）晁错：《论守边备塞书》，（清）曾国藩：《经史百家杂钞》，北京：中华书局，2015年，第435页。
③ （东汉）班固：《汉书》卷49《晁错传》，北京：中华书局，1962年，第2288页。
④ （唐）杜佑撰，王文锦等点校：《通典》卷7《食货·历代盛衰户口》，北京：中华书局，1988年，第145页。

长江流域及其以南地区，政局相对稳定，生产发展，其人口自应处于不断增长之中。因此，三国时期人口当有所发展。三国户口统计数字偏少的主要原因，在于大量人口隐匿于世家豪族以及户籍之外人口数量庞大。

世家豪族荫附户口实际上是对封建国家人口的分割，当时，曹魏有“给客制度”，蜀汉豪强地主占有部曲、佃客，东吴则有“复客制度”。此外，屯田生产者不列入郡县的编户，“兵家”和“吏家”也不属于州县的管辖，边疆部族大多也不在州县的编户之内。考虑到这些因素，需要对三国时期的人口数量进行再估计，通过计算不在籍人口的数量，来校正史载的在籍人口数。

据考，三国时期的私家佃客，有 294 万余户，1534 万余口。“屯田客”有 849 万口。兵吏，吴兵 23 万，计口为 98.9 万余；蜀兵 10.2 万，为 43.8 万余口；魏兵 83.2 万余户，357.7 万余口。吏户，吴吏 3.2 万，当有 16 万口；蜀吏 4 万，当有 20 万口；魏吏 12.5 万余户，62.5 万余口。三国总计吏户为 19.7 万余户，98.5 万余口。北方边地部族估计不会少于政府州县编户的四分之一，估计为 36.7 万余户，191.8 万余口。经重新估算而得的三国末期户口，为 680 万余户，3798 万余口，几为《通典》所记数字的五倍。户与口分别为东汉永寿三年（157 年）的 63.6%及 67.2%，大抵符合继汉末人口经历过严重损耗，又有近半个世纪生聚孳息以后的基本情况。

二、西晋时期户口的增长

西晋武帝太康元年（280 年）灭吴重新统一中国时，全国人口统计为户 246 万，口 1616 万。太康三年（282 年）史载有户 377 万。人口的迅速回升，显然并非自然增殖的结果，考其原因，主要是废除民屯及军屯后大量军户转入州县的编户，再加上世家豪族的荫户、吏户及少数族户，以及在国家编户齐民之外的数量，西晋初的实际人口，不会少于之前所估计的三国末期 680 余万户和 3798 万余口。

西晋统一后人口的增长，与政府推动的奖劝农桑、提倡早婚等鼓励人口增殖的政策有关，同时，限制世家大族荫庇宗族、佃客的限额，将世家豪族所拥有的大量佃客、部曲、僮仆、奴婢等从政府分割出去的劳动人口也计算在内，则西晋后期的实际人口，很可能已达到 800 万户、4000 万口左右。

三、十六国、北朝时期北方户口回升

十六国时期户口有消有长。十六国前期北方人口出现减耗，平均每郡不足0.8万户，不及西晋时的三分之一。十六国后期北方户口有所回升，当有户309万余，如将豪强地主"迭相荫冒"和"不隶守宰"的"杂营户帅遍于天下"①等情况估计在内，实际数字还应远高于此。

北朝时期北方人口已恢复到东汉的水平。北魏"三长制"的推行有利于加强政府对人口的控制，人口数量有所增长。北魏分裂为东、西魏后，户口发展趋于停滞。北魏盛时可能达600万户，东、西魏时亦逾450户。北齐、北周对峙时期户口再次上升，达到北魏盛时的600万户。

四、东晋、南朝时期南方人口增长

西晋永嘉之乱后，北人大量南迁，使北方人口锐减，却使南方经济和人口的进一步增长。在此基础上，东晋至刘宋元嘉期间（424—453年）南方经济有所发展，人口亦有所增长，但却是处于间隙发展之中。东晋南朝人口亦有大量不在籍的情况。士家豪族占有大量奴僮、佃客、部曲、门吏，不入国家户籍；吏户、兵户、匠户等另立户籍；寺院僧尼及依附农民、白徒、养女等均"不书名籍"。人民不堪赋役的沉重负担，逃亡者众。将这些不在籍人口计算在内，总数约在300万—400万户，1500万—2000万口。这样算下来，可将历来依据官方统计到唐天宝元年（742年）的南方人口第一次超过东汉永和年间的水平的说法，提前几个世纪。

五、魏晋南北朝时期人口分布与迁徙

自东汉末年进入长期分裂和战乱状态开始，黄河流域屡经兵燹，人口消耗急剧。董卓之乱后，"长安城中尽空，并皆四散，二三年间，关中无复行人"②；"洛阳附近，无辜而死者不可胜计"③。在曹操和陶谦之间战争过程中，在洛阳至彭城（今徐州）的黄淮平原上，经过曹操和陶谦之间战争，已"墟邑无复行人"④。

除了战争中死亡外，大批中原人民向相对安定的地区迁徙，迁徙的方向

---

①（北齐）魏收：《魏书》卷110《食货志》，北京：中华书局，1974年，第2851页。
②（唐）房玄龄等：《晋书》卷26《食货志》，北京：中华书局，1974年，第782页。
③ 邹逸麟编著：《中国历史地理概述》，福州：福建人民出版社，1999年，第201页。
④（晋）陈寿：《三国志》卷10《魏书·荀彧传》引《曹瞒传》，北京：中华书局，1999年，第233页。

比较复杂。三辅、南阳人民多迁往益州，还有一部分迁往河西走廊；徐州一带人民多避乱江东；江淮之间十余万户皆渡江而东，“江西遂虚，合肥以南惟有皖城”[①]；还有不少士大夫甚至渡海远徙交州。在蜀汉、东吴政权内任职的不少是黄河流域迁来的士大夫。此外，还有不少中原人士逃往幽州、辽东，甚至去鲜卑境内。如东汉末刘虞为幽州牧，“青、徐士庶避黄巾之难归虞者百余万口”[②]。三国鼎立局面稳定后，迁往辽东的大部分人口复归故土，而迁往南方的人口，大都定居下来不再返回。由于北方多地空虚，魏蜀吴三家为了充实自己统治区内的实力，利用政治手段强迫百姓迁居到各自的统治中心周围。

历经三国时期的连年战争，死亡、逃亡、隐匿的人口数字是相当高的。据西晋太康初年的户口统计，国家所能掌握的人口仅为 246 万户，1616 万口。从地理分布看，黄河流域仍占 56.72%，长江流域占 34%。黄河流域的人口多集中在司、冀二州，约占全国人口的 32.12%。全国郡级政区中，人口数量第一的是曹魏政权首都洛阳所在地河南郡，有 11 万户；以下依次为与河南郡接界的河内郡、东吴旧都建业所在地的丹阳郡、今冀南与鲁接界处的阳平郡、蜀汉旧都成都所在地蜀郡，这些郡的户数都保持在 5 万以上。这一结果是三国时期人口迁移后形成的。

《晋书·地理志》统计西晋太康元年的户口数极少，各郡之下只有户数没有口数，户数最多的河南郡、丹阳郡和蜀郡，分别是三国时期三个政权的中心所在，这种人口分布格局无疑是三国时期政治地理的反映。

西晋末年永嘉之乱后，北中国再次陷入战乱之中，出现了中国历史上第一次大规模的人口南迁。据研究，到刘宋时为止，南渡人口约有 90 万，根据当时的户口数推测，几占刘宋境内人口的 1/6，占北方人口的 1/8 强。北方每 8 个人中就有 1 人南渡，而南方 6 个人中就有 1 人为北来侨民。移民集中在北交通要道和主要农业区，东晋政权在长江流域设置大批侨置郡县来安置移民。南迁侨民分布在今江苏境内的最多，约有 26 万；镇江的南徐州有 22 万，多出原居民 2 万多口。这次南迁的范围较大，边缘大致在四川盆地的中部，湖南、江西的北部和浙江的中部。

① （晋）陈寿：《三国志》卷 47《吴书》，北京：中华书局，1999 年，第 827 页。
② （南朝·宋）范晔：《后汉书》卷 73《刘虞传》，北京：中华书局，1965 年，第 2354 页。

第四节　隋唐五代时期人口发展的两起两伏

隋唐时期，人口发展曲折，但总的趋势是不断发展。这一时期的人口迁徙与地理空间分布，对当代以及后世的社会政治、经济与文化的发展都有重要影响。

一、隋唐五代户口的增长

隋代人口的迅速增长，主要由括户而来。开皇五年（585 年），通过大索貌阅及析籍，“于是计帐进四十四万三千丁，新附一百六十四万一千五百口”[①]。由于大索貌阅并未能改变私家占有劳动力，故又采取了“输籍法”，即输籍定样。通过人口整顿，隋境内置于政府直接控制下的户口，计有 462 万户，2901 万口。人口峰值估计在 5600—5800 万之间。经过魏晋南北朝以来 400 多年的历史发展与反复，到隋代，中国人口基本恢复到了东汉时期的最高数。

隋、唐之际户口出现锐减。杨广大事征发，致使隋末人口的损耗。唐初兵役与徭役加重，人口受到影响。唐初自然灾害频仍，魏征谏阻太宗封禅疏说：“今自伊、洛以东，暨乎海岱，灌莽巨泽，苍茫千里，人烟断绝，鸡犬不闻，道路萧条，进退艰阻。”[②]因此，唐初户口较隋时“百不存一”。武德时户口仅及隋时四分之一，贞观初已逾三分之一。

贞观中期至开元、天宝年间，是唐代户口直线上升达于全盛的时期。唐高祖颁布均田制，将天下人口重新控制起来。唐太宗招抚流民，奖励人口增殖，到贞观十三年（639 年），全国十道计有 304 万余户，1235 万余口。至高宗永徽元年（650 年），人口数更达 380 万。11 年间，户数增加了 24.9%，年平均增长率达 20.4‰。高宗“永徽之治”，武则天当政，继续重视农业的发展。神龙元年（705 年）升至 615 万余户，超过贞观一倍有余，而口数 3714 万人，更当贞观时的三倍，户与口的年平均增长率分别达 10.7‰及 16.8‰。开元之后，社会经济高度繁荣，人口进入稳步增长阶段。但同时，又因为大土地私有制迅速发展，户口逃散隐匿益趋严重。从神龙元年（705 年）到玄宗天宝十四载（755 年），户与口分别增加 44.8%及 42.5%，年平均增长率下降至

①（唐）魏征等：《隋书》卷 24《食货志》，北京：中华书局，1973 年，第 681 页。
②（后晋）刘昫等：《旧唐书》卷 71《魏征传》，北京：中华书局，1975 年，第 2560 页。

7.4‰及 7.1‰，天宝年间的最高数字，是户不过 961 万，口不过 5291 万，不及西汉时。

安史之乱后户口下降并出现发展迟滞。安史之乱历时八年，人口约 400 万户，3400 万口。唐后期在藩镇割据下户口发展迟滞，敬宗宝历年间（825—827 年）至武宗会昌五年（845 年），户数始终徘徊于 200 余万至 400 余万之间。

五代时期人口下降幅度在 1/2 到 1/3 之间，到五代末人口大概有 3000 万左右。五代前期黄淮流域经济遭到严重破坏，人口亦有损耗；北方地区也在战祸、天灾、苛税和契丹统治者的烧杀抢掠之下，户口极度凋敝。五代后期，后周太祖缓和阶级矛盾，稳定统治秩序，使五代后期得以扭转社会生产凋弊和人口下降的趋势。宋代继承了这一成果，《宋书·地理志》记北宋建隆元年（960 年），“宋太祖受周禅，初有……户九十六万七千三百五十三”①，约当唐元和年间相同地域内户数的 89.7%。到后周实有人口当在 3，277，165 户。综上，五代十国的实际人口估计不会少于 1000 万户，5000 万口。

二、对唐代户口的再估计

唐代不在籍人口成分较前代更为复杂。第一，庄园主籍占有的“不挂簿籍”的浮客不在少数，“疆畛相接，半为豪家；流庸无依，率是编户”②。第二，不入州县户籍的“非编户”数量较多。这部分非编户名色繁杂，主要有贱户，即官私奴婢；官户，州县无贯并隶属于司农；工、乐户，隶少府监，有 19 850 人；乐户隶太常寺，大中初（847 年）有“太常乐工五千余人，俗乐一千五百余人”③；宫人，簿籍归内侍省掖廷局掌管；私属部曲、部曲妻、客女，他们的身份近似农奴，在州县无籍，而“随主属贯”。第三，方外，即释、道及为逃避赋役而避入寺院的逃户，均不在名籍。第四，士兵，士兵与编户内丁口无关，不再列入州县户口统计之内。长庆年间（821—824 年），“户三百三十五万，而兵九十九万，率三户以奉一兵”④，唐后期军队一直在逐渐增加。第五，边境各都护府辖境的人户。将以上不在籍人口数量合计下来，天宝年间实际户数至少在 1300 万—1400 万。天宝元年（742 年）每户平均为 5.75 口，则 1400 万户，当有 8050 万口。

① （元）脱脱等：《宋史》卷 85《地理志》，北京：中华书局，1977 年，第 2093 页。
② （清）董诰等：《全唐文》卷 685 皇甫湜《对贤良方正直言极谏策》，北京：中华书局，1983 年，第 7014 页。
③ （宋）欧阳修，宋祁：《新唐书》卷 22《礼乐志》，北京：中华书局，1975 年，第 478 页。
④ （宋）欧阳修，宋祁：《新唐书》卷 52《食货志》，北京：中华书局，1975 年，第 1362 页。

三、人口分布

唐初贞观年间开始人口直线上升，至天宝年间到达了顶峰，全国有户 900 万，口 5200 万。以秦岭淮河为界，北方人口占 3/5，其中，又以相当今冀、鲁、豫三省之地河北、河南二道的人口最多，占北方人口的 2/3。可见黄河下游平原是当时人口最稠密的地区，也是全国经济重心所在。

秦岭淮河以南人口最集中的是长江下游和宁绍平原。在相当于今苏南、皖南和闽、浙、赣三省的江南道有 1000 万人口，集中了南方总人口的大部分。再依次是关内道（今陕西）460 余万，剑南道（今四川）400 万，河东道（今山西）370 余万，山南道（今陕、豫、鄂交界各一部分）250 余万，淮南道（江淮之间）220 余万。人口最少的是岭南道（今两广和越南北部）91 万和陇右道（今甘肃）53 万。

安史之乱后，黄河中下游经过长期战乱，引发了中国历史上第二次的大规模人口南迁。“天下衣冠士庶，避地东吴，永嘉南迁，未盛于此。”[①]经过这次人口南下，使北方原有的人口仅保留了一半；南方虽有 1—2 成的损失，但得益于北方人口的补充，经济得以有效恢复。

安史之乱被视作我国人口南北分布发生转折的标志事件，也是引发中国经济重心开始发生南移东下导火线。北方人口南迁，导致全国经济重心南移，人口比重南重北轻。安史之乱后到北宋中后期，以秦岭淮河一线的宋金边界划分，南方人口户数已达 1000 万户以上，超出北方一半以上，南方人口的绝对数字开始超过了北方。由于藩镇割据，中央法令不行，户口隐匿不报。所以唐代后期人口资料残缺不全，难做全面估计。

第五节　辽宋金元时期的人口及分布

北宋元丰年间（1078—1085 年）全境有户 1600 余万，崇宁元年（1102 年）有户 2000 万。每户以 5 口计，11—12 世纪初北宋境内约有 1 亿人口。这是中国历史上人口首度破亿。

一、辽朝的户口

辽时，仅“五京”即辖府州军城共计 172 个，有户数记载的有 73 个，合

① （唐）李白著，（清）王琦注：《李太白全集》卷 26《为宋中丞请都金陵表》，北京：中华书局，1977 年，第 1213 页。

计有576 204户。合五京及各府、州、军、城约在104万余户，以每户平均6口计，当有628万余口。

此外，辽国亦存在大量不在籍人口。“宫户”是所有编入宫卫的人户，又叫作“宫分”或“斡鲁朵户”。“御帐亲军”是由皇帝直接调遣的禁军。其他无户数记录的人户分别有部民、著帐户及陵户、寺观僧尼及二税户、奴隶等。部民，有五院部等十八部，总户数估计不少于15万。著帐户是皇帝、皇后的宫帐奴隶，“陵户”更多的还是来自“宫户。仅北京等路所免二税户即达“一千七百余户，万三千九百余口”①。

二、宋代人口

北宋户籍制度逐渐完备，真宗咸平年间开始有了人口数的统计。北宋初期人口急剧上升，最早见于记载的为咸平六年（1003年）686万户，1428万口。《资治通鉴长编》记载了天禧四年（1020年）的统计数据，有户972万，口2272万。十七年间，户与口分别增长了41.6%及59.1%，年均增长率分别达到20.6‰及27.6‰，超过盛唐时天宝十三年（754年）961万余户的最高数字，增长幅度之大在历史上是少见的。元丰年间（1078—1085年）全境有户1600余万，崇宁元年（1102年）有户2000万。按每户5口计，11—12世纪初北宋境内约有 1 亿人口。北宋中后期户口持续上升。仁宗朝“庆历新政”的失败导致户口发展迟缓，但“王安石变法”与神宗朝人口增长率又有所提高，到北宋末年，则腐朽统治再次导致人口增长率下降。

宋代人口统计数据显示户多口少。每户平均口数最高的天圣元年，也只有2.57人，最低的元丰三年仅1.42人，各年总平均为2.09人。宋代官方户口统计数字中的隐漏亦不在少数，主要有佃客、浮客、庄客、地客，等等。佃客，即通过契约关系租佃地主田地的佃户，在客户中所占比重最大。浮客，即浮居、浮寄或侨居的客户，易成为官方统计户口时漏列的对象。庄客，是指在两淮营田中沦为官庄的客户。地客，处于农奴地位的旁下客户，因随田典卖而称为“随田佃客”。

南宋时期人口总体上处于缓慢增长状况。政权南渡初，南部中国人口是损耗的，南宋前期人口渐渐恢复，南宋中后期人口发展迟滞。嘉定十六年（1223年）1267万余户，6335万余人，如将大量漏计入籍的客户估计在内，则总人

① （元）脱脱等：《金史》卷46《食货志》，北京：中华书局，1976年，第1036页。

口数还要更多。

三、金朝的户口

金朝前期户口有所减耗。金人进入农耕地区后，任意掠夺农田，或“听其荒芜”，特别是在靖康之难后，北方人民的大量南迁，金朝控制的人口减少。海陵侵宋，人口减耗甚巨。金朝中期以后户口迅速增长，这与金统治者调整了极具破坏性的统治方式有关。如以汉族地区的租佃制代替其奴隶制的剥削方式，并招辑流民复业及士兵复员归家从事农业生产；对因避役逃亡的农民“许令所在官司陈首，并行释免，更不追究”[①]；对猛安谋克户也计口授地，“必令自耕”；因循北宋旧制征收夏秋两税，计亩取粟五升三合（北宋为征七升四合），人民负担有所减轻；严禁诱卖奴隶，使农业劳动力得到解放。这些措施都有利于人口的恢复。据统计，金朝在金世宗大定初年（1161 年），户数 300 余万，口数 19 650 000。到金章宗泰和七年，户数 8 413 164，口数 53 532 151。

金朝末期户口再度锐减。由于官僚机构日益庞大，日益腐败，金朝经济崩溃，在蒙古军的入侵的压力下，更是苛征重役，同时伴随自然灾害，人口损失加剧。

四、西夏和大理的人口

西夏盛时，全国人口估计约在 25 万户，150 万人左右。西夏后期军队与人口数字较初建国时又有所增加。西夏统治者崇奉佛教，僧侣众多，此外，西夏社会用于家务劳动的奴隶较多。将僧侣及奴婢估计在内，西夏盛时可能不少于 160 万—170 万人。

南诏时期，阁罗凤即在天宝年间对唐朝的战斗中先后俘虏汉人十余万。攻陷唐邛、戎、巂三州，入成都西郛时，将所“掠子女百工数万人”[②]均安置在这里。程文海云：“云南平……见户百二十八万七千七百五十三。”[③]

五、元代人口的变化

太宗七年（1235 年），对汉地人口进行了“乙未籍户”的编籍管理。次年

① （元）脱脱撰：《金史》卷 98《完颜纲传》，北京：中华书局，1975 年，第 2177 页。

② （宋）司马光：《资治通鉴》卷 244《唐纪》60，北京：中华书局，2011 年，第 7990 页。

③ （元）程文海：《雪楼集》卷 5《平云南碑》，《景印文渊阁四库全书》第 1202 册，台北：商务印书馆，1986 年，第 53 页。

完成中原户口的全部编籍工作，大断事官忽秃忽奏“得续户一百一十余万”[①]。由于“政烦赋重”“乙未籍户”对改善汉地人口流失作用不大，仍有人户大量逃亡。宪宗壬子籍户，人口略有增加，宪宗二年（1252 年）实有人口 130 万户。元世祖时“附会汉法”，人口的迅速增长，据葛剑雄先生的估计，人口峰值最高为 8500 万。

1. 元代户口缓慢发展

元代前期户口从缓慢增长到徘徊不前。元进攻南宋，取得府、州、军、县及所有户口，至元十二年（1275 年），从江东路、荆南北路、江西诸郡共获得人口计 2 687 096 户、5 939 366 人。元代中、后期户口增长，《元史·地理志》记载元世祖至元以后，全国有 1386.7 万户、5952 万人。其中，中书省地区人口的增长最快，除去北方未列入统计的七路一府外，当有户 270 万以上。辽阳、陕西、甘肃、河南原金朝统治地区人口也有增长，元代人口最盛时期，总计约有 89 万户左右。河南、湖广、江浙、江西等原南宋统治地区人口，据推算达 1830 万户，按《地理志》全国平均每户 4.47 口计，则人口总量为 8180 万人。

2. 对元代人口的再估计

元代人口组成较为复杂。岭北行省及中书省北部的蒙古部民，当不会少于 100 万户。中书省北部七路一府各领一县，约 4 万余户。云南诸路行中书省的人口，户数在 100 万以上是可信的。“山泽溪洞之民”[②]有不少于 100 万户。宣政院辖地人口，据《多桑蒙古史》记载，宪宗四年（1254 年）左右“兀良合台既平大理，遂入土番，其酋惧而出降。土番有民三十万户”[③]。蒙古及其他少数民族地区，未列入国家版籍的人口，约在 360 万户以上。

蒙古诸王、贵族、军将的私属人口数量不小。驱口，指战争中“被俘获驱使之人”，在 50 万户左右。投下户，蒙古国时期诸王、贵族、军将把从汉地所俘虏的人户，具体数据无法统计。怯怜口为私属人户，估计在 5 万户左右。打捕鹰房人户，指御位下打捕鹰房官统辖的人口，有 1374 户；诸王位下管领打捕鹰房户数为 981 户；天下州县所设猎户 38 649 户，总计达 41 004 户。以上蒙古诸王、贵族、军将的私属人口总计约在 340 万户左右。

独立于州县以外的诸色户数量较大。军户，归枢密院管辖，至元十一年

① （明）宋濂等：《元史》卷 2《太宗纪》，北京：中华书局，1976 年，第 34 页。
② （明）宋濂等：《元史》卷 58《地理志十》，北京：中华书局，1976 年，第 1346 页。
③ （瑞典）多桑著，冯承钧译：《多桑蒙古史》，北京：中华书局，1962 年，第 270 页。

（1274 年），北方计有 196 万余户。军户占全国户数的 1/6 强。站户，承担站役，归通政院掌管，全国共有站赤 1500 处以上，每处站赤站户平均以 200 户计，站户总数当在 30 余万户。民屯户，归司农寺掌管，计有近 11 万户。匠户，匠籍世代相承，估计当在 50 万户以上。释、道、儒户为寺院的永业户，数据不详。游食者，指为规避赋役而逃亡异乡的流民，数据不详。估计，独立于州县以外的诸色户计，约 235 万户左右。以上三类不在户部版籍之内的人口，按以上推论，总数达 935 万户，倘按《地理志》全国每户平均 4.47 口计，则有 4179 万口。而元代中后期盛时户部版籍估计达 1830 万户，8180 万口。两者统计，则元代盛时大约有 2765 万户、12 359 万人。

六、辽宋金元人口分布

宋金界线与秦岭淮河界线大致相当，以此为界分为南北两区，北方有户 580 余万，南方有户 1100 余万。这反映了从唐代后期至北宋中后期，由于北方人口南迁和南方经济发展而带来的人口增长，使南方人口的绝对数字开始超过了北方，这是中国人口南北分布的转折时期

北宋末年，女真南侵，导致历史上的所谓“靖康之难”，黄河流域出现了中国历史上第三次大规模的人口南迁，估计约有 500 万人南迁。靖康之难以后北方人口南迁加强了安史之乱以后形成的全国人口分布和经济文化地位上的南重北轻格局，并一直维持至近代。

南渡人口最主要集中在两浙、江南东、西和福建四路，相当今苏南、皖南和闽、浙、赣三省。唐代以来，“四方之民，云集两浙，百倍常时”[①]，两浙路成为南方最富庶地区。江南西路在北宋时，所辖范围为湖滨吉泰盆地（即赣江冲积平原），这里自然条件优越有利于充分开发，山区又有发达的工矿业，故人口大增，其户数虽低于两浙路，但口数却超过两浙路并居于全国首位。

南宋时期南方人口普遍增加，到了元代，南北人口的分布出现了巨大的逆转。相当于今苏南、皖南、沪、浙、闽、赣、湘、粤、桂、鄂小部分、黔之大部分的江浙、江西、湖广 3 个行省的人口，竟占了全国人口的 83.73%。即便《元史·地理志》所载各行省的户口数来源可能不甚精确，但从概貌来看，大致规模还是可信的。

元朝一百多年的移民，在中国移民史上并不占重要地位，但却有着独特

① 李心传：《建炎以来系年要录》卷 158，俞光编：《温州古代经济史料汇编》，上海：上海社会科学院出版社，2004 年，第 12 页。

之处。在广阔地域范围内通过军事活动进行的长距离人口迁移，对民族大融合起了重要作用，这在中国历史上也是不多见的。一直以来的北南向移民形式终于在明初大移民活动中得以改观，开始出现东西向和南北向并重的大规模移民活动。

第六节　明清时期的人口及迁徙

明清是中国历史时期人口大发展的时期，这一时期的人口发展与农业发展、人口迁移有着密切的关系。

一、明代人口分布与迁徙

明代我国人口和耕地数据的混乱不清一直是学术界比较棘手的难题。据估算，洪武二十六年（1393 年）人口约有 7000 万，以年平均增长 5‰计，到万历二十八年（1600 年）应有 1.97 亿人口。

1. 明代人口的损益

明初户口呈先下降后迅速恢复的趋势。元末连绵十余年的战争，户口损耗严重。朱元璋实施了恢复生产和发展经济的措施，如大批奴婢放良、鼓励农民垦荒、大力推行屯田、减轻人民赋役负担、整顿吏治、清查户口并推行户帖制度等，这有力地推动了人口的迅速上升。洪武十四年（1381 年）以后户口发展“停滞”，从洪武十四年（1381 年）到建文四年（1402 年），户数由 10 654 362 到 10 626 779，口数则由 59 873 305 到 56 301 026，数据不升反降。但在第二年，即明成祖永乐元年（1403 年），陡增至户 11 415 829、口 66 598 337。户与口的年增长率，分别为 74.3‰及 182.9‰，达到明代户口统计数的最高点。这与重订户籍黄册时，原来因战争而流亡在外的人口又重返落籍有关。

永乐二年（1404 年）以后户口再度下降并徘徊不前。永乐至天顺间户口发展停滞，官方的户口统计长期徘徊在 900 余万户、5000 余万口的水平。弘治中兴时户口数量上升，增至 1000 万户以上，户口虽较前有所增加，但幅度不大。正德年间（1506—1521 年）再次中衰，降到只有户 915 万、4680 万口的最低点，户与口分别为永乐元年的 80.17%及 70.28%。嘉靖、隆庆至万历初户口再度上升，嘉靖时，人口逾 6000 万，隆、万年间户数逾 1000 万，上升的幅度同样是很小的。泰昌、天启以后户口再度衰落，泰昌元年（1620年），有户983.5万、口5165.5万。

明代中后期户口大量流失。一是权贵豪强兼并土地和隐蔽人口造成。后妃、太子、公主等也直接占有庄田，称为皇庄。官僚豪绅通过各种手段大量兼并土地，侵占庄田时，田地上的农民多连带土地一并被侵夺。二是赋役加重，土地兼并日益剧烈，广大农民破产逃亡，流民人数激增。明代中叶全国流民总数估计达600万人，超过在籍人口的1/10。

2. 对明代户口的再估计

明代不在官方户口统计范围以内的人口主要有军户、匠户、灶户、僧道，以及渔户、教坊户，丐户等。军户口数，按平均每一军户4.6人计，有1242万人，占民户1/4的军户隶于兵部，不在布政司的户口统计之内。匠户，明代住坐、轮班匠总数不少于25万，以每户五口计，则有125万人。灶户，全国灶丁总人数当不少于10万，连同灶丁家属，灶户约 50 万人左右。僧道人数与日俱增。奴婢、渔户、教坊户、丐户等，暂没有统计数据。

将在籍人口与这些不在籍人口统合，则明代的实际人口，嘉靖、万历时可达1.3亿到1.5亿之间。

3. 人口的分布与迁移

明初移民活动主要发生在洪武年间，全国大多数地区都有人口迁移发生。明初政府采取移民措施，以后社会相对稳定，政府又鼓励人民从狭乡迁往宽乡，通过政府有目的性的调整，到了万历初年，南北人口的分布渐趋均匀。北部五省，北直隶（今冀、京、津）、晋、鲁、豫、陕（今陕甘2省）的人口为2500万；中部五省，南直隶（今苏、皖、沪）、浙江、江西、湖广（今两湖）、四川的人口为2900万；南部五省，福建、广东、广西、云南、贵州人口为670万。

明初的移民有以下五个特点。在迁移方向上，南方移民由东南向西、向北形成扇形迁移；北方移民向黄河中下游中原地区迁移。在形式上，是“逃难”性自发迁移与中央政府严密组织下的大规模迁移两种情况并存。在规模上，移民占全国总人口的 19%。据统计洪武移民长江流域迁移了700万，华北地区有490万，西北、西南和东北也有150万，总移民数大约在1340万左右，而洪武年间全国人口大约有7000万。在性质上，明初多数是军事移民，在移民输入地区形成一定的输入地文化，这种影响保留至今，这也是明代移民的一大特色。在类型上，洪武移民主流在形式上是内聚型迁移。在流入地

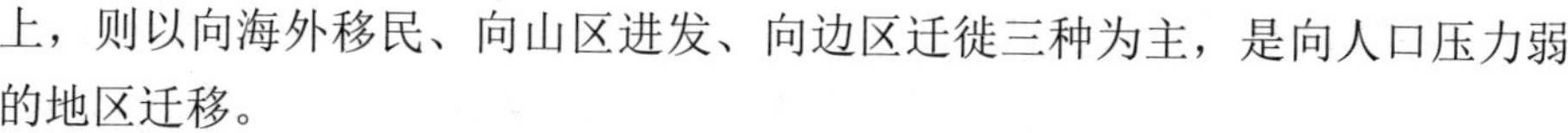

上，则以向海外移民、向山区进发、向边区迁徙三种为主，是向人口压力弱的地区迁移。

明初政府组织的大移民主要是为了补充或重建中心区的人口，如元末明初，四川战乱后人口骤减，中央到地方各级官府采取措施吸收外地移民入川，其中的湖广行省人口最多，故称为“湖广填四川”。而大多数山区未在政府的合法移民区划中，自发性移民流入则在许多地区发生土客等冲突，社会矛盾激化。

二、清代人口分布与迁徙

清代是中国历史上人口大发展的时期。何炳棣提出的乾隆四十四年（1779年）统计的人口数字比较准确，该年人口数是 2.75 亿。以此推算，康熙三十年（1691 年）人口有 1.50 亿；到太平天国战争前夕，道光三十年（1850 年）人口数达到史无前例的 4.30 亿。太平天国后的同治四年（1865 年），人口数下降到 3.18 亿，战乱使人口损耗了 1.12 亿。

1. 清代人口奇迹的原因

清代人口大发展与美洲旱地高产农作物的传入有直接的关系。具体可归纳为三点。一是耕地面积的扩大。玉米、番薯、马铃薯等作物的生物属性耐旱耐干，使许多历史上不曾开垦的荒地、山区、边区等在清代都得到很大程度的开发；二是旱地作物高产，随着作物的引进与推广，极大地缓解了人口增长与粮食供应的紧张关系；三是清政府入主中原之初，有限度地减轻农民负担，鼓励地区间的人口迁移，还在赋税制度、户籍制度等方面采取对人口增长有积极作用的政策等。

明末清初，前后延续四十年的战乱使社会经济遭到严重破坏，人口大量损耗。清统治者入关后圈地，迫使农民大量逃亡。《清实录》记载顺治八年（1651年）人口统计有 1063 万丁，按丁口比例 1∶4 计算，则为 4253 万余人，比一百年前明嘉靖三十一年（1552 年）的 6334 万余人，减少 2081 万人，即减少了 1/3。

清初实行人丁编审制度，按“丁口”起征，户口登录者仅为“成丁”，女口及十六以下的未成丁和六十以上的老丁，均不在户籍统计之列。据《清实录》记载，雍正十二年（1734 年），“是岁人丁户口二千六百四十一万七千

九百三十二，又永不加赋滋生人丁九十三万七千五百三十”①。乾隆六年（1741年），原来的“人丁户口”改为“大小男妇”，户籍始进行全民登记。乾、嘉、道年间人口飞跃发展，经过长达一个半世纪的生聚孳息，至道光三十年（1850年）时，人口数达到 446 368 005。咸丰后人口则经历了百年徘徊，没有规模化增长。

2. 清代的人口迁徙

人口膨胀带来一定的社会危机。人口膨胀造成耕地严重不足、地价粮价飞涨的沉重压力，加之天灾、战祸频仍，不但对人口的发展有抑制作用，也促使了人口的迁移。清代移民活动主要集中在清前期的康雍乾年间，特点有三：一是人口迁移多为离散型；二是移民数量巨大；三是清前期移民在组织上比较混杂，有政府组织的，也有自由移民。移民规模巨大且形式复杂，在迁入地产生诸多地区开发过程中的社会问题，土客矛盾、流民客民问题比较尖锐和复杂。

参考文献

安介生：《山西移民史》，太原：山西人民出版社，1999年。

冻国栋：《唐代人口问题研究》，武汉：武汉大学出版社，1993年。

费省：《唐代人口地理》，西安：西北大学出版社，1996年。

葛剑雄，安介生：《四海同根：移民与中国传统文化》，太原：山西人民出版社，2004年。

葛剑雄、曹树基、吴松弟：《简明中国移民史》，福州：福建人民出版社，1993年。

葛剑雄：《西汉人口地理》，北京：人民出版社，1986年。

葛剑雄：《移民与中国》，香港：中华书局，1992年。

葛剑雄：《中国人口发展史》，成都：四川人民出版社，2020年。

葛剑雄：《中国人口发展史》，福州：福建人民出版社，1991年。

葛剑雄：《中国人口史》，上海：复旦大学出版社，2000年。

葛剑雄主编：《中国移民史》（六卷本），福州：福建人民出版社，1997年。

韩光辉：《北京历史人口地理》，北京：北京大学出版社，1996年。

胡阿祥：《东晋南朝侨州郡县与侨流人口研究》，南京：江苏教育出版社，2008年。

胡焕庸：《中国人口之分布》，《地理学报》1935年第2卷第2期，收入胡焕庸：《论中

① 《清世宗实录》卷150，中国地理学会历史地理专业委员会《历史地理》编辑委员会：《历史地理》第十辑，上海：上海人民出版社，1992年，第168页。

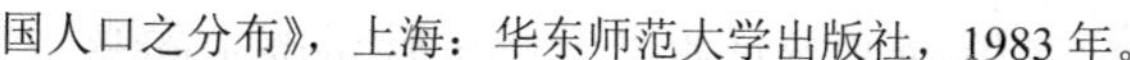

国人口之分布》，上海：华东师范大学出版社，1983 年。

李孝聪主编：《唐代地域结构与运作空间》，上海：上海辞书出版社，2003 年。

路伟东：《清代陕甘人口专题研究》，上海：上海书店出版社，2011 年。

翁俊雄：《唐朝鼎盛时期政区与人口》，北京：首都师范大学出版社，1995 年。

翁俊雄：《唐初政区与人口》，北京：北京师范学院出版社，1990 年

翁俊雄：《唐后期政区与人口》，北京：首都师范大学出版社，1999 年。

吴松弟：《北方移民与南宋社会变迁》，台北：文津出版社，1993 年。

张国雄：《明清时期的两湖移民》，西安：陕西人民教育出版社，1995 年。

张善余：《中国人口地理》，北京：科学出版社，2003 年。

练　习　题

一、基本概念

闯关东　料民太原　上计制度　戍边郡　实关中　大索貌阅　输籍定样　乙未籍户　湖广填四川　闯关东　走西口

二、思考题

1. 我国历史时期人口地理分布的变化及其原因。
2. 古代人口增长或迁移与社会经济发展和自然环境变迁的关系。
3. 论述我国古代人口发展的特点。
4. 影响历史上中国北方人民南迁的三次重大事件或转折性时期。
5. 论述中国历史时期三次人口南迁及其影响。
6. 简述明清时期人口迁徙的三种表现。
7. 试举典型移民事例分析移民对中国经济文化发展的影响。

第十五章　区域文化的形成及其特征

文化地理学是研究人类文化空间组合的一门人文地理分支学科，也是文化学的一个组成部分。它研究地表各种文化现象的分布、空间组合及发展演化规律，以及有关文化景观、文化的起源和传播、文化与生态环境的关系、环境的文化评价等方面的内容，并从学科体系上形成了文化生态学、文化源地、文化扩散、文化区和文化景观等主题。文化地理学所涉及的文化要素也是纷繁多样，举凡习俗、方言、宗教、民族、建筑、景观、人物、戏剧、音乐、岁时等，都与之有关。由于历史文化地理学内容丰富和理论构建复杂，本书仅选择在中国传统文化体系中已经形成的区域风俗文化特征为线索，来展示历史时期文化地理的雏形及特征。

第一节　中国古代的文化地理及演变

《礼记·王制》载："凡居民材，必因天地寒暖燥湿。广谷大川异制，民生其间者异俗，刚柔、轻重、迟速异齐。五味异和，器械异制，衣服异宜。修其教，不易其俗。齐其政，不易其宜。中国戎夷，五方之民，皆有性也，不可推移。东方曰夷，被发文身，有不火食者矣。南方曰蛮，雕题交趾，有不火食者矣。西方曰戎，被发衣皮，有不粒食者矣。北方曰狄，衣羽毛穴居，有不粒食者矣。中国、夷、蛮、戎、狄，皆有安居、和味、宜服、利用、备器。五方之民，言语不通，嗜欲不同。达其志，通其欲，东方曰寄，南方曰象，西方曰狄鞮，北方曰译。"[①]这是人们较早对环境和人类气质关系的清晰表述。这段文字亦说明了自然地理环境对于区域文化发生的作用，即自然环

① 李学勤主编：《礼记正义》，北京：北京大学出版社，1999年，第398—399页。

境的不同导致了不同的性格气质、好恶情感和服饰饮食习俗，并且从性格、饮食、衣服、发型、居处等方方面面，都能反映出文化的区域性差异，甚至历代帝王施行政教时，亦不得不顺应民俗之便。《隋书·经籍志》地理类总序将之更精练地表述出来："是故疆理天下，物其土宜，知其利害，达其志而通其欲，齐其政而修其教。故曰广谷大川异制，人居其间异俗。"①

对人地关系的认知，西方也是同步的。公元前5世纪古希腊医生希波克拉底在他的《关于空气，水和地》一书中也提出："人们（居住在酷热气候里的）比较北方人活泼些和健壮些，他们的声音较清明，性格较温和，智慧较敏锐；同时，热带所有的物产比寒冷的地方要好一些……在这样温度里居住的人们，他们的心灵未受过生气（机）蓬勃的刺激，身体也不遭受急剧的变化，自然而然的使人更为野蛮，性格更为激烈和不驯服。"②文化与地理环境的关系，即是文化地理的范畴，也是人地关系的一种集中反映，所谓"一方水土养一方人"。

近代考古学发现，也展示出区域间的文化差异性及其文化现象的物化表征。以中国古代文明的奠基期的龙山文化为例，龙山文化是一个历经三代继续存在的一种人文地理区系，迄今所发现史前遗址7000多处，确立了近30个考古学文化。龙山文化圈与《禹贡》九州的范围虽不是完全吻合却大体相当，在中华文明体系下，龙山文化圈中不同地区的文化地域性发展轨迹是非常明晰的。如冀州相当于陶寺类型的龙山文化，即以华山周围的中原文化与以燕山为代表的北方文化会合点形成的高度发达的龙山期文化区（亦即华山与燕山之间的中介地带）；兖州相当于河北南部山东西部龙山文化圈；青州、徐州相当于泰山周围，北东至海、南达淮河的山东龙山文化圈；扬州相当于龙山文化之一的良渚文化（有人称为浙江龙山文化）圈，大体上与后来吴文化东部地区相一致；荆州相当于湖北湖南及江西西部的长江中游龙山文化分布区；豫州相当于河南龙山文化分布区；梁州相当于与中原龙山文化有类似之处的早期巴蜀文化区；雍州相当于陕西龙山—齐家文化分布区。可见，中国历史时期区域文化发展的差异性是地理环境制约下的必然结果。

一、历史文献关于区域文化的记录

中国文化区域特征渊源虽然很早，但形成大致在战国时期。春秋战国时

①（唐）魏征等：《隋书》卷33《经籍志》，北京：中华书局，1973年，第987页。
②（苏）波德纳尔斯基编，梁昭锡译：《古代的地理学》，北京：商务印书馆，1986年，第64页。

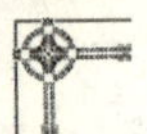

期，知识分子表现出了一种自由精神，“百家争鸣”的诸子都来源于一定的区域，他们在讲学、游说的过程中一方面宣传了自己的主张，另一方面又表现了区域文化中学术层面的不同风格，《诗经》国风的“风”就是地方风格的意思，反映了先秦时期比较鲜明的地域文化风格如音乐、民俗，等等。以后的历史发展中，虽然韩愈说“风俗与化移易”，但区域文化的基本精神并没有太大的变化。秦汉时，文化的区域特征进一步定型，故而能明显地为当时人所意识到，表现为司马迁和朱赣对不同地域文化的描述。

1. 先秦时期的文化地理思想

我国是一个重视风俗的国度。几千年来华夏各族人民在这个古老的国度里繁衍、生息、劳动、创造。在物质生产和日常生活中，受自然地理条件、生产生活资料来源等的影响，在不同地区逐渐形成了各种不同的风俗习惯，至迟在西周时代我国已建立了采风制度。《白虎通·巡守》引《尚书大传》：“见诸侯，问百年，太师陈诗，以观民风俗。”[①]《汉书·艺文志·六艺略》：“古有采诗之官，王者所以观风俗，知得失，自考正也。”[②]据《周礼·秋官司寇·小行人》记载，秋官司徒府的官吏中有小行人，其职责之一是考察各邦国的礼俗政事等等。小行人的采风，在考察地方的同时，亦了解各地风土人情。《诗经》里，收集了十五“国风”，这部既有民间恋歌，也有氏族贵族的咏叹的皇皇巨著，反映西周至春秋中叶大约五百余年间地域不同、生活方式各异的 160 篇诗歌，不仅是我国第一部诗歌总集，而且是研究中国风俗文化的宝贵文献。

战国时代，百家争鸣，学术繁荣，专门记述有关风俗的著作也相继出现。《山海经》和《尚书·禹贡》就是最早分区域记述地理环境与风土人情的著作。《山海经》内容瑰丽神奇，所记区域远及黄河流域和长江流域以外的广大地区，所言内容涉及自然地理、风俗习惯、人情风物等等，区域文化的差异与特点跃然纸上。《禹贡》则直接按照自然地理界限，将统一疆域划分为 9 个大的自然地理单元，对每个单元内部的山水、物产、交通以及有关风俗的大势，作了简洁扼要的描述，着墨不多，却有清晰的风俗文化区的高度概括。

“风俗”一词，是儒学大师荀子提出来的，当时发现了人与地理环境的关系，甚至荀子还曾兴致勃勃地西行入秦“观其风俗”，但对风俗文化理论探讨尚未展开，这个任务历史地落到了汉代学者身上。

① （清）陈立撰，吴则虞点校：《白虎通疏证·巡守》引《尚书大传》，北京：中华书局，1994 年，第 289 页。
② （东汉）班固：《汉书》卷 30《艺文志·六艺略》，北京：中华书局，1962 年，第 1708 页。

2. 汉代风俗文化的区域划分

西汉中叶，社会经济日渐稳定繁荣，汉武帝即位后，即下诏公卿大夫“广教化，美风俗”①。一方面，随着张骞“凿空”丝绸之路，西域探险之风的盛行，广阔领域中不同地区的风俗差异引起人们的普遍兴趣，张骞带回来的关于西域的异样风俗文化，大大开阔了汉朝君臣的文化视野。另一方面，太史公司马迁在青年时跟随汉武帝“游江淮、上会稽”，“涉汶泗”，“过梁楚”②，沿途采集并记录了各地风土人情，将关中、三河、齐、楚、越等不同地区的人文事故、风俗习惯通过《货殖列传》传递到不同地区，如《乐书》所说“州异国殊，情习不同”③。《史记》的问世，是中国风俗文化史上一个划时代的标志。班固《汉书·西域传》更是区域风俗文化成果的荟萃。汉代刘向《域分》和朱赣《风俗》，实际上就是以《史记·货殖列传》为基础加以补充、扩展的文化差异的分区，是比《货殖列传》更加完备的区域风俗关系的总论。

司马迁在《货殖列传》中总结关中的区域文化形成，是因为“沃野千里”，“其民犹有先王之遗风，好稼穑”④。班固在此基础上又提出，迁徙二千石、富商、豪杰于诸陵，这些人聚焦关中，才造成了“五方杂厝，风俗不纯”⑤。如果司马迁仅观察自然地理环境的话，则班固已经进一步思考社会环境因素了，也就是说，班固已经认识到风俗文化的变化与演变，不仅受地域的制约，而且与人类的社会活动有关。

东汉文人对风俗文化的研究兴趣十分浓厚。班固第一次用“地理”作篇名，称为《地理志》。《汉书·地理志》篇末采获旧闻，考迹《诗》《书》，风俗与地域关系，并将人地关系视为地方文化的基础，即“凡民函五常之性，而其刚柔缓急，音声不同，系水土之风气。”⑥

3. 魏晋之后的文化地理认知

北魏郦道元的《水经注》进一步把风俗文化与水系联系起来，是对历史时期区域文化地理发展的重要进步。郦道元曾于少年时代随父宦游山东，且热衷跋涉郊野，为作注《水经》，广寻汉魏碑刻，采录歌谣、谚语和方言。所作《水经》以水道为纲，历数每一条河流所行经的城池、聚落，追溯地方兴

① （清）王先谦撰，沈啸寰、王星贤点校：《荀子集解》，北京：中华书局，1988 年，第 170 页。
② （西汉）司马迁：《史记》卷 130《太史公自序》，北京：中华书局，1959 年，第 3293 页。
③ （西汉）司马迁：《史记》卷 24《乐书》，北京：中华书局，1959 年，第 1175 页。
④ （西汉）司马迁：《史记》卷 129《货殖列传》，北京：中华书局，1959 年，第 3261 页。
⑤ （东汉）班固：《汉书》卷 28《地理志》，北京：中华书局，1962 年，第 1642 页。
⑥ （东汉）班固：《汉书》卷 28《地理志》，北京：中华书局，1962 年，第 1640 页。

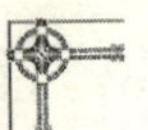

亡、历史沿革、风俗变迁，形成一部自然地理与历史文化有机结合的历史地理书，拓宽了文化地理的视野。

由于通史或断代史的文献篇幅有限，不能对全国各地的地方风俗文化都加以记录和描述，而方志却可以弥补这一不足。方志更多地反映社会生活，突出地记叙地域性的社会现象和自然现象。晋代挚虞撰《畿服经》，以州郡及县为分野，记述山水、风俗，初备后代方志以自然地理要素和人文地理要素为纲目的载体模式。宋代受到图籍制度的影响，各级地方重视地方志编纂，以巨量篇幅荟萃历代图经、人物传记、风土记、谱牒类资料，使方志体例日趋成熟，包括《开宝诸道图经》《祥符州县图经》《元丰九域志》《舆地广记》《舆地纪胜》《太平寰宇记》等在内，宋代方志多达六百多种。以宋代乐史《太平寰宇记》为例，除了传统体例外，还增加了风俗、姓氏、人物、艺文、诗赋，几乎对人文地理所要求的要素无所不包。及至清代，方志撰修达到鼎盛。康熙、雍正多次下令各地修志，限期完成。许多著名学者如黄宗羲、顾炎武、章学诚、洪亮吉、孙星衍等都曾致力于修方志，他们不但修新的方志，还补正史地理志中所缺的五志，使地理类文献和文化地理信息更加完整。从宋代至今现存方志 8000 余种，清人撰修的占 80%以上，约 6500 余种，成为研究中国文化地理的重要文献资料。

二、文化重心的南移

中国文化的命脉之所以能薪火相传，并保持勃勃的发展生机，和中国广阔的地理空间所提供的环境密切相关。任何天灾人祸都不能彻底摧毁一个有着无限回旋余地的文明，中国文明的延续和发展就是一个典型。这个广阔的地理空间在遭遇外族入侵或者内部动乱时，往往为文化的延续和发展提供了或大或小的，或长期或短期的避难所。中国历史上文化重心的南移就是中国文化在广阔地理空间里所做的成功回旋。

隋唐以前由于经济、政治重心在北方，所以文化重心与之重合在北方。一方面学术文化的正统传承在北方，从先秦时期的诸子百家、两汉的儒学到隋唐时期文化的泱泱气象都植根于北方的土壤；另一方面掌握着这些学术文化的精英和世家大族出自北方。从代表儒家的孔、孟，墨子或说为鲁国人，或说为宋国人；管子，齐人；韩非子，韩国公子；两汉的经学大师郑玄为北海高密人，马融为右扶风茂陵人，服虔为河南荥阳人；魏晋时期出现的世家大族如“清河崔氏”“河东裴氏”“河东柳氏”“太原王氏”“范阳卢氏”等，也都出自北方。

长江流域作为黄河流域文化重心的边缘，唐代以前社会相对闭塞，缺乏强有力的刺激和挑战，文化的发展相对迟缓，但表现了很强烈的个性化色彩，如《楚辞》的巫文化色彩和南朝乐府民歌的轻快明朗。

1. 文化重心的逐渐南移

东汉末年，随着第一次移民南迁，江左与中原文化的抗衡已经出现，经过三国孙吴政权的进一步发展，西晋时，吴地士人对家乡的风物和生活方式充满一种自怜自爱的情结，当时活跃在西晋首都洛阳的陆机、陆云（华亭人，今上海市境内）兄弟以才华自负于北人之间，陆机在临刑前还在留恋家乡，渴望再次听到“华亭鹤唳”①。吴人张翰在洛阳做官，见秋风起时，“乃思吴中菰菜、莼羹、鲈鱼脍”②，于是弃官回家。士大夫阶层这种对家乡的认同感可以看作是一种文化的觉醒。虽然这种认同意识在吴地士大夫中已经比较普遍，但由于政治经济原因，西晋时全国的文化重心仍然在北方黄河流域。传统儒学继续发展，以及洛阳周围兴起的玄学，影响了以后几百年的学术文化。这些都充分说明了北方仍然是中国文化的重心所在。西晋灭蜀、吴后，两国的宗室、大臣和上层精英人士，无论是北方迁民还是当地居民，都被迁往北方，南方文明的发展又受挫折。《三国志》载袁准劝曹爽宜捐淮汉以南书：“吴楚之民脆弱寡能，英才大贤不出其土，比技量力，不足与中国相抗。”③南北文化当时的优劣格局一目了然。

西晋末年，北方游牧民族大举南进，中国地理空间为中国的文化人群提供了一个南国作为后方，“中州士女避乱江左者十六七”④。永嘉南迁后，随着东晋政权的建立，吴地则成了汉族政权的正统和文化重心所在。东晋南朝时期，中原世家大族随皇室南迁，使江南人才辈出，玄学、史学和目录学、图书、文化生活等的各个方面都呈现出一派昌盛的局面。官府藏书具有了相当的规模，刘宋永初二年（421 年），谢灵运造《四部目录》，著录图书 64 582 卷。梁代聚书，为南朝之冠。梁朝末年，西魏大将于谨、杨忠攻江陵。梁元帝见城将陷，“命舍人高善宝焚古今图书十四万卷”⑤，其中就包括文德殿藏

① （南朝・宋）刘义庆著，（南朝・梁）刘孝标注，余嘉锡笺疏：《世说新语笺疏》卷下之下《尤悔》，北京：中华书局，2007 年，第 1050 页。

② （唐）房玄龄等：《晋书》卷 92《张翰传》，北京：中华书局，1974 年，第 2384 页。

③ （晋）陈寿：《三国志》卷 4《魏书・齐王芳》，北京：中华书局，1999 年，第 92 页。

④ （唐）房玄龄等：《晋书》卷 65《王导传》，北京：中华书局，1974 年，第 1746 页。

⑤ （宋）李昉等：《太平御览》卷 619《学部十三・焚书》，北京：中华书局，1960 年，第 2781 页。

书。虽然梁元帝焚书是对江左文献的一次极大破坏，但是图书文献积累过程中所产生的文化影响却不会因此丧失，我国古籍的四部分类法就是在这个时期国家丰富的藏书基础上逐步确立和完善的，这是中国学术文化史上具有重大意义的事件。

魏晋玄学盛行，随着北方士人的南迁，东晋南朝成为玄学中心。文学也在这一时期表现出了浓郁的个性色彩，南方山川秀丽，风景如绘，极大地启迪和孕育了北方移民的心灵，南北文风已有不同，《北史·文苑传》总结道："洛阳、江左，文雅尤盛，彼此好尚，互有异同。江左宫商发越，贵于清绮；河朔词义贞刚，重乎气质。气质则理胜其词，清绮则文过其意。理深者便于时用，文华者宜于咏歌。"①南北比较的结果，是南方在文采上犹胜北方一筹。《颜氏家训·杂艺篇》说得清楚："北朝丧乱之余，书迹鄙陋，加以专辄造字，猥拙甚于江南。"②所论虽以书法为主，但观字可知其余，无怪乎时人要视江南为华夏文明的正脉所在了。永嘉移民的地理空间主要在自然条件较好的长江中下游沿岸，影响的文化层面主要是上层精英文化。永嘉移民多为衣冠士族，文化素养高于南方士人，文化优越感使得南北文化交流中北方影响南方。安史之乱后移民虽然总体文化程度北方人比南方人高，但南北差距已经缩小，文化交流开始南北互动。

隋唐立国的文化背景仍然是北方文化，由于中央政府的吸引和号召，隋到唐初征召大批长江流域的文化士人北上，文化的中心仍在北方黄河流域。南方作为是贬谪之地，北方人视去南方做官为畏途。安史之乱，促使北方人再次南下，从而形成中国历史上的第二次人口南迁浪潮。这次南迁的结果，不仅最终确立了南方在经济上的重心地位，而且改变了南北文化分布的格局，长江流域的文化在上层精英文化和下层民俗文化中，都发生了不同程度的变化，使文化重心向南大为推进。由于安史之乱后北方移民可以选择的地理空间大为缩小，较易开发的地区已都有人居住，这批新移民只得向更南方拓展，足迹远及岭南，这次移民浪潮对文化的影响层面已经深入到下层民间文化。

据统计，安史之乱以前，长江流域诗人 78 人，北方 228 人，安史之乱以后，南方诗人已升至 363 人，北方为 330 人。散文作家，唐前期南方 82 人，北方 319 人；唐中后期南方 191 人，北方 499 人。进士，中唐以前南方 29 人，北方 68 人；中唐以后南方 225 人，北方 245 人。高僧地区分布，唐前期长江

① （唐）李延寿：《北史》卷 83《文苑传序》，北京：中华书局，1974 年，第 2781—2782 页。
② 王利器：《颜氏家训集解》卷 7《杂艺篇》，北京：中华书局，1993 年增补本，第 575 页。

流域 138 人，占 39.09%；唐后期 127 人，占 62%。安史之乱后各类人才均有不同程度的增长，总体上与北方已不相上下。人才的大量涌现说明了整体文化素质的提高。

五代十国时期，南方文化持续发展，五代以来迅速发展的印刷业也以南方为盛。宋代出现了四个刻书中心，其中三个在南方（杭州、成都、建阳），只有一个在北方（开封）。经济发展必然带来文化的繁荣，随着长江流域经济重心的确立，文化的发展也随之而起，北宋时期著名的诗人或文人，十之八九出自南方，当时流行着“福建出秀才，大江以南士大夫”的民谚。

2. 南北文化的冲突与融合

秦汉时北方人称南方人为“蛮”，北方文化对于南方文化是一种居高临下的态势，冲突不断。南北文化的冲突随着经济、文化重心的逐渐南移而加剧，同时也在不断的剧烈冲突中加深了融合。

西晋时，吴人在北人面前对自己的家乡已经有一种很自豪的认同感了，吴郡蔡洪与洛下人士辩难时就发出诘问：“圣贤所出，何必常处。”①东晋南渡后，南方人开始有轻视北方人的心理，称北方人为“伧头”。唐初高僧慧能来自岭南，弘忍以“汝是岭南人，若为堪作佛”相问，惠能答曰：“人虽有南北，佛性本无南北。”②可见南北文化相向而对，不是一时能解决的。

南北文化的冲突随着经济、文化重心的南移，在北宋表现得最为剧烈。北宋初年，朝堂中的宰相全都是北方人，宋太祖甚至公开宣称：“不用南人为相”③，并将“南人不得坐吾此堂”刻石于政事堂上，如若有人主张“用南人作相”，则“杀谏官”。真宗（998—1022 年在位）想任用临江（今江西新余）人王钦若为相，籍贯大名府莘县（今属山东聊城市莘县）人王旦便以“祖宗朝未有南人当国者”④为理由横加阻挠。王旦死后，王钦若始得任用。华州下邽（今陕西渭南）人寇准，以北人领袖自居，极力排挤南方人。这种案例不胜枚举。这种南北文化的地域之争甚至渗入到政治斗争中，庆历党争就有地缘文化的因素，当时南派领袖范仲淹主张改革，因为以吕夷简为首的北派人物的反对而失败。英宗治平年间，以欧阳修、司马光为代表的南北双方再次爆发激烈斗争，这次斗争标的主要是科举考试的内容，司马光主张科考以北方人擅长的经学取士，欧阳修则针锋相对，提出：“东南之俗好文，故进

①（南朝·宋）刘义庆：《世说新语》，上海：上海古籍出版社，2007 年，第 17 页。
② 陈秋平，尚荣译注：《坛经》，北京：中华书局，2018 年，第 119 页。
③（宋）王暐：《道山清话》，《景印文渊阁四库全书》第 1037 册，台北：商务印书馆，1986 年，第 658 页。
④（元）脱脱等：《宋史》卷 282《王旦传》，北京：中华书局，1977 年，第 9548 页。

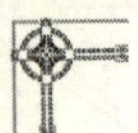

士多而经学少；西北之人尚质，故进士少而经学多。”[①]主张科考以诗赋为主。哲宗元祐四年（1089年）折中两派意见，实行南北分卷制度，特许北方学者考经义，使南北两地取士人数均衡。

北宋时期政治领域的南北斗争有着深刻的文化地理背景。我国文明的发展，自秦汉以来，政治中心一向都在北方，汉唐定都长安，政治文化以关中为本位，当时的经济文化重心都在北方，从经济、政治、文化三者的关系看，经济重心，政治重心和文化重心是基本重合的。但是自中唐以后，经济、文化重心逐渐南移，其中，唐代中晚期经济重心已转移到南方长江流域，北宋时期，南方已取代北方成为新的经济重心。这样一来，势必造成中国政治重心与经济文化重心的偏离。北宋定都开封后，不尚武力而以文教治国，但是经济文化中心却不在北方而在东南，北方虽有政治上的优势，却不能在经济、文化上给予有力地支持；南方经济文化潜力巨大，却远离政治权力中心。于是，政治权力之争变成了地域文化之争，南北党争便由此而起，纷纷然伴随着北宋王朝走过了近一个世纪的历程，直到靖康之难宋室南迁。

3. 文化重心南移因素

移民是文化迁移的重要载体。北方移民南下不仅带去了北方先进的技术，补充了南方所欠缺的劳动力和生产力，更重要的是，北方文化对南方本土文化提出了挑战。作为对这一挑战的回应，南方文化在自身发展轨迹的薄弱基础上，做出了一定的调整和适应，在吸收与演变中，终于在唐宋之际出现文明的新气象，最终取代黄河流域成为新的文化中心。

在东晋南朝时期南方文化舞台上唱主角的是来自北方的移民及其后裔。据谭其骧先生统计，《南史》列传中（不计后妃、宗室、孝义等传）凡728人，隶籍北方者506人，原籍南方者仅222人。在北方移民最多最杂的南徐州（今江苏镇江、常州一带），所出人才亦最多最杰出。凡此都说明北方移民对促进长江文明发展的突出贡献。杜佑《通典·州郡十二》叙扬州的文化状况时说：“永嘉之后，帝室东迁，衣冠避难，多所萃止，艺文儒术，斯之为盛。今虽闾阎贱品，处力役之际，吟咏不辍，盖因颜、谢、徐、庾之风扇焉。”[②]

①（宋）欧阳修撰，李逸安点校：《欧阳修全集》卷113《论逐路取人札子》，北京：中华书局，2001年，第1717页。

②（唐）杜佑撰，王文锦等点校：《通典》卷182《州郡十二》，北京：中华书局，1984年，第4850页。

江南地区属亚热带季风性湿润气候，四季分明，热量丰富，降水丰沛。良好的水热条件，有利于植物和农作物生长。遍布江南山林丘岗地带的红壤虽不是优良土壤，但适宜种植茶树、柑橘等经济林木。丘陵、平原地带优良的水稻土，配以良好的水热资源，使江南地区水稻广泛栽种，成为我国水稻的主产区。优越的自然地理条件，是社会经济良发展的保障，也是文化发展的基础。江南广袤土地的开发、众多水利工程的兴修、人口的增加、气候的优越、物产的丰富、交通的发达等各种地理因素在经济重心南移过程中都发挥了作用。

自然地理因素与历史发展过程中的社会因素决定了经济重心的转移，进而也决定了文化重心的转移。

第二节　历史时期的典型文化区

文明的起源离不开河流，中国文化区也围绕三条大河分为三大文化区系——黄河流域文化区、长江流域文化区和珠江流域文化区。珠江流域文化区的地域特征在历史时期的表现比较不明显，有一个长期的历史发展过程。而黄河、长江流域的文化起源较早，源远流长，在同一华夏文明体系下表现出截然不同的区域特征，如李延寿《北史·文苑传序》说："江左宫商发越，贵于清绮；河朔词义贞刚，重乎气质。"[①]

聚落分布受主要河流东西走向的影响，形成了以主要河流流域为中心的文化区，文化的趋同性表现出了东西跨度大、南北跨度小的特征，而文化差异性则东西差异小、南北差异大。

一、黄河流域文化区

黄河流域文化区，典型的区域文化包括燕赵文化、齐鲁文化、中州文化、三晋文化、三秦文化等。

1. 燕赵文化

燕赵文化地域相当于今河北省和北京、天津两个直辖市，为《尚书·禹贡》冀州所在，汉以后为幽州和冀州。《史记·货殖列传》称邯郸、中山、沙丘，言此地文化特征是"丈夫相聚游戏，悲歌慷慨"[②]。韩愈《送董邵南序》

①（唐）李延寿：《北史》卷83《文苑传》，北京：中华书局，1974年，第2781—2782页。
②（西汉）司马迁：《史记》卷129《货殖列传》，北京：中华书局，1959年，第3263页。

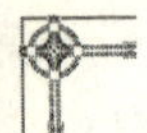

云："燕赵古称多感慨悲歌之士。"[①]韩愈所写是针对唐后期，可见汉唐间几百年过去之后，"河朔三镇"雄踞北方的燕赵人的文化特征却未改变。

燕赵又多佳人，是一块烈士与佳人点缀的土地。付玄《吴楚歌》咏这里"燕人美兮赵人佳"，清人陈维崧在《钜鹿道中作》云："欲倩燕姬，低弹赵瑟，一醉平生足。"这一特征与燕赵所处的区域地理环境有直接关系。由于处于农耕文化和游牧文化的交汇地带，两种文化长期在这里交汇，既有冲突，又有融合。《隋书·地理志》记载其风俗为："人性多敦厚，务在农桑，好尚儒学，而伤于迟重。前代称冀、幽之士钝如椎，盖取此焉。俗重气侠，好结朋党，其相赴死生，亦出于仁义。故《班志》述其土风，悲歌慷慨，椎剽掘冢，亦自古之所患焉。前谚云'仕官不偶遇冀部'，实弊此也。魏郡，邺都所在，浮巧成俗，雕刻之工，特云精妙，士女被服，咸以奢丽相高，其性所尚习，得京、洛之风矣。语曰：'魏郡、清河，天公无奈何！'斯皆轻狡所致。"[②]

基于经济基础的不同，燕文化和赵文化又有所区别。赵国文化中有两个最为显著的特点，一是勇武任侠，二是放荡冶游。赵地的文化是由社会经济的繁荣而导致的一种文化。燕地正相反，山高水寒，承商朝亡国之乱，又接西周初兴之弊，猥琐而局促，卞急而狷介。燕地的文化是苦寒文化，是自然地理背景加之政治经济的相对落后而导致的激变。故在《史记》中，司马迁言燕地"民雕捍少虑"[③]。

2. 齐鲁文化

齐鲁文化地域大致相当于今山东省，属《禹贡》青州和兖州之地。战国时代齐鲁文化最为发达，鲁国的洙泗、齐国的稷下是当时学者汇聚之地，孔孟的儒家文化诞生于此，以至于后来成为儒家文化的代名词。齐鲁地区是"礼仪之邦"的最早渊源地，邹、鲁以儒学著称，形成崇尚诗书礼仪的地域文化特征。明清时期，徽州和福建两地因为文化昌盛、民风儒雅而被比作"东南邹鲁"，可见邹鲁文化的这一特征源远流长。

"齐鲁"作为文化区域，与燕赵一样，浑言则同，析言则异，齐文化和鲁文化之间又有着很大的不同。洙泗之上多儒者，而稷下学宫则汇聚了黄老学

---

①（唐）韩愈：《送董邵南序》，（清）吴楚材著，吴调侯编注：《古文观止》，西安：三秦出版社，2017年，第205页，

②（唐）魏征等：《隋书》卷30《地理志》，北京：中华书局，1973年，第859—860页。

③（西汉）司马迁：《史记》卷129《货殖列传》，北京：中华书局，1959年，第3265页。

大师，因此鲁文化的儒学色彩较浓，齐文化则杂有方术、道家的气息，这与齐地地处滨海地区，思想较为开放有关。

齐鲁文化的差异又与齐鲁两国各自不同的传统渊源有关。齐、鲁是周王室的两个侯国，分封时，伯禽治鲁，太公治齐，两人采取了完全不同的治国方法。伯禽积极改革鲁国的民风，推行周人的制度与文化，又因为周公之故，享有周天子礼乐，因此鲁国保留了浓郁的周文化传统，《史记·货殖列传》记其“邹、鲁滨洙、泗，犹有周公遗风，俗好儒，备于礼。”①春秋末，孔子在鲁文化的基础上建立了儒家学派。而太公治齐则因俗而行，以“尊贤尚智”作为教化，故齐国更多地保留了原有的区域文化，民风“矜于功名，依于经术，阔达多智，志度舒缓。其为失也，夸奢朋党，言与行谬”②。齐文化还保留了奢侈豪华的传统，《战国策·齐策》将临淄城描述为：“临淄之途，车毂击，人肩摩，连衽成帷，举袂成幕，挥汗成雨。家敦而富，志高而扬。”③到了汉代，齐地民风更为奢侈，《隋书·地理志》载其：“俗弥侈泰，织作冰纨绮绣纯丽之物，号为冠带衣履天下。”④吴公子季札观《齐风》赞叹曰：“美哉，泱泱乎！大风也哉！”⑤，齐鲁文化覆盖的区域还应该包括江苏的徐州。

3. 中州文化

中州文化的地域所在以今河南省为中心，《禹贡》豫州之地。因为地处南北东西交汇之处，中州风俗“杂燕赵悲歌之人，迩吴楚剽轻之俗”⑥。从《汉志》到《隋书·地理志》，记录了中州民俗的这一变化过程。《汉志》载：“周人之失，巧伪趋利，贵财贱义。”⑦这大概与周成王“成周既成，迁殷顽民”⑧有关。而长期处于中原核心文化圈，政治经济得到较好发展，这里逐渐从邪僻之风一变而为重礼文，即《隋书·地理志》所谓：“梁郡梁孝故都，邪僻傲荡，旧传其俗。今则好尚稼穑，重于礼文，其风皆变于古。”⑨

中州文化区的另一个核心为南阳，据《史记·货殖列传》所记，这里“俗

①（西汉）司马迁：《史记》卷129《货殖列传》，北京：中华书局，1959年，第3266页。
②（唐）魏征等：《隋书》卷30《地理志》，北京：中华书局，1973年，第862页。
③《战国策·齐策一》，（清）纪昀主编：《家藏四库全书》精华版，北京：中国华侨出版社，2015年，第82页。
④（唐）魏征等：《隋书》卷30《地理志》，北京：中华书局，1973年，第862页。
⑤ 杨伯峻：《春秋左传注》，北京：中华书局，1981年，第1162页。
⑥ 刘宽夫：《汴州纠曹厅壁记》，周绍良主编：《全唐文新编》卷740，长春：吉林文史出版社，2000年，第8600页。
⑦（东汉）班固：《汉书》卷28《地理志》，北京：中华书局，1962年，第1651页。
⑧（西汉）司马迁：《史记》卷4《周本纪》，引《多士序》，北京：中华书局，1959年，第132页。
⑨（唐）魏征等：《隋书》卷30《地理志》，北京：中华书局，1973年，第843页。

杂好事，业多贾”[①]，“任侠”。但是经过三国鼎立的分裂时期后，却渐失缙绅冠带之风，于是《隋书·地理志》有感：“南阳古帝乡，缙绅所出，自三方鼎立，地处边疆，戎马所萃，失其旧俗。”[②]而郑、卫处于赵与鲁之间，“俗与赵相类，然近梁、鲁，微重而矜节”[③]，“好气任侠，卫之风也”[④]。

4. 三晋文化

三晋文化地域为今山西省和河南省西北部地区，为《尚书·禹贡》冀州，汉以后为并州。战国时期，三晋地区的法家和纵横家最为发达，司马迁已经总结出“三晋多权变之士”[⑤]。这一风俗后来有所变化，《隋书·地理志》记载长平、上党的民风“性尤朴直，盖少轻诈”[⑥]。河东、临汾一带由于土地贫瘠，民风“伤于俭啬。其俗刚强”[⑦]。太原长期为地方上一都之会，“人物殷阜，然不甚机巧。俗与上党颇同，人性劲悍，习于戎马”[⑧]。山西北部与河北北部因为都是连接边郡，民风相似，都有勇敢、侠义的一面，故“自古言勇侠者，皆推幽、并云”[⑨]。三晋文化又有儒雅的一面：“然涿郡、太原，自前代已来，皆多文雅之士，虽俱曰边郡，然风教不为比也。”[⑩]

5. 三秦文化

三秦文化的地域包括今陕西省全部，其中关中平原的地域文化特色比较突出，《禹贡》属雍州，土壤上上。这里在地形上为渭河地堑，南倚秦岭山地，物产丰腴，土壤肥沃，号称“陆海”。因为政治原因，民风从先秦至秦汉有一个明显的变化过程。先秦时期，这里继承周朝的遗风，即“好稼穑，殖五谷，地重，重为邪”[⑪]。这种遗风在《诗经》“王风”中有描述。秦汉时期，作为三辅地区，为“强本弱末”而将山东豪右与权贵之家徙往关中，长安周围集中了来自山东各地的大族，于是民风随之发生变化，《史记·货殖列传》记其：“昭治咸阳，因以汉都，长安诸陵，四方辐凑并至而会，地小人众，故其民益

①（西汉）司马迁：《史记》卷129《货殖列传》，北京：中华书局，1959年，第3269页。
②（唐）魏征等：《隋书》卷30《地理志》，北京：中华书局，1973年，第843页。
③（西汉）司马迁：《史记》卷129《货殖列传》，北京：中华书局，1959年，第3264页。
④（西汉）司马迁：《史记》卷129《货殖列传》，北京：中华书局，1959年，第3264页。
⑤（西汉）司马迁：《史记》卷70《张仪列传》，北京：中华书局，1959年，第2304页。
⑥（唐）魏征等：《隋书》卷30《地理志》，北京：中华书局，1973年，第860页。
⑦（唐）魏征等：《隋书》卷30《地理志》，北京：中华书局，1973年，第860页。
⑧（唐）魏征等：《隋书》卷30《地理志》，北京：中华书局，1973年，第860页。
⑨（唐）魏征等：《隋书》卷30《地理志》，北京：中华书局，1973年，第860页。
⑩（唐）魏征等：《隋书》卷30《地理志》，北京：中华书局，1973年，第860页。
⑪（西汉）司马迁：《史记》卷129《货殖列传》，北京：中华书局，1959年，第3261页。

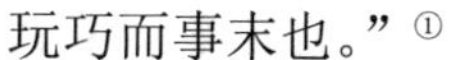

玩巧而事末也。”①

三辅豪民具有一定的经济实力和文化素养，于是三秦文化在早期学术上的特征表现为各家学说都有一定程度的发展。在风俗习气上则杂具五方之俗，《隋书·地理志》记其京兆王都所在，“俗具五方，人物混淆，华戎杂错”②。

边地的陕北和陇西一带，则表现为质朴和尚武风俗，《隋书·地理志》记：“安定、北地、上郡、陇西、天水、金城，于古为六郡之地，其人性犹质直，然尚俭约，习仁义。”③“雕阴、延安、弘化，连接山胡，性多木强。”④“平凉、朔方、盐川、灵武、榆林、五原，地接边荒，多尚武节。”⑤《晋书·愍帝纪》称这里“秦川骁勇，其会如林”⑥。当时禁中羽林期门多从金城、陇西、天水、安定、北地、上郡六个郡中的良家子甄选。西汉名将李广、赵充国、冯奉世都出身于六郡的良家子。

二、长江流域文化区

吴越文化与巴蜀文化、荆楚文化是生长发育于长江流域的三种文化。其共同特征是具有浓厚的文学浪漫色彩和鬼神祭祀传统，表现出与黄河流域文化注重实际的政治色彩截然不同的本土风格。《盐铁论·通有》说江南人民“好衣甘食，虽白屋草庐，歌讴鼓琴，日给月单，朝歌暮戚”⑦。长江以南广大地区因为气候、水土条件，早期开发比较艰难，《尚书·禹贡》将荆、扬的土壤列为下等，当时人们的概念是“江南卑湿，丈夫早夭”⑧，北方人将去江南做地方官视为畏途。但因为江河湖泊的物产比较丰饶，人民安于现状，所以司马迁说“江、淮以南，无冻饿之人，亦无千金之家”⑨。《隋书·地理志》亦言“江南之俗，火耕水耨，食鱼与稻，以渔猎为业，虽无蓄积之资，然而亦无饥馁。其俗信鬼神，好淫祀。”⑩

1. 巴蜀文化

巴蜀文化的地域为四川盆地及其周围地区，《尚书·禹贡》梁州，汉以后

①（西汉）司马迁：《史记》卷129《货殖列传》，北京：中华书局，1959年，第3261页。
②（唐）魏征等：《隋书》卷29《地理志》，北京：中华书局，1973年，第817页。
③（唐）魏征等：《隋书》卷29《地理志》，北京：中华书局，1973年，第817页。
④（唐）魏征等：《隋书》卷29《地理志》，北京：中华书局，1973年，第817页。
⑤（唐）魏征等：《隋书》卷29《地理志》，北京：中华书局，1973年，第817页。
⑥（唐）房玄龄等：《晋书》卷5《愍帝纪》，北京：中华书局，1974年，第127页。
⑦ 李敖主编：《礼记·康济录·盐铁论》，天津：天津古籍出版社，2016年，第276页。
⑧（西汉）司马迁：《史记》卷129《货殖列传》，北京：中华书局，1959年，第3268页。
⑨（西汉）司马迁：《史记》卷129《货殖列传》，北京：中华书局，1959年，第3270页。
⑩（唐）魏征等：《隋书》卷29《地理志》，北京：中华书局，1973年，第886页。

析置四川盆地为益州，汉中盆地仍为梁州。李白曾经感叹“蜀道之难，难于上青天！”[①]蜀地相对封闭的地形造成了蜀文化的浓郁个性。直到战国时期，四川盆地与内地的交通才通过汉中盆地与秦发生关系。此前关于蜀中先民的历史只有传说的记载，如“蚕丛及鱼凫，开国何茫然！”[②]三星堆遗址的发现把蜀地中远古时代灿烂的文明展现在人们面前，我们可以在保存于地下的古文明中找寻蜀文化自身发展的源头。

秦汉时期，巴蜀文化展现出其优越的文学和小学（文字）成就，如司马相如的辞赋和扬雄的文字学著作。在习俗上，巴蜀却表现出强烈的区域性差异。汉中盆地巴人的民风比较质朴，讲求口腹之欲的满足，好祀鬼神。《隋书·地理志》记载：“汉中之人，质朴无文，不甚趋利。性嗜口腹，多事田渔，虽蓬室柴门，食必兼肉。好祀鬼神……崇重道教，犹有张鲁之风焉。”[③]蜀中民风则是另一种风格，“其地四塞，山川重阻……其人敏慧轻急，貌多蕞陋，颇慕文学，时有斐然，多溺于逸乐，少从宦之士，或至耆年白首，不离乡邑”[④]。故后世民间有“少不入蜀，老不出川”之说。

2. 荆楚文化

荆楚文化的地域为今两湖地区，《尚书·禹贡》属荆州。荆楚巫文化色彩浓郁，《楚辞·九歌》中通篇是以神灵的口吻诉说心志。《隋书·地理志》记载：“大抵荆州率敬鬼，尤重祠祀之事，昔屈原为制《九歌》，盖由此也。”[⑤]屈原自沉于汨罗的悲剧却给荆楚文化添加了喜剧色彩，端午节吃粽子、划龙舟等风俗，就是为把粽子投入江中祭祀屈原而来的，屈原投江后，百姓不忍屈原尸体被蛟龙所吞食，便造龙舟争相竞渡，并鸣锣擂鼓驱赶蛟龙。经过漫长的岁月，这些习俗便沿袭了下来，成为荆楚文化的典型特征。民风如《史记·货殖列传》所载，为“南楚好辞，巧说少信”[⑥]。

3. 吴越文化

吴越文化所包罗的范围太大，其中又分为若干亚文化区。据《隋书·地理志》记载，其中江淮之间，“人性并躁劲，风气果决，包藏祸害，视死如归，战而贵诈，此则其旧风也。自平陈之后，其俗颇变，尚淳质，好俭约”[⑦]。京

① 李白：《蜀道难》，秦言编著：《中国历代诗词名句典》，北京：中国商业出版社，2011年，第316页。
② 李白：《蜀道难》，《全唐诗》卷162，北京：中华书局，1960年，第5册，第1680页。
③（唐）魏征等：《隋书》卷29《地理志》，北京：中华书局，1973年，第829页。
④（唐）魏征等：《隋书》卷29《地理志》，北京：中华书局，1973年，第830页。
⑤（唐）魏征等：《隋书》卷31《地理志》，北京：中华书局，1973年，第897页。
⑥（西汉）司马迁：《史记》卷129《货殖列传》，北京：中华书局，1959年，第3268页。
⑦（唐）魏征等：《隋书》卷31《地理志》，北京：中华书局，1973年，第886—887页。

口一带因为是战略要地，风气所染，“其人本并习战，号为天下精兵”[①]。东晋时，能征惯战、取得淝水之战大捷的北府兵兵源就来自民风强悍的江淮之间。

古丹阳郡是六朝旧都，有浮华重商之风，“丹阳旧京所在，人物本盛，小人率多商贩，君子资于官禄，市廛列肆，埒于二京”[②]。吴、粤之人则多好勇，“故其民至今好用剑，轻死易发”[③]。《汉书·地理志》记其周边地区亦是如此，“吴粤与楚接比，数相并兼，故民俗略同”[④]。

吴、越“同俗并土”，《越绝书》记载越人性情似乎更为刚烈，“夫越性脆而愚……锐兵任死，越之常性也”[⑤]。越人还具有浓厚的鬼神祭祀风气，因为境内水体面积广大，号称“三江五湖”，所以吴越的风俗尤其注重水神崇拜，断发文身的习俗就是水神崇拜的产物，《说苑·奉使》记载说，吴越先民们认为水中有蛟龙，能伤人，“是以剪发纹（文）身，粲然成章以象龙子者，将避水神也”[⑥]。

三、珠江流域文化区

珠江流域文化区以岭南文化为代表。岭南指五岭以南的广东，东接福建，西连广西，这里原为百越之地，商周之交成为南越族居地。岭南的地理环境不利于原始农业的开发，《隋书·地理志》记载这里“土地下湿，皆多瘴疠，人尤夭折”[⑦]。由于这里环境恶劣的程度更过于江南，历来为朝廷贬谪、发配官员的地方。直到唐代韩愈还因为谏迎佛骨，被贬潮阳，留下《左迁至蓝关示侄孙湘》一篇：“一封朝奏九重天，夕贬潮阳路八千。……知汝远来应有意，好收吾骨瘴江边。”[⑧]

岭南恶劣的自然环境并没有阻挡岭南文化的发展，秦始皇统一岭南后，中原文化与当地文化有机会接触和融合，之后的几次北方移民，一次比一次更深刻地将中原文化带入当地，使岭南“流风遗韵，衣冠气习熏陶渐染，故习渐变而俗几中州”[⑨]，从而形成了融入汉唐精髓又不失地方地理特征的岭南

①（唐）魏征等：《隋书》卷31《地理志》，北京：中华书局，1973年，第887页。
②（唐）魏征等：《隋书》卷31《地理志》，北京：中华书局，1973年，第887页。
③（东汉）班固：《汉书》卷28《地理志》，北京：中华书局，1962年，第1667页。
④（东汉）班固：《汉书》卷28《地理志》，北京：中华书局，1962年，第1668页。
⑤（东汉）袁康、吴平辑录：《越绝书》，上海：上海古籍出版社，1985年，第58页。
⑥（西汉）刘向：《说苑·奉使》，清抱经堂刻本。
⑦（唐）魏征等：《隋书》卷31《地理志》，北京：中华书局，1973年，第887页。
⑧（唐）韩愈：《左迁至蓝关示侄孙湘》，屈守元，常思春主编：《韩愈全集校注》，成都：四川大学出版社，1996年，第759页。
⑨《广东通志》，刘宇庚主编：《中国通史》第1册，北京：中华书局，2014年，第26页。

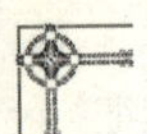

文化。岭南学术自汉代后门类广博，人才辈出。唐代有惠能发展了佛教的禅学；明初有陈白沙发展了岭南理学，成为元代以后程式化的朱子学向明代阳明心学过渡的关键性人物，开启了心学重光的闸门；明末清初著名文人屈大均著述《广东新语》，从人文视角记录了岭南民俗风情。近代，岭南学术思想更为活跃，岭南成为中国人开眼看世界的窗口，成为中西文化的交汇点与碰撞点，出现了领导戊戌运动的杰出改良主义思想家康有为及其弟子梁启超，岭南又是中国近代资产阶级民主革命发源地，孙中山是岭南培育出来的中国资产阶级民主革命家。

岭南文化既保持了汉唐时期积极自信的多元文化包容态度，又继承了先辈远离故土开发新环境的无畏精神，直到今天，仍然在海纳全球文化的浪潮中发挥先锋作用。

四、影响区域文化发展的因素

地理环境是影响和决定地域文化特征的重要因素。比如，秦汉时就有“山西出将，山东出相”的说法。《汉书·赵充国传》赞曰：“秦汉已来，山东出相，山西出将……何则？山西天水、陇西、安定、北地处势迫近羌胡，民俗修习战备，高上勇力鞍马骑射。”[①]《隋书·地理志》：“安定、北地、上郡、陇西、天水、金城，于古为六郡之地，其人性犹质直。”[②]当时六郡子弟是京师羽林军的主要兵源。其实不只是关西六郡，河东、太原等靠近胡地的军事中心也是名将辈出。又由于黄河下游河道不稳定造成的河患频繁，致使今河北省东部地区，古冀州境内文化相对不发达。《晋书·陈頵传》西晋时豫州刺史解结曾经问陈頵：“河北白壤膏粱，何故少人士？”[③]陈頵回答说：“夫英伟大贤多出于山泽，河北土平气均，蓬蒿裁高三尺，不足成林故也。”[④]陈頵的回答固然有牵强片面的一面，但是一问一答中可见地理环境对文化的影响已经为人们所普遍接受。魏晋时对人物的品评经常联系地理环境，如《世说新语·言语》载，太原晋阳人王济与中都人孙楚各自夸耀自己故乡的土地人物之美时，王济对晋阳的评价是：“其地坦而平，其水淡而清，其人廉且贞。”[⑤]孙楚对中都的评价是：“其山崔巍

① （东汉）班固：《汉书》卷69《赵充国辛庆忌传》，北京：中华书局，1962年，第2998—2999页。
② （唐）魏征等：《隋书》卷29《地理志》，北京：中华书局，1973年，第817页。
③ （唐）房玄龄等：《晋书》卷71《陈頵传》，北京：中华书局，1974年，第1892页。
④ （唐）房玄龄等：《晋书》卷71《陈頵传》，北京：中华书局，1974年，第1892页。
⑤ 余家锡撰，周祖谟、余淑宜整理：《世说新语笺疏》，北京：中华书局，1983年，第86页。

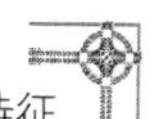

以嵯峨，其水泙渫而扬波，其人磊砢而英多。”①

政治因素也对一些地方文化的特征发挥重要影响，比如，京畿地区的文化发展即是政治因素起了重要作用。中国历史上政治中心与文化中心往往一致，西汉时期关中文化的发达和东汉时期南阳盆地文化中心的形成都是一种都城效应。此外，分裂政权往往能促进区域文化的发展，也会形成一个文化中心，但这种文化的发展具有暂时性和不稳定性，与政权的兴衰有密切的关系。比如西汉末年窦融、隗嚣割据河西、陇右，当时正值中原战乱，这两个割据政权接纳了大批中原知识分子，使凉州成为边远地区的一个文化中心。永嘉之乱后，北方陷入十六国的战乱中，时张轨为凉州刺史，优容善待士大夫，凉州又一次成为中土士人避乱的乐土，当时长安歌谣这样说：“秦川中，血没腕，唯有凉州倚柱观。”②整个十六国时期，河西成为中国北方文化最发达的地方，余波所及直至隋唐。又如东汉末年，公孙度割据辽东时，也正值中原动乱，当时著名的学者如邴原、管宁等自山东半岛越海而来，将学术文化也带进辽东，促进了辽东的文化发展。等到中原稍稍安定以后，这批知识分子又都纷纷返回故乡，在当地没有形成文化发展的持续性，但余波所及还是有一定的影响的。到十六国慕容氏割据辽东时，又一次出现新的文化发展时期。再如，三国时期的区域文化中心与三个割据政权的中心吻合。东晋南朝时期中原文化在江南延续，并结合本土文化形成了新的地域文化。

交通条件带来的人员流动，会对地方文化产生干扰和影响。如黄河下游的济水流域，因为济水从黄河分出，两水之间交通便利，西周、春秋时期分布在这里的诸侯国就文化方面而言都是属于同一个体系。而江汉之间的楚国由于交通的困难，在很长时期内显示出与中原诸国的隔离，以至于进入春秋以后，楚人还是以蛮夷自居，表现出与中原诸国迥异的楚风。长江下游的吴国距离中原更远，又由于长江中下游交通的阻塞，吴文化与中原文化、楚文化都没有一致之处。

参考文献

陈正祥：《中国文化地理》，北京：生活·读书·新知三联书社，1983 年。

程民生：《宋代地域文化》，开封：河南大学出版社，1997 年。

胡兆量等：《中国文化地理概述》，北京：北京大学出版社，2001 年。

① 余家锡撰，周祖谟、余淑宜整理：《世说新语笺疏》，北京：中华书局，1983 年，第 86 页。
②（宋）郭茂倩编撰：《乐府诗集》，上海：上海古籍出版社，2016 年，第 1064 页。

蓝勇：《西南历史文化地理》，重庆：西南师范大学出版社，1997年。

卢云：《汉晋文化地理》，西安：陕西人民教育出版社，1991年。

缪世鸿，郑云山：《中国东南地区人才问题国际研讨会论文集》，杭州：浙江大学出版社，1993年。

邵望平：《禹贡九州风土考古学丛考》，《九州学刊》第2卷第2期，1988年。

司徒尚纪：《广东文化地理》，广州：广东人民出版社，1993年。

王会昌：《中国文化地理》，武汉：华中师范大学出版社，1992年。

王子今：《秦汉区域文化研究》，成都：四川人民出版社，1998年。

夏曰云，张二勋：《文化地理学》，北京：北京出版社，1991年。

徐少华：《周代南土历史地理与文化》，武汉：武汉大学出版社，1994年。

曾大兴：《中国历代文学家之地理分布》，武汉：湖北教育出版社，1995年。

张步天：《中国历史文化地理》，长沙：湖南教育出版社，1993年。

张京华：《燕赵文化》，沈阳：辽宁教育出版社，1995年。

张伟然：《湖北历史文化地理研究》，武汉：湖北教育出版社，2000年。

张伟然：《湖南历史文化地理研究》，上海：复旦大学出版社，1995年。

张伟然：《中古文学的地理意象》，北京：中华书局，2014年。

张晓虹：《文化区域的分异与整合：陕西历史文化地理研究》，上海：上海书店出版社，2004年。

赵世瑜，周尚意：《中国文化地理概说》，太原：山西人民出版社，1991年。

周振鹤，游汝杰：《方言与中国文化》，上海：上海人民出版社，1988年。

周振鹤：《中国历史文化区域研究》，上海：复旦大学出版社，1997年。

周振鹤，游汝杰：《方言与中国文化》第2版，上海：上海人民出版社，2006年。

朱海滨：《民间信仰的地域性——以浙江胡则神为例》，《社会科学研究》2009年第4期。

练　习　题

一、基本概念

风俗　江左人文薮　燕赵文化　齐鲁文化　中州文化　三晋文化　三秦文化　巴蜀文化　荆楚文化　吴越文化

二、思考题

1. 简述近2000年来中国文化重心东移南迁趋势及其变化原因。

2. 列举中国风俗文化分区及形成差异的原因。

3. 考古发现夏文化中的二里头文化的范畴，学术界四种不同的观点是什么？

4. 简述秦汉时期风俗文化区。

5. 战国时期诸子百家的思想特点。

第十六章　历史地理文献

历史地理是中国传统学术中治史的钥匙之一，因此在中国古典文献中保存了大量各种形式的地理类文献，为复原历史时期的自然地理与人文地理提供了重要的基础。

中国古典文献中，地理文献有两种存在形式，一是以零星篇章的形式存在于史籍中，一是以专著的形式出现。对于前者，我们主要考察它们在正史、类书和政典以及地方志中的分布情况；对于后者，可按照时间顺序考察它们在不同历史背景中的发展演变情况，了解这一类的地理文献可以从《四库全书总目》史部地理类入手。

地理文献还包括地图部分，从关于地图绘制的最早文献《管子》到 1973 年长沙马王堆出土的西汉地图，都说明了中国古代的地图测绘已经达到一定的水准。关于地图的文献可以参考王庸的《中国地图学史》。

一、正史等典籍中的地理文献

正史中，涉及历史地理的内容，虽然不是最完整的，但却是非常全面的，因此，从事历史地理研究和历史复原往往会从正史的史料入手。正史中有成系统的地理类内容，这里将之归纳为“地理志”系统、“河渠书（志）”系统、民族地理和域外地理、经济地理与文化地理四部分，此外，典制体制书、类书中也有大量重要的地理类内容。

1.“地理志”系统

《汉书·地理志》是第一部正史地理志，其体例是以王朝疆域所在范围内的政区及其沿革为纲，以人口、山川、物产等为目。《汉书·地理志》不仅开创了正史地理志的体例，而且其体例对此后正史地理志的编制产生了深刻影响。在正史中专门记载疆域和区划的“地理志”的出现，是秦汉以后统一国家对其所辖区域实行有效统治的反映，也是中央政府对其统治下的疆域状况，以及各级行政区划中的户籍、人口、土地、赋税，以及山川、水利等情况的统计结果。

《汉书·地理志》包括三个部分。篇首收录了《尚书·禹贡》和《尚书·职方》的全文，以大致反映汉代以前的疆域沿革；正文部分以中国历史上空前强盛的西汉王朝的全部疆域为记述范围，一改《山海经》《尚书·禹贡》以自然山川地形为纲的体例，而以疆域政区为纲，以郡（国）为单位，逐一记述了西汉疆域内 103 个郡国及其所辖的 1587 个县（道、邑、侯国）的地理建置沿革、户口、山川、物产等；篇尾附录刘向的《域分》和朱赣的《风俗》，成为最早的全国区域地理总论。《汉书·地理志》不仅独创了地理志编撰的体例，而且内容丰富而全面，具有较高的史料价值，被认为是正史地理志中最好的一部。

除《汉书·地理志》外，我国“二十四史”中有相同体例的著作还有 15 部，分别为《后汉书·郡国志》《晋书·地理志》《宋书·州郡志》《魏书·地形志》《南齐书·州郡志》《隋书·地理志》《旧唐书·地理志》《新唐书·地理志》《旧五代史·郡县志》《新五代史·职方考》《宋史·地理志》《辽史·地理志》《金史·地理志》《元史·地理志》《明史·地理志》。就是说二十四史中除了《史记》《三国志》《南史》《北史》《北齐书》《周书》《梁书》《陈书》外，各史均有体例相似而名称各异的地理志。二十四史之外，《新元史》和《清史稿》中也有地理志。

针对缺编地理志的正史，后人修补过一些“疆域志”，如《补三国疆域志》《十六国疆域志》《补梁疆域志》《补陈疆域志》等，都收在《二十五史补编》中。

阅读正史地理志时，要注意地理志中存在的序文与志文不一致的情况，这是因为史家所依据的文献年代不一所造成的疏忽。比如《宋书·州郡志》以大明八年（457 年）为断，序文所列州名有北秦州，而志文比序文多南豫州而少北秦州。根据历史史实，北秦州于大明年间已经陷于北魏，非刘宋所有，而南豫州数度分合之后，大明八年建置仍在。所以这条文献的判别就当以志文为可信。因此在使用正史地理志文献时，有必要参考其他史料，特别是当时的历史背景的文献。

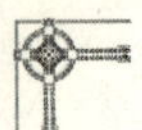

2.“河渠书（志）”系统

《河渠书》是《史记》八书之一，《汉书》中名为《沟洫志》，是正史中历史地理文献的另一个重要部分，专门记载河渠水利。《河渠书》的内容和体例为《史记》所开创，是用来专门记载水道及其流域的经济与自然地理，包括历代水利工程及其兴修情况，对于历史地理研究具有很高的文献价值。

《史记·河渠书》开篇从《尚书》所记夏禹治水的传说开始，提出治理黄河下游水患必须开渠以分洪，于是有漯川、鸿沟的兴修。随后记载了战国至汉武帝时期水利工程的兴修情况，如秦国蜀郡的都江堰、关中的郑国渠、魏国西门豹引漳溉邺；汉武帝时黄河决瓠子口，再决再堵，武帝亲临其事，一时免除了中原水患；关中渭渠修成后，漕运和灌溉两便；河东穿渠引汾失败，渠废田荒等，内容涉及所记每项水利工程的时间、地点、方法、经济效益、得失各个方面，具有很高的文献价值。

继《史记·河渠书》之后，正史中同样内容和体例的共有六种：《汉书·沟洫志》《宋史·河渠志》《金史·河渠志》《元史·河渠志》《明史·河渠志》《清史稿·河渠志》。其中，从《后汉书》至两《唐书》之间的正史都没有河渠志，这是因为自东汉至唐黄河基本上安流无事，无须专辟一篇的缘故。

3. 民族地理和域外地理

这两种地理文献以列传的体例出现在正史中。司马迁在《史记》里开创了为周边民族和域外国家作列传的体例，后来历朝正史多仿效这一体例。周边民族多称夷、蛮、戎、狄，或者直接以民族命名。这些民族的列传因为不同朝代而名称有所变化，比如北魏时北方柔然兴起，《魏书》就有《蠕蠕传》；唐朝吐蕃兴起，两《唐书》就有《吐蕃列传》；从《旧五代史》开始，域外国家列传称为《外国列传》。

《史记》里的相关篇目还有《匈奴列传》《南越列传》《东越列传》《朝鲜列传》《西南夷列传》《大宛列传》。

4. 经济地理与文化地理

经济地理文献主要保存在正史中的“食货志”系统中，《史记》中为《平准书》。此外，《史记》另有《货殖列传》，《汉书》另有《货殖传》。食，是指农业生产；货，是指流通交换。正史“食货志”的内容涉及特定地域的生产和开发情况，具有一定的经济地理史料价值。

正史纪、传、志、书中的地理内容亦非常丰富，以上所举只是内容比较集中的部分。其他如各史“五行志”（或“天象志”）所记载的有关病疫、地震、水旱、虫灾以及一些反常的雨雪冰雹等自然现象，都是研究历史地理的重要资料。又如正史中"儒林传""文苑传""释老志"等，又是研究历史人文地理有关专题的第一手资料。

5. 类书与政书中的地理文献

这类文献中地理类的内容相对琐碎，使用时需要从浩繁的史料中捕捉，但对于研究民族地区的历史地理，哪怕其中零星的史料，也是值得去挖掘的。类书文献主要有《艺文类聚》《玉海》《册府元龟》《永乐大典》《古今图书集成》等，其中都有地理类内容，也具有一定的价值。

十通中都有以行政区划为纲目编排的沿革地理内容，卷秩如唐杜佑的《通典》"州郡典"（卷 171—184）、《续通典》卷 107—120"州郡"、《清朝通典》卷 90—96"州郡"、《文献通考》卷 315—323"舆地考"、《续文献通考》卷 229—236"舆地考"、《清朝文献通考》卷 269—292"舆地考"。

二、方志

方志是中国传统史学的一种重要体裁，因为方志记录了一个地方的风俗民情、地理沿革、山川形胜，可以说是对地方史地具体而细微的记载，因此与历史地理学关系密切，许多历史地理学具体问题的解决依赖于对方志的利用。

中国方志的起源很早，《周礼·春官·大宗伯》载外史掌"四方之志"，就是指当时的地方志。现存最早的方志可以溯源到东晋的《华阳国志》。

从种类上说，目前所见有通志，府、州、县志，厅志，卫、所志，土司司所志，合志，乡镇志，识略，山水志，湖堤志，水利志，盐井盐场志，宫殿志，寺观志，祠宇志，陵墓志，风俗志，名胜古迹志等。一般来说，方志不应该包括一统志和地理总志。

方志的编撰体例在宋元时期臻于成熟，尤其是南宋时期，地方志的编撰尤为繁盛，著名的早期地方志"临安三志"（乾道、淳祐、咸淳）、《景定建康志》《吴郡志》都编于南宋时期，因为南宋偏安一隅，当时地方志的编撰集中在东南地区。目前保留下来的宋元方志极为有限。宋元以后，纂修方志之风日盛，但是方志作为一种地方史书的普遍修纂则始于明代，明朝人曾自称："今天下自国史外，郡邑莫不有志。"[①]明代的方志比较著名的有两部文人所修的

① （明）张邦政：《满城县志序》，乾隆《满城县志》，清乾隆二十六年（1761 年）增刻本。

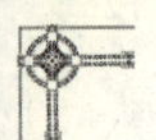

县志，即康海的《武功志》和韩邦靖的《朝邑志》，这两部县志以文笔简练、立意高古著称，减弱了志书的地方文献意义。

清初修志之风更加盛行，清政府曾经颁布了各省、府、州、县每隔六十年修志一次的命令。清代的地方志以几部通志比较有名，如乾隆年间谢启昆监修的《广西通志》、阮元修的《广东通志》和章学诚修的《湖北通志》。其中《湖北通志》因为当局阻止，没有刊行，保存在《湖北通志检存稿》中。清代的史学家大多长于编纂方志，以至于方志逐渐成为一门专门的学问，清人章学诚提出方志学的系统理论，不但对方志的性质、内容、体例等问题有独到见解，而且将其主张贯彻于具体的编修方志的工作中。章氏有关方志的论述见于他的撰述《文史通义》和《方志略例》。关于方志的性质，历来把它列入地理类。章学诚认为，方志“乃史体”，与地理不同，不应只重地区沿革，而轻一方文献。他主张“方志立三书”，即记载大事记和人物的“通志”、记载典章制度的“掌故”、记载文献诗文的“文征”，以及作为附录的“丛谈”。

地方志里的资料虽然丰富，但传抄中产生的错讹很多，故要习惯从正史中搜集资料，以方志资料为辅。

三、历史时期地理类文献的发展

我国古代地理著作丰富，形式多样。唐人撰《五代史志》时，地理类书存世的有139部，1432卷。《宋史·艺文志》史部地理类就著录了407部，5196卷。清人修《四库全书》，史部地理类分10目，收书153部，4790卷。1956年南京江苏省立国学图书馆编写的《图书总目》，地理书籍类下分了八目，其中五目又分了子目。计有水道、山川、专志、杂记、游记、边防、外纪、总录等八大目，其中水道分总录、河、江淮海、郡邑、通论等五子目，山川分山与川二子目，专志分宫殿、古迹、寺观、祠庙、陵墓、园亭、书院、书录等八子目，游记分总录、唐至明、清代、近代、游亚欧美各国、外国人著述等六子目，边防分北徼、江海、东南、西徼等四子目。在这些书中，还包括了今人的著述。下面将部分重要的地理类文献以时间为轴罗列如下，可以看到地理类文献随着时间的推移，日益发展和丰富。

1. 先秦时期的地理类文献

中国地理学发展的源头可以追溯到先秦时期的几部重要的地理文献，分

别是《山海经》、《尚书·禹贡》和《穆天子传》。

《山海经》成书于春秋战国之间，顾颉刚先生认为："山海经开了幻想的一派。"其后有六朝地志续其遗风而充满志怪色彩。地理类内容占全书的百分之七十，以东周都城洛阳为中心，分南山经、西山经、北山经、东山经和中山经五个以山为纲的部分，记载了很多古国和部族、各地特产、珍禽异兽、奇虫怪鱼等。《山海经》虽然在今天看来荒诞不经，但其所记述某山至某山的方向道里井然有序，地望和许多山川可以考实。《山海经》反映了当时人们的地理视野，包括认为中国四方有海的观念。《山海经》汉晋以来一直被看作是地理书，但是《四库提要》否认《山海经》的地理属性，认为其"道里山川，率难考据，案以耳目所及，百不一真"①。后世人由于对其中大量神幻内容无从考索，而认为其"实则小说之最古者尔"②。

《禹贡》是《尚书》中的一篇，明代学者胡渭将篇名解释为贡赋之法。(《禹贡锥指》）这种说法源于书中"禹别九州，随山浚川，任土作贡"③。汉代孔安国就将"任土作贡"解释为"禹制九州贡法"。《尚书·禹贡》突破了《山海经》原始的地理概念，摒弃了神话成分，运用战国时期比较成熟的地理知识，崇尚实地考察，以征实为目的，用更为丰富完备的"九州"概念代替了《山海经》原始朴素的"五方"的区划。

《尚书·禹贡》的内容可以分为四个部分：(1）九州，是主要部分。九州为冀、兖、青、徐、扬、荆、豫、梁、雍。全文依次叙述疆域、山川、原隰治理情形、土壤肥瘠、赋税等级、贡物、贡道等，各州间以名山大川为界。《尚书·禹贡》"九州"反映的是战国时代渴望统一的理想。(2）导山导水。"导"是开导、治理。导山导水就是开凿大山、疏浚河道。导山部分，汉代经学家马融有"三条"说：导岍为北条、导西倾为中条、导嶓冢为南条，其弟子郑玄有"四列"说：自南而北有四列：导岍、导西倾、导嶓冢、导岷山。导水部分以相当于导山部分的地域范围内的九条大河为纲，分别记述河流的走向、流经地势和归宿。九河的次第是弱水、黑水、黄河、漾水（汉水上源)、长江、允水（济水)、淮水、渭水、洛水。(3）五服。五服为甸服、侯服、绥服、要服、荒服。五服制度是以王都为中心向四方扩展，每五百里为一服，这是一种理想，因为不可能有棋盘一样匀称正方的区划。(4）讴歌禹功，总结全文。

①（清）永瑢等：《四库全书总目》卷142《子部》，北京：中华书局，1965年，第1205页。
②（清）永瑢等：《四库全书总目》卷142《子部》，北京：中华书局，1965年，第1205页。
③ 李学勤主编：《尚书正义》，北京：北京大学出版社，1999年，第132页。

《尚书·禹贡》九州山川图为南宋时的地图。《尚书·禹贡》的体系完整，结构严谨，是先秦时期最富于科学性的地理记载。

《穆天子传》为汲冢书之一，记载周穆王西游的经历，他从都城洛阳出发，取道今山西、内蒙古、宁夏，直至青海、新疆，最后仍取道山西，返回洛阳。历代书目对《穆天子传》的归类不同，《四库全书总目》归入小说类。作为一部游记体地理著述，它开创了游记撰著的先河。

除了上述三部专著外，另有一些文献含有地理章节，具有特殊的地理文献价值，如《周礼·职方》记录了西周时夏官职方氏掌管疆域、地方职责，并记载了九州的区域和境内重要的山镇、泽薮、特产等。《尔雅·释地》对于上古的九州、十薮、五方以及一般的地形作出简单诠释，后来许多地理名词的概念就是由此书开始的。《管子》中有大量地理类信息，其中《地员》篇专论土壤；《度地》篇专论水利；《地图》篇强调地图的重要，阐述地图的基本内容；《地数》篇讲述古代矿物。

2. 两汉时期的地理类文献

秦汉统一帝国时期，地理学文献出现了许多别开生面的开拓性作品，以《史记·河渠书》《汉书·地理志》《马王堆汉墓帛书古地图》为代表。

1973 年，长沙马王堆出土了三幅西汉长沙国古地图，以实物留存证明了《管子·地图》篇中的地图学理论。根据绘制内容，三幅地图被定名为《地形图》《驻军图》《城邑图》。《地形图》绘制的是长沙国南部的山川、地形，大致相当于今南岭、九嶷山附近地区，邻区为南粤王赵佗的辖地。《驻军图》绘制的是这一地区的兵力部署情况。从地图的特点来看，《地形图》已经达到相当的精确度，存在一个大致的比例尺；有统一的图例、注记，如用闭合线表示山脉；地图内容已相当丰富，包括了地形图的基本要素，如自然地理要素“山脉”“河流”，社会经济要素“居民点”“道路”。《地形图》的绘制技术已经相当成熟。

3. 魏晋南北朝时期的地理类文献

进入魏晋南北朝以后，国家长期处于分裂状态，战乱频仍，这种状况反映到地理文献上就是官修正史或者没有地理志、河渠书，或者规模、水平远未达到《史记》《汉书》的水平。同时，由于魏晋时期儒家思想失去了原来唯我独尊的支配地位，史学脱离了经学的束缚，于是出现了各种新的写作形式，加之中西交通的发展，地理视野的开阔，涌现出一批私撰的优秀地理著作，在地理文献上表现为以志怪和山水为主题的六朝地志的出现。保存下来的成就比较高的有《华阳国志》《佛国记》《水经注》《洛阳伽蓝记》等。

《华阳国志》，东晋常璩撰，是我国现存最早的地方志，所记地域范围为晋代梁、益、宁三州，相当于今天云、贵、川三省和湖北、甘肃、陕西三省部分地区。这一地区在《禹贡》为梁州之域，所谓“华阳黑水惟梁州”[①]。华阳，即华山之阳，当是书名的来历。记事范围从时间上说，始于开辟，终于晋永和三年（347 年）。《华阳国志》内容包括三个部分：1—4 卷为巴志、汉中志、蜀志、南中志，写历史地理，类似正史中的地理志；5—9 卷以编年体形式叙述历代在四川的割据政权（西汉末的公孙述，东汉末的刘焉、刘璋父子，三国时的蜀汉，十六国时的成汉）以及西晋统一时期的历史，类似正史中的本纪。10—12 卷记载西汉迄东晋初年的“先贤士女”，相当于正史中的列传。从历史地理文献价值看，前四卷是全书的精华，记载了各州的历史、郡县的沿革、山川、道路、物产、风俗、民族等，尤其是作者以蜀人说蜀地蜀事，为研究古代西南边疆地理提供了宝贵的史料。

《法显传》，又称《佛国记》，晋释法显撰，记其西行经历和见闻。晋隆安三年（399 年），法显以六十五岁的高龄从长安出发，过西域、越葱岭，从中亚抵达南亚，最后在佛教之国天竺（印度）学习梵语，又辗转经狮子国，东渡印度洋，绕行南洋，于山东半岛登陆，最后回到东晋首都建康，着手翻译携回的天竺佛典。同行的十一人，只有法显一人回到了祖国。《佛国记》是一部佛教游记，记载以作者游历先后为序。作者是虔诚的佛教徒，记事以佛教胜迹和佛事为主，同时对各地行程、地理概貌、文化习俗等都有真实而详细的记载，既是研究佛教史的重要的原始资料，又是研究西域和南亚史地的珍贵史料。法显回国时从海路取道南洋，因此又留下了有关南洋航船的最早、最系统的记录。

《水经注》，北魏郦道元著。《水经》是我国第一部记述河道水系的专著，作者和成书年代一直有争议，最早著录《水经》的《隋书·地理志》仅言郭璞注，未言著者，《唐六典》最早提到“汉桑钦著《水经》”。郦道元博采汉魏以来史地文献，同时利用在各地做太守或刺史的机会，“访渎搜渠”，进行了大量的实地考察，《水经注》以为《水经》作注而得名，实际上是以《水经》为纲，记述全国各地的地理现象，成为二十倍于《水经》的综合性地理巨著。《水经注》一方面逐一补充了《水经》所列水道干流及其支流，涉及一千多条

① （西汉）司马迁：《史记》卷 2《夏本纪》，北京：中华书局，1959 年，第 63 页。

河流。注记时则穷原竟委，详细描述水道所经各地的历史地理和人文风俗，同时也对《水经》经文的讹谬之处做了许多匡正。因为作者生活在南北分裂时期，活动范围主要在中原地区，对于南方河流水系的记载主要是根据文献和传闻，错讹较多。在地理学发展史上，《水经注》开创了以水道为纲，因水证地的撰述体例，内容翔实丰富，具有很高的地理学和文献学价值。

《洛阳伽蓝记》，北魏杨玄之撰。伽蓝是梵文寺院的音译。全书分城内、城东、城南、城西、城北五卷，“先以城内为始，次及城外”[①]。体例中比较特殊的是卷五城北，只用了三百多字写了城北的两个寺，因为闻义里有高僧宋云故居和惠生住过的崇立寺，所以大量篇幅移录了两人的西行游记。虽然在体例上与前四卷不协调，但因为宋云、惠生两人的著作今已失传，所以《洛阳伽蓝记》的记载就显得至为珍贵了。佛教于汉代传入中国，经过北魏孝文帝迁都洛阳后的大力提倡，在洛阳达到鼎盛，当时有佛寺1367所，佛寺的建筑和佛像的铸造都竭尽人力、物力和财力。都城洛阳庄严的佛刹和雅致的园林是当时北魏全盛时期政治、经济和文化的一个缩影，以至于《魏书》首创了《释老志》的编撰。北魏末年，孝静帝为高欢所逼，迁都邺以后，洛阳的寺院都毁于兵火，杨衒之经过故都时感叹“京城表里，凡有一千余寺；今日寥廓，钟声罕闻”，于是撰成此书，以记佛寺为纲，通过正文和子注，由伽蓝（正文）旁及附近的官署、里巷、名胜乃至于历史、地理和社会各方面（子注）。刘知几评价该书说：“盖都邑之事，尽在是矣。”因此这部书也被认为是一部都邑志。

这一时期的地理名著除了上述诸书外，还有三种已经佚失的地理文献，《晋太康三年地记》《晋书地道记》和北朝阚骃的《十三州志》，现在都只有清朝人的辑本。此外还有南朝众多的私撰地志，被称为六朝地志，在内容上有一个变化的过程，从魏晋时期的异物志转向晋宋以后的山水志。这些方志的目录和内容主要保存在刘纬毅《汉唐方志辑佚》和王谟的《汉唐地理书钞》。

4. 隋唐

隋平陈后统一全国，中国历史进入鼎盛阶段。在这种局面下，地理学的发展在文献上一方面表现为地理总志的出现，代表作为初唐时的《括地志》和中唐时的《元和郡县图志》；另一方面表现为正史地理志的撰述内容更为繁富，代表作为《隋书·地理志》和两《唐书·地理志》。

① （北魏）杨衒之著，周振甫译注：《〈洛阳伽蓝记〉译注》，南京：江苏教育出版社，2005年，第3页。

《隋书·地理志》，是正史地理志中《汉书·地理志》以外的又一部经典之作。《隋书·地理志》实际上是五代史志，包括了没有地理志编撰的五个朝代（齐、梁、北齐、北周、隋）的区划沿革，同时还继承了《汉书·地理志》保留人文地理的传统。

两《唐书·地理志》在编撰体例上继承了《汉书·地理志》的传统，即以政区（郡县）为纲，系以户口、名胜、物产等，在内容上则较此前的地理志有所突破，主要表现为纲目的增加，如沿革、治所、等级、贡赋等。两《唐书·地理志》均为唐代沿革地理，但在体例和内容上有很大差别。《旧唐书·地理志》作于后晋，距离唐代很近，编撰者又比较忠实于唐代第一手资料，但是缺乏剪裁和概括，内容显得芜杂。《新唐书·地理志》主修者为欧阳修、宋祁，他们在史料的剪裁和文字的加工上表现出了不凡的史才，但是资料不及《旧唐书·地理志》可靠和详备，因此，《新唐书·地理志》虽然后出，但不能取代《旧唐书·地理志》。

《大唐西域记》，唐玄奘撰。玄奘于贞观元年（627 年）从长安出发，前往印度取经求法，贞观十九年（645 年）满载而归，贞观二十年（646 年）完成著述。书中记载了作者亲身经历和听闻的西域古国和城邦概貌，每个国家都记述其地望里程、疆域面积、都城大小、山川形势、气候物产、商业货币、交通道路、宗教信仰、风俗文化等等，所记地域包括东起新疆、西抵伊朗高原、南达印度半岛顶端的广袤地区。此书虽然为高僧所撰，所记却略于佛事，详于历史、地理、经济和文化，“推表山川，考采境壤，详国俗之刚柔，系水土之风气”[①]。《大唐西域记》与法显的《佛国记》一起，是前后两部相隔两个多世纪的伟大地理著作。

《括地志》，唐太宗时魏王李泰主持编修，以贞观十三年（639 年）所编制的《大簿》为基础，《序略》五卷记历代沿革和唐初区划，然后正文部分分叙各州属县的山川、古迹、逸事等，成为盛唐时代一部内容完备的地理总志，对后来唐宋地理总志和元明清一统志的编撰产生了深远影响。虽然《元和郡县图志》和两《唐书·地理志》保存了下来，但都不能取代残篇断简的《括地志》，因为《括地志》反映的是盛唐贞观时期的区划建置，而《元和郡县图志》记载的中唐时期的区划，两《唐志·地理志》则是晚唐的区划。

《元和郡县图志》，作者李吉甫曾经两度出任宰相，孙星衍说：“唐宰相之善读书者，吉甫为第一人矣。”[②]“元和”为唐宪宗的年号。根据作者自序，

①（唐）玄奘著，姚世珍注释：《大唐西域记注释》，北京：中央民族大学科研部，1984 年，第 413 页。
② 孙星衍：《〈元和郡县图志〉序》，白寿彝主编：《中国通史》第 6 卷，上海：上海人民出版社，2015 年，第 1549 页。

原来有文有图："谨上《元和郡县图志》，起京兆府，尽陇右道，凡四十七镇，成四十卷。每镇皆图在篇首，冠于叙事之前。"[①]因此书名原叫《元和郡县图志》。到了北宋，图已经亡佚，因此陈振孙《直斋书录解题》著录时就称为《元和郡县志》了。该书就唐初全国一级行政区划的十道，结合安史之乱后形成的一级行政兼军事区划的四十七镇（节度使）为纲，每府、州首记治城、等级、户数、乡数、沿革、府（州）境、八到、贡赋，然后分县记载各县的等级、沿革、山川、古迹、关塞等。因为《括地志》很快亡佚，所以《元和郡县图志》成为现存最早的地理总志，在编撰体例上开创了许多新的条目，如等级、府（州）境、八到等，更全面地反映一个地区的地理概貌，为此后正史地理志、地理总志和方志的撰修开创了新的局面。《元和郡县图志》在文献学上的价值在于它在一定程度上维系了《汉书·地理志》至两《唐书·地理志》之间几个世纪的地理沿革的连续性。"征地理者，《汉书·地理志》后必以此书为会归。"[②]

5. 宋代地理类文献

北宋出现了三部地理总志，分别是《太平寰宇记》《元丰九域志》和《舆地广记》。南宋偏居一隅，地理志也相应地以半壁江山为限，如《舆地纪胜》。

《太平寰宇记》，作者为乐史，"太平"是宋太宗"太平兴国"年号。乐史著书时，宋朝的路级区划还没有固定，因此该书仍然以唐代十道为纲，以州（军、监）为目，以县为子目。每州首引自古以来的山经地志，叙述沿革废置的情况，尤其详于唐末五代以来的邦国割据的沿革变迁。对于州下所辖县的情况分别交代领属县、废省县和割出县。州下系以州境、四至八到、户数、风俗、姓氏、人物、艺文、土产、四夷；县下系以所辖乡数、沿革、山川、名胜、人物、特产等项目。本书的突破之处在于增加和丰富了人文地理的内容，表现在"风俗、姓氏、人物、艺文"等项目的增加上，这在地志的撰述中具有首创性。"艺文"的设置为文学的研究提供了辑遗补缺的渊薮，文学研究者往往在这本书中辑佚而收获颇丰；"土产"的设置比《汉书·地理志》的"物产"和《元和郡县图志》的"贡赋"更能充分全面地反映区域经济面貌。《四库全书总目》说："盖地理之书，记载至是书而始详，体例亦自是而大变。""后来方志必列人物、艺文者，其体皆始于（乐）史。"

① （唐）李吉甫撰，贺次君点校：《元和郡县图志》卷40，上海：上海古籍出版社，2014年，第429页。
② （唐）李吉甫撰，孙星衍校，张驹贤考证：《元和郡县图志四十卷附阙卷逸文考证》，清光绪王灏辑刊本，第77页。

《元丰九域志》，作者为王存，“元丰”是宋神宗的年号，因为该书修成于元丰三年（1080年），因此取名。该书是记载熙宁、元丰间“九州封域”之官修地理总志，始于四京：东京开封府、西京河南府、南京应天府、北京大名府，次以二十三路。编撰体例以一级行政区划路为纲，下系以所辖府、州、军、县数；以二级行政区划的府、州为目，下系以沿革、户口、土贡、所辖县（监）数；以三级行政区划县（监）为子目，下系以道里、乡、镇、寨、山、川、泉、薮。《元丰九域志》的编撰风格与《太平寰宇记》迥然不同，该书只记载地理，不涉及人文，行文简括，是一部纲要性的地理书，对于研究宋代特别是元丰时期的政治地理、军事地理和经济地理具有非常重要的史料价值。

《舆地广记》，北宋欧阳忞撰，书成于宋徽宗政和年间。该书着重叙述政区沿革，所以一般地志所共有的四至八到、道里、户口、风俗、土产等一概不采入。在叙述政区沿革时结合历史典故（《诗》《书》《左传》），略古详今。

北宋三部地理总志不仅在内容、编撰风格上各有千秋，在时间上也互为补充，各有其不可替代的价值。《太平寰宇记》主要记载宋初即十世纪后叶的地理情况，《元丰九域志》主要记载北宋中期即十一世纪后叶的地理情况，《舆地广记》主要记载北宋后期即十二世纪初叶的地理情况。

《舆地纪胜》，南宋王象之撰。该书以南宋十六路版图为范围，以当时的166府、州、军、监为纲，各为一卷，每卷又分府（州）沿革、县沿革、风俗形胜、景物、古迹、官吏、人物、仙释、碑记、诗、四六等目。在编撰体例上，该书略于沿革、山川、风俗等项目，而详赡于地方形胜、山川英华，于地理志中开创了歌咏地方山水的“诗”和“四六”两门，是一部以形胜为主题的地理总志。作者自序说要“收拾山川之精华，以借助于笔端”。确实该书“使人一读，便如身到其境”，“舆地万里，如在目前。”

《通鉴地理通释》，南宋王应麟撰。该书就《资治通鉴》的地名作一般地理沿革和位置的考释，作者自言著书动机和体例说：“观《通鉴》，将笺释其地名，举纲提要，首以州域，次以都邑，推表山川，参以乐毅、王朴之崇论闳议，稽《左氏》、《国语》、《史记》、《战国策》、《通典》所叙历代形势，以为兴替成败之鉴，大易设险守国。”从纲目设计来看，全篇分为历代州域总叙、历代都邑考、十道山川考、周形势考、名臣议论考、七国形势考、三国形势考、晋宋齐梁陈形势考等，是专门的历史地理撰述，这是与所有的正史地理志和唐宋地理总志不同之处，开辟了后来《日知录》和《读史方舆纪要》的编撰体例。

《诸蕃志》，南宋赵汝适撰。作者曾任福建路市舶提举，当时由于南北陆路隔绝，所以海上交通特别发达，福建路的福州和泉州是当时重要的国际贸易港口，作者利用职务之便，广泛询访胡商，并参考海外载籍，撰成此书。因为不是亲身经历，所以书中难免牵凿附会之处。该书分为上下两卷，上卷《志国》记载了60个国家和地区，下卷《志物》记载了48种物产，地域范围东至日本、西至西非，是研究宋代南洋历史地理和海上交通的重要文献。原书散佚很久，今传本是从《永乐大典》中辑出，刻于丛书，有《函海》《学津讨原》两种版本。

6. 元明清地理类文献

这一时期是中国历史上空前长期统一的时期，其中元、清两朝都是长城之外的少数民族入主中原，疆域空前广大。这一历史背景反映在地理文献上是新型的官修地理总志《一统志》的出现，三个朝代都修了这种形式的地理文献，分别为《大元大一统志》《大明一统志》《大清一统志》。另一方面受明末清初经世致用的学术思想的影响，出现了一批探讨经济、军事、航海等地理著作，代表作有《天下郡国利病书》《读史方舆纪要》《海国图志》《西域水道记》等。探索新的地域范围和地理学科的海内外游记继续取得辉煌成就，代表作有《岛夷志略》《徐霞客游记》。但是这一时期的正史地理志缺乏独创性，没有新的发展。

《大元大一统志》，元朝官修地理总志，明代已经散佚，现在的通行本是赵万里的辑本《元一统志》。赵万里在金毓黻辑本的基础上，根据明代《寰宇通志》、《永乐大典》和《明一统志》诸书所引，以《元史·地理志》为纲，汇集为十卷本的《元一统志》。《元一统志》的编撰体例同于唐宋地理总志，以行省为纲，以路和直辖府、州为目，分建置沿革、坊郭乡镇、里至、山川、土产、风俗形势、古迹、宦迹、人物、仙释等门。因为撰于元代全盛时期，该书记录了一些新兴的城市（如元大都）和新兴的工矿产业（如延安路的石油、平阳路的铁和炭）。体例上开了明、清一统志的先河，成为前承唐宋、后启明清的地理总志。

《岛夷志略》，元汪大渊撰。所记为作者十年航海所到达过的地方，取材于作者实地考察纪录，真实可征，是现存唯一的元人南海行纪的传世完帙，总结了唐宋以来中国对于南洋、印度洋的地理知识，成为元代地理的代表作。

《真腊风土记》，元周达观撰。周达观曾经随使赴真腊（今柬埔寨）访问，以所见所闻撰成此书。全书将都城吴哥置于突出地位，重点写了吴哥辉煌的建筑和雕刻，然后分四十门（城郭、宫室、文字、耕种、山川、蔬菜、蚕桑、村落、军马等），对当地的山川形势、经济生活、文化生活、社会习俗诸方面做了广泛、简单地叙述。这本书的价值在于记载了柬埔寨吴哥时代的灿烂文化，而吴哥时代又是柬埔寨历史文明最灿烂的时代，是研究柬埔寨中古史重要的史料。

元代由于成吉思汗西征以后建立四大汗国，因为出使晋谒频繁，产生了一批西行游记，其中以《长春真人西游记》和《西使记》为代表，所记西域和西亚的山川、道里、风土、物产，颇为详细，为研究元代中亚史地和东西交通的重要史料。《长春真人西游记》为道教徒李志常所撰，该书系作者跟随其师邱处机赴西域晋谒成吉思汗途中的所见所闻。《西使记》为刘郁所撰，所记为元宪宗时，常德自和林西行觐见宪宗弟旭烈兀（所建伊尔汗国相当于今两伊和土耳其）于西亚的沿途见闻。

《大明一统志》，明代官修地理总志，李贤等奉敕撰。体例因袭《大元一统志》，书成于明英宗天顺五年（1461 年），所以取材以天顺间全国行政区划为准，以布政司（行省级）为纲，以府、州为目，下系以建置沿革、郡名、形胜、风俗、山川、土产、公署、学校、书院、宫室、关梁、寺观、祠庙、陵墓、古迹、名宦、流寓、人物、列女、仙释等二十门。该书保存了很多明代第一手资料，李贤《进明一统志表》中说："欲使宇宙数万里之外，不出户而可知，庶几上下千百年之间，一举目而毕见。"①

《寰宇通志》，明初官修地理总志，修于英宗天顺至景泰年间，陈循奉敕主修。因为英宗又修了《大明一统志》，自《大明一统志》颁行后，此书毁版，所以传世很少，可以与《大明一统志》比较参考。

《徐霞客游记》，明徐弘祖撰。清代时避乾隆弘历讳，改"弘"为"宏"。徐弘祖，字振之，号霞客。徐霞客的旅行历时之长、足迹之广，可谓是壮游。他从 20 岁开始旅行，直至 53 岁去世前一年，因为身患重病，才从遥远的云南腾冲回到家乡江阴。该书以日记体的形式记录了徐霞客旅行中的足迹所至和观察所得，既是地理名著，又是山水游记。钱谦益称徐霞客为"千古奇人"，《徐霞客游记》为"千古奇书"。徐霞客在地理学的贡献主要有两点比较突出，一是对长江源的考察，在《徐霞客游记》之外，有《江源考》（一作《溯江纪源》），指出《尚书·禹贡》"岷山导江"的传统说法是错误的，金沙江才是长

① 李贤：《进明一统志表》（天顺五年四月十六日），彭静中：《中国方志简史》，成都：四川大学出版社，1990 年，第 275 页。

江的源头，丁文江为徐霞客做年谱时认为这是徐霞客的重大发现："知金沙江为扬子江上游，自先生始，亦即先生地理上最重要之发见也。"[①]另外一点是对西南岩溶地貌的考察，《徐霞客游记》有很大篇幅黔游日记和滇游日记，实地考察了岩溶地貌的许多自然现象，可以称得上是具有科学意义的地理考察。

《郑和航海图》，见于明茅元仪所编的《武备志》，绘制人不详，此图原称《自宝船厂开船从龙江关出水直抵外国诸番图》，根据郑和航海经历编制而成，是我国地图学史上的一大杰作，包括了二十九年间郑和七下西洋的内容。全图以南京龙江关（今南京下关）为起点，最远抵达东非，标注了沿途所经亚非两洲地名约五百个。该图是中国地理学史上第一部航海图，因为在航海实践中测绘和使用，因此具有极强的实用性和准确性。其表示内容、表示方法与编制方法上有其独特之处。从方便使用出发，从起点开始至终点，图幅呈一字排列展开的连续拼接。地图还采用"对景图"的画法，绘制山形形象与有方位意义的地物，可把图与实地一一对景，尽快判断出自己所处的位置。图中还绘出平潮时的浅沙、礁石和港口、海岛等航海用的地物要素与居民地、山地等。

《瀛涯胜览》《星槎胜览》《西洋番国志》，三书的作者分别为马欢、费信和巩珍，他们都曾一次或多次随同郑和下西洋，所著书籍题材都是海国游记，都是郑和下西洋这一伟大历史事件的重要原始资料，同时也是世界航海史和中西交通史的重要原始资料。

关于南洋印度洋海域的图籍，从宋代的《诸蕃志》到元代的《岛夷志略》、明代的《瀛涯胜览》《星槎胜览》，保持了连续性。随着海上交通的发展，明代还出现了一些关于航海知识和海路里程的地理文献，如张燮的《东西洋考》，所谓东西洋，指元明时期将南海划分为东、西洋。其中的舟师考分"东洋针路""西洋针路"，就是融合各国水手航海经验的针路。另外还有不知作者的《两种海道针经》，包括《顺风相送》《指南正法》，这两种书经过向达先生的校注，收入中华书局的"中外交通史籍丛刊"。

《天下郡国利病书》《肇域志》，顾炎武撰。作者生活于明清之际，江苏昆山人。生母和两弟、嗣母先后死于清兵之难，他遵循嗣母王氏的遗嘱，终身不仕清朝。顾炎武学风是经世致用之学，他将文献和实地考察结合起来，编辑成《肇域志》，晚年时将书一分为二，其中关于沿革、建置、山川、

① 丁文江：《徐霞客先生年谱》，《徐霞客游记》，北京：商务印书馆，1986年，第63页。

名胜等舆地方面的内容的称为《肇域志》，关于水利、资源、户口、田赋、兵役等经济、军事利害关系的部分称为《天下郡国利病书》。从文献角度来说，两书的利用价值不大，所引用的资料今天都还能找到，不能作为原始资料引用。从编辑的角度来看，资料显得散乱没有体例，《四库全书总目》批评《天下郡国利病书》“编次亦绝无体例”，“盖未成之稿本”。但是研究明代的社会经济政治问题，该书与《明实录》一起，都是很重要的参考资料。

《读史方舆纪要》，作者顾祖禹也是明清之际的学者，江苏无锡人，出身于江南的望族，一方面幼承家学，饱览经书；一方面作为明朝遗民，亲身经历了亡国之痛，终身不仕，致力于经世致用之学。作者在极度艰难的条件下，以个人的力量完成了这部鸿篇巨著。因为条件的限制，作者不能广游四方，进行实地考察，书名《读史方舆纪要》，意思是“以史为主，以志证之”。作者自己解释为:“是书以古今之方舆，衷之于史，即以古今之史，质之于方舆。”[①]故此书是一部以史取舍方舆，以方舆验证史，将历史与地理糅合在一起的沿革地理学著作。该书的编撰主要以二十一史为底，参考作者所能见到的地方志，按照明末的政区分区，重点考订了古今郡县的变迁以及山川险要、战守利害，因为主旨在于经世致用，全书贯穿着极为强烈的军事地理思想，有关军事形势的叙述最为详备，以至于清代著名目录学家张之洞《书目答问》将其列入兵家，说明“此书专为兵事而作，意不在地理考证”[②]。但是除了关隘、亭障等军事要素的考订之外，该书还关注了有关国计民生的许多问题，如农业、水利、驿传、海运、盐漕、屯牧等。该书内容丰富，可谓地理文献的集大成者。加之作者考订严谨，史料正确，利用价值较高。内容分为四个部分：第一，历代州域形势，依次记载从唐虞三代至明代的区划沿革；第二，分省方舆纪要，依次叙述明朝两京十五行省的形势和疆域沿革；第三，川渎，依次采录《禹贡》山川、河流，分录历代史地记载的异同和水道的变迁；第四，天文分野，记载春秋以来历代地志有关星宿分野之说。

嘉庆《一统志》，清穆章阿主修。原来的名字是《大清一统志》，承继元、明一统志而来。清代撰修一统志有三次：第一次是康熙二十五年（1686年）开始，乾隆八年成书，主修为徐乾学；第二次从乾隆二十九年（1764年）开始，四十九年成书，习惯上称为“续志”，主修为和坤；第三次是嘉庆二十五

①（清）顾祖禹撰，贺次君、施和金点校：《读史方舆纪要·凡例》，北京：中华书局，2005年，第1页。
②（清）张之洞著，陈居渊编，朱维铮校：《书目答问二种》，上海：中西书局，2012年，第142页。

年（1820年）开始，道光二十二年（1842年）成书，因为书的取材以嘉庆二十五年为下限，因此称嘉庆《重修一统志》，简称“嘉庆一统志”。该书经过康熙、雍正、乾隆、嘉庆、道光五个朝代的初修、续修、重修三次，但内容和体例上一脉相承，每次只是在前次基础上，将时间后延，并根据地理沿革和社会生活的变迁将纲目作相应的调整，因此嘉庆重修本内容最为丰富，考证最为翔实。清一统志在体例上同于以前的一统志，以行省为纲，以府州为目，以县为子目。各统部（行省和特别行政区）先有图、表，然后是总叙，总叙包括疆域、分野、建置沿革、形势、文武职官、户口、田赋、税课、名宦等。统部之下以府、直隶州（厅）分卷，每卷之下的府、州也是首列图、表，然后是疆域、分野、建置沿革、形势、风俗、城池、学校、户口、田赋、税课、职官、山川、古迹、关隘、津梁、人物、流寓、列女、仙释、土产等二十五门（《大元一统志》分列十门，《大明一统志》分列二十门）。全书门目繁细，方便从中对特定地区的地理进行具体而微的详细考察。这部书篇幅宏富，编撰于我国历史上空前统一、疆域空前辽阔的清朝，通过国家行政力量，在清国史馆主持下，有无比丰富的国家档案、地方志和各地申报材料可资利用，集中了全国的史志人才，结合实地调查而纂成此书。因此，在全国地理总志中，此志内容最丰富、体例最严密、考证最精详。

《汉唐地理书钞》是一部辑佚书，清王谟辑，所辑为汉唐间地理古籍。王谟生逢清代辑佚风气日盛的乾嘉时期，毕生致力于辑佚考订工作，《汉唐地理书钞》辑佚唐以前地理书五百多种。清代学者的辑佚工作主要集中在古史、诸子、诗文等佚篇，而忽视古地理书的裒辑，王谟的辑佚对于佚失的地理古籍做了一次整理，特别是宋代以前的古地理书。除了《山海经》和《水经注》之外，已经没有一部完整的专书，王谟的辑佚更具有其重要价值和意义。

《海国图志》，魏源撰。该书是一部世界地理志，主要内容为中国海防的筹备、当时世界各国史地、中西历法的异同、西方军械的情况与制造军火的建议等。在鸦片战争失败后的历史背景下，作者编撰此书的宗旨是“师夷长技以制夷”，全书贯彻了军事国防思想。

《瀛环志略》，徐继畬撰。作者长期供职东南海疆，正逢列国海船往来通商之际，通过与各国人士的交往，谙熟海外风土习俗，参考历代史志和各国近代图籍，撰成此书。全书以图为纲，详于域外史地，分为亚洲诸国、欧洲诸国、非洲诸国、南美洲诸国，是我国最早的世界地理志之一。

清朝嘉庆、道光年间，学术界兴起了研究西北边疆史地的高潮，出现了诸如祁韵士、徐松、何秋涛等一大批名家，他们以经世致用为主旨，使具有现实边防意义的西北边疆史地之学成为经世之学的一个重要组成部分，这是清代学术史上的一个重要现象。主要著作有祁韵士的《西陲要略》《西域释地》，徐松的《西域水道记》，张穆的《蒙古游牧记》，何秋涛的《朔方备乘》。

关于西藏方面的地理文献有松筠的《西招图略》，作者历任驻藏大臣，该书为作者驻藏期间的经历见闻，叙及西藏的山川形势、边隘兵卡等，此外有黄沛翘的《西藏图考》，作者久任川藏军职，博采地志，结合实地考察，对松筠的《西招图略》多所裨补，是有关西藏地区史地难得的史料。

历史地理的研究资料不仅限于历代正史的地理志和专门的舆地之书，还应包括笔记、诗文、杂录、碑刻、图画等，由于很多都是当时人的记载，反而更加可靠。值得注意的是，甚至佛教经卷也散藏着珍贵的地理信息。

四、中国古代地图

据文献记载，最早夏朝时有《河伯献图》，传大禹治水成功即因得河神河伯所献此图之助益。早期地图较为简陋，内容有限，这种情形一直持续到汉代。《史记·荆轲传》中可见专门地图的记载，说明至迟在公元前200年时，我国就已有地图来表示区域的地理版图。秦始皇统一全国后，他曾把全国地图收集起来，作为国家管理的基础资料，故刘邦攻入咸阳城时，宰相萧何第一件事就是派人尽快把这些地图接收过来，以备继续为汉朝的统治所使用。

1. 汉晋时期的地图

至今为止，有确切完整的实物地图，是湖南长沙马王堆的三号汉墓中发掘出的三幅绘在帛上的地图，分别是长沙国南部驻军地图、长沙国深平防区图和城邑图。三幅地图是我国迄今发现的制作最早的完整地图。虽没有图名、图例与比例尺，但地图绘制精确详细。驻军图上绘制的是相当于东经111度至112度30分，北纬23度至26度之间，1度30分经差与3度纬差的广大区域，包括今广西全州、灌阳一线以东；湖南嘉禾与广东连县（今连州市）一线以西；新田、全州一线以南；珠江口以东，为潇水流域和南岭、九嶷山一带。比例尺大约为十八万分之一。

西晋地图学家裴秀创立了“制图六体”，这是中国历史上最早的地图编制理论，即绘制地图的六个内容，分别是分率、准望、道里、高下、方斜、迂直。六条法则运用时互为参考，自然地将地图比例尺、方位和距离三个基本要素在地图上体现出来。裴秀依据六体理论绘制了著名的“禹贡地域图”十八幅，可惜该图没有留下来。

2. 唐宋元时期的地图与制图理论

唐代地理学家、制图学家贾耽，以裴秀制图六体说为基础绘制成《海内华夷图》《古今郜国县道四夷述》《陇右山南图》《贞元十道录》《皇华四达记》《吐番黄河录》等，为唐代地图绘制的集大成者。据记载，《海内华夷图》图幅巨大，内容丰富、位置准确、绘制技术全面，在裴秀理论的基础上，开创了“计里画方”法。

宋元时期，地理学和地图学发展迅速，出现了沈括、黄裳、郭守敬、朱思本等数位对地图学有重要贡献的科学家及地图学家。保存至今的图样有南宋绍熙元年（1190 年）碑刻天文图，这是我国发现最早的石刻科学星图，在天文史上有重要的科学价值，图上详绘天体形态，有内规、外规、黄道、赤道、银河等内容；星图下部刻有解释地体、北极、南极、赤道、日、月、黄道、白道及现象的说明。南宋淳祐七年（1247 年）绘制《地理图》，精度高于《华夷图》，海岸线与河流的流向准确，水名加绘椭圆形圈以资醒目；山脉符号改人字形为自然描写，增加立体感；很多地方画有森林符号；地名表示也加了方框。整体上看，巧妙地把直观写景与抽象平面符号相结合，图例的使用更趋抽象合理。

3. 明清时期的地图

明朝，处在世界范围的大探索时代。但中国的地图学发展却没有新的重大发展，只是传统的编制方法日趋成熟，地图种类增多，开始出现全国山川城镇图、军事防务图、海防图、江防图、河防图、航海图等。

郑和七下西洋，其航海经历编成的《郑和航海图》是一幅具有重大影响的航海图，航海图从方便使用，从起点至终点呈一字排列连续拼接。“对景图”的画法使地标与方位更易辨识，特别是绘出了平潮时的浅沙、礁石和港口、海岛等航海用的地物要素与居民地、山地等，保存了大量地理类信息。

这一时期海外地图的传入大大提升了中国地图绘制的水平。意大利人利玛窦来华，第一次把西方的地理知识与利用实测经纬度标示地图的方法引入中国，并第一次在华编成《山海舆地全图》。

成图于公元洪武二十二年（1389 年）彩绘绢本的《大明混一图》是一幅大型行政区划挂图，图幅尺寸达 386cm×456cm，图中标示了明朝及其邻近地区的各级居民地、山形、河流及其相对位置。居民地均以地名加框的方法定位，其框用不同颜色区别内外所属。

明嘉靖二十年（1541 年）前后，诞生了中国历史上第一本刻本地图集《广舆图》，计有地图 45 幅、附图 68 幅，总共 113 幅。其总图、两直隶和十三布政司图，主要根据朱思本《舆地图》并参考了一些其他地图，用计里画方法缩编而成。其他的九边图、漕河图、四级图等都是作者罗洪先自己补充编绘的。《广舆图》第一次采用了 24 种地图符号。很多符号已抽象化、近代化，对增强地图的科学性，丰富地图内容起了重要作用。

1654—1722 年，清世祖康熙亲政后，学习西方科学技术、重视天文、地理等专门技术，组织了第一次全国性的大地测量。以天文观测为基础，开展三角测量法测图，历时 10 年完工，绘成《皇舆全览图》，以汉、满文共注地名，其中满文用以边疆，汉文用以内地。除了制图术外，在尺度丈量上全国统一，实地测量地球的子午线弧长等，都给清代地图制图充实了依据，提高了制图质量。

清代地图制作技术有较大发展，但是受清政府消极保守的闭关锁国政策影响，实用地图又退回到传统的计里画方制图法。虽然也编制了第一部世界地图集和多部历史考证图集，以及一些专题图集等，但总体上发展不大。

参考文献

《汉书·地理志》，北京：中华书局，1962 年。

《史记·货殖列传》，北京：中华书局，1959 年。

《隋书·地理志》，北京：中华书局，1973 年。

《天一阁藏明代方志选刊》，台北：新文丰出版公司，1985 年。

《天一阁藏明代方志选刊续编》，上海：上海书店，1990 年。

曹婉如等编：《中国古代地图集》（战国—元、明代、清），北京：文物出版社，1990—1997 年。

陈桥驿：《〈水经注〉研究》，天津：天津古籍出版社，1985 年。

侯仁之：《中国古代地理名著选读》第 1 辑，北京：科学出版社，1959 年。

侯仁之主编：《中国古代地理学简史》，北京：科学出版社，1962 年。

靳生禾：《中国历史地理文献概论》，太原：山西人民出版社，1987 年。

鞠继武，石高俊：《建国以来徐霞客及徐学研究综述》，南京师范大学地理系：《徐霞客

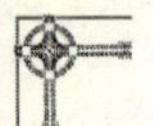

研究文集——纪念徐霞客诞辰四百周年》，南京：江苏教育出版社，1986年。

李孝聪：《欧洲收藏部分中文古地图叙录》，北京：国际文化出版公司，1996年。

刘德仁，盛义编著：《中国民俗史籍举要》，成都：四川民族出版社，1992年。

卢志良：《中国地图学史》，北京：测绘出版社，1984年。

（美）蒙莫尼尔著，黄义军译，《会说谎的地图》，北京：商务印书馆，2012年。

谭其骧：《中国历代地理学家评传》，济南：山东教育出版社，1990—1993年。

谭其骧：《中国历史地图集》，北京：中国地图出版社，1982年。

王庸：《中国地图学史纲》，北京：生活·读书·新知三联书店，1958年。

郗志群：《最近十年来〈水经注〉研究概述》，《中国史研究动态》1996年第5期。

晏昌贵：《秦简牍地理研究》，武汉：武汉大学出版社，2017年。

杨光华主编：《中国历史地理文献导读》，重庆：西南师范大学出版社，2006年。

杨正泰：《中国历史地理要籍介绍》，成都：四川人民出版社，1987年。

于希贤：《中国古代地理学史略》，石家庄：河北科学技术出版社，1990年。

周振鹤编著：《汉书地理志汇释》，合肥：安徽教育出版社，2006年。

练　习　题

一、基本概念

顾炎武　杨守敬　徐霞客　裴秀　贾耽　《禹贡》　《山海经》　《元和郡县志》《三辅黄图》放马滩地图　制图六体《汉书·地理志》《大唐西域记》《太平寰宇记》《读史方舆纪要》《尔雅·释地》《周礼·职方氏》《华阳国志》《穆天子传》　《徐霞客游记》　《元丰九域志》　《舆地广记》　《舆地纪胜》　《方舆胜览》　《大元一统志》　《寰宇通志》　《大明一统志》　《大清一统志》　《史记·河渠书》　《水经注》　《史记·货殖列传》　《洛阳伽蓝记》　《马可·波罗行纪》

二、思考题

1. 简述中国历史地理发展史上几个不同历史时期的历史地理文献及其特色。

2. 简述《徐霞客游记》的主要内容、写作体例及其特点。

3. 郦道元、徐霞客、唐玄奘对中国历史地理文献的贡献。
4. 列举三个以一统志命名的地理总志及其他们之间的差异。
5. 解释古代将“地理志”写入史书的原因。
6. 列举十部重要的历史地理文献并说出当前流行版本。

后　　记

在西北民族大学从事中国历史地理学教学的过程中，通过与学生们长期的沟通、交流与互动，不时地产生一些想法与思考，希望有一套适用于民族院校的、针对广大民族地区不同民族学生的教学内容和训练体系。同时，近年来又逢学校在重点学科建设上大力投入，积极鼓励教师充实和完善在教学过程中的务实与创新，于是便产生了形成一部针对少数民族本科学习群体的讲义的想法。

由于目标受众的特殊性，本书的编写有以下几个立足点：第一，是提供一定的基础性知识做铺垫，即在进入历史地理学要素的学习之前，先补充相关地理学要素的背景知识和理论方法。第二，是教材内容尽量覆盖面更全面，特别是针对历史时期边疆地区、民族地区的历史地理内容，使之与传统史学涉及的方面搭配比例更均匀。第三，尽量使内容条理更简洁、明晰。在编写本教材初期，考虑用理科教材的体例，但是编排过程中，由于历史学、文献学学科的特殊性，限制了一些篇章的布局和结构，故又回归章节体，希望在今后进一步的实践验证后，再去做尝试。第四，将内容重点更多地放在本学科较为成熟的传统研究领域，目的是使历史地理学这门课程更好地为学生学习历史学服务。

鉴于以上考虑，本教材在内容编排上，以传统中国历史地理学的基础知识为基准，从地理要素的基础知识入手，尽力搭建时空概念。在此基础上，对每一个历史地理学要素，都进行分解，并分别进行通史性回顾，以突出要素的动态演变过程。总之，本教材的编写，紧紧围绕为民族院校历史学本科生进行基础知识的展示与训练的目标，同时，兼顾中国历史地理学、历史文献学优势，服务于学生对历史学的学习。随着近年来学生对历史地理学学习的热度不断上升，本教材还在课后练习与资料储备上有所加量，以助力学子们进一步对历史地理学的深入学习与探索。限于编者的能力有限，教材仍有很多无法涵盖的内容，也在许多方面未能真正实现教材编写的初衷。

由于本书所涉及使用的地图、地理示意图、卫星图片、遥感地图等数量较多，考虑到全部配图会导致书本体量过于庞大，拟将地图类信息在广泛收集和绘制后再独立编写成册，供历史地理学的学习者与爱好者使用。故本书在出版之际，删除了现有的全部地图类内容，由此带来的不便，敬请体谅。

最后，要感谢我的师姐陈健梅女史，在我十几年前第一次开始讲中国历史地理学时，师姐将她的教学文件和课件毫无保留地给了我，后来在我整理的教学内容中，都有她对历史地理学许多想法的影子。

朱悦梅

2020 年 8 月 26 日